토지, 정치, 전쟁

황보영조

경북대학교 사학과 교수. 서울대학교 서양사학과를 졸업했다. 같은 학교 대학원에서 석사학
위를 받고 박사과정을 수료한 뒤, 마드리드 콤플루텐세대학에서 역사학 박사학위를 받았다.
서양 현대사를 가르치며 에스파냐 근현대사, 특히 에스파냐 내전과 프랑코 체제 연구에 몰
두하고 있다. 지은 책으로 《세계 각국의 역사 논쟁》(2014, 공저), 《세계화 시대의 서양현대사》
(2010, 공저), 《꿈은 소멸하지 않는다》(2007, 공저), 《대중독재》(2004, 공저) 등이 있고, 옮긴 책
으로 《현대 라틴아메리카》(2014, 공역), 《인류의 발자국》(2013), 《아메리카노》(2012, 공역), 《세
계사 특강》(2010), 《대중의 반역》(2005) 등이 있다.

토지, 정치, 전쟁
1930년대 에스파냐의 토지개혁

지은이 황보영조
펴낸이 송병섭
디자인 이수정
펴낸곳 삼천리
등 록 제312-2008-121호
주 소 121-820 서울시 마포구 월드컵로 15길 19(망원동 376-12)
전 화 02) 711-1197
팩 스 02) 6008-0436
이메일 bssong45@hanmail.net

1판 1쇄 2014년 12월 31일

값 29,000원
ISBN 978-89-94898-31-5 93920
© 황보영조 2014

이 책의 저술은 2010년 경북대학교 저술장려연구비의 지원을 받아 수행했습니다.

토지, 정치, 전쟁

1930년대 에스파냐의 토지개혁

황보영조 지음

인문과학
코스모스
03

삼천리

"지중해를 죽도록 사랑했다." 프랑스 역사가 페르낭 브로델이 《펠리페 2세 시대의 지중해와 지중해 세계》의 서문에서 밝힌 사랑 고백이다. 별다른 생각 없이 역사학도의 길을 걷고 있던 한 젊은이의 영혼을 일깨운 글이다. '지중해도 사랑할 대상이 되는구나! 청춘을 바쳐 사랑할 대상이. 그렇다면 나는 무엇을 사랑할까?' 마음속으로 묻고 또 물은 질문이다. 30년 전 대학 시절에.

그 뒤 지중해에 관심을 두기로 하고 먼저 에스파냐를 사랑하기로 마음먹었다. 당시 에스파냐를 선택한 이유는 단순했다. 에스파냐가 지중해의 일원이라는 이유였다.

에스파냐를 공부하면서 토지 문제를 들여다보게 되었다. 석사학위 논문과 박사학위 논문 모두 에스파냐 제2공화국의 토지개혁을 다루었다. 토지 문제에 관심을 가진 이유도 처음에는 단순했다. 다른 주제와 달리 토지 문제 관련 자료를 상대적으로 수월하게 구할 수 있었기 때문이다. 1980년대 후반만 해도 국내에서 에스파냐 관련 자료를 입수하기가 무척 힘든 시절이었다.

토지 문제에 눈을 뜨게 된 것은 아마도 미국의 정치경제학자 헨리 조지를 알게 되면서인 것 같다. 이제는 고전이 된 《진보와 빈곤》에서 헨리 조지는 생산력이 증가하는 진보에도 불구하고 빈곤이 사라지지 않는 이유가 무엇인지를 낱낱이 파헤쳤다. 생산에 아무런 기여도 하지 않는 지주가 지대를 차지하는 데 문제의 진정한 원인이 있다고 본 그는 지대를 기준으로 가치를 징수하는 지대조세제를 해결책으로 제시했다. 토지에서 발생하는 지대를 사회 전체가 향유해야 한다는 취지였다.

"토지를 공공의 것으로 만들어야 한다"는 헨리 조지의 토지공유 사상은 혁명적인 동시에 이상적이다. 자본주의가 토지와 자본의 사적 소유를 바탕으로 하고 사회주의가 토지와 자본의 공유를 바탕으로 하는데 비해, 헨리 조지의 사상은 토지의 공유와 자본의 사유를 토대로 한다. 이러한 헨리 조지의 사상을 '지공주의'(地公主義, Georgism) 라고 일컫기도 한다. 주장하는 내용이 자본주의도 사회주의도 아닌 제3의 경제체제임을 강조하여 그렇게 부르지 않았을까 싶다.

토지 문제에 마음을 빼앗긴 터라 마드리드 유학 시절에 박사학위 논문 주제를 놓고 고민할 필요가 없었다. 주제는 이미 정해졌다. 에스파냐 제2공화국(1931~1936년)의 토지개혁이었다. 에스파냐의 토지개혁이 지구촌 토지개혁의 흐름에서 차지하는 위치가 무엇인지 궁금하여 먼저 〈20세기 토지개혁의 주요 흐름과 에스파냐의 토지개혁〉을 연구했다. 그에 뒤이어 학위논문 준비에 뛰어들었고 대망의 2000년에 〈에스파냐 제2공화국 토지개혁을 둘러싼 각 정당과 사회단체〉라는 논문을 마무리했다. 이 논문이 이 책의 바탕을 이루고 있다.

군주제로 출발한 20세기 에스파냐 역사는 공화제와 군사독재를 거쳐 군주제로 마무리되었다. 프랑코가 사망하면서 3년에 걸친 내전을 치르며 등장한 군사독재가 막을 내리고 민주화가 시작되었다. 내전 이

전에는 1931년 지자체 선거 결과로 출범한 공화제 정부가 교육과 종교, 군사, 지방자치 등 여러 분야에 걸쳐 근대화 조치를 단행하고 있었다. 토지개혁도 그 일환이었다. 이 책에서는 이러한 공화정 시기의 토지개혁과 뒤이어 내전 시기에 전개된 토지 문제의 향방을 살펴본다.

그런데 21세기를 살아가는 우리에게 난데없이 왜 1930년대의 토지개혁인가, 그리고 왜 에스파냐의 개혁인가? 도대체 무슨 의미가 있을까? 1930년대 에스파냐 토지개혁은 시공간을 초월하는 보편적 의미를 지니고 있다. 에스파냐 내전은 흔히 '이념의 각축장'으로 알려져 있다. 하지만 이념의 각축은 내전에 앞서 이미 공화정 아래에서 벌어지고 있었다. 당시 에스파냐 정계는 상대적으로 역사가 오랜 정당들로부터 우후죽순처럼 생겨난 신생 정당들에 이르기까지 그야말로 정당들의 박람회장을 방불케 했다. 보수 우익의 군주제 정당에서부터 극좌파의 공산당에 이르기까지 이념적 지향도 다양했고, 명망가 중심의 정당에서부터 노동자 대중의 정당에 이르기까지 지지 기반도 천차만별이었다. 토지 문제에 대해 자신들의 입장을 밝혀야 할 토지개혁 정국이 시작되자 정당들은 저마다 견해들을 쏟아냈다. 사회단체들도 마찬가지였다. 그러다보니 토지 문제와 관련해 우리 인간이 상상할 수 있는 모든 시각들이 이 시기에 압축적으로 제기되었다. 보수주의자, 자유주의자, 사회주의자, 공산주의자, 아나키스트들이 개혁이나 개혁 반대의 근거와 이념을 제시하면서 저마다 다양한 관점들을 드러냈다. 따라서 여기서 우리는 토지 문제를 바라보는 사람들의 다양한 견해들을 만날 수 있다.

1930년대 에스파냐 토지개혁이 시공간을 초월하는 보편적 의미를 지니는 또 다른 이유는 토지 문제와 정치의 상관성에 있다. 토지 문제에 대한 특정한 관점을 가지고 있다고 해서 그것이 곧바로 현실 속에 실현되지는 않는다. 입법화 작업이 필요하고 시행을 위해 인력과 재원을 투입해야 한다. 하지만 이해관계가 다른 정치세력들이 법률 제정과 시행에 팔짱을 끼고 있을 리 만무하다. 토지개혁 법안을 둘러싸고 정당과 사회단체들이 갑론을박을 벌이는 까닭이 여기에 있다. 정치 세력이 약하면 세력을 키워야 한다. 정당과 사회단체들이 선거전에서 동분서주하고 상호 연대를 꾀하는 이유가 여기에 있다. 저마다 자신들에게 유리한 정치판을 짜려고 한다. 1930년대 에스파냐의 정치판은 주도 세력에 따라 크게 네 차례나 바뀌었다. 1931년에는 공화파와 사회노동당 연립 세력, 1933년에는 중도우파 연립 세력, 1936년에는 인민전선 세력이 각각 주도했다. 이어서 1936년 7월에는 두 진영, 곧 공화진영과 국민 진영으로 나뉘어 싸우는 내전의 정치판이 이어졌다. 정치세력들의 이합집산을 추동하는 구심점이 바로 토지 문제였고 정치판의 영향을 가장 크게 받은 것 또한 토지 문제였다. 요컨대 토지 문제는 결코 정치적 진공 상태에 내버려져 있지 않았다. 1936년 여름 전쟁의 틈바구니에서 타오르기 시작한 사회혁명의 불꽃도 정치권의 논리에 막혀 곧 사그라지고 말았다. 이렇듯 복잡다단한 토지와 정치의 상관성을 이 시기 토지개혁에서 실감나게 들여다볼 수 있다. 이 책의 제목을 '토지, 정치, 전쟁'으로 정한 이유가 여기에 있다.

특히 분단 시대를 살아가는 우리 한국인들에게는 1930년대 에스파냐의 토지개혁이 좋은 거울이 될 것이다. 통일을 바란다면 통일하는 과정에 생겨나는 토지 문제를 어떻게 풀어야 할까? 남한의 자본주의와 북한의 사회주의를 어떻게 아울러야 할까? 가능한 시나리오와 그 근거를 모색하는 데 필요한 자료나 시사점들이 이곳에 들어 있다. 통일에 앞서 이 나라의 토지 문제를 풀어 나가는 데도 매우 유용한 내용이 있을 것이다.

이 책을 집필하기로 구상한 지는 사실 오래됐다. 차일피일 미루다보니 시간이 속절없이 흘렀다. 더 이상 안 되겠다 싶어 학교에 저술 지원을 신청하고 출판사와 계약을 맺어 버렸다. 배수진으로 생각하면서. 그때가 2010년 가을이었다. 그러고 나서도 다른 일들에 쫓기기는 마찬가지였다. 어쨌든 이제 작업을 마무리하게 되니 만감이 교차한다.

이 자리를 빌려 감사의 마음을 전하고 싶은 분들이 있다. 먼저 석사학위 논문을 지도해 주신 나종일 선생님과 박사학위 논문을 지도해 주신 세쿤디노 호세 구티에레스 알바레스 선생님께 감사 드린다. 두 분 모두 오래전에 정년퇴임을 하셨다. 나종일 선생님은 서울대학교 명예교수로 계시고 구티에레스 알바레스 선생님은 마드리드콤플루텐세대학 명예교수로 계신다. 이어서 삼천리 출판사 편집부와 송병섭 대표께도 감사 드린다. 싫은 내색 없이 오래 기다려 주고 부족한 원고로 흡족한 작품을 만들어 주셨다. 마지막으로 예쁜 딸 송이와 인이, 사랑하는 아내 정은주에게 고마운 마음을 전한다. 이 책은 가족들, 특히 아내의 이해와 배려 속에서 자랐다.

2014년 11월 21일
황보영조

| 표 차례 |

1930년대 에스파냐 지도

프랑스

아스투리아스
산탄데르
칸타브리아
빌바오
바스크
나바라
갈리시아
팜플로나
레온
부르고스
카탈루냐
바야돌리드
카스티야라비에하
사라고사
에브로 강
바르셀로나
포르투
타라고나
두에로 강
살라망카
아빌라
아라곤
포르투갈
마드리드
마드리드
테루엘
리스본
타호 강
톨레도
카스티야라누에바
레반테
카세레스
바다호스
엑스트레마두라
과디아나 강
발렌시아
과달키비르 강
코르도바
하엔
알리칸테
지중해
세비야
안달루시아
그라나다
무르시아
카디스
말라가
알메리아

대 서 양

서장

20세기 토지개혁의 흐름과 에스파냐

토지 문제가 해결되지 않는다면 농촌의 민주주의는 허구이다. 한 사람이 자유롭고 독립적이며 행복하게 살도록 하기 위해서는, 그리고 민주주의와 사회정의가 실현되도록 하기 위해서는, 아무리 엄격한 것이라 할지라도(국가의 헌법이라 할지라도) 하나의 법으로 규정하는 것으로 충분하지는 않다. 보충할 수 있는 법을 마련하고 경제적 측면과 사회적 측면에서 민주주의와 자유를 실제로 허용하는 공평하고 인간적인 규율들을 제정해야 한다.

— 로이드 조지(영국 정치가)

1. 20세기, 토지개혁의 세기

20세기에는 토지 문제가 다양한 양상으로 불거져 나왔고, 정치와 경제, 사회의 지형에 그 어느 때보다도 커다란 변혁을 가져왔다. 20세기는 그야말로 토지개혁의 세기라고 할 만하다. 20세기의 토지개혁은 유럽 대륙은 물론이고 라틴아메리카와 아시아, 심지어 아프리카에서도 일어난 전 세계적 현상이었다.

여기서 토지개혁이란 말은 어떤 의미를 함축하고 있을까?《유럽 토지개혁의 이론과 역사》를 쓴 코라도 바르베리스는 토지개혁을 근대사회 특유의 표현으로 간주하지 않고서는 토지개혁 현상을 제대로 이해할 수 없다고 지적했다.[1] 토지개혁의 의미는 그것을 낳은 역사적 상황 속에서 찾아보아야 한다는 말이다. 저마다 다양한 역사적 상황을 고려하지 않고서는 토지개혁의 의미를 제대로 이해할 수 없다는 말이기도 하다. 토지개혁의 의미를 이해하는 데 역사적 상황이 중요한 까닭이 여기에 있다. 토지개혁은 역사적 상황의 변화에 따라 크게 세 가지 양상으로 나타났다.

먼저 자본주의 이행기에 실시된 토지개혁을 들 수 있다. 이 시기의 토지개혁은 미경작지를 생산에 투입하기 위한 일련의 조치들로 이해할 수 있다. 그 결과 자본주의적 토지 경작이 가능하게 되었다. 이 시기의 토지개혁은 봉건적 생산양식을 끝내고 자본주의적 생산양식으로 이행을 이끌어 냈다는 점에서 대단히 중요한 의미가 있다.

다음으로 자본주의 체제가 질서를 확립해 나가던 19세기 말에서 20세기 초에 진행된 토지개혁을 들 수 있다. 이 시기에 유럽 토지개혁의 꽃이 피어났다고 보는 사람도 있다.[2] 제1차 세계대전 이후에는 두 가지 전제를 바탕으로 토지개혁이 전개되었다. 하나는 경작의 효율성 측면에서 소토지 소유가 대토지 소유보다 효율성이 더 높다는 전제이고, 다른 하나는 대전 이후 생겨난 신생 국가들에서는 농촌의 소토지 소유자들이 나라의 정치사회적 안정과 민주주의 수립의 기초가 된다는 전제이다. 이 시기에는 토지개혁이 소규모 경작으로 전환되었고 농촌 소부르주아지 창출을 통해 사회가 안정되었다는 의미를 동시에 지니고 있었다. 이러한 토지개혁을 흔히 고전적 의미의 토지개혁 또는 전통적 의미의 토지개혁이라고 부른다.

고전적 또는 전통적 의미의 토지개혁은 대토지 소유(라티푼디움) 반대와 토지 분배라는 핵심 원리를 기반으로 진행되었다. 소농과 농업 노동자들에게 토지를 분배하는 것이 토지개혁의 핵심이 되고 나머지는 부차적인 것으로 간주된다.[3] 여기서는 기존의 토지 소유 구조를 무너뜨리는 것이 목적인 동시에 수단이 된다. 따라서 토지개혁이 경제적이거나 사회적 또는 재정적 목적으로 포장되기는 하지만 근본적으로는 정치 활동을 통해 이루어진다. 토지개혁이 새로운 헌법을 제정하거나 기존 헌법을 과감하게 수정하는 형태로 진행되기도 하고 정부 형태의 변화와 더불어 나타나기도 한다.[4] 그렇다고 해서 생산성 향상의 필요성이 제기되지 않은 것은 아니지만, 그것보다는 소수의 수중에 집중된 토지 소유의 구조를 개혁해서 사회적 불평등 문제를 해소하려는 목적이 우선시되었다.[5]

마지막으로 현대적 의미의 토지개혁을 들 수 있다. 이 토지개혁은 제2차 세계대전 이후의 역사적 상황에서 비롯되었다. 이 시기에는 한편으로는 빈곤 문제를 해결해야 할 필요성이 제기되었고, 다른 한편으로는 탈식민주의 운동에 따라 사회경제 구조를 개혁하거나 근대화해야 할 필요성이 제기되었다.[6] 이러한 필요성으로 말미암아 토지개혁에 두 가지 의미 변화가 생겨났다. 첫째로, 경제 발전과 관련한 의미 변화가 생겨났다. 제2차 세계대전이 끝나고는 아시아와 라틴아메리카에서 토지개혁의 물결이 일었다. 농업을 주요 산업으로 삼고 있던 아시아와 라틴아메리카 제3세계 국가들은 농업 구조의 왜곡이 경제 발전의 발목을 잡고 있었다. 따라서 경제 발전을 위해서는 토지개혁이 꼭 필요한 과업으로 부각되었다. 둘째로, 토지개혁의 개념이 확대되었다. 토지 소유 재분배 조치에는 농업금융 체계 확립과 영농 후계자 양성, 농산물 유통 체계 개선 같은 다른 지원 조치들이 필요했다. 이렇게 해서 토지 재분배뿐 아니라 다른 보조 조치들도 토지개혁의 개념에 포함되었다.[7] 1979년 7월 12일부터 7월 20일까지 로마에서는 '토지개혁과 농촌 발전 세계대회'가 열렸다. 이 대회는 토지개혁을 이렇게 정의했다.

토지개혁과 농촌 발전의 목적은 경제, 사회, 문화, 제도, 환경, 인간 등 모든 측면에서 농촌의 삶과 활동을 변혁시키는 데 있다. 이를 위한 목표와 전략은 영양 개선을 포함한 빈곤 완화에 집중되어야 하고 적절한 정책을 통해 공평한 성장을 이룩해야 한다.[8]

이런 가운데 최근 들어서는 통합적 토지개혁이라는 용어도 사용되고 있다. 토지개혁에 관한 유엔 제3차 보고서에 따르면 토지 소유자의 수와 비율을 높이기 위한 토지 재분배는 물론이고 차지농이나 농업 노동자의 처지 개선을 위한 토지 보유 체제의 수정, 금융과 식료품 공급 서비스의 증대, 상업화, 농업 분야의 연구와 홍보 같은 조치도 토지개혁에 포함된다.[9]

두 차례의 세계대전 사이 유럽에서는 주로 고전적 의미와 전통적 의미의 토지개혁이 진행되었다. 1917년 이후 유럽의 14개 국가에서 합법적 절차를 밟아서든 강제적 방식을 통해서든 급진적 성격의 토지개혁이 단행되었다. 그리하여 러시아를 제외한 유럽 인구의 36퍼센트와 유럽 전체 면적의 28퍼센트가 그 영향을 받았다.[10]

이러한 지각변동이 왜 일어났을까? 그 이유는 가까운 데도 있고 먼 데도 있을 것이다. 먼저 토지 소유의 역사에서 그 이유를 찾아볼 수 있다. 《유럽의 토지개혁》을 쓴 아서 바우터스가 지적한 대로 정복과 약탈에 의해 또는 농민 대중이 빈곤해짐에 따라 대토지 소유가 발달했다.[11] 아울러 가난한 자와 부자 사이에 소유권 인식을 둘러싸고 사회적 갈등이 나타났다. 이러한 대토지 소유 문제와 소유권 인식 문제는 개인의 배타적 토지 소유를 강조한 19세기를 지나 토지의 사회적 기능을 주창하기 시작한 20세기에 들어오면서 더욱 첨예하게 제기되었다. 20세기 초에는 노동이 가장 중요한 소유의 원천이라고 토지를 개인의 만족이 아니라 사회적 부의 수단으로 삼는 사회적 이상이 새롭게 등장했다. 그리고 사람들이 공기와 물, 햇빛에 자유롭게 접근할 수 있듯이 토지에 대한 접근도 자유로워야 한다는 주장도 제기되었다.[12] 이런 가운데 비생산적으로 경작되거나 부실하게 경작된 토지는 '사회적 재해'라는 인식이 확산되어 나갔다.

이어서 다음 세 가지 배경도 그 이유로 꼽을 수 있다. 첫째로, 제1차 세계대전 종전이다. 대전이 끝나면서 중유럽과 동유럽에서 토지 소유 구조의 재조정을 요구하는 농민운동이 강력하게 일어났다. 대전 종전이 토지개혁에 가장 중요한 요소로 작용한 국가는 루마니아와 폴란드였다. 제1차 세계대전 중에 전쟁에서 승리할 경우 토지를 제공해 준다는 약속을 받은 농민들이 전쟁이 끝나고 토지 양도를 요구하자 정부는 그 약속을 이행하지 않을 수 없었다.[13] 둘째로, 러시아 인근 국가들의 경우 볼셰비즘 반대 투쟁이 중요한 역할을 했다. 이들 국가에서는 농촌 소부르주아지가 공산주의를 막는 방파제 역할을 하게 될 것이라고 내다보고 정부 주도로 토지개혁을 단행했다.[14] 셋째로, 세계대전에 따른 군주제의 붕괴이다. 군주제가 붕괴되자 봉건적 성격의 토지와 외국인 정복자 후손들이 소유한 토지가 공격 대상으로 떠올랐다. 트란실바니아와 체코슬로바키아, 발트 해 연안국의 경우가 여기에 해당하는데, 이들 국가에서는 토지 문제가 봉건 잔재뿐 아니라 민족 문제와도 결부되어 있었다. 이 경우에는 토지개혁이 외국인 지주들을 증오하는 애국적 동기와도 관련이 있었다.[15]

에스파냐의 토지 문제는 1931년에 군주제가 무너지고 공화제가 수립되면서 본격적으로 제기된다. 에스파냐의 토지 소유 구조와 농업 구조는 지역별로 무척 다양했다. 남부 안달루시아에는 라티푼디움(대토지 소유) 체제가 지배적이었고, 북서부 갈리시아에는 생산성이 떨어질 정도로 규모가 작은 미니푼디움(소토지 소유) 문제가 심각했다. 그에 따라 개혁 방안도 매우 다양한 형태로 나타났다. 1931년과 1933년, 1936년에 실시된 세 차례의 총선으로 성격이 다른 정부가 구성되고 성격이 다른 정치판이 짜이면서 토지개혁의 양상에 변화가 나타났다.

결국 1936년 7월에 군사쿠데타가 일어나고 그 쿠데타가 내전으로 이어지면서 프랑코를 수반으로 하는 국민군 진영에서는 이전의 토지개혁을 전면 폐지하고, 옛 지주들을 그들의 토지에 복귀시켜 주었다.

내전이 끝난 뒤에는 이러한 국민군 진영의 토지 정책이 에스파냐 전역으로 확대 시행되었다.

2. 에스파냐 토지개혁 연구의 흐름

에스파냐 제2공화정기(1931~1936년) 토지개혁에 관한 연구는 매우 특이한 경향을 보여 주었다. 1930년대 당대에는 연구가 무척 활발했다. 하지만 곧 어둡고 긴 프랑코 시대의 터널을 지나게 되었다.[16] 이 시기에 대한 토지개혁 연구가 다시 빛을 보게 된 것은 1970년대에 들어서였다.

1930년대에는 연구의 관심이 주로 세 가지 초점에 맞춰졌다. 당시의 농업 현황과 문제점 분석, 문제점을 해결하기 위한 방안 제시, 토지 문제와 관련된 갖가지 법률과 의회 토론 및 토지개혁법 내용 재구성이 그것이었다. 1940년대와 1950년대, 1960년대에는 이 주제에 관한 연구에 거의 아무런 진척이 없었다.[17] 그러다가 1970년 에드워드 말레파키스 교수의 저서[18]가 출간되면서 제2공화국의 토지개혁에 관한 연구 물결이 다시 일어났다.

말레파키스는 그 저서에서 당시 에스파냐 농업 구조의 특징을 열거하고 각종 토지 법안의 내용과 법률 시행에 관한 역사를 상세하게 서술했다.[19] 그는 프랑스 역사가 자크 모리스의 말마따나 토지개혁 연구에 정치적 요인을 도입해 농민 대중에게 끼친 사회주의 노조운동의 영향을 강조하고자 했다.[20] 이런 점에서 말레파키스의 연구가 에스파냐 제2공화국 토지개혁 연구사에서 단연 최고의 자리를 차지하고 있음에 틀림없다.[21]

하지만 말레파키스의 저서에 대한 비판이 없는 것은 아니다. 주요 비판들 가운데 하나는 토지개혁이라는 주제의 초점을 오로지 하나의 관점이 지배하는 협소한 영역으로 환원시켜 버렸다는 지적이다.[22] 에스파냐 역사가 산토스 훌리아는 이 점을 좀 더 구체적으로 지적했다. 정치적 성향이 매우 뚜렷한 저자가 모든 실패의 책임을 나라의 중대사들을 해결하지 못한 정치인들의 무능력 탓으로 돌리고 있다고 말했다. 최종 해결의 열쇠를 언제나 정치적 영역에서 찾고 있음을 지적한 말이다.[23] 에스파냐 경제학자 후안 벨라르데 푸에르테스의 연구는 심지어 책으로 출판하기에 부족한 점이 너무 많으며, 중요한 저작들을 언급하지 않고 있다고 신랄하게 비판했다.[24] 후안 벨라르데 푸에르테스의 비판은 아무래도 좀 지나친 것 같다. 이러한 비판에도 불구하고 제2공화국 토지 문제 연구에 이바지한 말레파키스의 공로는 부정할 수 없을 것이다. 하지만 이러한 비판들은 모든 것을 정치적인 것으로 환원하는 위험에 빠지지 않도록 각별한 주의를 기울여야 한다는 점을 시사해 준다.

앞서도 얘기했다시피 1970년 이후에 토지 문제 연구의 물결이 다시 일어났다. 이 물결을 다시 일으키는 데 말레파키스의 연구가 이바지한 바가 크다. 뿐만 아니라 프랑스 역사가 자크 모리스의 연구도 중요하게 작용했다. 1975년에 출판된 자크 모리스의 연구서[25]는 에스파냐 쇄신운동의 대표적 선구자인 호아킨 코스타의 중농사상과 그 유산을 조명하면서 1930년대라는 단기간의 특수 상황보다는 더욱 광범한 관점에서 제2공화국의 토지개혁 작업을 살펴보는 데 목적을 두었다.[26] 자크 모리스는 이 밖에도 수차례에 걸친 다양한 연구들을 통해 에스파냐 노동운동의 강령과 전략들을 심도 있게 분석했다. 그는 제2공화국의 토지 문제를 19세기에 진행된, 상속인을 한정하여 상속하는 한정상속제 폐지 운동의 연장선상에서 다룰 필요가 있음을 보여 주었다.[27]

에스파냐 내에서도 에스파냐 토지개혁의 위대한 멘토이자 전문가[28]인 파스쿠알 카리온이 1973년과 1974년에 연구서를 출판했다.[29] 이

책들은 1932년에 출간한 저서[30]와 더불어 제2공화국의 토지 문제와 에스파냐 농업의 현주소를 이해하는 데 지대한 공헌을 했다.

이와 더불어 토지개혁을 사회사의 관점에서 접근하는 연구들이 등장하기 시작했다. 첫 저작은 1973년에 출간된 후안 디아스 델 모랄의 《안달루시아 농민운동사》[31]이다. 이 책은 안달루시아의 실상을 보여 주는 유일한 저작이다. 디아스 델 모랄은 책 서문에서 '의식 있는 노동자,' 곧 투사를 자율적인 주체로 치켜세우고 역사의 주역으로 간주한다고 밝혔다. 투뇬 델 라라의 표현에 따르면, 디아스 델 모랄은 노동자와 그들이 조직한 단체들의 수준을 역사적 인식의 차원으로 승격시켰다.[32] 디아스 델 모랄은 도시 주민들에게서는 찾아볼 수 없는 농촌노동자들의 '갈망과 불안과 희망'의 세계를 보여 주고자 노력했다.[33]

이러한 사회사적 접근에 많은 연구자들이 관심을 보였다. 알버트 발셀스와 안토니오 미겔 베르날, 메르세데스 카브레라, 안토니오 마리아 칼레로, 앙헬 마르보, 자크 모리스, 마누엘 페레스 이루엘라, 에두아르도 세비야 구스만 같은 이들이 대표적인 인물이다.[34] 특히 에두아르도 세비야 구스만은 공화정 처음 2년(1931~1933)의 농민층 계층 분해와 농민의 갈등을 분석했으며, 공화정 나중 2년(1933~1936) 동안 토지개혁의 의도를 무력화시킨 지주계급의 본질을 파헤쳤다. 그런가 하면 메르세데스 카브레라는 사용자(고용주)들의 전략을, 좀 더 구체적으로 말해 토지개혁에 맞서 사용자들이 자신들의 정치·경제·사회적 이해관계를 지켜 나가기 위해 마련한 전략을 조명했다.[35]

에스파냐 제2공화국 토지개혁 연구사에 나타난 또 다른 특징은 이 주제를 특정 정당이나 사회집단을 중심으로 재구성하거나 분석하기 시작했다는 점이다. 이러한 경향은 정당사 연구의 발전에 힘입은 바 크다.[36] 팔로마 비글리노는 에스파냐 사회주의자들이 토지 문제를 다룬 방식을 밝히고자 했으며, 에스파냐사회노동당(Partido Socialista

Obrero Español)과 노동자총연맹(Unión General de Trabajadores)이 농민들 사이에 조직을 확대해 나간 과정에 특별한 관심을 기울였다.[37] 한편 알레한드로 로페스 이 로페스는 보수 우파의 책임과 공화정 처음 2년 동안 정부가 펼친 우유부단한 정책을 분석했다. 그는 특히 토지개혁을 좌초시킨 책임이 큰 의회 농업위원회의 역할을 집중 조명했다.[38] 메르세데스 카브레라는 앞서 얘기한 대로 사용자 세력 및 그 단체들의 활동과 전략을 추적했다. 메르세데스 카브레라의 연구는 당시까지 거의 주목을 받지 않은, 그러나 압력 집단과 사용자 단체로 맹활약한 산업부르주아지와 상업부르주아지, 그리고 농업부르주아지의 조직과 활동을 고찰한 것으로서 토지개혁 연구의 공백을 메우는 데 크게 이바지했다. 자크 모리스는 자신의 최근 저서 《안달루시아 아나키즘: 농민들과 생디칼리스트들, 1868~1936》에서 토지 문제를 둘러싸고 전개된 계급투쟁을 중심으로 아나키즘이 안달루시아 사회에 확산되어 나간 과정을 재구성하고 있다. 이와 유사한 방식으로 라파엘 크루스는 제2공화국 시기 에스파냐 공산당의 역사를 재구성했다.[39] 특정 정당이나 특정 사회집단에 관한 연구는 에스파냐 제2공화국 토지 문제와 관련된 각 정당과 사회단체의 이해관계를 이해하는 데 큰 도움을 주었다.

  제2공화국 토지개혁 연구사와 관련한 마지막 특징은 최근 들어 지방사 연구가 활발해지면서 이 주제에 대한 인식의 공백이 계속 메워지고 있다는 점이다. 특히 안달루시아와 카스티야-라만차의 라티푼디움 지역에 대한 연구가 상당한 정도로 진행되었다.[40] 하지만 카탈루냐[41]를 제외한 그 밖의 지역은 아직도 연구자의 손길을 기다리고 있는 실정이다.

3. 주요 논점과 문제 제기

이러한 흐름을 타고 진행된 에스파냐 제2공화국의 토지개혁에 관한 연구는 우리에게 네 가지 논점을 제시해 주었다.

첫째로, 20세기 초 30여 년, 특히 제2공화국 시기에 일어난 변화를 어떻게 볼 것인가 하는 점이다. 이에 대해서는 세 부류의 견해가 있다. 농촌사연구회(Grupo de Estudios de Historia Rural)라는 이름으로 모인 연구자들은 이 기간에 나타난 변화를 농업 부문의 근대화 현상이라고 본다. 하지만 이런 시각에 이의를 제기하는 사람들이 있다. 경제사가 가브리엘 토르테야가 대표적 인물이다. 그는 1936년 현재 에스파냐 농촌은 아직 후진 상태에 머물러 있었으며 사회구조적 측면에서 본다면 여전히 특권이 유지된 상태였다고 주장했다.[42] 그런가 하면 경제학자 카를로스 바르시엘라는 기술 면에서 근대화가 어느 정도 달성되었는지 모르겠지만 사회적으로는 불평등이 여전히 지배적이었다고 주장했다. 그는 국가가 이 불평등을 해소하기는커녕 오히려 특권 질서를 유지하려고 했다고 보았다.[43] 카를로스 바르시엘라는 이어서 기술적 근대화 과정이 비록 좋은 방향을 예고한 것이긴 하지만 그렇다고 해서 그 근대화 과정에 과도한 중요성을 부여해서는 안 된다고 지적했다. 그리고 공화국 시절에 소유 구조를 개혁하기 위한 시도를 했지만 목적을 제대로 달성하지 못했다고 덧붙였다.[44] 이 시기의 변화를 바라보는 세 부류의 견해들은 결국 소유 구조의 불평등을 바라보는 인식의 차이에서 비롯된 것이라고 볼 수 있다.

이어서 두 번째 논점과 세 번째 논점은 《거울에 비친 유럽》으로 잘 알려진 에스파냐 역사가 조셉 폰타나가 주장한 가설과 관련이 있다. 1931년부터 1933년에 이르기까지 공화파 정당들과 사회노동당 연립정부(줄여서 공화·사회 연립정부)가 제시한 개혁안들과 1936년 2월 이후 인민전선 정부가 제시한 개혁안은 일관성이 있는 시의 적절한 방안으로 극우파나 극좌파가 내놓은 대안들보다 훨씬 우수한 방안들이었다고 평가했다. 이 개혁안들이 제대로 실행되지 않았다면, 그것은 무엇보다 안으로는 에스파냐 사회 내부의 저항과 밖으로는 국제적 차원의 요인에서 비롯된 것이라고 조셉 폰타나는 주장했다.[45] 하지만 말레파키스는 조셉 폰타나와 달리 사회주의자들과 공화 좌파에게 토지개혁 실패의 책임을 다음과 같이 물었다.

사회주의자들과 공화 좌파들에게 토지개혁 실패의 책임이 있음은 의심할 나위가 없다. 공화 좌파들은 입장이 너무나 모순투성이어서 일관성 있는 토지 정책을 세울 수 없었다. 상당 기간 동안 혁명적 신화와 거리를 두어 온 것처럼 보인 사회주의자들은 결국 혁명적 신화의 길로 나아갔다. 가장 큰 실책은 아마도 양립이 불가능한 이 두 세력의 연립에 있었을 것이다.[46]

우리가 살펴보고 있는 두 번째 논점은 조셉 폰타나가 제기한 첫 번째 가설, 곧 토지 정책에 일관성이 있었는가 하는 문제이다. 조셉 폰타나는 토지 정책에 일관성이 있었다는 얘기를 하기 위해 두 가지 논거를 제시했다. 그는 먼저 토지 정책이 불완전했다는 비난에 대해 20세기 초 24년 동안 실시한 정책과 비교하면서 "200만 헥타르가 아무것도 아닌 것처럼 얘기하면서 일용 노동자들 모두에게 토지를 제공하는 것보다 개인 경작이든 공동 경작이든 소토지 소유의 기초를 다지는 것이 더욱 중요하다는 사실을 이해하지 못한다는 것은 거짓말처럼 보인다. (······) 공화 좌파의 잘못은 농민들에게 토지 200만 헥타르를 분배하기로 한 데 있는 것이 아니라 2년에 걸친 토지개혁 기간에 10만 헥타르도 분배하지 못했다는 데 있다"[47]고 말했다. 정책이 아니라 시행에 문제가 있었다는 얘기이다. 다음으로 극우파나 극좌파가 공화 좌파와 사회주의자들의 개혁 정책보다 실천성과 유효성이 더욱 뛰어난 대안을 마련했다고 보지 않았다. 조셉 폰타나는 에스파냐공산당 (Partido Comunista de España)을 포함한 극좌파는 토지개혁을 '부르주아적 속임수'로 간주하면서 그것을 무시했고, 우파는 너무 심각하게 고려한 나머지 토지개혁을 수용할 생각이 없었다고 보았다.[48] 하지만 이러한 논거들은 사회주의자들과 공화 좌파의 토지 정책 자체를 검토한 것이 아니라는 점에서 소극적 자료에 불과하다.

에스파냐 현대 역사가 투뇬 델 라라는 조셉 폰타나와 생각이 다르다. 그는 공화·사회 연립정부의 활동과 입법 작업이 일관성이 있거나 틀이 확고한 대안 프로그램을 만들어 내지 못했다고 본다.[49] 투뇬 델 라라는 한걸음 더 나아가 일관성이 있는 대안을 만들어 내는 것 자체가 불가능했다고 얘기한다.

일관성 있는 대안을 만들어 내는 것이 불가능했다는 얘기는 수완이 있고 없고의 문제가 아니라 역사적 조건의 문제이다. 사회노동당은 물론 공화주의자들도 1931년 집권할 당시에 그런 대안을 만들어 낼 상황에 있지 않았다.[50]

여기서 투뇬 델 라라가 말하고 있는 '역사적 조건'이란 틀림없이 1898년의 미국-에스파냐 전쟁에서 패배한 이후 악화된 헤게모니의 위기였을 것이다.[51] 이 헤게모니의 위기가 정치경제적 위기, 파시즘의 공세적 전개, 구 권력 집단의 발호를 불러오는 데 그 어느 때보다도 크게 작용했다는 것이다.[52]

자크 모리스 또한 조셉 폰타나의 가설에 이견을 제시했다. 자크 모리스는 두 가지 점을 들어 공화·사회 연립정부의 토지 정책이 일관성이 없는 모순된 것이었다고 주장한다. 첫째로, 그것이 정말로 소경작자의 토지 소유를 장려하기 위한 것이었다면 소작인에게 그가 경작해 오던 농장에 대한 안정성을 보장해 주고 신용대부를 통해 그것을 매입하도록 해주는 것이 가장 신속한 방법이었을 것이라고 지적했다.[53] 실제로 1932년 봄에 이러한 주장이 제기되었는데 기각되고 말았다. 둘째로, 토지개혁을 위해서는 비상 재원을 확보해야 하는데 이를 주장한 공화 좌파가 자신들의 주장을 너무 빨리 포기했다는 점을 들었다.[54] 이것은 경작에 드는 비용뿐 아니라 첫 수확 때까지 생계를 유지하는 데 드는 비용이 필요한 토지분배 수혜자들은 물론이고 보다 안전하고 보다 값싼 신용대출이 필요한 소농들에게도 심각한 타격을 안겨 준 모순적 대응이었다는 것이다.

이렇듯 공화 좌파와 사회주의자들의 토지 정책에 일관성이 있었다는 조셉 폰타나의 주장에 말레파키스와 투뇬 델 라라, 자크 모리스가 반론을 제기했다. 이 논점을 풀기 위해서는 공화 좌파와 사회주의자들이 제시한 토지개혁 방안들과 토지 정책들에 대한 한층 더 면밀한 분석과 검토가 필요하다.

세 번째 논점 역시 조셉 폰타나의 가설과 관련이 있다. 조셉 폰타나는 좌파의 개혁 정책이 제대로 시행되지 않았다면 그것은 그들의 의지 결여나 무능력 때문이라기보다는 에스파냐 사회 안팎에서 나온 저항에서 비롯된 것이라고 주장한다. 이러한 주장은 우리의 관심을 다른 문제로 돌리게 만들었다. 사실 이러한 주장이 제기되기 전까지는 관심의 초점이 공화 좌파와 사회주의자들의 책임에 있었다. 공화 좌파와 사회주의자들에게 명백하고 단호한 토지 정책과 그것을 시행할 의지와 능력이 결여되어 있었다고 보았다. 조셉 폰타나가 좌파의 토지개혁 정책에 대한 내부의 저항 문제를 들고 나온 것은 바로 이런 상황에서였다. 1930년대 에스파냐의 농촌 문제를 다룬 연구들 대부분이 사회 갈등 문제에 치중했다고 본 조셉 폰타나는 공화국이 당면한 농촌 문제를 사회 갈등과 동일시하는 데 문제가 있다고 주장했다. 대부분의 지역에서는 농민들이 합법적 틀 안에서 투쟁을 했기 때문에 그 투쟁이 공개적 갈등으로 치닫지는 않았다고 지적했다. 오히려 자신들의 특권적 지위를 이용해 새로운 입법을 저지하고 세력 관계의 변화를 도모하는 농민들을 대상으로 조직적으로 반대운동을 펼친 특정한 사회집단이 당시 상황을 지배했다고 보았다.[55] 이 점에 대해서는 투뇬 델 라라도 같은 생각이다. 그는 사회주의자 라르고 카바예로가 공포한 일부 법령들이 사용자들의 상당한 저항을 불러일으켰으며, 특히 공화국 정부가 추진한 토지개혁 법안이 대지주들을 개혁 반대 활동으로 결집하게 만들었다고 주장한다.[56]

조셉 폰타나는 이어서 나라 밖의 움직임으로 관심을 돌린다. 러시아 혁명 이후 반란의 위협이 세계를 휩쓰는 가운데 군주제 몰락과 공화제 수립 같은 에스파냐에서 일어난 일련의 사건들에 놀라움을 금치 못하던 열강들이 에스파냐가 공산화된다는 흑색전설을 퍼뜨리면서 공화·사회 연립정부에 적대적 분위기를 조성하는 데 한몫 거들었다는 것이다.[57] 투뇬 델 라라도 마찬가지로 유럽의 정치경제적 위기가 공화국의 상황을 몹시 어렵게 만들었으며, 그 때문에 에스파냐 사회의 구조적 위기를 타개하기 위한 공화국의 입장이 난처해졌다고 주장했다.[58] 이러한 주장은 얼핏 보기에 타당한 것처럼 보이지만 좀 더 실증적 연구가 필요한 사안이다.

마지막으로 네 번째 논점은 공화국이 무너진 것이 제대로 개혁을 하지 않아서일까 아니면 과도한 개혁을 해서일까 하는 것이다.[59] 에두아르도 아로 텍글렌은 1981년 4월에 발표한 논문에서 후자, 곧 공화국이 과도한 개혁을 했기 때문에 무너졌다는 입장을 밝혔다. 공화국이 추진한 개혁 조치나 개혁 시도를 부르주아지들이 용인할 수 없었다는

것이다. 말레파키스도 에스파냐 북동부 타라고나에서 열린 국제학술
대회에서 이와 유사한 주장을 폈다. 지주 계층이 토지개혁 실시를 용
인할 수 없었다는 얘기이다. 하지만 피에르 빌라르를 비롯한 다른 학
자들은 개혁을 머뭇거렸고 '양 진영으로 나뉜 싸움' 탓에 공화국이 무
너진 거라고 본다. 그 일례로 1933년 선거에 나타난 정치 변화를 들고
있다. 노동자 대중이 속았다는 느낌을 갖자마자 견해를 바꾸었다는 것
이다. 이 기만은 공화국이 개혁을 시행해서가 아니라 그것을 시행하지
않은 데서 비롯된 것이다. 노동자 대중은 토지개혁이 곧 실현되리라고
기대했다.[60] 하지만 현실은 그렇지 않았던 것이다.

　이상에서 살펴본 네 가지 논점 말고도 연구자들 사이에 견해차는
수없이 많다. 견해차는 토지개혁을 주제로 한 연구에 다양한 관점이
존재한다는 사실을 보여 준다. 다양한 관점들이 제2공화국 토지개혁
의 실체를 보다 자세하고 보다 풍부하게 스케치하는 데 이바지한 점
이 없지 않다. 하지만 대개는 역사적 사실의 다른 측면들을 과소평가
하거나 그것들을 하나의 측면으로 환원시켜 버리는 위험성을 보여 주
었다.

　우리가 환원론에 빠지지 않기 위해서는 두 가지 전제를 신중하게 고
려해야 한다. 첫째로, 역사적 실체 그 자체를 수단이 아니라 목적으로
다루어야 한다. 이 점에 대해서는 이미 산토스 훌리아가 매우 적절하
게 설명한 바 있다.[61] 영미 역사가들이 에스파냐 현대사 연구에 적잖
은 영향을 미쳤는데 그 영향이 특정한 문제의식과 특정한 방법론, 특
정한 도덕적 교훈으로 나타났다고 한다. 먼저 에스파냐 제2공화국과
관련해서 대부분의 연구자들이 "공화국이 왜 실패했는가?"라는 질문
을 던진다. 이러한 질문 앞에서 역사적·과학적 연구 대상이어야 할 공
화국이 있는 모습 그대로의 공화국이 아니라 실패한 공화국, 곧 내전
의 원인이자 내전을 유발한 공화국이 된다. 이러한 문제의식을 갖고

동원하는 연구 방법론 또한 동일한 효과를 가져다준다. 이를 테면 주요 주역들의 회고 및 연설 관련 자료와 정당들의 정책 관련 자료를 수집해 재구성하는 것이 그것이다. 그리고 사실에 대한 평가를 통해서 도덕적 교훈을 이끌어 낸다. 사실 도덕적 교훈이란 세대가 흐르면서 그 내용이 바뀌게 마련이다. 이러한 위험에 빠지지 않기 위해서는 사실 그 자체를 연구하는 것이 필요하다. 산토스 홀리아는 사실 그 자체, 곧 정당의 조직과 구조, 권력 투쟁, 이념적 확신 등을 아는 것이 중요하다고 설명하고 있다.

하지만 사실 그 자체를 연구하는 것이 중요하다고 인정하더라도 고려해야 할 한 가지 전제가 더 있다. 그것은 사실 그 자체를 연구하는 것이 실체를 이해하기 위한 필요조건이지 충분조건은 아니라는 점이다. 사실 그 자체를 연구하는 것이 충분한 것이 되기 위해서는 시간의 흐름과 지리적 공간의 맥락을 고려해야 한다. 다시 말하면, 사실 그 자체와 시공간의 맥락을 두고 끊임없는 대화를 나눌 필요가 있다. 이 대화를 통해 우리는 사실에 대한 좀 더 나은 인식에 도달할 수 있게 될 것이다. 비교사적 관점의 연구가 이러한 대화를 끊임없이 이어 가게 하는 하나의 좋은 방법이 될 수 있을 것이다. 토지개혁 연구가 지나치게 국지화된 점을 지적하고 비교사적 연구의 필요성을 제기한 안토니오 베르닐의 주장[62]도 같은 맥락의 이야기일 것이다.

이러한 논점과 전제들을 고려하면서 에스파냐 제2공화국의 토지개혁이라는 주제를 새롭게 접근하기 위해서 나는 다음 네 가지 사항을 논의의 출발점으로 삼고자 한다. 첫째로, 1931년 공화국 체제가 출범할 당시 공화국 정부가 해결해야 할 가장 중대하고 가장 첨예한 문제가 토지를 둘러싼 것이었다는 데는 누구도 이의를 제기하지 않는다. 그런데도 흔히 정치 분야에서 국민적 열망의 대상이 된 토지 문제가 각 정당의 최우선 관심사가 되지 못했다는 얘기를 한다. 더욱이 공화국 대통령의 연설에서도 토지 문제가 언급되지 않았다는 지적이 있다.[63] 이러한 이야기와 지적이 사실이라면 그토록 중대한 토지 문제를 왜 그렇게 다루었을까? 그러한 차이는 왜 생겨난 것일까?

둘째로, 토지 문제가 시급하고 중대한 것이었음에도 불구하고 지금까지 진행된 거의 모든 연구는 토지를 라티푼디움 문제, 곧 안달루시아와 엑스트레마두라, 그리고 카스티야 일부 지역의 문제로 국한시켜 왔다. 물론 토지 소유가 소수의 수중에 집중된 것이 생산성 저조와 농민들의 불행을 가져온 주된 요인이었음에 틀림없다.[64] 하지만 이것은 라티푼디움 지역에서 주로 발생한, 다시 말해서 에스파냐 남부 지역에서 주로 나타난 현상이었다. 북서부의 갈리시아 지역에서는 오히려 미니푼디움이 가장 심각한 요소였다. 이와 관련해서 에스파냐 역사가 안토니오 라모스 올리베이라는 이렇게 지적했다.

나라를 쇄신하고 도덕적 균형을 바로 잡기 위해서는 토지 문제로 귀결되는 네 가지 가장 심각한 문제를 해결했어야 했다. 이를 테면 라티푼디움 지역에 거주하는 수많은 토지 없는 프롤레타리아들에게 토지 소유의 길을 마련하는 것과 이미 알려져 있다시피 카스티야에서 매우 높은 비율을 차지하는, 참을 수 없는 예속의 표지인 단기 소작을 폐지하거나 개선하는 것, 갈리시아와 카스티야의 미니푼디움을 개혁하는 것, 갈리시아의 포로(영세 소작)를 폐지하거나 개선하는 것 등이다.[65]

다시 말해서 토지 문제는 지역에 따라 그 성격이 달랐다. 그런데 왜 유독 라티푼디움 문제만 부각시켰을까? 다른 지역의 토지 문제, 다른 성격의 토지 문제는 왜 깊이 있게 다루지 않았을까?

셋째로, 사실 그 자체를 연구해야 한다는 원칙에 따라 토지 문제를 둘러싼 개혁 세력의 입장과 활동뿐만 아니라 반대 세력의 입장과 활동도 동일한 비중으로 다루어야 할 것이다. 사실은 우파와 사용자들이 중심이 된 개혁 반대 세력이 개혁 세력과 동일하거나 혹은 그 이상의 관심을 기울인 것으로 보인다. 다시 말하면 토지개혁을 추진한 과정만큼이나 그것을 저지시킨 과정도 동시에 고려해야 한다. 이렇게 할 때 토지 문제를 둘러싼 각 정당과 사회단체의 이해관계를 제대로 파악할 수 있지 않을까?

마지막으로, 여기서 더 나아가 정치판의 변화와 더불어 나타난 토지 문제를 둘러싼 양 진영, 곧 개혁 세력과 개혁 반대 세력의 역동적인 관계를 규명하고, 각 정당과 사회단체들의 입장, 활동, 반응의 흐름들을 살펴보아야 할 것이다. 제2공화국 시기에는 정치판이 네 차례나 바뀌었다. 임시정부 시기와 공화정 처음 2년, 공화정 나중 2년, 인민전선 시기가 그것이다. 지금까지의 연구는 나중 두 시기에 그렇게 많은 관심을 보이지 않았다. 세 번째 시기에는 토지개혁이 거의 진행되지 않았거나 심지어는 반개혁이 진행되었으며, 네 번째 시기에는 1932년 토지개혁법이 부활된 게 고작이라는 이유 때문이었다. 하지만 이 두 시기에도 토지 문제를 둘러싼 각 세력 간 이해관계의 갈등은 여전히 표출되었다. 예를 들어 1936년 7월 1일 의회 본회의에서 다양한 관점을 이해할 수 있게 해주는 연설들이 진행되었다. 그럼에도 역사가들은 이상하게도 7월 1일의 이 극적인 회의에 거의 아무런 관심을 보이지 않았다. 7월 10일까지 이어진 이 회의보다는 오히려 공공질서 문제를 다루고 에스파냐쇄신(Renovación Española)의 칼보 소텔로 의원과 갈리시아자치조직(Organización Regional Gallega Autonomista)의 카사레스 키로가 의원 사이에 격렬한 언쟁이 오간 6월 16일의 임시회의에 더 많은 관심을 기울였다.[66]

이상에서 살펴본 네 가지 사항들은 우리의 주제를 새롭게 접근하기 위한 기본적인 문제 제기에 해당한다. 여기서 좀 더 깊이 살펴보아야 할 것은 토지 문제와 정치체제 간의 관계이다. 말하자면 경제 상황과 정치체제 간의 관계라고도 볼 수 있는데, 이 둘 사이에는 기계적이지도 않고 단일하지도 않는 모종의 관계가 있다고 알려져 있다. 후안 벨라르데 푸에르테스의 지적에 따르면[67] 에스파냐의 경우에 경제 문제의 축적과 정치체제의 변화 사이에 분명한 상관관계가 존재한다. 이 점은 후안 벨라르데 푸에르테스뿐만 아니라 영국의 자유당 정치가 로이드 조지도 지적한 바 있다. 로이드 조지는 토지 경제와 민주주의의 관계에 대해 이런 말을 했다.

토지 문제가 해결되지 않는다면 농촌의 민주주의는 허구이다. 한 사람이 자유롭고 독립적이며 행복하게 살도록 하기 위해서는, 그리고 민주주의와 사회정의가 실현되도록 하기 위해서는, 아무리 엄격한 것이라 할지라도(국가의 헌법이라 할지라도) 하나의 법으로 규정하는 것으로 충분하지는 않다. 보충할 수 있는 법을 마련하고 경제적 측면과 사회적 측면에서 민주주의와 자유를 실제로 허용하는 공평하고 인간적인 규율들을 제정해야 한다.[68]

로이드 조지는 여기서 민주주의가 국가의 헌법만으로는 충분하지 않다고 얘기하고 있다. 그렇다면 무슨 요인들이 헌법의 실제 효력에 영향을 미치는가? 그 대부분은 법조문과는 거리가 먼, 체제를 구성하는 것들이다. 곧 정당 시스템과 선거 과정, 실제 권력, 사회화 정도 등이 그것이다.[69] 좀 더 구체적으로 말해서 정치사회적인 사건들이 토지 문제, 곧 토지개혁안과 그에 대한 토론, 법 제정 환경에 영향을 미친다는 것이고[70], 만일에 이것이 사실이라면 정부의 성격과 정당 제도가 결정적인 힘을 발휘하게 된다는 얘기이다.[71]

따라서 토지 문제를 연구하기 위해서는 정치사회적인 사건들과 변화를 다루어야 하고, 이를 위해 정부 형태와 정당 시스템에 대한 분석도 아울러 진행해야 할 것이다. 경제적 요인과 정치적 요인의 상관관계를 고려한다면 이것의 역명제 또한 의미가 있을 것이다. 다시 말하면 정부 형태와 정당 시스템을 이해하기 위해 토지 문제를 둘러싼 갈등을 분석해 보는 것이 유용할 것이다.[72] 요컨대 우리의 주제를 조명하는 데는 이들 접근 방식 모두가 매우 유용하다.

이런 맥락에서 우리는 영국 역사가 폴 프레스턴이 얘기한 말을 신중하게 음미해 볼 필요가 있다.

농업이 지배적인 사회에서는 우파와 좌파의 사회사상이 토지를 중심으로 전개되었다. 사회주의 노조인 노동자총연맹 내에서는 농촌 노동자들이 광범위한 노동자 집단을 구성하고 있었다. 합법적 우파 정치 집단들(에스파냐자치우익연합, 농민당, 급진공화당)은 상층 지주계급으로부터 경제적 지원을 받고 그들의 이해관계를 옹호해 주었다. 그뿐 아니라 소토지 소유자들의 대중적 지지를 모색했다.[73]

우리는 여기서 논의를 이어 가기 위한 출발점 두 가지를 생각해 볼 수 있다. 첫째로, 당시 에스파냐가 농업이 지배적인 사회였기 때문에 토지 문제가 제2공화국의 본질적인 중심을 이루고 있었다. 그래서 각 정당들뿐 아니라 사회단체들도 이 문제를 중심으로 자신들의 정체성을 추구해야 했다.[74] 둘째로, 각 정당과 사회단체들이 토지 문제를 자신들의 지지 기반에 의해 형성된 이해관계에 따라 처리하고자 했다. 세계를 바라보는 그들의 이해와 해석 체계, 사회 상황을 바라보는 그들의 인식과 이해 체계, 목적을 성취하기 위한 그들의 투쟁 노선은 바로 이러한 계급적 이해관계에서 비롯되었다.[75]

우리의 주제를 다루기에 앞서 1931년에서 1936년에 이르는 에스파냐 정당 및 사회단체들의 주요 특징들을 간략히 개관해 볼 필요가 바로 여기에 있다.

4. 제2공화국의 정당과 사회단체

에스파냐 제2공화국 정치체제 전문가 마누엘 라미레스에 따르면 공화국의 정당 시스템은 세 가지 특징을 보여 준다.[76] 첫째는 정당 시스템의 허약성이다. 공화국 당시의 정당들은 대개 급조된 정당들로서 빈약한 조직 구조, 일관성이 결여된 강령, 명망가와 개인들 중심의 정치 집단이라는 특징을 띠고 있었다. 특히 명망가들 중심의 정당은 당원을 늘리는 데 관심이 없었다. 이 정당들의 활동은 오로지 선거에 초점이 맞춰져 있었고, 당의 실권은 의회 지도자 중심의 소규모 집단들에 주어져 있었다. 당의 생명이 이 소규모 집단들의 경쟁에 달려 있었다. 이러한 성격의 정당은 정치 문제를 제외한 다른 사안에는 별로 관심이 없었으며 교리나 이념에 그렇게 중요한 비중을 두지도 않았다.[77] 공화국이 출범할 무렵 조직을 잘 갖춘 정당은 사회노동당이 유일했다. 따라서 사회노동당이 곧 공화국의 중추 정당이나 다름없었다.[78] 시간이 지남에 따라 우파 진영에도 좀 색다른 정당이 출현했는데 바로 에스파냐자치우익연합(Confederación Española de Derechas Autónomas)이다. 이러한 예외를 제외한 대다수 정당들의 허약한 시스템은 공화국 체제 전반에 적지 않은 영향을 끼치게 된다. 때로는 선거 실패 요인으로 작용하기도 했고 때로는 정당들의 이합집산을 불러일으키기도 했다.[79]

둘째는 극단적인 다당제이다. 무려 20개가 넘는 수많은 정당들이 정상적인 정치 발전과 의회 발전에 오히려 장애물로 작용했다. 화해할 수 없는 이념적 차이와 양극화, 체제 지지 정당들 내의 극심한 분열을 특징으로 하는 극단적인 다당제가 정치체제를 불안정하게 만들었으며 끊임없는 합종연횡으로 이어져 미래를 불투명하게 만들었다.[80] 이는 또한 정치적 결단을 내리는 데 커다란 걸림돌로 작용했고 정부로 하여금 만성적인 불안정과 허약성에 시달리게 만들었다.[81] 산티아고 바렐라 디아스는 제2공화국 시기 연립정부의 구성과 위기의 원인을 이러한 극단적인 다당제에서 찾고 있다. 1931년과 1933년, 1936년, 세 차례에 걸쳐 구성된 연립정부들은 선거 득표에서 야당에 비해 약간의 수적 우세를 누렸을 뿐이다. 하지만 이 약간의 우세가 선거법상 의회 의석 수 차이를 크게 만들어 주었다. 그럼에도 불구하고 정부의 위기는 계속되었다. 그 원인은 다른 데 있었던 것이 아니라 결국 정당 시스템에 있었던 것으로 보인다.[82]

셋째는 전국과 지역이라는 이중적 정당 구조이다. 이러한 이중적 구조는 지역 현안에서 비롯된 것이다. 그런데 문제는 이 이중적 구조 자체에 있는 것이 아니라 이 두 구조가 이념적 일치를 보이지 못한다는 데 있다. 이러한 이념적 불일치가 선거 정책뿐만 아니라 의회 활동에 적지 않은 영향을 끼쳤다.

또 다른 에스파냐 정치체제 전문가인 후안 린츠는 에스파냐 제2공화국 정당 시스템에 나타난 세 가지 특징 이외에 연속성과 불연속성이란 문제를 지적하고 있다. 그는 사회노동당이 과거와의 연속성을 보여준 유일한 정당이라고 지적했다. 그리고 공화주의 정당들 가운데서는 과거와의 연속성 차원에서 가장 중요한 정당이 알레한드로 레룩스의 급진공화당이었다. 하지만 이 급진공화당은 정치적 스펙트럼으로 볼 때 사회노동당과는 너무도 다른 입장을 지니고 있었다. 나머지 정당들은 과거와의 연속성이 거의 없는 정당들이었고 정치인들 또한 마찬가지였다. 따라서 에스파냐의 정치 엘리트들은 결국 정치적·행정적 경

험이 거의 없는 신인들이 주류를 이루었다고 볼 수 있다.[83]

공화국 정당 시스템의 이러한 특징들이 안정적이고 동질적인 정부를 구성하는 데 장애 요인으로 작용했다. 그래서 산티아고 바렐라 디아스의 지적처럼 제2공화국 의회정치의 한계는 무엇보다도 이러한 국내 정치 세력의 현실에서 비롯된 것이었다[84]고 볼 수 있다. 또한 우리가 염두에 두어야 할 것은 에스파냐에서는 정당이 정치 생활에 영향을 미치는 유일한 조직이라는 사실이다. 물론 노동조합과 사용자 단체, 종교 집단이나 이념 집단, 기타 단체들이 공권력의 의사 결정에 영향력을 행사할 수 있다. 하지만 에스파냐의 경우에는 일부의 예외를 제외하고는 이러한 압력 집단이나 이익집단이 아직 충분히 발달하지 않은 상태였다.[85]

우리의 주제를 이해하기 위해서는 정당 시스템의 특징뿐만 아니라 각 정당과 사회단체의 성격을 파악하는 것도 필요하다. 하지만 각 정당과 단체의 성쇠를 자세히 다루기는 불가능하다. 따라서 여기서는 주요 성격들만 개관하고 나머지 자세한 내용은 해당 장에서 살펴보도록 하겠다.

먼저 우익과 좌익의 구분 문제가 떠오른다. 이 구분을 위해서는 경제학자이자 정치학자인 라몬 타마메스가 제시한 기준이 무척 유용하다. 그는 1936년 7월 반란에 가담한 정당과 단체를 우익으로 분류했고, 내전 시기에 공화국 정부 편에선 정당과 단체를 좌익으로 분류했다.[86] 이러한 기준에 입각해 좌익과 우익의 분류표를 만들어 보면 다음과 같다[표 1].

이 분류표는 하나의 시도일 뿐이고 얼마든지 견해차가 있을 수 있다. 하지만 이런 분류가 당시의 정치판을 이해하는 데 상당한 도움을 줄 것이다.

이들 정당과 단체들 가운데 제2공화국의 연립정부를 주도한 양대

표 1 정당 및 단체의 좌·우익 분류

좌익		우익	
공화파	공화행동, 공화 좌파, 급진사회공화당, 공화연합	공화파	급진공화당, 공화자유 우파, 진보당, 보수공화당, 농민당, 민주자유당, 국민행동, 발렌시아우파
지방자치	카탈루냐에스케라, 갈리시아자치조직, 바스크민족당	자치 정당	카탈루냐리가
노동자	에스파냐사회노동당, 노동자총연맹, 에스파냐공산당, 마르크스주의통일, 노동자당, 조합당, 전국노동연합, 이베리아아나키스트연맹	군주제	에스파냐쇄신, 전통파, 에스파냐행동
		권위주의	에스파냐민족당, 국가조합주의운동 연합, 팔랑헤에스파뇰라, 국가조합 주의운동연합 팔랑헤에스파뇰라

대중 정당은 바로 에스파냐사회노동당과 에스피냐지치우익연합[87]이었다. 사회노동당 지도부는 지식인들과 중산계급 출신으로 구성되어 있었고 당원들은 공업 노동자들과 농업 노동자들이 주류를 이루었다. 당의 지지 기반은 농촌 안달루시아와 카스티야 지방에 있었다. 사회주의 노조인 노동자총연맹은 공화정 시기에 들어서 급성장했다. 노동자총연맹이 이렇게 급성장한 것은 전국농업노동자연맹(Federación Nacional de Trabajadores de la Tierra)에 대거 몰려든 농민들 덕분이었다. 반면 에스파냐자치우익연합은 합법적 정당의 외양을 갖추고 있었지만 그 조직은 매우 허술했다. 그 이유는 그 조직이 여러 단체들로 구성된 불안정한 연합체라는 데 있었다. 이 단체들을 연합체로 결속시켜 준 것은 자본과 사유재산, 사용자의 이해, 농업 세계, 극단적 성격의 가톨릭 종교, 군주제의 향수 같은 이해관계였다.[88] 사용자 단체들은 대부분 체제의 변화를 신중히 받아들였다. 대규모 사

용자 단체 가운데 하나인 경제연맹(Unión Económica)은 개혁주의에 비판적 입장을 취했다. 그리고 전국가톨릭농민연합(Confederación Nacional Católico-Agraria)과 전국농장주연합회(Agrupación Nacional de Propietarios de Fincas Rústicas), 축산업자연합회(Asociación de Ganaderos) 같은 농업 고용주 단체들 또한 공화국의 사회경제 정책에 반대 공작을 폈다.[89]

한편 지식인들이 주류를 이룬 카탈루냐에스케라(Esquerra Catalana)와 공화행동(Acción Republicana), 급진사회공화당(Partido Republicano Radical Socialista), 갈리시아자치조직 등으로 구성된 공화 좌파들은 아주 적극적이고 진보적인 중산계급과 하층 중간계급의 이해를 대변하고 있었다. 이들은 나름대로 개혁 프로그램을 지니고 있었고 노동자계급이 자신들의 개혁 프로그램을 지지해 줄 것으로 기대했다. 반면에 공화 우파에서는 급진공화당(Partido Republicano Radical)이 차지하는 비중이 컸다. 급진공화당은 한편으로는 맹목적인 반교권주의와 다른 한편으로는 매우 강력한 사회적 보수주의를 지향하고 있었다.[90] 따라서 세속적인 도시 중산계급의 일부가 급진공화당에 매력을 느끼고 있었으며, 적지 않은 부르주아지들이 여기서 자신들의 이해관계를 위협하는 대중 세력에 맞설 대안을 발견했다.[91] 농민당(Partido Agrario)은 '지역 유지'와 '명망가들'의 정당으로서 중소 농민, 특히 카스티야라비에하이레온 지역 중소 농민들의 이익을 대변했다.

전국노동연합(Confederación Nacional del Trabajo)과 에스파냐쇄신은 공화정 체제를 명백히 부정한다는 점에서 각각 사회노동당과 에스파냐자치우익연합의 활동에 영향을 주었다. 특히 아나키즘 노조인 전국노동연합은 대중 속으로 폭넓게 파고들어 여론의 강력한 구심 역할을 했다.[92] 그 구성은 노동자총연맹과 마찬가지로 노동자들이 압도적이었다. 조합원이 에스파냐 전역에 분포되어 있었고, 특히 카탈루냐에

밀집되어 있었다. 생디칼리스트와 아나키스트 사이에 내분이 없지는 않았지만, 전국노동연합 조합원들은 애초부터 공화제 반대 입장을 공유하고 있었다.[93] 반면에 소규모 집단이 당을 주도하는 에스파냐쇄신은 소규모 엘리트들로 구성된 군주제 정당으로서 결코 대중 조직을 지향하지 않았다.

에스파냐공산당은 이 기간에 심각한 재편 과정을 겪었다. 엄격한 교리를 중시한 호세 부예호스 노선이 코민테른(공산주의인터내셔널)에 의해 탄핵을 받고 1932년 10월부터는 호세 디아스 팀이 지도부를 꾸렸다. 에스파냐공산당은 이때부터 서서히 그 입장을 다변화시켜 나갔고 그에 따라 당원 수도 증가했다. 1933년 4월부터는 다른 노동자 단체들에게 반파시즘 전선을 구성하자고 제의하기도 했다.

한편 그 무렵 에스파냐에는 유럽에 확산되기 시작한 파시즘의 영향으로 권위주의 정당과 집단이 생겨났다. 프리모 데 리베라가 창당한 팔랑헤에스파뇰라(Falange Española)는 1934년에 라미로 레데스마와 오네시모 레돈도가 주도하는 국가조합주의운동연합(Juntas de Ofensiva Nacional Sindicalista)과 통합하고 나중에는 국가조합주의운동연합 팔랑헤에스파뇰라(Falange Española de las Juntas de Ofensiva Nacional Sindicalista)로 발전해 나갔다.

5. 연구 내용과 방법

이 연구의 목적은 에스파냐 제2공화국의 토지개혁을 둘러싼 정당과 사회단체들의 이해관계를 분석하는 데 있다. 이를 위해 선거공약에 나타난 토지 정책을 짚어 보고 선거 결과 구성된 정치판의 성격을 규명하며, 갖가지 토지개혁 법안과 토지개혁법의 내용을 분석하고 토지개혁법의 시행 과정을 살펴볼 예정이다. 그리고 정치판의 성격이 토지 문제의 향방과 어떤 관련이 있는지 알아보기 위해 공화국 시기를 임시 정부 시기와 공화정 처음 2년의 아사냐 정부, 공화정 나중 2년의 중도 우파 정부, 인민전선 정부 시기로 나누어 분석하기로 한다.

　지금까지 연구자들은 대개 이 기간을 3단계로 나누었다. 첫째 단계는 1931년 4월부터 1933년 총선 전까지로, 낡은 사회구조를 무너 뜨리고 민주주의 체제를 공고화하기 위해 노력한 시기였다. 이를 단순히 '공화정 처음 2년'이라고 부르거나 아니면 공화파와 사회노동당의 연립정부 기간이라고 해서 '공화파와 사회노동당의 연립 2년'이라고 부른다. 개혁적인 성격을 강조하는 이들은 '개혁의 2년'이라고 부르기도 하고, 이 기간에 총리를 지낸 마누엘 아사냐의 이름을 따 '아사냐의 2년'이라고 부르기도 한다. 둘째 단계는 1933년 11월 총선에서 1936년 2월 총선 전까지로, 잃어버린 권력을 회복한 우파들이 앞선 2년의 개혁들을 무너뜨리고 파시즘의 위협을 한층 고조시킨 시기였다. 이를 단순히 '공화정 나중 2년'이라고 부르거나 그 성격을 반영해 '어두운 2년' 또는 '수정 2년'이라고 부르기도 하고, 당시 정국을 주도한 인물의 이름을 따 '레룩스-힐 로블레스의 2년'이라고 부르기도 한다. 마지막으로 세 번째 단계는 1936년 2월 총선부터 같은 해 7월에 이르는 매우 짧은 기간이다. 이때 권력을 회복한 좌파들이 1931년에 시작한 개혁을 다시 추진해 나갔다. 이 시기를 인민전선 시기라고 부른다.[94]

　여기서는 첫째 단계를 임시정부 시기와 공화정 처음 2년으로 다시 나누었다. 1931년 12월 들어 내각이 새로 재편되기 때문이다. 임시정부 시기는 1931년 4월 공화제 선포로부터 1931년 12월 헌법 승인에 이르는 8개월에 해당한다. 이때 개혁을 위한 준비와 갖가지 예비 조치가 단행되었다.

이상의 네 단계가 각각 이 책의 2장과 3장, 4장, 5장의 내용을 이룬다. 1장에서는 본격적인 주제로 들어가기에 앞서 1930년 무렵의 토지 문제를 이해할 필요가 있다고 보아 별도로 다루었다. 6장에서는 3년 동안 지속된 내전 시기의 토지 문제를 다룬다.

이 연구에 필요한 자료는 크게 ① 정기간행물과 ② 저서, 회고록, 팸플릿, 논문, ③ 문서보관소의 사료 등으로 나뉜다. 무엇보다도 당시에는 정당과 사회단체들이 정책 홍보를 위한 주요 수단으로 신문을 이용했기 때문에 일간지와 잡지, 기관지 같은 정기간행물이 필수 자료에 해당한다.[95] 이를테면 당시 최대 일간지인 《엘 데바테》와 《아베세》는 공화정에 반대하는 보수반동 세력의 홍보 수단으로 이용되었다.[96] 《엘 데바테》는 가톨릭 공식 기관지였을 뿐 아니라 카스티야 곡물 과두 세력의 대변지였고, 《아베세》는 에스파냐 남부의 대지주와 올리브 귀족을 대변하는 신문이었다. 이에 반해 《엘 소시알리스타》와 《클라리닷》, 《레비아탄》은 사회주의자들의 입장을 대변하는 간행물이었다. 이렇듯 정치 세력마다 자신들의 이해관계를 홍보하기 위한 간행물을 발행하고 있었다. 당시에 출간된 저서와 회고록, 팸플릿, 논문도 해당 저자와 정당, 사용자 단체나 노동자 단체의 다양한 이해관계를 보여 주는 귀중한 자료들이다. 마지막으로 문서보관소의 사료들을 빼놓을 수 없다. 파블로 이글레시아스 재단과 살바도르 세기 재단을 비롯한 정당과 노조 단체 산하의 각종 문서보관소와 에스파냐공산당 문서보관소, 히메네스 페르난데스 문서보관소 등에 소장된 사료를 참고했고, 마드리드와 살라망카에 있는 국립역사문서보관소, 알칼라데에나레스에 있는 내무부 문서보관소, 마드리드의 농업부 문서보관소 사료를 활용했다.

1장

1930년 무렵의 토지 문제

잘 알려져 있다시피 토지개혁을 위해서는 토지, 인간, 자본의 세 요소를 고려해야 한다.[1] 1930년 무렵의 토지 문제를 이해하기 위해서도 마땅히 이 세 가지 요소를 살펴보아야 할 것이다. 토지와 관련해서는 토지 소유 구조를 살펴보고 인간과 관련해서는 사회구조를, 자본과 관련해서는 농업금융 체계를 각각 살펴보아야 할 것이다.

1. 토지 소유 구조

프랑스 사회학자 피에르 주스는 1930년에 출판한 《토지개혁의 경향》[2]에서 "유럽에서 불합리한 토지 소유 구조를 지니고 있으면서도 진지한 개혁을 시도하지 않는 유일한 나라"가 바로 에스파냐라고 지적했다.[3] 도대체 토지 소유 구조가 어떠했기에 불합리하다고 했을까?

에스파냐는 지리적 환경이 무척 다양한 나라이다. 기후도 다양하고 사회 형태도 천차만별이다. 1930년 무렵의 토지 문제도 마찬가지였다. 영국의 지리학자 어니스트 헨리 조지 도비가 "에스파냐의 토지 문제는 지역마다 너무도 달라서 마드리드 중앙 정부가 추진할 보편적 해결 방안이란 게 있을 가능성이 거의 없다"[4]고 말할 정도였다.

에스파냐 토지 문제는 크게 라티푼디움과 미니푼디움 문제로 나누어 볼 수 있다. 사회주의자 비센테 로드리게스 레비야는 이를 두고 '두 가지 해악'이라고 표현했다.[5] 한편으로는 조그만 땅뙈기를 소유한 자들이 부지기수였고, 다른 한편으로는 극소수의 지주들이 방대한 토지를 소유하고 있었다. 전자가 미니푼디움이고 후자가 라티푼디움이었다. 미니푼디움은 그 수익으로 한 농가가 1년 동안 생계를 유지할 수 없을 만큼 조그만 땅뙈기를 가리키고, 라티푼디움은 면적이 250헥타르가 넘는 대농장을 가리킨다.[6] 1930년 무렵의 에스파냐에는 이렇게 라티푼디움과 미니푼디움이라는 양 극단이 존재했다.[7]

에스파냐 경제가 당면한 문제의 근본은 라티푼디움에 있었다. 공화정 처음 2년 동안 총리를 맡게 되는 마누엘 아사냐는 1931년의 상황을 이렇게 파악했다. "대규모 농장의 경작을 뒷받침하는 것은 최저임금과 계절 실업이었다. 농촌의 일용 노동자들은 4~5개월 동안 계절 실업자가 되어 일하지도 못하고 먹을 수도 없다."[8] 마누엘 아사냐는 안달루시아와 엑스트레마두라 지방에 퍼져 있는 토지 소유의 과도한 집중에서 이런 불행이 비롯되었다고 지적했다. 토지 소유가 집중된 결과, 쥐꼬리만 한 임금을 받고 품을 팔아야 하는 처지에 놓인 노동자들이 마을마다 수백 명 내지 수천 명에 달했다. 20세기 처음 30년 동안 개혁을 부르짖은 사람들이 라티푼디움을 비판했는데, 그 이유가 비단 라티푼디움의 낮은 생산성 때문만이 아니었다. 그것이 낳은 정치사회적 결과 때문이기도 했다. 농촌 실업과 실업으로 말미암은 가난과 폭력이 그것이었다.[9] 방대한 토지가 극소수의 지주들 손에 집중된 것이 문제의 근원이었다.[10]

하지만 토지 문제에 대한 다른 관점의 접근이 없었던 것은 아니다. 이를테면 가브리엘 가르시아 바델은 라티푼디움 문제가 19세기에 가장 많이 연구된 주제 가운데 하나였음을 인정하면서도 너무 좁은 구획으로 분할된 영세 농경지도 문제라고 지적했다.[11] 이른바 토지의 원자화 문제를 지적한 이들이 여러 명 있었다. 18세기와 19세기 초에 활약한 법률가이자 정치가인 가스파르 멜초르 데 호베야노스는 아스투리아스에 보낸 편지에서 "안달루시아 대농장을 분할하는 법을 바라는 만큼 아스투리아스의 토지 구획 분할을 방지하는 '법'을 바란다"면서 토지의 원자화를 한탄했다.[12] 이 밖에도 카를로스 3세 치세(1759~1788년)에 활약한 저술가와 정치인들 캄포마네스, 콘데 데 플로리다블랑카, 콘데 데 아란다도 이 문제의 중요성을 지적하고 치유책을 내놓았다. 19세기에는 분할지의 통합을 장려하는 법령이 제정되기도 했다.[13] 1907년에는 왕령으로 소유지분할연구위원회를 발족하여 소유지 분할의 원인과 실태, 소유지 분할이 초래한 법률적·사회적·경제적 차원의 결과를 연구하게 했다.[14] 제2공화국에 들어서는 미니푼디움의 해악이 라티푼디움의 해악보다 더 크다고 지적하는 주장도 나왔다. '영세 농지'가 수많은 해악들을 낳기 때문에 분할지 통합법이 시급하다고 주장했다.[15] 그러나 이 문제를 해결하기 위한 노력을 구체화하거나 관련 조치를 취하지는 않았다.

1930년 무렵 에스파냐의 토지 상황을 정확하게 파악할 수 있는 자료는 없다. 1906년에 재무부가 징세를 목적으로 조사하기 시작한 토지대장이 있기는 하지만 불완전하다. 재무부는 1930년까지 에스파냐 중부와 남부의 22,435,090헥타르를 조사했다. 여기에 시가지와 도로 등을 더하면 2천5백만 헥타르에 달한다. 에스파냐 전체 면적인 50,307,533헥타르의 절반에 해당한다. 북부 지방의 토지 조사는 내전이 끝난 뒤에 재개되어 그 결과가 1959년에 출간되었다. 이 자료가 초보적이나마 전체를 개관할 자료를 제공해 준다. 우리는 여기서 에드워드 말레파키스와 마찬가지로,[16] 중부와 남부에 대해서는 농학자 파스쿠알 카리온이 제공하는 자료[17]를 참고하고, 북부와 에스파냐 전체에 대해서는 가브리엘 가르시아 바델이 제공하는 자료[18]를 사용한다.

라티푼디움 또는 대농장의 기준을 250헥타르로 잡을 경우에 지역별 라티푼디움의 비율은 [표 2]와 같다. 서안달루시아에서는 전체 면적

표 2 에스파냐의 라티푼디움 비율(1930년과 1959년)　　　　　　　　　단위 %

지역	전체 농장수 대비	전체 면적 대비	전체 과세소득 대비
에스파냐 전체(1959)	–	16.9	10.1
북부(1959)	–	8.0	4.9
중부(1930)	–	15.6	6.2
남부(1930)	0.3	41.2	27.8
북부			
갈리시아		4.6	3.0
레온·부르고스	–	10.1	6.4
칸타브리아 해안	–	4.9	3.3
아라곤-에브로	–	11.3	6.7
카탈루냐		5.5	3.1
중부			
카스티야라비에하	–	14.4	6.0
카스티야라누에바	–	13.6	9.7
레반테	–	14.6	3.3
남동부	0.1	20.5	7.4
남부			
서안달루시아	0.5	46.0	32.1
엑스트레마두라	0.2	35.8	28.7
라만차	0.2	38.8	21.6
동안달루시아	0.2	43.3	21.5

출처: Edward E. Malefakis, Reforma agraria y revolución campesina, Cuadro 3.
※ 하이픈 표시는 0.05퍼센트 미만을 나타낸다.

에서 라티푼디움이 차지하는 비율이 46퍼센트에 달하고, 동안달루시
아에서는 43퍼센트, 라만차에서는 39퍼센트, 엑스트레마두라에서는
36퍼센트에 달한다.

한편 중부의 카스티야라비에하와 카스티야라누에바, 레반테에서는 라티푼디움의 비율이 15퍼센트 미만이었다. 북부의 갈리시아와 칸타브리아 해안, 카탈루냐에서는 그 비율이 가장 낮았다. 요컨대 에스파냐의 남동부에서 라티푼디움이 지배적이었고 북부와 동부로 갈수록 그 비율이 낮아졌다고 볼 수 있다.

라티푼디움의 생산성을 알아보기 위해서는 과세소득을 분석해 볼 필요가 있다. [표 2]에서 알 수 있다시피 전체 과세소득 대비 라티푼디움 과세소득의 비율이 전체 면적 대비 라티푼디움의 비율에 견주어 매우 낮다. 이것은 무엇을 의미할까? 이것은 다름 아니라 라티푼디움의 생산성이 매우 낮다는 사실을 의미한다.

에스파냐처럼 농장수와 소유자 수가 일치하지 않는 나라에서는 토지 소유자와 그들의 과세소득을 고려해 보면 라티푼디움의 상대적 중요성이 더욱 커진다는 사실을 알 수 있다. 토지대장에서는 대지주의 중요성이 과소평가되기 쉽다. 여러 자치단체에 토지를 분산 소유하고 있고 배우자와 자녀의 명의로 토지를 관리하고 있는 대지주가 있기 때문이다. 이런 부류의 대지주는 토지대장에 나타난 수치보다 실제로 훨씬 더 많은 토지를 소유하고 있고 훨씬 더 많은 소득을 올리고 있었다.[19] 특히 에스파냐 남부의 대지주들은 토지대장의 수치가 암시하는 것보다 경제적으로 훨씬 더 막강했다. [표 3]에 따르면 2퍼센트 미만의 지주들이 56.6퍼센트의 토지를 관리하고 있었고 전체 소득의 47.8퍼센트를 차지하고 있었다.

다른 한편으로 [표 3]을 보면 미니푼디움이 전체 토지의 47퍼센트를 차지하고 과세소득의 60퍼센트를 생산하고 있음을 알 수 있다. 이 수치를 보면 미니푼디움이 에스파냐 토지 소유의 중요한 특징이라고 해도 과언이 아니다. 이 정도 수치면 미니푼디움의 비중이 벨기에나 프랑스와 비슷하고 나머지 다른 유럽 나라들보다는 높다.[20]

표 3 대토지 소유자의 비율(1930년 12월 31일까지의 자료)   단위 %

지역	250헥타르 이상		5천 페세타 이상	
	소유자	면적	소유자	과세소득
카스티야이레온	0.3	27.6	0.4	31.3
중부	0.6	33.8	0.7	33
레반테	0.2	28.5	0.3	15.8
남동부	0.5	33.6	0.2	17.3
라만차	1.3	61.1	0.8	35.5
엑스트레마두라	1.6	61.8	2.2	57.7
서안달루시아	1.4	55.2	2.1	56.2
동안달루시아	0.8	48.2	1.2	41.8
에스파냐(전체)	0.8	49.3	0.97	42.05

출처: Pascual Carrión, Los latifundios en España, Cuadro 7 y 10

가브리엘 가르시아 바델이 제시한 자료[21]에 따르면 전체 5천4백만 필지 가운데 1헥타르 미만의 농장이 91퍼센트에 달하고 5헥타르 미만의 농장은 97퍼센트에 달한다. 토지 소유자를 기준으로 보면 0.5헥타르 미만의 토지를 소유한 자들이 200만 명 정도에 이른다. 전체 토지 소유자의 34퍼센트에 해당하는 수치이다. 1헥타르 미만의 토지를 소유한 자들은 312만 명으로 전체 토지 소유자의 52퍼센트에 해당한다. 5헥타르 미만의 토지를 소유한 이들은 500만 명으로 전체 토지 소유자의 82퍼센트에 달한다. 마지막으로 10헥타르 미만의 토지를 소유한 자들은 전체 토지 소유자의 92퍼센트 정도에 이른다. 과세소득을 기준으로 보면 과세소득이 1천 페세타 미만인 농장의 수가 전체 농장의 98퍼센트에 달하고 과세소득 1천 페세타 미만의 농장을 소유한 농장주의 수는 전체 농장수의 81퍼센트에 이른다. 이런 수치들은 앞서 얘기한 토지의 원자화를 다시금 확인해 준다.

표 4 에스파냐의 미니푼디움 비율(1930년과 1959년)　　　　　　　　　　　　단위 %

지역	전체 농장수 대비	전체 면적 대비	전체 과세소득 대비
에스파냐(1959)	99.1	46.5	60.2
북부(1959)	99.6	63.3	71.1
중부(1930)	99.0	53.3	73.3
남부(1930)	99.6	27.9	41.1
북부			
갈리시아	99.9	78.7	83.2
레온·부르고스	99.7	63.8	72.4
칸타브리아 해안	99.6	69.2	74.9
아라곤-에브로	98.7	54.7	64.8
카탈루냐	96.7	54.4	62.9
중부			
카스티야라비에하	99.6	66.1	77.1
카스티야라누에바	99.3	58.9	71.1
레반테	98.7	51.4	78.4
남동부	95.5	33.4	62.0
남부			
서안달루시아	94.6	22.4	34.8
엑스트레마두라	97.1	27.4	35.4
라만차	97.3	34.8	57.2
동안달루시아	96.9	26.4	49.4

출처: Edward E. Malefakis, Reforma agraria y revolución campesina, Cuadro 2

　지역별로는 중부와 북부에서 미니푼디움이 압도적으로 나타났다. 특히 북부에서는 미니푼디움이 전체 토지 면적의 70퍼센트에 달했고 그곳에서 과세소득의 70퍼센트 이상을 생산했다. 갈리시아에서는 심지어 전체 농장수의 99.9퍼센트 정도가 미니푼디움이었다. 이곳에서

표 5 지역별 경작 체계

지역	직접 경작	소작	분익소작
서안달루시아	66.1	25.1	8.8
동안달루시아	62.2	28.6	9.2
카스티야라비에하	71.1	24.8	4.1
카스티야라누에바	69.7	22.8	7.5
아라곤	75.2	12.1	12.7
레반테	45.8	15.4	38.8
레온	71.3	27.7	1.0
카탈루냐·발레아레스	53.7	14.1	32.2
엑스트레마두라	55.2	23.7	21.1
리오하·나바라	66.3	24.0	9.7
갈리시아	67.3	21.7	11.0
바스크	60.6	38.9	0.5
카나리아 제도	66.2	9.8	24.0
아스투리아스·산탄데르	60.0	38.3	1.7
에스파냐 (전체)	63.6	22.3	14.1

출처: Luis García de Oteyza, "Los regímenes de explotación del suelo nacional," Cuadro 1

는 미니푼디움이 전체 토지 면적의 79퍼센트를 차지하고 미니푼디움에서 전체 과세소득의 83퍼센트가 생산되었다.

당대의 농학자와 정치인들은 미니푼디움에 몇 가지 문제가 있다고 지적했다.[22] 첫째, 토지가 여러 필지로 나뉘어 있고 농지들이 서로 멀리 떨어져 있어서 이 농장에서 저 농장으로 이동하는 데 시간이 걸리게 되고 그만큼 노동 시간이 허비된다. 그 결과 노동의 단가도 올라간다. 다시 말해 하루에 제공할 노동의 양이 현저히 줄어들기 때문에 경작을 하는 데 보통의 농장보다 더 많은 노동을 투입해야 한다. 둘째,

표 6 **지역별 경작자 비율** 단위 %

지역	직접 경작자	소작농	분익소작농
서안달루시아	62.0	30.0	8.0
동안달루시아	36.4	52.7	10.9
카스티야라비에하	67.1	29.8	3.1
카스티야라누에바	64.7	25.3	10.0
아라곤	74.2	15.0	10.8
레반테	54.7	26.9	18.4
레온	65.5	32.8	1.7
카탈루냐·발레아레스	59.4	20.3	20.3
엑스트레마두라	48.6	18.8	32.6
리오하·나바라	55.9	39.5	4.6
갈리시아	61.2	27.9	10.9
바스크	60.1	39.4	0.5
카나리아 제도	73.9	6.2	19.9
아스투리아스·산탄데르	33.3	65.0	1.7
에스파냐(전체)	56.2	31.5	12.3

출처: Luis García de Oteyza, "Los regímenes de explotación del suelo nacional," Cuadro 3

땅뙈기의 경계를 표시해야 하고 필지의 형태가 너무 불규칙하기 때문에 경지 면적이 줄어든다.[23] 셋째, 농기계를 사용하기 어렵다. 넷째, 농장이 서로 멀리 떨어져 있어서 농장을 관리하는 비용이 많이 든다. 다섯째, 경계 문제로 이웃과 갈등이 벌어질 가능성이 높다.[24] 여섯째, 목축을 하거나 농지를 개량하기가 어렵다. 일곱째, 신용 대부를 받을 수 없다. 이런 문제를 종합해 보면 토지 소유의 분산이 결국 농업 생산에 부정적 영향을 끼친다는 얘기가 된다. 따라서 농지를 통합하는 작업이 매우 시급한 상태였다.

마지막으로 토지 소유 구조를 다루면서 경작 체계를 언급하지 않을 수 없다. 하지만 전반적 상황을 보여 줄 자료가 없는 실정이다. 부동산토지국이 펴낸 1930년 보고서로는 에스파냐 전역에 걸친 경작 실태를 알 수가 없다. 이 자료는 일부 지역의 토지 보유 현황을 보여 줄 뿐이다. 이 자료에 따르면 소유자가 직접 경작하는 농지가 62퍼센트이고 소작지가 33퍼센트이며 분익소작지가 5퍼센트이다.[25]

　　전국의 경작 체계가 어떠했는지를 파악하려면 1950년 이후 농업사회연구소가 펴낸 통계자료에 의지할 수밖에 없다.[26] 이 자료에 따르면 직접 경작지가 전체 경작지 2천100만 헥타르의 63.6퍼센트에 이르고 소작지와 분익소작지는 각각 22.3퍼센트와 14.1퍼센트에 달했다[표 5]. 직접 경작지의 비중이 큰 지역은 아라곤과 레온, 카스티야였고 분익소작지의 비중이 상당한 지역은 레반테와 카탈루냐, 발레아레스였다. 소작지의 비중이 상대적으로 높은 지역은 바스크, 아스투리아스, 산탄데르였다.

　　그렇다면 어째서 지역별로 이런 차이가 나타났을까? 가장 그럴듯한 이유는 현지의 기후 조건이다. 기후 조건을 극복한 관개지나 강우량이 일정한 지역에서는 직접 경작과 소작을 선호한 반면에, 기후 조건이 열악한 지역에서는 분익소작의 비율이 다른 지역보다 더 높은 것으로 나타났다.[27]

　　그런가 하면 374만 명에 달하는 경작자들을 분석해 보니 직접 경작자가 56.2퍼센트에 달하고 소작농과 분익소작농이 각각 31.5퍼센트와 12.3퍼센트에 이르렀다[표 5]. 농사를 짓는 경작자의 관점에서 보면 절반 정도가 소작농이나 분익소작농인 셈이다. 소작농은 아스투리아스, 산탄데르, 동안달루시아에서 우세했고, 라티푼디움 지역인 엑스트레마두라에서는 직접 경작자의 비율이 절반에도 못 미쳤으며 분익소작농의 비율이 32.6퍼센트에 달했다.

2. 사회구조

1930년에 통계국이 실시한 인구조사에 따르면 에스파냐에 2,356만여 명이 살고 있었다. 이 가운데 경제활동인구는 37.5퍼센트였고 그중 농업에 종사하는 사람들이 45.1퍼센트였다. 대략 400만 명이 농업에 종사하는 경제활동인구였다[표 7].

그렇다면 농업 인구의 사회적 구성은 어떠했을까? 에스파냐 농민을 연구한 에두아르도 세비야 구스만은 지역에 따라 두 가지 유형의 사회적 특성이 나타난다고 지적했다. 이베리아반도 북부 지역인 칸타브리아, 나바라, 아라곤, 카탈루냐, 발렌시아에서는 소규모 자영농이 지배적이었고, 남부 지역인 안달루시아, 엑스트레마두라, 라만차에서는 토지 없는 농촌 주민이 압도적이었다. 특히 향후 토지개혁의 대상 지역으로 떠오른 남부 지역에서는 사용자 계층과 토지 없는 농민 계층이 있었고 양 계층 사이에는 엷은 층의 소지주와 소작인 계층이 있었다.[28] 여기서는 소지주와 소작인, 토지 없는 농촌 주민을 모두 농민으로 분류하고 농민과 고용자 계층을 좀 더 자세히 살펴본다.

사용자 또는 고용자 계층은 토지 과두 세력으로, 대지주와 고리대금업자가 여기에 해당한다. 대지주는 대체로 귀족과 상층 부르주아지였다. 귀족은 인구조사의 범주로서는 사라졌지만 에스파냐 사회에서 여전히 건재함을 과시했다. 토지 재산을 보유하고 있었고 다른 계층의 부러움을 사고 있었다.[29] 말레파키스가 제시한 자료에 따르면 바다호스와 코르도바, 세비야에서는 귀족이 1933년 수용 대상 토지대장에 등록된 토지의 13~17퍼센트가량을 소유하고 있었다.[30] 이들 일부 주에서는 귀족이 막강한 재력을 과시했지만, 남부의 다른 주들과 소규모 자영농 경작이 지배적인 중부와 북부의 주들에서는 그렇지 못했다.

한편 부르주아 지주가 점차 귀족에 버금가는 지위로 부상하고 있

표 7 1930년 경제활동인구

성별	인구수	비율(%)
남성 경제활동인구	7,659,176	66.2
여성 경제활동인구	1,180,560	9.7
전체	8,839,736	37.5
남성 농업인구	3,728,361	32.2
여성 농업인구	262,713	2.1
전체	3,991,074	16.9

출처: Instituto de Estudios Agro-Sociales, La población de España (Documentación Estadística),
Archivo del Ministerio de Agricultura, Madrid, 1950,
Cuadros núms. 3, 4, 5, 12, 13, 14, 39, 40, 41, 48, 49 y 50

었다. 이들은 19세기에 한정상속이 해제되자 토지를 매입하기 시작
했다. 그 결과 대다수의 토지를 소유하고 있었고 전 국토의 상당 부분
을 관리하게 되었다. 그러나 에스파냐의 부르주아 지주들은 북서 유럽
의 부르주아들이 보여 준 기업 정신을 발휘하지는 않았다.[31] 이 점을
부재지주제(不在地主制)에서 확인할 수 있다. 부재지주제는 귀족들 사
이에서도 보편적으로 나타나는 현상이었다.[32] 요컨대 에스파냐의 대
지주들은 토지에 별다른 투자를 하지도 않았고 토지 개량에도 노력을
기울이지도 않았다. 오히려 토지를 소작지로 내주거나 관리인을 두고
간접적으로 관리했다.

농촌 사회를 구성하는 또 다른 계층은 갖가지 문제를 안고 살아가야
했다. 노동자, 소작인, 소토지 소유자로 이루어진 농민들이 바로 그들
이었다. 먼저 경제적 압박에 시달려 토지를 상실할 위기에 처한 소토
지 소유자들은 일용 노동자처럼 일을 하거나 생계를 유지하기 위해 남
의 땅을 조금이라도 더 부쳐 먹어야 했다.

다음으로 소작제는 앞서 얘기한 부재지주제의 산물이었다. 토지 소
유자가 자신의 토지를 직접 경작하지 않을 경우, 그 토지를 소작지로

제공하고 어느 정도 수입을 챙겼다. 앞서 경작 체계에서 소작농이 차지하는 비율을 살펴보았다시피 에스파냐에서는 소작제가 상당한 비중을 차지했다.

에스파냐의 소작제는 지역에 따라 조금씩 달랐고 소작농들이 처한 현실에도 다소 차이가 있었다. 먼저 카스티야 지방을 비롯한 남부의 소작농들이 처한 어려움이나 곤란한 상황은 이랬다. 첫째로, 대다수의 계약이 문서로 작성되지 않았고 심지어 계약도 하지 않고 농지를 제공하는 경우도 있었다. 그러다 보니 지주는 거리낌 없이 소작농을 내쫓거나 소작료를 마음대로 인상할 수 있었다.[33] 반면에 소작농은 아무런 권리를 주장할 수 없게 되고 일용 노동자 처지로 전락하기도 했다. 지주가 이행할 의무라고는 아무것도 없었다. "세금도 내지 않고 주택 개량은커녕 농지를 개량하는 데 한 푼도 쓰지 않았다."[34] 둘째로, 계약을 한 경우에는 계약 기간이 짧았다. 3년에서 6년 사이가 흔했다. 셋째로, 토지 수요가 늘어남에 따라 소작농이 자신의 소작지를 다시 소작으로 내어주는 전대(轉貸)가 등장했다. 19세기 후반에 등장하기 시작한 소작지 전대가 제1차 세계대전 이후 상당한 규모로 증가했다.[35] 이런 소작지 전대는 소작농에게 수익 사업이 되기도 했다. 자신이 직접 경작하는 소작농이 소작지를 전대할 경우, 도심에서 가까이 위치한 좋은 땅은 자신이 경작하고 멀리 떨어진 척박한 땅은 비싼 지대를 받고 전대해 주었다. 직접 경작을 하지 않는 소작농은 소작지 전체를 여러 필지로 나누어 전대했다.[36] 소작지 전대가 소작농에게 수익성 좋은 사업이었다는 말은 전대를 받는 노동자들의 처지가 그만큼 열악했다는 의미가 된다.[37] 마지막으로, 소작농은 금융, 시장, 교통 같은 제반 시설과 제도를 제대로 이용할 수 없어서 어려움에 처했다.

남부 지방의 소작농을 다루면서 윤테로(Yuntero) 문제를 못 본 체할 수 없을 것이다. 윤테로는 겨릿소를 부리는 엑스트레마두라 지방의 농부를 일컫는 말이다. 엑스트레마두라 지방, 특히 바다호스와 카세레스 주에서는 목축이 농촌 경제의 중요 부분을 이루고 있었다. 지주나 대소작농이 주로 목축에 종사하면서 토지 일부를 겨릿소로 곡물 경작을 하는 영세소작농에게 전대해 주었다. 이 시스템이 지주나 대소작농에게는 유리했지만 윤테로들에게는 불리했다. 지주들은 목장이 충분히 넓어 지대에 의존하지 않아도 되었고 토지 수요가 큰 소작인들의 현실을 자의적으로 이용할 수 있었다. 반면에 윤테로들은 끊임없는 소작 조건 개정과 높은 지대에 늘 시달려야 했다.

갈리시아 지방의 영구소작제(foro)도 일종의 소작제이다. 영구소작제가 시행되는 지역은 전 국토의 7분의 1가량이 된다. 미뇨 강 강어귀에서 두에로 강에 이르는 선이 그 경계이다.[38] 이 제도에서는 소작인이 영구소작료를 지불하고 토지 용익권을 갖는다. 따라서 지대 인상이나 쫓겨날 것을 염려하지 않고 농장을 개량할 수 있다. 이런 점에서 영구소작제가 다른 소작제보다 낫다고도 볼 수 있다. 하지만 현실은 그렇지 않았다. 여기서도 소작지를 전대하는 일이 잦았다. 그러면서 전대를 한 영구소작농과 전대를 받은 소작인 사이에 분쟁이 끊이지 않았다. 그의 결과 몰락하는 경작자들이 생겨났다.[39] 갈리시아 인구가 급증하고 그에 따라 토지 가격이 상승하기 시작한 17~18세기 이래 영구소작농들은 농장을 분할하여 전대하면서 재미를 보았다. 소작지 전대가 분할 상속과 맞물리면서 영구소작제가 더욱 복잡해졌다.[40] 심지어 3제곱미터의 땅에 주인이 세 명이 되는 경우도 발생했다. 땅 주인, 소작료 주인, 생산물(과수) 주인이 서로 달랐던 것이다.[41] 1888년 민법전에서 "경작자가 처한 가장 심각하고 복잡하며 어려운 문제"[42]라고 적시할 정도로 영구소작제 문제는 중요했다. 1926년에 정부가 법령을 공포하여 영구소작과 전대소작 문제를 해결하려 했지만 단지 일부만 해결되었을 뿐이다.[43]

카탈루냐에서는 소토지 소유자들이 토지를 대부분 소유하고 있었고 그들이 토지를 농민들에게 소작을 주었다. 소작에는 상속이 가능한 영구소작과 분익소작 두 가지 형태가 있었다. 분익소작은 포도원 농지에 적용되었다. 그래서 '포도재배 소작'(rabassa morta)이라고 불렀다.

포도재배 소작 계약은 토지 소유자가 경작자에게 용익권을 양도하고 경작자는 토지 소유자에게 지대를 제공하는 계약이다. 계약 기간은 따로 명시할 수도 있지만 대체로 처음 심은 포도 묘목의 3분의 2가 죽을 때까지로 정했다.[44] 전통적인 포도 묘목의 평균 수명은 대개 50년 정도 된다. 하지만 19세기 말에 바다 건너 아메리카에서 들여온 묘목은 수명이 그 절반밖에 되지 않았다.[45] 1919년 이후 포도 가격이 하락하고 생산비가 증가하면서 '포도재배 소작농'(rabassaire)들이 계약의 갱신을 요구하기 시작했다. 일부 지주들은 협의에 응했지만 다른 지주들은 소작농을 추방하겠다고 위협했다. 이런 위협은 포도재배 소작농 전체에 대한 위협이나 다름없었다.[46] 지주와 포도재배 소작농 사이에 벌어지는 이러한 갈등이 1931년 이후가 되면 더욱 첨예해진다.

노동자는 정규직 노동자와 일용 노동자로 나뉜다. 정규직 노동자는 가족들과 떨어져 농장 막사에서 살면서 농장과 가축을 돌보았고, 일용 노동자는 마을에 살면서 일이 있을 때마다 임시로 일했다. 정규직 노동자의 처지가 일용 노동자보다 훨씬 나았다.[47]

하지만 이런 구분에 관계없이 노동자들은 기본적으로 저임금과 강제 실업에 시달려야 했다. 임금은 대개 노동의 수요와 공급에 따라 결정된다. 따라서 지역과 시기, 노동의 종류에 따라 임금은 다 달랐다. 농학자 파스쿠알 카리온이 제시한 자료에 따르면 바스크, 카탈루냐, 레반테 지역의 주들에서 1930~1931년에 임금이 5페세타는 넘었다. 여름철에는 임금이 6~7페세타 정도였고 수확기에는 10~12페세타에 달했다. 반면에 노동의 공급에 비해 수요가 적은 라티푼디움 지역의 주들에서는 임금이 낮았다. 안달루시아와 엑스트레마두라에서는 일의 종류에 따라 임금이 2.25~3.5페세타 정도 되었고 수확기에는 4~6페세타에 달했다.[48] 북부 지방의 갈리시아에서는 정확한 통계가 없어 제대로 알 수 없지만, 아마도 임금이 가장 낮았을 것이다. 1911년 수치로 보면 임금이 2페세타에도 못 미쳤다.[49]

안달루시아와 엑스트레마두라 지역 일용 노동자들의 연간 수입은 700~900페세타를 넘지 않았다. 반면에 하루 최저생계비는 적어도 5페세타나 6페세타였다. 최저생계비를 기준으로 보면 한 해 생활비가 2천 페세타 정도 된다. 일용 노동자의 생활비 적자가 1,000~1,200페세타에 달한다는 얘기가 된다. 반면에 카탈루냐, 레반테, 바스크 지역 일용 노동자들의 수입은 근근이 먹고살 정도는 됐다.[50]

노동자들은 해가 떠서 질 때까지 온종일 일을 했다. 점심시간과 휴식 시간은 노동 시간에서 제외되었다. 겨울철에는 노동 시간이 4~5시간밖에 되지 않았고 여름철에는 6~7시간 정도였다.[51] 노동자들은 관리인의 눈길을 피해 될 수 있으면 천천히 일하고 자주 쉬었다.[52]

농학자 파스쿠알 카리온은 토지 독점도 저임금의 원인이 되었다고 지적했다. 토지를 독점하게 되면 노동자의 수가 늘어나는 반면에 경작을 하지 않는 미경작지의 비중도 늘어나 노동의 수요는 줄어든다고 파악했다. 일리가 있는 지적이다.

한편 실업 문제는 1930~1931년 겨울에 올리브 수확이 줄어들고 가뭄이 들어 더 악화되었다. 예를 들어 안달루시아 지역 농촌의 실업자 수가 10만~20만 명에 달했다.[53] 1931년 7월부터 심각한 실업 상황과 공공질서 유지의 어려움을 알리고 실업자를 돌볼 경제적 조처를 요청하는 시장들의 전보가 내무부에 쏟아지기 시작했다. 심지어 카디스 주에 속한 올베라 시에서는 정부가 즉각적인 조처를 취하지 않으면 "사

표 8 파업 횟수와 파업 참가자(1926~1934)

연도	선포된 파업	실제 파업	파업 발생지 전체 노동자	파업 참가자	참가 비율(%)
1926	96	93	31,508	21,851	69
1927	107	107	94,631	70,616	75
1928	87	87	142,698	70,024	49
1929	96	96	67,032	55,576	83
1930	402	368	286,903	247,460	86
1931	734	610	287,711	236,177	82
1932	681	435	443,512	269,104	61
1933	1,127	1,046	937,368	843,303	90
1934	594	544	-	741,878	-

출처: Anuario Estadístico de 1933 y Pequeño Anuario Estadístico de 1936; Albert Balcells,
Crisis económica y agitación social en Cataluña, 1930 a 1936,
Barcelona: Instituto Católico de Estudios Sociales de Barcelona y Ediciones Ariel, 1971, p. 175.

태를 더 이상 유지할 수 없기" 때문에 시청 공무원 전원이 사직하겠다는 전보를 총리에게 발송하기도 했다.[54]

실업 문제는 갈수록 심각해졌다. 노동자총연맹의 기관지에 따르면 1931년 10월 현재 전체 실업자 수가 368,195명이었고, 그 가운데 농업 부문 실업자가 199,931명이나 되었다.[55] 공식 추정치에 따르면 1932년 6월에는 전체 실업자 수가 446,263명에 이르렀고 그 가운데 농업 부문 실업자가 258,570명이었다. 이는 전국 농업 노동자들의 13.5퍼센트에 해당하는 수치였다.[56]

대개 농촌 실업의 원인은 가뭄, 농작물 피해, 단작농업, 미경작지에 있었다. 이 밖에도 경작에 필요한 노동력과 가용 노동력의 차이에서 실업이 발생하기도 하기 때문에 농촌 실업이 계절 실업의 특성을 띠기도 했다. 실업은 앞서 얘기한 저임금과 더불어 파업을 유발하는 주된 요인이 되었다. 따라서 강제로 경작하게 하거나 관개 사업이나 공공사업을 펼치고, 토지 소유 구조를 개선하는 방안들이 실업 완화책으로 거론되었다.[57]

1930년 여름에 세비야 주 오수나에서 파업이 일어났고 마르체나, 에스페호, 카스트로델리오, 토레돈히메노로 파업이 확산되어 갔다. 어떤 지역에서는 곡물과 올리브에 불을 지르는 방화 사건이 발생하기도 했다. 그해 10월 들어서 또 다시 파업 물결이 이어졌다. 말라가의 안테케라, 그라나다의 몬테프리오, 카디스의 알고날레스, 세비야의 에레라 같은 곳에서 파업이 발생했다.[58] 1930년 한 해에 파업이 368건 발생했고 농업 노동자들 86퍼센트가 파업에 참여했다[표 8]. 이는 농촌의 사회경제적 갈등이 심각한 상태였음을 보여 준다.

3. 농업금융

이 무렵 농업에는 자금이 매우 필요했다. 생산 주기가 길어서 선불금도 내야 하고 농작물을 수확할 때까지 견뎌 낼 자금도 필요했다. 농업과 목축업에 필요한 자금은 크게 유동자금, 동산 자금, 부동산 자금 세 가지 범주로 나뉜다. 유동자금은 경작에 들어가는 비용과 농작물을 판매할 때까지 드는 비용이고, 동산 자금은 가축과 농기계를 구입하는 데 드는 비용이며, 부동산 자금은 농장이나 건물을 구입하는 데 드는 비용과 천수답을 관개지로 만들고 묘목을 심는 데 드는 비용이다. 농업금융은 이러한 재원을 공급하는 수단이다. 농업금융을 잘 조직하면 농민에게 필요한 유동자금과 농지 개량에 필요한 선불금 및 동산 자금, 토지 분배에 필요한 부동산 자금을 손쉽게 제공할 수 있다.[59]

하지만 당시 에스파냐의 현실은 이와 매우 달랐다. 첫째로, 농민의 필요를 채워 줄 농업금융이 발달하지 못했다. 중세 이래로 협동조합 (Pósito)이 그 기능을 해왔지만, 19세기 초에 프랑스 침략군과 싸운 독립전쟁으로 재원이 고갈된 데다 중앙과 지방 자치단체의 필요를 채우기에 급급했다. 19세기에 농업은행 설립을 위한 여러 방책들이 나왔지만 실패로 돌아갔다. 농업금융 서비스가 1925년부터 시작되기는 했지만 재원이 턱없이 부족했다.[60] 둘째로, 대지주들은 땅을 직접 경작하지 않아서 생산 투자를 이해하지 못하고, 소작인들은 계약 기간이 한정되어 있어서 영구 투자를 생각할 수 없는 실정이었기 때문에 농업금융을 이용할 만한 고객은 소토지 소유자들이었다. 그러나 이들에게 필요한 장기저리 융자는 없었다.[61] 은행 서비스를 받지 못한 농민들은 결국 농업금융과 동전의 양면 관계에 있던 고리대금의 희생자가 되었다. 농민들은 토호 정치(caciquismo)와 결탁한 고리대금으로 농민들은 경제적으로 고통을 당했고 토호들에게 정치적으로 예속되었다.[62] 고리대금업자는 주로 상인들이었다. 그들은 농민들에게 높은 이자로 돈을 빌려주고는 농민들로부터 매우 싼 가격으로 농작물을 사들였다.[63]

유럽 국가들은 일찍부터 농업금융을 중요하게 다루었다. 통치자들이 농업금융 문제에 큰 관심을 보였다. 농업금융은 농업에 자본주의를 도입하는 수단이 된다. 이런 점에서 상당수의 유럽 국가에서는 1850년과 1930년 사이에 농업과 목축업 분야에서 농업금융 문제를 주요 의제로 다루었다. 유럽의 다른 나라들에 견주어 좀 늦기는 했지만 에스파냐에서도 19세기 말부터 농업금융 문제를 중요하게 다루기 시작했다. 에스파냐 쇄신 운동의 선구자 호아킨 코스타가 농업금융의 중요성을 지적했고,[64] 별 소득을 거두지는 못했지만 자유주의 정부들이 농업금융 관련 입법을 시도했다.[65] 그 결과 역사가 안토니오 라모스 올리베이라가 "공화국 정치의 초석은 토지와 은행 문제를 해결하는데 있었다. 금융 혁명은 농업혁명에 못지않게 시급했다"[66]고 서술하기에 이르렀다.

농업금융 기관은 공공 기관과 민간 기관으로 나뉜다. 공공 기관으로는 협동조합, 저당은행, 농업금융청이 있었다. 민간기관에는 농업협동조합과 여러 민간 은행이 있었다.[67]

먼저 협동조합은 그 기원이 중세까지 거슬러 올라간다. 가난한 이와 나그네들에게 빵을 제공하는 구제 기관으로 출발했다. 그러면서 필요할 때를 대비한 준비금과 경작자들에게 필요한 선불금도 취급했다.[68] 1877년 법령으로 지방자치 당국이 협동조합을 관할하게 되었고 토호들은 정치적 목표를 달성하기 위해 자신들의 계좌를 시청에 압력을 행사하는 수단으로 이용했다.[69] 결국 이 폐단을 방지하기 위해 1906년 1월 26일 법령이 제정되었다. 이 법령으로 협동조합 서비스가 토호 정치의 온상인 내무부에서 산업진흥부로 이관되었다.

1927년 1월 7일 왕령은 협동조합의 기능을 세 가지로 규정했다. 수확기 금융, 저당금융, 개인 대부가 그것이다. 자금의 대부분은 인적 보증으로 경작자들에게 대부되었다. 신용대출의 규모는 각 협동조합의 가용 자금에 달려 있었다. 농지 구입과 개량에 필요한 저당대출의 상환 기간은 10년이나 되었던 반면에 수확기 대출과 개인 대출의 상환 기간은 1년이었다. 이자율은 세 경우 모두 연 5퍼센트였다. 1931년 12월 31일 현재 협동조합 지점은 전국에 3,550곳이었고 총 자본은 7,271만 페세타 정도였다.[70]

에스파냐저당은행은 1872년 12월 2일 법령으로 창설되었다. 주요 기능은 부동산 저당대출이었고 토지금융을 주로 다루었다. 그러나 토지금융이 충분히 발달하지는 못했다. 그 이유는 세 가지였다. 첫째로, 은행 규정이 지나치게 까다로웠다. 둘째로, 정상 이자율에다 대서료, 부동산 보유세, 등록세 등을 더하면 저당대출의 이자가 비쌌다. 셋째로, 실제로 농업 경작을 현대화하는 데 자본을 거의 투자하지 않았다.[71]

농업금융청이 1925년 3월 24일 왕령에 따라 창설되었다. 주요 업무는 조정, 감독, 회계, 자문, 공탁 등이었다. 1929년 3월 22일 왕령에 따라 지배 기구인 농업금융위원회가 토지 융자를 위해 쓸 수 있는 재원이 1억 페세타에 달했다.[72] 종자 구입과 비료 구매, 농기구와 농기계 구매, 새로운 경작 방식 도입, 가축 매입 등 대출은 농업과 목축업 분야로 한정했다. 수혜자들은 농업과 목축업 관련 단체들과 농산물 및 축산물 가공 협동조합들이었다.[73] 대출 보증에는 개인보증, 근저당보증, 저당보증이 있었는데 보증 유형에 따라 대출 기간이 달랐다. 개인보증의 대출 기간은 1년 반이었고 근저당보증과 저당보증의 대출 기간은 각각 3년과 20년이었다. 이자율은 보증 유형에 따라 다소 차이가 있었지만 5.5퍼센트를 넘지 않았다.

농업금융청 1931년 보고서에 따르면 농업 관련 단체 대출이 1,261,500페세타에 달했다. 1930년 대출액인 615,000페세타에 비해 곱절이나 많은 액수였다. 협동조합도 농업금융청에서 828,184페세타를 대출했다. 개인 대출은 25,645,485페세타였다. 개인 대출 신청자 수가 22,464명이었고 대출 신청 액수가 44,041,725페세타인 점을 고려해 보면 신청자의 절반 정도가 대출 받았음을 알 수 있다.[74]

이상에서 살펴본 공공 금융기관의 대출로는 농민들이 필요한 자금을 충당하기에 부족했다. 따라서 부족한 부분에 대해서는 지역의 민간 금융기관에 의존할 수밖에 없었다.[75] 지역에 기반을 둔 민간 금융기관으로는 대출금고와 신용협동조합, 농업협동조합 등이 있었다. 사실 노동조합법이 제정된 1906년 이전에는 사람들이 금융 제도를 거들떠보지도 않았다. 토호들이 지역 내 은행이나 농업 기관의 기능을 방해하기도 했고, 교육을 제대로 받지 못한 농촌 주민들이 금융 제도 자체를 못미더워하기도 했기 때문이다.[76] 이런 가운데 협동조합 정신을 구현하려는 노동조합들이 경작자들을 고리대금에서 해방하기 위하여 금고를 설립하기도 했다.

이 무렵 에스파냐 농업의 필요를 충족시키려면 어느 정도의 자금이 필요했을까? 정확한 액수를 가늠하기란 사실 불가능하다. 사회적 농업 서비스 검열국장 안토니오 바예스테르가 1932년 7월에 "금융기관에서 농업으로 흘러들어 가는 돈이 농업의 필요성은 물론이고, 농민들의 수요도 만족시킬 수 없는 실정이다"[77]라고 지적한 걸 보면 당시의 금융 사정이 현실적 필요에 턱없이 부족했음을 짐작할 수 있을 뿐이다. 에스파냐 전체 농지를 경작하는 데 민간 금융기관에서 제공하는 자금을 제외하고 적어도 5억 페세타는 필요할 것이라고 안토니오 바예스테르는 내다봤다.[78] 공공 금융기관이 보유한 자금은 농업협동조합의 5천만 페세타에다 농업금융청의 4천만 페세타를 더해도 1억 페세타가 되지 않았다.

"노동자들에게 토지를 제공하는 것만으로 충분치 않다. 그들에게 자금을 제공해 주어야 한다."[79] 농학자 파스쿠알 카리온의 지적이다. 요컨대 농업금융 서비스가 절실하다는 얘기이다. "농업금융은 개혁을 안착시킬 유일한 버팀목"이었다.[80]

2장

개혁의 서막

짐은 일요일에 개최된 선거를 통해서 짐이 국민의 사랑을 받지 못하고 있음을 알게 되었습니다. …… 이제 국민의 뜻을 제대로 알아보기 위해 제헌의회 소집을 정부에 맡기고 왕권 행사를 중단합니다. 그리고 …… 조국을 떠납니다."

— 알폰소 13세(에스파냐 국왕)

1. 공화국 선포와 임시정부

1930년에 프리모 데 리베라의 독재가 막을 내리자 공화제의 깃발을 치켜든 정치인들이 발걸음을 재촉했다. 그들은 결국 1931년 4월에 공화국을 선포하고 공화국 임시정부를 구성하는 데 성공하게 된다.[1]

공화주의자들은 한여름 찌는 더위에도 아랑곳하지 않았다. 1930년 8월 17일에 이베리아반도 북쪽 해안 도시 산세바스티안에 모인 공화주의자들은 군주제를 끝장내고 공화제를 수립하자고 결론을 내렸다. 이른바 산세바스티안 협약을 만들어 냈다. 이 협약이 "체제 변혁을 위한 혁명위원회 구성의 첫걸음"이자 "제2공화국 출범의 모체"가 된다.[2]

독재가 끝나자 체제 변화에 기대를 거는 사람들이 늘어났다.[3] "합리적 보수주의 원칙"을 지키겠다는 속셈이기는 했지만 보수층의 이해를 대변하는 미겔 마우라가 "불어 닥치고 있는 혁명에 가담"할 정도였다.[4] 정당과 사회단체 대표들이 산세바스티안에 모인 것은 이런 분위기에서였다. 공화주의자들은 물론 사회주의자도 이 회동에 참여했다.[5]

회동에 참여한 사람들은 정치적 성향이 다양했다. 하지만 그들은 정치적 견해 차이로 소모전을 벌이고 싶어 하지 않았다. 목표는 오직 한 가지, 바로 공화제 수립이었다. 그들은 공화제 수립 운동을 이끌어 나갈 혁명위원회를 구성하고 공화주의자 9명과 사회주의자 3명을 위원으로 위촉했다.[6]

　이렇게 구성된 혁명위원회의 임무는 강령을 작성하고 혁명운동을 추진하는 것이었다. 혁명의 방향을 결정할 강령에 토지 소유 문제가 빠질 리 없었다. 혁명위원회는 강령에 토지개혁을 포함시켰다. 하지만 그뿐이었다. 개혁과 관련한 세부 사항은 언급하지 않았다.[7] 아마도 토지개혁에 관한 구체적 방안이 없었던 것 같다.

　여러 차례 모임을 가진 혁명위원회는 그해 10월 중순에 자칭 임시정부를 구성했다. 임시정부는 12월 15일을 거사 날로 삼고 군주제를 역사박물관으로 보내고 공화제를 수립한다는 혁명선언문을 작성했다.[8]

　이러한 혁명위원회의 움직임이 단력을 받기 위해서는 노동운동 부문의 협력이 필요했다. 그 무렵 에스파냐에서는 사회주의자들의 노동자총연맹과 아나키스트들의 전국노동연합이 노동운동의 양대 산맥을 이루고 있었다. 사회주의자들의 협력을 얻는 작업은 별 무리 없이 진행되어 사회주의자 3명이 혁명위원회에 가담하는 선으로 마무리되었다.[9] 하지만 다른 정치 세력과의 협상을 거부하던 아나키스트들의 협력을 얻기란 애초에 불가능했다. 협상위원회를 꾸리기는 했지만 별다른 효과를 거두지 못했다.[10]

　사회주의자들의 협력으로 탄력을 받기 시작한 혁명위원회의 활동은 얼마 지나지 않아 와해되고 말았다. 12월에 북부 지방의 하카에서 일으킨 군사 봉기가 실패로 돌아가면서 위원들 다수가 체포되고 일부는 나라 밖으로 도망하거나 잠적했기 때문이다.

　이런 와중에 프리모 데 리베라의 뒤를 이어 집권한 베렝게르 장군이 국회의원 선출을 위한 총선을 1931년 3월 1일에 실시하기로 했다. 하지만 곧 일정에 변화가 생겼다. 1931년 2월에 베렝게르 장군을 갑자기 해임한 국왕 알폰소 13세가 후안 바우티스타 아스나르 제독을 그 후임으로 지명했고, 새로 구성된 아스나르 정부가 선거 일정을 바꾼 것이다. 아스나르 정부는 먼저 지자체 선거를 4월 12일에 실시하고 국회의원 선거는 그다음에 실시하기로 했다.[11] 지방자치단체를 우선 혁신하겠다는 뜻이었다.[12] 하지만 시민들은 속으로 군주제에 대한 신임을 물을 기회가 왔다고 생각했다.[13]

곧 선거전이 시작되었다. 선거전은 크게 군주제파와 공화파 두 진영으로 나뉘어 치러졌다. 선거에서 "체제 문제에 대한 국민적 판결"이 날 거라고 본 양 진영은 곧바로 선거전에 돌입했다.[14] 군주제파는 사실 선거에 부여된 의미 때문에 마지못해 선거전을 치렀다. 그들이 내건 슬로건은 공산주의의 위협, 안정과 사회질서 유지, 국왕 보호 같은 것이었다.[15] 농촌 유권자들과 군주제 지지 세력에게 기대를 걸고 있던 군주제파는 공화파와 사회노동당 연합 세력이 과두제적 정치체제를 뒤흔들어 놓게 될 것이라고는 꿈에도 생각하지 못했다.[16]

한편 공화파와 사회노동당 연합 세력은 일치단결하여 선거 승리는 곧 공화제 찬성이라는 신념을 유권자들에게 확산시켰다. 저마다 조금씩 다른 공화제를 꿈꾸기는 했지만, 그들은 자신들의 주장을 내세우지 않고 군주제 반대와 공화제 찬성이라는 공통분모를 강조했다.[17]

투표 자료가 공개되지 않아서 논란이 벌어지기는 했지만, 유권자의 66.9퍼센트가 투표에 참여한 것으로 파악되었다. 개표 결과, 공화·사회 연합 후보자들이 거의 모든 도시들을 석권한 반면에 군주제파 후보자들은 농촌에서 승리를 거둔 것으로 나타났다.[18] 체제 변화를 달가워하지 않은 농촌 주민들과 달리 도시 유권자들은 공화제를 지지했다.

선거 결과에 대한 정부의 반응은 불을 보듯 뻔한 일이었다. 망연자

실 그 자체였다. 내각의 실세인 로마노네스 백작은 언론을 통해 선거 참패를 스스로 인정하고 국왕에게 서신을 보내 "유일한 해결책"은 망명이라고 권고했다.[19] 내전 발발을 두려워한 국왕 알폰소는 로마노네스 백작의 권고를 받아들이고 대국민 담화문을 발표했다.

> 짐은 일요일에 개최된 선거를 통해서 짐이 국민의 사랑을 받지 못하고 있음을 알게 되었습니다. (······) 이제 국민의 뜻을 제대로 알아보기 위해 제헌의회 소집을 정부에 맡기고 왕권 행사를 중단합니다. 그리고 (······) 조국을 떠납니다.[20]

국왕은 결국 비밀리에 망명을 떠났다. 사태가 이렇게 진전되자 지자체 선거로 어떻게 군주제가 무너질 수 있는가 하고 어안이 벙벙해진 이들도 있었다.[21]

1931년 4월 14일에 마침내 공화국이 선포되었다. 1873년에 출범해서 짧은 생명을 마감한 제1공화국에 이어 에스파냐 역사에서 두 번째로 공화국이 들어섰다. 통치 형태가 바뀔 때면 으레 뒤따르는 유혈 사태 없이 공화제가 수립되었다. 이러한 정치 변혁을 에스파냐판 '명예혁명'이라고 불러도 좋을 것이다.

기존의 혁명위원회를 임시정부로 전환했기 때문에 공화국 임시정부를 구성하는 데 시간이 걸리지는 않았다. 군주제를 지지하다가 공화제 지지로 돌아선 니세토 알칼라 사모라가 총리를 맡고 나머지 위원들이 각 부처를 담당했다. 급진공화당의 알레한드로 레룩스가 외무부를 맡고, 자유공화우익(Derecha Liberal Republicana)의 미겔 마우라가 내무부를, 사회노동당의 인달레시오 프리에토가 재무부를, 사회노동당의 페르난도 델로스 리오스가 법무부를, 공화행동의 마누엘 아사냐가 전쟁부를, 갈리시아자치공화조직의 산티아고 카사레스 키로가가 해군부를, 급진사회공화당의 알바로 데 알보르노스가 산업부를, 카탈루냐공화행동의 니콜라우 돌워가 경제부를, 사회노동당의 프란시스코 라르고 카바예로가 노동부를, 급진사회공화당의 마르셀리노 도밍고가 교육부를, 급진공화당의 디에고 마르티네스 바리오가 통신부를 담당했다. 보수 공화주의 정당에서 사회주의 정당에 이르기까지 그야말로 다양한 정치 세력이 내각에 참여했다. 산업 부르주아에서 노동자에 이르기까지 사회적 출신도 다양했다. 구성이 이렇다 보니 주요 현안에 대한 임시정부의 입장이 한결같을 수가 없었다.[22] 이 점이 임시정부의 아킬레스건으로 작용할 공산이 컸다. 게다가 바리케이드나 가두시위가 아니라 선거를 통해서 탄생했기에 임시정부는 아마도 여론에 더욱 주의를 기울여야 했고, 개혁의 기반을 마련하는 데도 시간이 더 걸리게 되었을 터이다.[23]

새롭게 출범한 공화국이나 임시정부를 바라보는 사회의 시각도 다양했다. 군주제 지지자들의 입장은 여기서 새삼스레 언급할 필요가 없을 것이다. 사용자 단체들은 체제 변화가 국민 의지의 표현이라며 새로운 체제를 받아들였다. 자신들에게 유리한 경제정책을 기대하며 임시정부 출범을 환영하는 단체들도 있었다.[24] 가톨릭계 견해를 대변하는 일간지 《엘 데바테》는 4월 15일치 신문에서 공화국 임시정부를 존중한다고 밝혔다. 그 이유는 "정부가 조국의 통일과 평화, 질서를 표상한다"는 데 있었다.[25] 우리는 여기서 구성된 권력을 존중하는 가톨릭계의 입장을 확인할 수 있다. 군주제 아래에서는 군주제 정부를 지지하지만 공화제 아래에서는 공화제 정부를 지지한다는 얘기이다. 중도파 견해를 대변하는 일간지 《아오라》에 나타난 입장도 다를 바 없었다. 얼마 전까지만 해도 군주제를 지지한 사람들이 이제는 공화제 지지로 돌아섰다.[26]

한편 사회주의자들에게 공화제는 자신들의 목적을 달성하기 위한 수단에 지나지 않았다. 그들은 자신들의 이해관계와 부합할 경우에만 공화국을 지원하겠다고 밝혔다.[27] 갓 출범한 공화국을 부르주아 공화국으로 규정한 아나키스트들은 공화제를 달가워하지 않았다. 그렇다고 해서 그들이 새로운 독재를 바란 것도 아니었다. "정치와 경제의 혁명적 변혁"을 꿈꾸는 아나키스트들에게 공화국 선포는 하나의 "정치적 사건"일 뿐이었다.[28] 그래도 공화제가 자신들의 조직을 강화하는 데는 도움이 되리라고 보았다.[29]

공화국이 선포되자 거리와 광장에 모인 대중들이 흥분을 감추지 못했지만 공화제에 거는 기대와 동기는 이렇듯 다양했다. 임시정부는 우선 자신의 권력을 규정하는 작업에 착수했다. 공화국을 선포한 다음날 관보에 헌장 전문을 게재할 정도로 신속히 움직였다. 제헌의회가 헌법을 제정할 때까지 임시로 사용할 규범인 헌장에는 주요 국정 현안에 대한 임시정부의 기본 입장이 담겨 있다.

헌장 전문에서 공화국 임시정부에 전권이 있고 임시정부에 전권을 부여한 것은 바로 국민임을 밝히고 있다. 이어서 임시정부 활동의 책임과 목적, 신앙과 사상의 자유, 개인의 자유와 시민권 등을 명시하고 있다.[30] 제5조에서는 소유권 문제를 이렇게 정리했다.

제5조. 임시정부는 사유재산을 법으로 보장한다. 따라서 공익사업을 위해 사전 보상을 제공한 경우 외에는 그 재산을 거두어들여 사용할 수 없다. 하지만 농민 대다수가 자포자기의 삶을 살고 있고 국가 경제가 이에 대해 아무런 관심을 보이고 있지 않는 상황에서, 임시정부는 현행 법률에 담겨 있거나 담겨 있어야 하는 원리들이 말하는 권리와 어긋나기는 하지만 토지 소유권이 토지의 사회적 기능에 따라야 한다는 인식을 정부의 활동 규범으로 삼는다.

임시정부는 여기서 두 가지를 강조했다. 하나는 사유재산을 법으로 보장한다는 것이고, 다른 하나는 토지 소유권이 토지의 사회적 기능에 따라야 한다는 것이다. 토지개혁을 명시적으로 언급하지는 않았지만, 후자를 통해 그 가능성을 내비치고 있다고 볼 수 있다.[31] "토지의 사회적 기능"에 대한 해석이 분분한 가운데서도 그것이 토지개혁을 함축하고 있다는 점에 대해서는 별다른 이의가 없었다.[32]

이러한 내용의 헌장 제5조는 임시정부 각료들이 타협한 끝에 나온 산물이 아니라 역사적 선례에 따른 결과물이었다. 주지하다시피 19세기 중엽 이래 농민들 다수의 삶은 비참한 상태였다. 이를 배경으로 20세기 초에 이미 대담한 개혁 법안들이 의회에 상정되었다. 임시정부가 토지 문제에 관심을 보인 데는 이 밖에 다른 요인도 작용했다. 농촌 문제가 국가적 재난 수준이라는 지적[33]이 제기된 마당에 이 문제에 즉각 대처를 하지 않으면, 농민 대중이 아나키즘으로 몰려 사회혁명을 일으키지 않을까 하는 두려움이 있었다.[34]

2. 임시정부의 대응

임시정부의 대응이 좀 더 구체적으로 나타난 자리는 4월 21일자 각료회의였다. 임시정부를 구성한 정당들이 여기서 한 가지 합의를 도출해 냈다. 토지 문제와 관련한 근본 조처는 제헌의회로 넘기고 임시 조처를 우선적으로 단행하며, 농촌의 사회문제를 해결해야 한다는 내용이었다.[35] 임시 조처라 함은 사태의 악화를 막고 미래의 토지법에 대비한 지주들의 술책을 예방하기 위한 조처였다. 이후 임시정부는 일련의 법령을 공포했다.[36] 법무부는 주로 소작농 보호와 관련한 조처를 취했고, 노동부는 일용 노동자 근로조건 개선과 관련한 조처를 취했다. 임시정부가 제정한 법령을 내용에 따라 세 가지로 분류할 수 있다. 소작농 보호 관련법, 일용 노동자 보호 관련법, 실업방지 관련법 이 그것이다.

먼저 당시 에스파냐 농촌 소유지의 55퍼센트가 소작 형태로 경작되고 있었다는 사실[37]을 감안할 때 소작농 보호 관련법은 매우 중요한 의미를 지닌다. 이와 관련한 조처는 1931년 4월 29일 법무부령으로 시작되었다. 법무부령은 소작료가 1천500페세타를 넘지 않는 소작농을 농지에서 내쫓지 못하게 했다. 이렇게 규정한 이유는 토지개혁의 대상에서 벗어나려고 부재지주가 소작농을 몰아내고 자신의 땅을 점유하지 못하게 하는 데 있었다. 이 규정은 1931년 12월 30일에 법률로 승격되었다. 1931년 7월 11일 법무부령과 그것을 확대 개정한 1931년 8월 6일 법무부령은 소작료가 1만5천페세타 미만인 소작농에게 계약을 갱신할 수 있게 해주었다. 이러한 조처들로 소작농들은 지주들의 횡포로부터 보호받을 수 있게 되었다. 특히 카탈루냐 지방의 포도재배 소작농에게 미친 영향이 컸다. 반면에 지주들은 매우 큰 충격을 받았다.[38]

다른 한편으로는 1931년 5월 19일 법령으로 공동소작에 우선순위를 부여했다. 농장을 소작 줄 경우, 지주들은 공식 노동자 단체에 우선권을 주어야 했다. 이 규정은 농촌 노동자들의 계절 실업을 줄이는 것은 물론 소작지를 다시 소작 주는 전대차를 방지하기 위한 것이었다. 공식 노동자 단체에 우선권을 부여하다보니 합법 단체인 사회주의 계열의 전국농업노동자연맹이 혜택을 입게 되었다.[39]

다음으로 일용 노동자 보호 관련법으로 1931년 7월 1일 노동부령을 공포했다. 이 규정으로 공업 부문과 마찬가지로 농업 부문에서도 하루 8시간 노동제가 마련되었다. 일용 노동자들이 온종일 힘겹게 일하던 당시에 이 규정은 근무 외 수당의 형태로 일용 노동자들의 수입을 늘

려 주는 방향으로 작용할 가능성이 높았다.[40]

한편 1931년 5월 7일과 5월 29일의 노동부령을 통해서 노사조정위원회(Jurados mixtos)가 신설되었다. 노사조정위원회는 분야에 따라 농촌노동조정위원회, 농지조정위원회, 농업생산조정위원회로 나뉘었다. 조정위원회의 임무는 노동조건과 더불어 노사관계와 지주소작 관계에서 발생하는 분쟁을 조정하는 일이었다. 조정위원회는 노사 동수의 위원들로 구성되었다.[41] 고용조건과 노동조건을 놓고 노조가 활약할 수 있는 합법적인 길이 열리게 된 것이다. 사용자는 물론 우파 전체가 총력을 기울여 반대할 정도로 노동자들에게는 매우 중대한 의미를 지닌 규정이었다.[42] 이 규정은 1931년 11월 27일에 법률로 승격되었다.

마지막으로 실업방지 관련법을 공포했다. '행정구역령'으로 알려진 1931년 4월 28일 법령으로 사용자들이 행정구역 안에 있는 일용 노동자들을 우선 고용하도록 규정했다. 자치단체에 실업 노동자 등록대장을 만들게 하고 이 등록대장에 등록된 노동자를 사용자들이 고용하게 했다. 사용자들은 다른 지역 노동자를 고용하기 전에 먼저 등록 노동자와 계약을 체결해야 했다. 이렇듯 지역의 노동자를 우선 고용하게 한 목적은 특정 지역에 노동자들이 몰릴 경우 발생하는 임금 하락을 방지하고 계절에 따른 노동자들의 이주로 빚어지는 실업 증대를 예방한다는 것이었다.[43] 하지만 이 규정은 실제로 생산 감소와 비농업 노동자의 유입 같은 여러 문제를 양산했고, 이주노동자, 특히 북서부의 갈리시아 출신 노동자들과 남부의 안달루시아 출신 노동자들에게 심각한 타격을 주었다.[44] 지주들의 거센 반발은 불 보듯 뻔한 일이었다. 그들은 사유재산 침해, 계약의 자유 박탈, 생산 위축을 그 근거로 내세우며 반발했다.[45] 이 규정은 1931년 9월 9일에 법률로 승격되었다.

실업 방지와 관련한 또 다른 법령으로 1931년 5월 7일 경제부령을 공포했다. 강제 경작을 규정한 이 법령은 지주들의 토지 경작 회피

를 방지하기 위한 것이었다. 토지를 "관례대로" 경작하지 않을 경우에
는 그 토지를 농민들한테 양도해서 농민이 토지를 직접 경작하게 한다
는 내용을 담고 있다.[46] 지주들은 "민법의 기본 정신을 훼손하는 조처"
라며 거세게 반발했고,[47] 실제로 이 규정을 잘 지키지 않은 것으로 보
인다.[48] 하지만 지주들의 반발과 저항에도 불구하고 이 규정은 그해
9월 13일에 법률로 승격되었다. 후속 조치를 통해서 적용 범위가 엑스
트레마두라 지방과 안달루시아 지방에서 바야돌리드와 살라망카로 확
대되다가 1932년 1월 28일 법령으로 전국으로 확대되었다.

이상에서 살펴본 대로 소작농 보호 관련법과 일용 노동자 보호 관
련법, 실업방지 관련법은 주로 법무부와 노동부에서 제정되었다. 다
시 말하면 사회노동당 소속 정치인 페르난도 델로스 리오스와 프란시
스코 라르고 카바예로가 주도했다는 말이 된다. 페르난도 델로스 리오
스는 소작농들의 비참한 처지를 개선하고자 했고, 프란시스코 라르고
카바예로는 노동조건을 개선해 농업 노동자들의 생활수준을 향상시키
고자 했다. 요컨대 토지개혁 문제를 잠시 뒤로 미룬 가운데 농촌이 당
면한 비참한 현실을 완화하고자 했다. 이 조처들은 농촌, 특히 남부 라
티푼디움 지역의 억압적 노사관계에 철퇴를 가하고 실업률 증가에 중
대한 영향을 끼쳐 온 지주들의 전통적 특권을 제약하는 결과를 가져
왔다.[49]

임시정부가 취한 조처들을 대하는 사용자들의 반응은 어떠했을까?
그들은 우선 담고 있는 내용에 정신이 번쩍 들었을 것이다. 법령들의
목표가 무엇인지를 간파한 대지주들은 노동 규정 전반을 격렬히 비판
하기 시작했다. 그들은 이론적 비판에 머무르지 않고 조직을 갖추고
활동을 강화해 나갔다.[50] 전국가톨릭전도자협회(Asociación Católica
Nacional de Propagandistas)는 소지주와 대지주가 같은 입장임을 강조
했다. 소유의 크고 작음에 상관없이 모든 계약자들이 법 적용을 받기

때문에 전국가톨릭전도자협회의 전략이 꽤 효과를 거두었을 것이다.[51] 공화국 출범을 지지한 가톨릭 언론이 이 대목에서는 지주들의 시위를 부추겼다. 지주들 사이에 규정 거부 운동이 확산된 데는 가톨릭 언론의 역할이 컸다.[52]

임시정부가 취한 조처들에 비판적 태도를 보인 것은 비단 사용자들만이 아니었다. 사회주의 노조와 경쟁 관계에 있는 아나키즘 노조 전국노동연합도 비판적 입장을 밝혔다. 임시정부가 제정한 일련의 법령들에 대해 그들은 노동자들의 혁명 정신을 말살하고 직접행동 전술을 포기시키려는 시도라고 파악했다. 안달루시아와 엑스트레마두라의 지역노동연합은 "노동부 장관이 공포한 사회 입법의 대다수는 (……) 노동자들의 혁명 정신과 건설 정신을 말살하고 에스파냐 노동조합운동의 원리이자 자유지상주의의 목표인 직접행동 전술을 전면 포기하게 만들려는" 시도일 뿐이라고 보았다.[53] 이 점에 대해서는 에스파냐공산당도 비슷한 입장을 보였다. 공산당은 노동부령들이 혁명운동 반대 투쟁에 빌미를 주고 노동자 단체들을 약화시켜서, 결국에는 부르주아지의 이해관계를 따르는 시도라고 보았다.[54]

이렇듯 임시정부의 대응은 사용자 단체들의 저항은 물론이고 일부 노동자 단체들의 비판에도 직면했다. 하지만 임시정부가 제정한 일련의 법령들이 에스파냐 역사상 처음으로 노동자들의 처지를 고려한 조처임에는 틀림없다.[55]

3. 제헌의회

이러한 조처들은 어디까지나 헌장 체제 아래에서 단행된 일시적인 조처들이었다. 새로운 체제의 성격을 규정할 헌법이 마련되면 애기가 달라질 수 있다. 그동안 제헌의회 소집을 준비해 온 임시정부는 1931년 6월 3일에 마침내 제헌의회 선거 소집을 공고했다. 공화국 초대 대통령에 오를 알칼라 사모라의 표현에 따르면 제헌의회 선거는 "정치혁명의 최종판"과 "정의로 나아가는 사회혁명의 서막"에 해당될 것이다.[56]

임시정부는 선거를 위해서 1931년 5월 8일 법령으로 제도를 마련했다.[57] 이때 마련된 선거제도는 두 가지 특징을 띠고 있었다. 첫째로, 토호 정치의 근거지인 소선거구제 대신에 주민 5만 명당 의원 1명을 선출하는 대선거구제를 채택했다. 둘째로, 최다 득표 정당에 다수 의석을 주었다. 그 비율은 법률로 정하는데 대체로 해당 선거구 의석수의 80퍼센트에 달했다. 승리한 정당에 의석을 몰아주는 제도라고 할 수 있는 이 규정은 군소 정당의 난립을 피하고 선거연합 결성을 장려하기 위해 마련한 세칙이다.[58]

임시정부는 당연한 얘기지만 선거 중립을 선언했다. 주지사들에게 6월 8일자 행정명령을 내려 선거에서 엄정 중립을 지키게 했다. 중립을 지키지 않은 행위는 엄중하게 처벌을 하겠다고 발표했다.[59] 하지만 현실은 달랐다. 주지사들은 실제로 내무장관이 여러 차례 내려보낸 명령에는 아랑곳하지 않고 후보자 명부 작성과 선거전에 이르기까지 선거 전반에 관여했다. 당파적 입장에 따라 처신하거나 정치적으로 편향되게 업무를 처리하기 일쑤였다.[60]

선거 소집일로부터 선거 전날인 6월 27일까지 3주에 걸쳐 치러진 선거전은 바로 이런 상황 속에서 전개되었다. 선거 결과 구성되는 제헌의회의 성격은 물론 정국 현안에 대한 각 정당과 노조의 입장을 파악하기 위해서는 선거전에서 나온 정치적 선전들을 살펴볼 필요가 있다. 종교 문제를 비롯한 여러 사안들이 뜨거운 감자로 떠올랐지만 여기서는 토지 문제를 중심으로 살펴본다. 선거전은 크게 우파와 공화·사회 연합의 양 진영으로 나뉘어 치러졌다. 아나키스트나 공산주의자 같은 극좌파도 나름의 입장을 보여 주었다.

우파의 선거전은 공화·사회 연합에 비해 결속력도 떨어지고 방향도 불분명했다. 우파는 전국 차원의 선거연합 조직을 갖추지 못했을 뿐 아니라 주 단위로 갈수록 내분이 심했다. 전국 차원에서 조정이 가능한 우파 세력은 국민행동(Acción Nacional) 정도였다. 하지만 국민행동조차 대규모 선거전을 치르기에는 자원이 턱없이 부족했다.[61] 사정이 이러하다 보니 우파는 애초부터 매우 불리한 입장에 놓였다.

선거전은 기본적으로 교권주의와 군주제를 성토하는 분위기에서 치러졌다. 국민행동이 내건 강령은 종교, 조국, 가족, 질서, 노동, 소유였다. 이 표어에서도 알 수 있다시피 국민행동의 최대 관심은 반혁명 세력의 활동을 통일하는 데 있었다.[62] 이 표어는 공화국을 잘못 이해한 데서 나온 것이다. 그들은 공화국이 하느님을 부정하고 기독교의 도덕 원리를 부정하며, 가족의 신성함 대신에 경박한 자유연애를 주장하고, 개인 소유를 프롤레타리아계급 소유로 대체하려 한다고 이해했다.[63] 국민행동청년단을 지도해 온 페레스 라보르다는 아빌라 유세에서 공화국을 볼셰비즘과 동일시하면서 농민 대중에게 국민행동의 원칙을 지켜 달라고 호소했다.[64] 이런 주장을 하는 국민행동 후보자들을 좌파는 보수반동 우익과 군주제를 대변하는 자들로 이해했다. 하지만 국민행동의 선전 내용은 실제로 온건했고 타협적이었다. 그들은 개혁을 논하면서도 기존 권력을 존중해야 한다고 주장했다.[65] 국민행동은 또한 종교와 사회적 보수주의를 결합했다. 이를테면 국민행동 지도자 호세 마리아 힐 로블레스는 살라망카 유세에서 종교가 사회를 무질서 상태로 빠져들지 않게 하는 제동장치라고 하면서 실현 불가능한 토지 분배 약속은 하지 않는다고 못 박았다.[66] 길거리에는 "제헌의회에서 소유권을 지켜 줄 최고의 정당은 국민행동"이라며 지주들에게 표를 호소하는 포스터가 나붙었다.[67] 또한 일부 후보자들은 자신들을 비롯한 국민행동 후보자들을 "사회생활의 기본 원칙을 수호하기로 합의한, 정치적 성향과 출신이 다양한 사람들"이라고 규정했다.[68] 그들은 될 수 있는 대로 많은 노동자들이 토지 소유자가 되어 사회가 새로워지기를 바랐다. 하지만 그들이 바라는 개혁은 어디까지나 '합법적 권리'를 존중하는 개혁이었다.

한편 1930년 6월에 우익 성향의 지주들을 위해 창설한 카스티야행동(Acción Castellana)은 군주제 신념을 포기하지 않았다. 그래도 선거를 위해서 군주제 신념을 잠시 접어 둔 카스티야행동은 우익 공화주의자들과 연대를 시도했다. 그러면서 소유권 옹호와 소토지 소유 창설을 위한 개혁 정책을 주장했다.[69]

우익 가운데 극단적 입장을 보인 이들은 카를로스파(Los carlistas)였다. 반자유주의적이고 반혁명적인 성격의 전통주의 운동을 펼치는 카를로스파는 6월 14일에 팜플로나에서 집회를 열고 가톨릭교도들의 단결을 주문했다. 무너져 가는 교회의 권리를 수호하자는 취지였다.[70] 카를로스파의 주장은 마드리드에서 입후보한 에르난도 데 라라멘디의 성명서에 잘 나타나 있다. 그는 카를로스파를 에스파냐 가톨릭교를 통일할 수 있게 한 그리스도의 추종자로 자리매김했다. 토지 정책과 관련해서는 토지개혁이 '진정한 분배'가 되어야 한다며 카를로스파의 입장을 이렇게 정리했다.

사회주의자들은 개인 소유를 인정하지 않고 (……) 공동소작을 하도록 경작자들에게 토지를 제공하겠다고 약속한다. (……)

볼셰비즘도 개인 소유를 인정하지 않고 토지를 분배해 주고 그 토지를 경작하게 한다. (……)

사회주의자들과 볼셰비키들은 토지를 무상으로 몰수하거나 보상을 하더라도 제대로 보상하지 않고 토지를 거두어들여 사용한다. 경작자들에게 개인 소유 토지를 제공하는 개혁은 오직 우리의 토지개혁뿐이다. 이 개혁은 일시적인 개혁에 그치지 않고 민법과 세법에서 소유와 상속에 관한 자유주의적 오류를 모조리 없애는 개혁이 될 것이다.

합법적 이자를 한 푼도 떼지 않고.

우리는 정당 정치인들이 아니고 국가의 공익을 도모하는 정치가들이다.[71]

요컨대 경작자들에게 개인 소유 토지를 제공하되 수용 대상 토지 소유자들에게는 정당한 보상을 해주겠다는 얘기이다.

이상에서 살펴본 우파의 입장은 대체로 교권적이고 보수적이라고 할 수 있다. 이런 입장을 잘 대변하는 세력이 바로 국민행동이었다. 나름대로 구체적 정책을 편 카를로스파는 소수에 지나지 않았다.

한편, 공화·사회 연합 후보자 명부 작성이 시작되자 정치적 성향을 바꾼 정치인들 소식이 언론의 화젯거리가 되었다. 그들은 이런 상황에서 공식 후보자 명부를 작성하는 데 성공하기도 하고 실패하기도 했다. 명부를 작성하기까지 혼란하고 복잡한 협상 과정을 거쳐야 했다. 선거에 후보자를 낸 정당 가운데 후보자가 100명이 넘는 정당은 사회노동당과 공화우익(Derecha Republicana), 급진사회공화당, 급진 공화당 4개 정당이었다.[72]

임시정부에 참여한 여당들은 선거전에 그렇게 열의를 보이지 않았다. 임시정부 각료들은 수도 마드리드보다는 지방의 주도에서 선거전을 폈다. 마드리드에서는 이렇다 할 선거유세가 없었고, 사회노동당도 마드리드에서 독자 집회나 대규모 집회를 열지 않았다.

여당들은 유세에 열의를 보이지 않았을 뿐 아니라 공화·사회 연합의 강령을 천명한 성명서를 내지도 않았다. 사회주의자들은 자신들의 성명서를 냈지만 공화주의자들은 공동의 강령을 발표하지 않았다. 사회주의자들이 발표한 성명서도 그 내용이 매우 모호하고 가변적이었다.[73] 이런 상황에서는 각료들의 유세 연설을 살펴보는 것이 공화·사회 연합 선거전의 정책 내용을 분석하는 지름길이 될 것이다.

먼저 알칼라 사모라와 미겔 마우라가 주축이 된 공화우익은 조직이 와해되어 준비를 제대로 하지 못했다. 더군다나 돌아가는 상황도 공화우익에 별로 좋지 않았다. 임시정부의 활약이 공화우익에 불리하게 작용한데다가 사회주의자들과 좌파 공화주의자들이 걸림돌이 되었다.[74] 상당수가 군주제 아래에서 지역 토호 구실을 한 공화우익이 공화국을 주창하고 나선 것만 해도 큰 변화라고 볼 수 있지만, 공화우익이 공화국의 보수적 성격을 강조한 데 반해 사회주의자들과 좌파 공화주의자들은 급진적 성격의 공화국을 주창했다.

공화우익의 선거운동은 군주제 아래에서 상원의원과 노동부 장관을 지낸 호아킨 차파프리에타가 맡았다. 공화우익이 대중정당의 길로 나아가야 한다고 생각한 차파프리에타는 "소토지 소유자 50만 명 이상"을 창출하겠다고 했다.[75] 이 점에서 공화우익은 급진공화당과 흡사했다. 소토지 소유자들의 공화국을 희망한 두 정당은 온건한 토지개혁을 부르짖었다.

급진공화당의 대표 인물은 알레한드로 레룩스였다. 레룩스는 모든 사람들을 받아들이는 질서의 공화국을 주창했다.[76] "반동 세력과 맞서는 혁명가이자 무질서와 싸우는 공화국과 자유의 수호자"[77]를 자처한 레룩스는 소유 제도를 개혁해야 한다는 제도 개혁의 필요성을 인정하면서도 부르주아지와 자본주의를 억압하려는 시도에는 한사코 반대했다.[78] 부르고스 유세에서는 토지 문제에 대한 입장을 이렇게 밝혔다.

우파는 우리를 근심 어린 눈으로 지켜봅니다. 공화국이 그들에게서 소유지를 빼앗아 갈 것이라고 생각하기 때문입니다. 단언컨대 이것을 위해서라면 공화국을 수립할 필요가 없었을 것입니다. 공화국은 오직 사회적 불평등을 해소해 나갈 것입니다. 소유지를 강제로 빼앗지 않을 것이고, 부자를 가난한 사람으로 만들거나 가난한 사람을 더욱 가난한 사람으로 만들지는 않을 것입니다.

하지만 카스티야의 농지와 엑스트레마두라의 농지, 안달루시아의 농지를 손봐야 합니다. 요컨대 라티푼디움을 손봐야 합니다. 불공평하기 때문입니다. 노동자들은 부쳐 먹을 땅뙈기 하나 없는데 부자들은 자신의 농장이 어디까지인지도 모릅니다. 중개인에게 관리를 맡겼기 때문입니다. 부자들은 중개인을 강탈하고 노동자의 노고를 강탈합니다. 공화국은 이런 불평등을 개선하기 위해서 소유권을 개혁할 것입니다. 폭력을 동원하지 않고 말입니다.[79]

라티푼디움이라는 대토지 소유를 사회적 불평등 문제로 본 레룩스는 라티푼디움을 개혁 대상으로 삼았다. 하지만 라티푼디움 개혁은 법령 공포로 처리하면 되는 단순한 문제가 아니라 이해 당사자들의 정보 제공과 합의, 의회의 입법 절차가 필요한 복잡한 문제라고 했다. 토지를 수용할 때는 토지 소유자에게 공정하고 정당한 보상을 해주고 수용하고, 수용한 토지를 소작인들에게 분배해 소작인들을 새 소유자로 만들어 내겠다고 했다. 레룩스의 연설에 대중들은 박수갈채로 호응했다.[80]

급진사회공화당은 '사회정의'와 소유권 개념을 수정해야 한다고 주장하며 급진적 공화제를 부르짖었다. 설립자 가운데 한 사람인 알바로 데 알보르노스는 심지어 반도 동남부의 무르시아 투우장 유세에서 "부의 국유화"를 위해 노력하겠다고 약속했다.[81] 급진사회공화당의 혁명적 열망을 잘 표현한 사람은 당의 공동 설립자인 페르난도 발레라였다. 그가 내세운 강령은 "인민에게 주권을, 양심에 자유를, 농민에게 토지를, 노동에 존엄을, 자치단체와 지방에 독립을"이었다. 다른 정당과 달리 급진사회공화당은 토지 문제를 구체적으로 다루었다. 페르난도 발레라는 라티푼디움 분할로 토지 문제가 해결되지 않는다고 보았다. 라티푼디움 분할은 라티푼디움 지역의 문제는 해결할지 모르나 갈리시아 지방의 소농 문제나 발렌시아의 소작 문제는 해결하지 못한다는 얘기이다. 그는 다른 정당과 달리 특정 지역을 넘어서 에스파냐 전역의 토지 문제에 관심을 두고 있었다. 그가 제시한 해결책 또한 남달랐다. 농민조합을 조직하고 농민조합에 토지를 제공하며 기술학교를 설립하고 농업금융을 마련해야 한다고 보았다.[82]

공화행동 소속의 마누엘 아사냐는 알리칸테, 아빌라, 톨레도 같은 곳에서 벌인 유세에서 제헌의회가 풀어야 할 핵심 의제를 제시하며 자신은 "건설적 급진주의" 노선을 취한다고 밝혔다. 그가 제시한 의제는 헌법 제정, 독재 체제 협력자들에 대한 책임 규명, 토지개혁, 예산 편성이었다.[83] 하지만 그는 의제만 던졌을 뿐 개별 사안을 구체적으로 다루지는 않았다.

마지막으로 사회주의자들도 유세전을 펼쳤다. 사회주의자들은 공화제와 관련한 당의 기본 입장을 밝힌 성명서에서 자신들에게 공화제는 출발점이라고 주장했다. 한걸음 더 나아가 만일 공화제가 시대의 요구에 부응하려 한다면 사회주의 이념과 가치를 섭취해야 할 것이라고 덧붙였다.[84]

그런가 하면 토지 문제와 관련해서 사회주의자들은 라티푼디움의 국유화와 집산화를 강조했다. 사회노동당은 대규모 라티푼디움을 국유화하고 농민 단체에 토지를 양도하며 대다수 대중들의 바람을 충족시키는 일을 최우선 과제로 꼽았다.[85] 개인 소유를 폐지하고 집단 소유를 확립하는 것이 사회주의의 기본 원칙이자 사회노동당의 기본 정책이라고 밝혔다. 하지만 생활에 필요한 소비재의 개인 소유는 부정하지 않았다. 그들이 주장한 것은 생산수단의 사회화였다.[86]

극좌파로 분류되는 아나키스트들과 공산주의자들은 이상에서 살펴본 공화·사회 연합 세력과 또 입장이 달랐다. 우선 아나키스트들은 선거에 별다른 관심을 보이지 않았다. 제헌의회 선거에 후보를 내지도 않았다. 앙헬 페스타냐가 인터뷰에서 밝힌 대로 그들은 다른 정당과 협약을 맺지도 않았다.[87]

아나키즘 노조 전국노동연합은 1931년 5월에 임시대의원대회를 열고 제헌의회에 대한 전국노동연합의 입장을 이렇게 정리했다. 한마디로 말하면 "자본주의 사회에서 태어나 정치와 법과 경제의 3중적 측면에서 자본주의의 헤게모니를 수호하게 될 제헌의회에 아무것도 바랄게 없다"는 것이었다.

전국노동연합은 언제나 직접행동의 규범을 따르며 인민들에게 자유지상 코뮌주의(comunismo libertario) 혁명 의식을 불어넣어 (……) 본질적으로 정치경제적 가치가 다른 혁명을 달성해야 한다. 이를 위해서 전국노동연합은 혁명적 가치를 조직하고 선거 반대 활동을 펼치는 데 즉각 뛰어들어야 한다.[88]

우리는 여기서 아나키스트들의 정치 인식을 확인하게 된다. 그들은 의회 정치를 반대하고 직접행동을 노조 활동의 기본 원칙으로 삼았다.

공산당은 이러한 아나키스트들의 입장과 달리 적극적인 태도를 보였다. 공산주의자들은 선거가 소집되자 선거 강령을 내놓았다.[89] 공산당 선거 강령의 제1강령은 공화국이 혁명적이지 않기 때문에 에스파냐 프롤레타리아계급의 기대를 저버렸다는 것이다.

날이 갈수록 실체가 드러나고 있다. 제국주의를 지향하는 대부르주아 계급 정부의 실체가 드러나고 있다. 귀족, 성직자, 고급장교, 대금융가들의 특권은 그대로 둔 채 형식상의 공화제를 선포함으로써 대중들의 혁명 의식을 질식시키고 있다.[90]

이렇듯 공산주의자들은 임시정부를 질타했다. 여기에 머무르지 않고 그들은 사회노동당과 노동자총연맹, 전국노동연합을 싸잡아 공격했다. 프롤레타리아계급의 본질적 이해관계를 저버리고 자본주의에 허리를 굽히며 귀족과 반동 세력의 하수인 노릇을 하고 있다는 이유였다.[91] 이런 비난이 정치 선전임을 감안하더라도 특히 아나키스트들에게는 터무니없는 정치 공세로 들렸을 것이다.

공산당은 제헌의회 선거에 이율배반적 태도를 보였다. 제헌의회가 "혁명적 대중을 기만하는 수단"이라고 보면서도 제헌의회 선거에 참여하고자 한 것이다. 그 이유는 "대중들에게 공산당의 혁명 강령을 알리고, 노동자·농민을 비롯한 모든 혁명 세력들을 결집하며, (······) 유세장과 제헌의회 연단에서 공화주의자들의 진면목을 드러내고 군주제 세력과 연대한 임시정부를 비난하는" 데 있었다.[92] 공산당은 제헌의회 선거와 제헌의회 활동을 당의 정략적 목적을 실현하는 데 십분 활용하려고 했다.

크게 우파와 공화·사회 연합으로 나뉘어 치러진 유세가 끝나고 6월 28일에 제헌의회 선거가 실시되었다. 유권자의 70.1퍼센트가 투표에 참여했다.[93] 제헌의회에 보인 시민들의 관심이 상당했음을 알 수 있다.

투표 결과는 종래와 비슷한 양상을 보였다. 주변부와 해안 지역 주민들은 좌파를 지지했고 중심부, 특히 카스티야라비에하 지방 주민들은 우파에 표를 던졌다. 투표 결과, 공화·사회 연합이 대승을 거두었

고 좌파의 영향력이 더욱 커졌다.[94]

　1931년 통계연감 자료와 내무부 자료, 일간지 자료를 토대로 작성한 정당별 제헌의회 의석수는 [표 9]와 같다. 공화파가 압도적 다수를 차지했다. 단일 정당으로는 사회노동당의 의석수가 가장 많았다. 사회노동당이 다수당이기는 했지만 독자적으로 집권하기에는 의석이 부족했다. 사회주의자들이 공화주의자들과 제휴한 까닭이 여기에 있다. 향후 에스파냐 정치를 이끌어갈 정부는 바로 공화·사회 연립정부였고 그 중심에 사회노동당이 있었다. 공화주의 정당들 가운데서는 알레한드로 레룩스가 이끄는 급진공화당과 마르셀리노 도밍고가 이끄는 급진사회공화당이 두각을 나타냈다. 부르주아 정당이라는 점에서는 두 정당의 성향이 비슷했지만 전자는 중도파에 속했고 후자는 공화 좌파에 속했다. 요컨대 곧 구성될 공화·사회 연립정부는 중도 좌파가 주도하는 정부가 될 터였다.

　반면에 군주제파와 지방 과두세력은 거의 종적을 감추었다. 로마노네스 백작과 산티아고 알바, 오소리오 이 가야르도를 비롯한 일부 의원이 여전히 의원직을 유지했을 뿐이다. 이런 가운데 특이하게도 사분오열 양상을 보인 우파가 시간이 지나면서 '농업회(Grupo agrario)'[95]라는 이름의 원내 단체로 결집했다. 알폰소 13세 치하에서 자유민주당 당원으로 활약한 마르티네스 데 벨라스코가 주도하여 1931년 7월 15일에 부르고스에서 결성된 농업회는 향후에 자금을 모으고 대중을 동원하며 반대 운동의 논리를 개발하는 데 지대한 역할을 하게 된다.[96] 농업회 소속 의원들은 대체로 카스티야이레온 지방 출신들이었지만 농업당 당원, 전 군주제파, 전통파(Los tradicionalistas), 국민행동 당원 등 구성원들의 정치적 성향은 무척 다양했다.[97] 종교와 반마르크스주의를 기본 원칙으로 내세웠고[98] 소유 문제와 관련해서는 "자유주의도 사회주의도 아닌 중용"의 원리를 강조했다.[99] 그러면서 지주들의 입장

표 9 제헌의회 정당별 의석수(1931년)

성향	정당	의석수
공화 좌파	사회노동당	117
	급진사회공화당	59
	반체제연방파	3
	혁명공화당	1
공화연합	급진공화당	89
	공화행동	27
	연방파	11
	독립공화당	13
공화 우파	공화우익	27
	민주공화당	2
지방 공화당	에스케라	33
	오르가	16
	카탈루냐행동	2
그 밖의 공화파	공화국봉사회	12
	공화농민당	1
우파	농업당	21
	국민행동	3
	바스크민족당	4
	바스크나바라연합	9
	전통파	2
	리가	2
	군주제파	2
전체 의석수		470

을 대변했다.

제헌의회를 구성한 정당의 수가 무려 20개가 넘었다. 몇몇 정당을 제외하면 대체로 급조된 정당들이었고 한두 명의 의원으로 구성된 정당도 상당수였다.[100] 외교관이자 역사가인 살바도르 데 마다리아가의 말마따나 제헌의회는 "정당도 다양하고 견해도 다양한" 의회였다.[101] 중유럽이나 남유럽 국가에서는 이러한 의회 구성이 흔한 일이었다.

한편 제헌의회가 펴낸 자료[102]에 따르면 의원들의 사회적 구성은 대략 변호사 158명, 교수 64명, 의사 53명, 언론인 40명, 저술가 11명, 공학자 21명, 제조업자 7명, 건축가 4명, 약제사 5명, 공증인 4명, 상인 19명, 노동자 24명, 종업원 16명, 농민 4명, 군인 6명, 사제 8명, 공무원 4명 등이었다. 이 통계에 따르면 제헌의회 의원의 다수는 사회적으로 소부르주아 계층에 속하는 전문 지식인들이었다. 변호사, 교수, 언론인의 비율이 높았다. 이들 전문 지식인들 상당수는 특정 정당의 당원으로서보다는 개인의 명성으로 선출되었다. 그런가 하면 그 수가 얼마 되지는 않았지만 노동자들이 역사상 처음으로 의회에 진출하기도 했다. 노동자 출신 의원들은 모두 사회노동당 소속이었다.[103] 미국 역사학자 가브리엘 잭슨이 제헌의회를 두고 "명망가 의회" 성격과 좌파들이 참여하는 민중의회 성격이 섞인 의회라고 말한 이유가 여기에 있다.[104]

제헌의회는 또한 의원들 다수가 종전에 의원으로 선출된 적이 없는 초선 의원들로 구성되었다는 특징이 있었다. 그 결과, 젊은 의원들이 더 많았다. 에스파냐 정치사회학을 연구한 후안 린츠는 이러한 현상을 정치 엘리트의 불연속성이라고 표현했다.[105] 정치 엘리트의 세대가 단절되었다는 의미이다. 이러한 불연속성이 에스파냐 정치에 순기능을 할 수도 있지만 의회의 효율성을 떨어뜨린다거나 안정된 정부 구성을 어렵게 만드는 역기능을 할 수도 있다. 살바도르 데 마다리아가가 "공적 생활을 처음 시작한 초선 의원들은 권력에서 축출된 억압자들을 처벌하려는 열망에 불타고 미래의 활동보다는 과거의 열정에 사로잡히는 경향이 있다"고 말한 것은 이런 점을 염두에 둔 것이다. 그는 초선 의원들이 "새로 무언가를 건설하기보다는 지나간 것을 무너뜨리는 데, 그리고 미래의 공덕을 세우기보다는 과거의 잘못을 처벌하는 데" 더 많은 관심을 기울인다고 생각했다.[106]

요컨대 총선 결과 구성된 제헌의회는 공화·사회 연합이 압도적 다수를 차지하고 우파가 소수인 의회였다. 좌파 최대 정당인 사회노동당이 다수당이어서 사회노동당의 역할이 그 어느 때보다 커졌다. 신생 공화국이 추진해 나갈 개혁 작업의 성패가 사회노동당에 달려 있게 되었다고 해도 과언이 아니다. 반면에 야당인 우파는 분열되어 있었고 허약했다. 그런 가운데 개혁 작업에 대한 두려움마저 갖고 있었다. 이때부터 우파는 반사회주의를 지향하게 된다.[107]

공화·사회 연합이 직면한 어려움은 우파의 반대 공작에만 있지 않았다. 공화·사회 연합 내부에도 있었다. 공화·사회 연합의 구성이 매우 이질적이고 다양해서 그들이 당면한 중대 문제의 해결책을 마련하거나 여러 정책을 실현하기가 쉽지 않을 터였다. 얼마 전까지만 해도 군주제를 조건 없이 지원해 온 기관들과 아직도 사라지지 않은 전통 사회의 특징들 또한 커다란 장해물이 될 터였다.

이렇게 출범한 제헌의회가 곧 주요 현안에 대한 해결 방안을 모색하는 일에 착수하게 된다. 첫 번째 작업은 물론 헌법 제정이었다. 제헌의회는 우선 헌법 초안을 마련하기 위한 헌법기초위원회를 구성했다.[108] 사회노동당의 루이스 히메네스 데 아수아를 위원장으로 위촉하고 사회노동당 의원 4명, 급진공화당 의원 4명, 급진사회공화당 의원 3명, 카탈루냐회(Minoría catalana) 의원 2명, 공화행동 의원 1명, 갈리시아공화연합(Federación Republicana Gallega) 의원 1명, 연방파

의원 1명, 진보파 의원 1명, 공화국봉사회(Agrupación al Servicio de la República) 의원 1명, 바스크나바라연합(Grupo vasco-navarro) 의원 1명, 농업회 의원 1명을 위원으로 임명했다.[109] 위원 구성을 볼 때 사회노동당과 급진공화당, 급진사회공화당의 입장이 크게 반영될 거라고 짐작할 수 있다.

7월 28일에 활동을 시작한 위원회는 20일 뒤에 121개조에 달하는 헌법 초안을 마련했다. 제헌의회는 8월 27일부터 헌법안 심의를 시작하여 그해 12월 8일에 최종 승인했다. 법안 심의에서 여러 사안이 쟁점으로 떠올랐지만 여기서는 열띤 논란을 불러일으킨 소유 문제만을 다루기로 한다. 토지 문제를 바라보는 각 정당과 정파의 기본 입장을 파악할 수 있기 때문이다.

4. 소유의 사회적 기능

토지 문제는 사실 헌법안 심의를 개시하기 전에도 관심의 대상이었다. 제헌의회 의장을 맡은 사회노동당 의원 훌리안 베스테이로는 물론이고 농업회에 가입한 우파의 국민행동 의원 힐 로블레스도 토지 문제에 관심을 보였다. 훌리안 베스테이로는 법적 측면에서만 토지개혁을 다루면 말장난에 빠질 수 있다며 다양한 관점에서 다루어야 한다고 지적했고,[110] 힐 로블레스는 공화국이 출범하기 전부터 관심을 갖고 있었다며 토지 문제에 대한 자신의 관심이 지속적인 것임을 밝혔다.[111] 노동자로서 가톨릭 단체를 이끄는 디마스 마다리아가 의원은 "노예의 처지와 다를 바 없는 환경에서 살아가는 빈민들을 즉각적이고 신속하게 지원해야 한다"는 동료 노동자들의 말을 인용하면서, 토지개혁안을 지체하지 말고 만들어 줄 것을 당부했다.[112] 헌법기초위원회가 법안 마련에 착수한 것은 이런 분위기 속에서였다.

법안에서 소유 관련 조항은 42조, 44조, 45조였다. 특히 42조에서는 소유에 대한 국가 개입의 가능성과 한계 문제를 이렇게 다루고 있다.

- 국토 안에 존재하는 천연자원에 대한 소유는 원칙상 국민의 이름으로 국가에 귀속된다.
- 국가는 소유자가 수행하는 기능이 유용할 경우에 개인 소유를 실제로 인정하고 소유를 점차 사회화해 나간다.
- 공익에 따라 국가는 언제든지 개인 소유에 제약을 둘 수 있다.
- 모든 형태의 부는 법률이 정하는 사회적 유용성에 따라 강제 수용할 수 있고 보상 방식은 법률로 정한다.
- 사회적 필요성이 있을 경우에는 의회가 무상 수용을 결정할 수 있다.
- 국익에 영향을 미치는 공공사업과 개발은 될 수 있는 대로 빠른 시일 안에 국유화한다.
- 몰수 처벌을 내리지는 않는다.[113]

소유를 점차 사회화해 나가되 '공익'이나 '사회적 유용성,' '사회적 필요성,' '국익'을 근거로 국가가 개인 소유에 제약을 가할 수 있다는 내용이다. 소유의 점진적 사회화를 골자로 히는 이 조항을 둘러싸고 많은 논란이 벌어졌다. 이 조항에 대한 수정안도 쏟아졌다.[114] 수정안의 상당수는 물론 개인 소유권을 옹호하는 농업회 소속 의원들이 제기했다. 논란의 흐름은 소유의 점진적 사회화에 대한 찬반으로 나뉘었다. 사회노동당과 급진사회공화당 소속 의원들은 찬성 입장을 보였고, 공화 우파와 가톨릭교도, 농업회 소속 의원들은 반대 입장을 보였다.

훌리안 베스테이로는 소유 관련 조항들을 언급하면서 근대적 소유 개념에 대한 사회노동당의 입장을 이렇게 밝혔다.

이 3개 조항에서 에스파냐에서 지배적인 소유 형태를 다룬 것은 아닙니다. (……) 여기서 다룬 것은 국가가 인정하는 유용성에 따라 개인 소유를 받아들인다는 얘기입니다. (……) 역사적으로 보면 개인 소유가 필요했습니다. (……) 하지만 개인 소유가 여러 가지 해악을 낳았습니다. (……) 우리는 전권을 쥔 국가가 시민들에게 특정 형태의 소유를 강요하는 국가사회주의의 강박관념을 두려워하지도 않고 그런 관념에 빠져 있지도 않습니다. 우리가 지향하는 사회주의는 그런 사회주의가 아닙니다. (……) 국가가 소유를 점진적으로 사회화해 나간다는 내용입니다. (……) 정치혁명이 아니라 사회혁명을 이룩해야 합니다(좋습니다). 우리는 늘 사회혁명을 이룩해야 한다고 생각해 왔습니다.[115]

요컨대 소유의 점진적 사회화가 훌리안 베스테이로가 주장하는 사회노동당의 입장이었다. 헌법기초위원회 위원인 부혜다 무뇨스 사회노동당 의원은 42조가 사회주의 조항이 아니고 위원회를 구성하고 있는 여러 정당 소속 의원들 다수가 합의한 내용이라면서 사회화의 개념에 유연성이 있음을 강조했다. 사회화의 유형을 지정하지도 않았고 그 방식을 못 박지도 않았으며 법률이 정하는 바에 따라 사회화의 강도도 달라진다고 그는 덧붙였다.[116]

한편 사회노동당의 라르고 카바예로는 당 기관지 《엘 소시알리스타》에서 토지 국유화를 주장했다. 토지를 국유화해서 그것을 활용하기 바라는 개인이나 집단에 임대해 주어야 한다고 했다. 물론 토지 국유화를 위해서는 소유자에게 보상을 해주고 토지를 수용해야 할 것이다. 보상 비용은 임차인이 아니라 국가가 지불하게 된다. 그는 이런 방식의 토지 국유화가 당면한 토지 문제를 해결할 수 있는 유일한 해결책이라고 보았다.[117] 이런 점에서 라르고 카바예로는 훌리안 베스테이로나 부혜다 무뇨스보다 강경한 입장을 지니고 있었다. 사회노동당 안에서도 개인의 성향에 따라 소유 문제에 대한 입장에 온도차가 있음을 알 수 있다.

급진사회공화당은 이미 5월에 당대회를 열고 소유권에 관한 당 강령을 마련해 놓았다. 부의 원천을 국가가 강제로 수용하고, 지방의 특성과 지리에 따라 지방 정부가 토지 소유의 형태를 결정하게 하며, 부의 원천인 소유와 노동의 사회적 기능을 강화하고, 소토지 소유에 부과하는 조세를 폐지한다는 것이 그 골자였다.[118] 급진사회공화당 의원 고르돈 오르다스는 의회 연설에서 이렇게 밝혔다. "토지는 그 누구의 소유도 아니라고 말하는 사람도 있고 경작하는 사람의 소유라고 말하는 사람도 있는데, 급진사회공화당 의원들은 사회 재산과 자연 재산 일체를 국유화하기를 바라고 있다."[119] 같은 당의 보테야 아센시 의원은 고르돈 오르다스보다 조금 온건한 입장을 보였다. 그는 개인 소유를 폐지하자는 것이 아니라 사회적 유용성에 따라 토지를 수용하자는 것이라면서 토지를 수용할 때는 보상을 해주고 경우에 따라 무상 수용을 할 수도 있다고 덧붙였다.[120] 법안 42조가 급진사회공화당의 입장을 중심으로 만들어진 것이 아닌가 싶을 정도로 보테야 아센시 의원의 발언 내용은 법안 내용과 거의 동일했다. 요컨대 급진사회주의자들은 개인 소유를 존중하면서도 국가의 강제 수용권을 주장했다. 페르난도 발레라 의원은 자연을 독점하는 것이 개인 소유에 반한다고 지적했다.[121] 동료 의원 에밀리오 아사롤라는 지주의 불로소득, 곧 지대가 자본의 이윤은 물론 노동자의 임금에 부정적 영향을 미치게 된다고 했다. 급진 사회주의자들의 이러한 주장은 토지 단일세를 주창한 19세기 미국의 경제사상가 헨리 조지의 영향을 받은 것이다.[122]

공화우익도 소유권을 존중하는 데서 출발했다. 공화우익의 블랑코

페레스 의원은 소유권이 이른바 사회적 기능의 영향을 받은 지 여러 해 되었고 곧 소유의 사회화로 나아갈 필요가 있다고 말했다. 그는 소유권이 무제한의 권리가 아니라 조세와 공익권, 강제 수용에 의해 제약을 받는 권리임을 강조했다.[123]

이상에서 살펴본 사회노동당 의원들이나 급진사회공화당 의원들, 일부 공화우익 의원들은 속도의 차이는 있을지 몰라도 소유의 사회화를 지지하는 입장이었다. 하지만 견해를 달리하는 의원들도 있었다. 급진공화당의 삼페르 의원은 사회화의 가능성과 개인 소유의 가능성을 열어 두어야 한다며 절충적 태도를 보였다.[124] 공화우익의 알칼라 사모라도 마찬가지였다.[125] 심지어는 사회화의 원리를 배제한 수정안을 제출한 의원들도 있었다.[126]

농업회 의원들과 가톨릭교도 의원들, 보수 공화파 의원들은 소유의 사회화에 비판적 태도를 보였다. 농업회 의원들은 헌법기초위원회 위원들이 소유권이 뭔지도 모른다면서 위원회가 제출한 안에 비판을 가했다.[127] 러시아를 제외한 전 세계 모든 나라 헌법에 사유재산권을 보장하고 있는데 위원들이 이런 현실을 무시했다고 주장했다.[128]

소유와 사회적 기능은 동일한 개념이 아니고 소유에 사회적 기능이 있는 것이라고 지적한 농업회 의원 고메스 로히는 사회적 기능을 지나치게 확대해서는 안 된다고 말했다. 사회적 기능을 확장해서 소유권을 제약하게 되면 곧 소유의 본질과 권리마저 침해하는 결과를 낳게 된다는 게 이유였다.[129]

힐 로블레스와 레이사올라는 가톨릭교의 사회교리에 입각해서 법안에 반대했다. 소유권을 불가침권으로 규정한 19세기 헌법에는 애초에 사회계약의 당사자로 개인과 국가만을 고려한 문제가 있다. 그 결과 재산을 임의로 처분하는 개인주의 남용 현상이 발생했고, 이에 따라 개인 소유를 점진적으로 철폐하는 사회주의의 횡포가 생겨났다. 개인주의의 남용과 사회주의의 횡포는 잘못된 원칙에서 비롯된 것이다. 반면에 사회교리는 소유권을 자연권으로 보고 소유권 향유를 합법적이고 필수적인 것으로 보면서도, 소유권이 무제한의 권리가 아니라 사회적 연대와 자선 등에 바탕을 둔 여러 가지 의무의 제약을 받는 권리로 간주한다.[130] 소유와 관련해서 사회교리는 두 가지 전제에 바탕을 두고 있다. 하나는 소유권을 강화하고 장려한다는 의미에서 개인이나 개인주의 요소를 중시해야 한다는 것이고, 다른 하나는 재산을 이용한다는 의미에서 집단적 원리를 중시해야 한다는 것이다.[131] 이러한 사회교리의 입장에서 볼 때 소유 자체를 점차 사회화해 나가겠다는 법안 42조의 내용에 문제가 있다는 얘기였다.

가톨릭교도 의원들의 주장이나 사회교리는 가톨릭 교황들의 회칙에 근거를 둔 것이다. 노동헌장으로 알려진 교황 레오 13세(1878~1903 재위)의 '레룸 노바룸'이 대표적이다. 이 회칙에 따르면 사유재산권은 자연, 곧 창조주가 인간에게 제공한 것이다. 창조주가 인간에게 사유재산권을 준 목적은 인간 개인들이 자기 자신과 가족을 먹여 살리도록 하기 위한 데나 창조주의 재산이 온 인류를 위해 사용되도록 하기 위한 데 있다.[132] '레룸 노바룸'은 지주들에게 대헌장과 마찬가지였다. 지주들은 레오 13세의 지적을 근거로 소유권을 폐지해서는 안 되며 소토지 소유자의 수를 늘려야 한다고 주장했다. 소유자 수가 늘어날 때 사회질서가 훨씬 잘 유지된다고 했다. 자본을 의미하는 집이나 토지, 기업 등 잃을 게 있는 사람은 질서를 무너뜨리려고 하지 않는다는 게 이유였다.[133]

한편 레오 13세는 '레룸 노바룸'에서 소유의 사회적 기능에 대해서도 언급했다. "재물의 복이든 영혼의 복이든, 하느님의 복을 많이 받은 사람은 누구든지 자기 자신을 완성하고 (……) 다른 사람들을 완성하는 데 사용하라고 그 복을 받았다."[134] 따라서 소유자들, 특히 대지주들은 자신들에게 수행해야 할 사회적 기능이 있음을 알 필요가 있었다. 헤로니모 파하론은 이 내용을 인용하면서, 소유자는 자신을 고립된 존재가 아니라 사회적 존재로 생각해야 한다고 덧붙였다.[135] 사회교리의 대표 주자 세베리노 아스나르에 따르면, 사회교리 주창자들은 사회주의자들에 맞서 사유재산을 옹호했고 경제적 개인주의자들에 맞서 소유권의 제한을 주장했다.[136]

가톨릭교의 사회교리는 이처럼 소유의 사회적 기능을 중시했다. 하지만 가톨릭교도들에게 소유의 사회적 기능과 소유의 사회화는 별개의 문제였다. 일부 의원들이 소유의 사회화를 골자로 한 법안을 사회주의적이라고 비판한 까닭이 여기에 있다.

여러 논란을 거친 끝에 법안 42조는 결국 사회적 유용성을 위해 재산을 수용하고, 수용할 경우에는 적절한 보상을 제공한다는 선에서 마무리되었다. 소유를 사회화할 가능성도 열어 두었다. 법안 42조가 1931년 12월 9일에 공포된 헌법에서는 44조가 되었다. 헌법 44조의 내용은 이렇다.

- 소유자가 누구든 간에 나라의 모든 부는 국가 경제의 이익을 따르고 헌법과 법률이 정하는 공적 부담을 진다.
- 모든 종류의 재산은 과반수 의원의 지지로 통과된 법률이 정하는 경우를 제외하고 사회적 유용성을 위한 강제 수용의 대상이 될 수 있다. 수용할 때는 적절한 보상을 해준다.
- 이와 동일한 조건으로 소유가 사회화될 수 있다.
- 사회적 필요성이 있을 경우에는 공익에 영향을 미치는 공공사업과 개발을 국유화할 수 있다.
- 국가 경제에 이익이 되고 생산의 합리화가 필요한 경우에는 국가가 법률을 통해 기업과 산업의 개발과 조정에 관여할 수 있다.

• 어떤 경우에도 재산을 몰수하지 않는다.[137]

이 조항은 부르주아계급에 양보함으로써 사유재산을 인정하기도 했고, 노동자계급에 양보함으로써 점진적 사회화의 가능성을 열어 두기도 했다. 후자를 고려한다면 1931년 에스파냐 헌법은 전 세계 근대 헌법들 가운데 가장 혁신적인 헌법에 속할 것이다. 하지만 이런 헌법 규정을 갖고 상당히 많은 일을 할 수도 있지만, 아무것도 하지 않을 수도 있다는 경제학자 후안 벨라르데 푸에르테스의 지적은 매우 타당하다.[138]

5. 토지개혁 법안들

이렇듯 제헌의회가 헌법안을 다루는 동안 토지개혁이 정치와 경제, 사회 변혁의 핵심이라고 본 임시정부는 개혁안을 마련하는 데 온 힘을 쏟기로 하고[139] 1931년 5월 21일에 토지개혁 법안의 기초를 마련할 농업기술위원회를 구성했다.[140] 위원장은 마드리드대학 법학 교수이자 공화국봉사회의 공동 창설자인 펠리페 산체스 로만이 맡았다. 위원회는 농학자 6명, 임학자 2명, 경제학자 4명, 법률가 8명, 지리학 교수 4명, 농민 5명, 노동자 2명, 사무관 2명 해서 모두 31명으로 구성됐다.[141] 양식이 있고 유능한 사회 각층의 전문가들로 구성되었음을 알 수 있다.

위원회 산하에는 4개의 분야별 소위원회가 구성되었다. 라티푼디움소위원회, 공유재산소위원회, 농업금융소위원회, 소작소위원회가 그것이다. 이 가운데 라티푼디움소위원회의 역할과 비중이 컸다. 농민들이 처한 절박한 상황 때문이었다. 라티푼디움소위원회는 경제학 교수

안토니오 플로레스 데 레무스와 아구스틴 비뉴알레스, 농학자 에두아르도 로드리가녜스와 파스쿠알 카리온으로 구성되었고, 산체스 로만이 소위원장을 맡았다.

라티푼디움소위원회가 초안을 만드는 데는 두 달도 채 걸리지 않았다.[142] 산체스 로만의 말에 따르면, 이 초안은 안달루시아와 엑스트레마두라 지방의 고질적 문제인 농민 실업을 해소하는 데 초점을 두었다.[143] 두 지방에 잠재해 있는 혁명적 움직임이 농장점거 운동으로 확산되기 이전에 가시적 효과를 거두기 위해서 실업 해소에 각별한 관심을 보였다. 향후 제시될 개혁안들에서 수정되기는 하지만, 토지개혁의 기준이 될 기본 지침이 이 초안에 들어 있다. 전체 18개 조항으로 이루어진 초안의 핵심은 이렇다.

- 정착 농가 수는 60,000~75,000가구(제1조)
- 개혁을 라티푼디움 지역에 국한(제2조)
- 개혁 대상 토지는 전 국토에서 일정한 면적을 초과하는 토지(제5조)
- 전 국토에 걸쳐 있는 대농장에 누진세 적용(제6조)
- 농민들에게 값싼 소작료를 받고 임대하도록 토지를 임시 점유(제7조)
- 임시 점유 토지를 정착 대상 농민들의 뜻에 따라 개인이나 집단 형태로 경작(제14조)[144]

이 초안이 위원회를 거쳐 임시정부에 제출된 건 7월 중순이었다. 정부는 초안을 마련하는 데 참여한 산체스 로만과 플로레스 데 레무스, 카리온을 각료회의에 불러서 설명을 들었다. 농업기술위원회 위원장 산체스 로만은 위원회 안을 법령으로 공포해서 개혁을 즉시 시행해 주기를 바랐다. 의회에는 사후 승인을 받으면 된다고 했다. 이 안을 의회에 상정하게 되면 의회의 승인을 받는 데 시간이 많이 지체되어 개

혁이 늦어지고, 그에 따라 농민들 사이에 불안이 확산된다는 이유에서였다.[145]

하지만 임시정부는 처음부터 이 초안을 지지하지 않았다. 7월 21일과 23일에 열린 각료회의에서 각료들은 저마다 초안을 비판하고 나섰다. 총리 알칼라 사모라가 특히 그러했다.[146] 미국 역사가 에드워드 말레파키스는 급진 개혁이 지주들의 반발을 살 위험이 있다고 보았기에 알칼라 사모라가 반대했을 것으로 추정하고 있다.[147] 특이한 점은 사회노동당의 라르고 카바예로도 이 초안에 반대했다는 사실이다. 초안이 보수적이라는 이유 때문이었다.[148] 공화 좌파가 초안을 지지하고 나서기는 했지만 잠시 뿐이었다. 결국에는 지지를 철회했다.[149] 임시정부 내에 불협화음이 있었다고 마누엘 아사냐는 자신의 일기에 썼다.[150] 임시정부는 결국 초안을 법령으로 공포하지 않기로 했다. 그뿐만이 아니었다. 아예 초안 전체를 폐기하고 알칼라 사모라를 중심으로 위원회를 구성해 새로운 안을 만들기로 했다.[151]

라티푼디움 지역을 쇄신하기 위해 만든 농업기술위원회 안을 왜 폐기했을까? 에드워드 말레파키스는 세 가지 이유를 들고 있다. 첫째로, 농업기술위원회가 아무 정당도 대변하지 않았다. 따라서 위원회 안은 정부의 사정을 잘 모르는 몇몇 사람들이 제시한 의견에 불과했다. 둘째로, 위원회 안이 함축하고 있는 정치적 위험을 부르주아 공화파들이 받아들이지 않았다. 마지막으로, 위원회 안에 담겨 있는 혁명적 가능성을 사회주의자들이 감지하지 못했다. 여기에다 위원회 안이 언론에 너무 일찍 노출된 점도 있을 것이다. 신문에서 안을 두고 격렬한 논란이 펼쳐지는 바람에 농업기술위원회 위원들의 권고를 진지하게 고려할 여유가 임시정부에는 없었다.[152]

라르고 카바예로의 태도로 미루어 짐작할 수 있듯이 사회주의자들은 농업기술위원회 안에 격렬한 비판을 가했다. 자신들이 생각한 토지개혁과 거리가 멀다는 게 이유였다. 특히 임시 점유 조항을 보수적이라고 생각했다. 우파가 집권하게 되면 임시 점유를 폐지할 수 있다고 보았다.[153] 사회주의자들은 가을이 오기 전에 개혁을 시행하되, 사회주의적 의미의 개혁을 시행하기로 중론을 모았다. 이 중론은 농업기술위원회가 안을 마무리하느라 분주하던 7월 중순에 마드리드에서 개최한 임시전당대회에서 수렴한 것이다.[154] 여기서 말하는 사회주의적 의미의 개혁은 다름이 아니라 토지 국유화였다. 사회주의자들은 개혁의 규모나 강도 면에서 농업기술위원회 안에 만족하지 못했다.[155] 각료회의 토론에서 왜 아무 말도 하지 않았는지를 묻는 아사냐의 질문에 "글쎄요. 왜 그러시지요? 별 의미가 없는 것 같아서요"[156]라면서 인달레시오 프리에토가 농업기술위원회 안을 두고 대수롭지 않은 반응을 보인 까닭이 여기에 있다.

공화주의자들의 반응은 저마다 다양했다. 앞서 얘기한 대로 5월에 당대회를 열고 소토지 소유에 부과하는 세금을 철폐하고, 양도와 압류가 불가한 가족 재산을 창출하자는 내용을 골자로 하는 당 강령을 채택한 급진사회공화당은 모든 노동자들을 토지 소유자로 만들고자 했다.[157] 급진사회공화당 의원 에밀리오 바에사 메디나가 소토지 소유 창출이 에스파냐 쇄신 방안 가운데 하나라고 말한 것도 이와 같은 맥락에서다.[158]

5월 26일과 27일 이틀에 걸쳐 마드리드에서 제1차 당대회를 열었을 때만 해도 공화행동은 토지 문제의 시급성에 그다지 관심이 없었다.[159] 하지만 7월 17일에 열린 공화행동 연회에서 마누엘 아사냐가 토지개혁을 즉각 시행해야 한다고 밝혔다.

제가 볼 때 공화국 정부에서 가장 시급한 문제는 토지개혁입니다. 정부가 의회의 신뢰를 얻고 있다면 즉각 시행을 하고, 의회에는 사후 승인을 받아야 할 정도로 시급한 문제입니다. 안달루시아를 비롯한 몇몇 지방에 심각한 문제가 있기 때문입니다. 기아와 사회 혼란으로 생계와 질서유지가 위협을 받고 있습니다.[160]

하지만 각료회의에서 농업기술위원회 안을 다룰 때 아사냐는 부정적 반응을 보였다. 그 안이 그에게는 너무 급진적이고 실현 불가능한 것으로 보였던 것이다.[161] 이는 아마도 임시 점유 조항 때문일지도 모른다. 부르주아 자유주의를 대변하는 일간지 《아오라》는 '임시 점유'를 두고 무상몰수 그 이상도 이하도 아니라고 했다. 임시 점유가 라티푼디움이 아닌 다른 소유로 확산되지 않을 것이라고 누가 장담하겠냐며 우려를 나타내기도 했다.[162]

급진공화당도 농업기술위원회 안에 반대했다. 공화행동 의원들과 마찬가지로 급진공화당 의원들에게도 그 안이 너무 급진적으로 보였기 때문이다. 체제 전환기에 급진공화당은 토지 문제와 관련해서 별다른 입장을 지니고 있지 않았다.[163] 다만 토지 소유는 일반적 이익을 따르고 경작을 하지 않거나 제대로 활용을 하고 있지 않는 토지는 공익을 위해서 수용해야 한다고 주장하는 정도였다.[164] 급진공화당 대표 레룩스가 8월 12일에 소리아에서 토지개혁을 언급하며 경작하지 않는 토지를 수용하게 될 것이라고 한 것은 이런 맥락에서였다.[165] 그가 토지개혁을 입에 담기는 했지만 그것은 어디까지나 법적 질서를 유지하는 한에서였다. 급진공화당은 결국 농업기술위원회 안을 배격했다.

사회노동당은 농업기술위원회 안이 보수적이라고 반대하고 공화행동과 급진공화당은 급진적이라고 반대했다. 급진사회공화당은 중도적 입장을 취한 것으로 보인다.

사회노동당과 공화 좌파의 입장이 이러할진대 공화 우파나 우파의 반응은 불을 보듯 뻔했다. 농민당은 농업기술위원회 안에 결사반대했다. 그 안이 볼세비키적이라는 이유에서였다.[166] 라마미에 데 클라이락 의원은 에스파냐의 농업 문제는 기본적으로 경제적 문제인데 경제문제를 풀지 않고 토지개혁을 한다는 것은 말도 안 된다고 했다.[167] 가톨릭 일간지 《엘 데바테》도 사회적·재정적 파장이 큰 개혁을 소유자나 소작농, 노동자, 그 누구에게도 물어보지 않고 독단적으로 처리하려는 처사라며 위원회 안을 강하게 비판했다.[168]

아니나 다를까 대지주들이 가장 강력하게 반발하고 나섰다. 곤살로 마르틴은 라티푼디움의 합리적 경작을 강조하면서도 기존의 소유 체제를 유지해야 한다고 지적했다. 소유자를 바꾸거나 토지를 수용하지 않고서도 생산을 최대화할 수 있다는 얘기였다.[169] 세비야 농업회의소 소장 호세 우에스카 이 루비오는 실업 문제와 토지 소유는 별개라고 주장했다. 따라서 두 사안은 별도로 다루어야 하는데 이 두 가지를 혼동한 농업기술위원회는 토지개혁이 실업 문제를 해소할 수 있다고 보았다고 지적했다.[170] 하엔 지역 경작자협회는 개혁안 발표 자체만으로도 심각한 물의를 일으켰다고 우려를 나타냈다.[171]

개혁안 관련 소식이 보도되자 농장주들이 마드리드로 상경해 시위를 벌였다. 이어서 각료들과 정당 대표들을 방문해서 경악을 금치 못한다는 자신들의 입장을 밝히고, 7월 27일 전국대회를 열어 개혁의 법령 공포를 저지하겠다는 뜻을 전달했다. 이에 알칼라 사모라는 행정부가 개혁을 강행하지는 않겠다고 약속했다.[172] 농장주들은 7월 25일에 전국농장주연합회를 결성했다. 그들은 농업기술위원회 안의 부당함과 잘못을 드러내고 자신들의 대안을 제시하며 토지개혁 법령 공포를 저지하는 데 목표를 두었다.[173] 그들은 창립대회에서 농업기술위원회 위원들을 두고 "저명한 이론가들인 입안자들이 다양하고 모순적인 농촌생활의 현실을 한심할 정도로 모르고 있다"고 지적하면서, 자연법이 신성한 것과 마찬가지로 소유의 기원은 신성하다고 주장했다.[174] 9월 8일에는 토지개혁에 반대하는 서류를 전국농장주연합회 이름으로 의회에 제출했다.

명색은 소토지 소유자들의 모임이지만 실제로는 대지주들의 아성인 전국가톨릭농민연합[175]도 토지개혁 관련 보도에 놀라며 소유자 수를 늘리고, 경작자에게 토지를 제공한다는 방침을 확인하고 토지의 사적 소유를 찬미했다.[176] 전국가톨릭농민연합과 성향이 비슷한 가톨릭 단체 전국농민연맹(Liga Nacional de Campesinos)도 농업기술위원회 안에 대해 "소유의 규모를 줄여서 부당하고, 과도하게 과세해서 부당하며, 임시 점유를 해서 부당하고, 보상이나 보증이 없이 수용을 해서 부당하다"는 입장을 밝혔다.[177]

보수주의를 대변하는 일간지 《아베세》도 농업 노동자들을 소유자로 만드는 토지개혁에 반대하지는 않지만 소유 체제를 바꾸는 중대 개혁을 법률가와 정책 입안자 위원회 무리에 맡기는 것은 위험하다는 입장을 밝혔다. "개인 소유를 늘리는 데 반대하는" 농업기술위원회 안이 "사회주의적 편견에 경도되어 있다"고 보았다.[178]

개혁에 반대 입장을 보이기는 극좌파들도 마찬가지였다. 1931년 6월에 마드리드에서 임시총회를 개최한 전국노동연합은 농촌 문제보다는 도시 문제에 관심을 보였다. 그런 기운데시도 간략하세나마 토지 문제를 다루었다.[179] 임시정부가 검토하고 있는 토지개혁에 대해서는 "착취 받고 있는 농촌 대중들의 열망에 부응하지 못한" 개혁이라는 입장을 내놓았다. 아울러 토지 문제에 대해 몇 가지 사항을 주문했다.

• 라티푼디움, 목초지, 사냥터, 과세 대상 토지 등의 무상 수용
• 수용 대상 토지 소유자의 잉여 가축, 씨앗, 농기구, 기계의 몰수

- 직접 경작과 집단 경작을 위해 농민 조합에 수용 토지 무상 양도
- 소유자의 생계수단으로 외부 노동자들의 투입이나 도움 없이 소유자가 직접 경작하는 토지에 매기는 세금, 토지세, 부채, 저당의 폐지
- 소규모 소작인(포도재배 소작농, 소작농, 영구소작농 등)이 대지주와 전대 차인에게 지불해야 하는 화폐 지대나 현물 지대의 폐지

하지만 전국노동연합의 관료화를 경계하며 아나키즘 노선을 고수하려는 과격파 소수 집단인 이베리아아나키스트연맹(Federación Anarquista Ibérica)이 온갖 수단을 동원해서 방해 공작을 펴는 바람에 이러한 요구 사항들은 사문화되고 말았다.[180] 여기에 불만을 품은 자들 가운데 일부는 그해 8월에 '30인 선언'을 발표하고 이베리아아나키스트연맹과 전쟁을 선포했다. 이베리아아나키스트연맹의 혁명적 정치 활동과 광신 행위의 확산을 제지하려는 시도였다. 대표적 인물은 앙헬 페스타냐[181]와 조안 페이로였다. 이에 이베리아아나키스트연맹은 폭력을 휘두르며 전국노동연합의 옛 지도자들과 개혁주의 분파를 추방했다.[182] 앙헬 페스타냐는 결국 1932년에 독자적으로 조합당(Partido Sindicalista)을 창당했다.

전국노동연합 대변지이자 카탈루냐지역노동연합 기관지인 《솔리다리닷 오브레라》는 10월까지 농민들에게 토지를 양도하지 않으면 농민들 스스로 토지를 점거하게 될 것이라고 경고했다. 또 라티푼디움 토지와 미경작지를 수용해 농민조합에 양도하고 농민조합이 공동 경작하게 해야 할 것이라고 했다. 그것이 척박한 땅에 긴박된 노예들을 해방하고 에스파냐에 경제적 번영을 가져올 길이라고 했다.[183] 농업기술위원회 안에 대해서는 "용기도 없고 추진력도 없는 무의미한" 방안이어서 "농민들의 열망과 필요를 전혀 해결하지 못할" 것이라고 보았다.[184]

한편 공산주의자들의 입장은 간단했다. 개혁과 혁명은 서로 대립적이어서 개혁을 한다는 것은 혁명에 반대하고자 하는 것이라고 했다. 이런 점에서 이들에게 토지개혁안이란 혁명을 잠시 일탈하게 만들 뿐이었다. 공산주의자들은 개혁이 아니라 혁명을 주문했다.[185] 공산당은 사실 아직 특별한 토지 정책을 지니고 있지 않았다. 1931년 5월에 코민테른이 에스파냐공산당 중앙위원회에 토지 정책을 확실히 수립하라고 요청한 이유가 여기에 있었다.[186]

이렇듯 농업기술위원회 안을 둘러싸고 정당과 사회단체들이 자신들의 입장과 견해를 드러내고 나름대로 운동을 전개하는 사이에 총리 알칼라 사모라가 새로운 안을 만들어 의회에 제출했다. '알칼라 사모라 안'이라고 부르는 이 안에는 알칼라 사모라와 법무부 장관 페르난도 델로스 리오스, 산업부 장관 알바로 데 알보르노스, 노동부 장관 프란시스코 라르고 카바예로, 경제부 장관 루이스 니콜라우 돌워가 서명했다.[187] 24개조로 이루어진 이 안의 주요 골자는 이렇다.

- 수용 대상 토지는 '봉건적' 기원을 지닌 귀족 소유 토지, 관개 지역 안에 있는 미관개지, 영구소작지 이렇게 세 유형에 국한한다(제12조).
- 소유자가 관례에 따라 직접 경작하는 토지는 수용 대상에서 제외한다 (제24조).
- 보상액은 과세 대상 소득에 따라 산정한다(제13조).

얼핏 보아도 알 수 있다시피 농업기술위원회 안의 흔적이 거의 남아 있지 않다. 내용이 상당히 많이 바뀌었다.

의회에서 자신의 안을 소개하면서 알칼라 사모라는 "개혁의 범위를 명확히 하고" "토지금융 제도를 부활시키며 경작을 강화하고 자본과 노동이 협력하도록" 하는 데 주안점을 두었다고 설명했다.[188] 또한 토지개혁 중앙위원회와 지방위원회 구성을 다룬 4조와 10조를 즉시 법령으로 공포해야 한다고 했다. 농민 인구조사와 개혁 대상 농장을 파악하는 업무를 이들 위원회에 맡기겠다는 얘기였다. 개혁을 서두르겠다는 뜻이었다.[189]

알칼라 사모라가 법안을 소개한 다음에 의회 안에 토지개혁위원회를 꾸렸다. 알칼라 사모라 안을 검토하기 위해서였다. 주요 정당 소속의원 20명이 위원회에 참여했다. 각 정당의 이해관계를 반영하기 위해서였다. 위원장은 공화국봉사회의 후안 디아스 델 모랄이 맡고, 부위원장은 사회노동당의 루시오 마르티네스 힐이, 서기는 급진공화당의 호세 마리아 알바레스 멘디사발이, 부서기는 급진사회공화당의 페르난도 발레라 아파리시오가 맡았다.[190]

알칼라 사모라 안에 대한 토지개혁위원회 심의가 뜨겁게 진행되었다. 공화 좌파와 사회노동당 의원들이 일부 내용을 수정해야 한다고 주장했고, 알칼라 사모라와 몇몇 위원들은 수정 제의에 강하게 반발했다. 하지만 결국 일부를 수정하는 바람에 알칼라 사모라 안이 농업기술위원회 안과 유사하게 바뀌었다.[191]

우파는 의회 안팎을 가리지 않고 활동했다. 국민행동 의원 마테오 아스페이티아는 토지 국유화를 들먹이면서 사회주의 성향을 띤 안이라고 했다. 무슨 근거로 말했는지는 모르지만, 그는 이 안이 미국의 경제사상가 헨리 조지가 쓴《진보와 빈곤》, 영국의 박물학자 앨프리드 월리스가 쓴《토지 국유화》, 에스파냐 경제학자 알바로 플로레스 에스트라다가 쓴《사회 문제》의 영향을 받은 것으로 보인다고 덧붙였다.[192] 9월에는 다양한 보고서와 방안들을 위원회에 제출했다. 전국농장주연합회는 국내는 물론이고 세계적으로 농업이 위기에 처한 상황에서 개혁을 제기했다는 점에 우려를 표명하고, 그 근거는 제시하지 않은 채 개혁 대상으로 삼은 부재지주와 라티푼디움, 미경작지 등이 에스파냐 토지 문제를 왜곡하고 있다고 밝혔다. 그러면서 토지개혁에 기대할 유일한 바람은 소부르주아를 창출하여 사회적 평화를 이룩하는 것이라고 했다.[193] 알칼라 사모라 안이 "실업을 해소하기는커녕 더 악화시킨다"고 본 농업회는 실업 해소보다는 노동자 가족들을 농촌에 정착시키는 쪽으로 개혁의 방향을 잡아 나가야 할 것이라고 권고했다.[194] 엘라디오 아란다 에레디아는 농업회 대회에서 실업 문제와 토지 문제를 하나의 문제로 혼동하는 심각한 결함을 안고 있어서 실패하고 말 것이라고 지적했다.[195] 올리브재배농연합회(Asociación Nacional de Olivareros)나 축산업자연합회(Asociación General de Ganaderos)도 마찬가지 입장을 표명했다.[196]

의회의 토지개혁위원회가 마침내 10월 6일에 위원회 안을 제출했다. 의회 안팎에서 제기된 이러한 움직임 때문인지 알칼라 사모라 안을 대폭 수정한 위원회 안에는 농업기술위원회 안 만큼이나 철저한 개혁 내용이 담겨 있었다.[197] 가톨릭 언론과 보수 언론이 위원회 안에 이의를 제기했다. 토지개혁위원회는 며칠 뒤에 자신들의 안을 철회하고 다시 수정 작업을 해서 11월 26일에 새로운 안을 제출했다.[198]

그 사이 임시정부에는 커다란 변화가 생겼다. 알칼라 사모라 총리가 사임했다. 헌법안을 검토하는 의회 토론에서 교회와 국가의 분리 방침이 굳어지자 정교일치 입장을 지니고 있던 그가 사임한 것이다. 에스파냐의 토지개혁과 농민혁명을 연구한 에드워드 말레파키스는 토지 문제 또한 알칼라 사모라가 사임하게 된 주요 사유였다고 지적했다. 자신이 마련한 토지개혁 방안이 사실상 기각되자 총리직을 계속 수행하기가 어려웠을 것이라는 얘기이다.[199] 하지만 이를 입증할 구체적 자료는 없다. 알칼라 사모라가 사임을 한 데는 종교적 이유가 크게 작용했음이 분명하다.

알칼라 사모라의 뒤를 이어 총리를 맡은 마누엘 아사냐는 토지개혁을 둘러싼 토지개혁위원회의 토지개혁안 논의보다는 헌법안 토론에 더 큰 비중을 두어야 한다고 보고 잠시 냉각기를 갖기로 했다. 하지만 사회주의자들의 요구에 따라 위원회는 곧 10월 31일부터 다시 작업에 들어갔다. 사회주의자들은 토지개혁 법안이 헌법안만큼이나 중요하다고 생각했다.[200]

토지개혁위원회가 새 안을 마련하기까지는 이런 우여곡절이 있었다. 위원회는 새 안에서 농업기술위원회 안의 주요 조항을 그대로 살렸다. 농업기술위원회 안을 폐기하는 데 저마다 한몫 거들었던 사회노동당과 공화 좌파들이 다시 그와 유사한 안을 만들어 제출한 셈이다.

사회노동당에 나타난 이러한 변화는 노동자총연맹 산하 전국농업노동자연맹의 입장에서도 확인할 수 있다. 에스파냐 농촌이 당면한 시급한 문제를 분석한 전국농업노동자연맹은 1931년 10월 말에 개최한 총회에서 의회에 제출된 법안을 존중하기로 의견을 모았다. 비록 부족한 점들이 있더라도 빠른 시일 내에 시행하기만 한다면 에스파냐 농업에 커다란 변혁을 가져올 수 있다고 보았다.[201] 전국농업노동자연맹 사무총장 루시오 마르티네스 힐은 11월 말에 그라나다에서 열린 노동자총연맹 대회에서 심지어 무상 수용을 주장하기도 했다.[202] 그래도 사회주의자들은 어디까지나 의회의 토지개혁위원회가 제출한 새로운 안이 즉시 통과되기를 바랐다.[203]

급진사회공화당은 토지개혁위원회가 제출한 두 안에 대해 아무런 언급도 하지 않았다. 하지만 토지 국유화, 가족 재산 창설, 간접세 폐지, 누진세 적용 등을 골자로 하는 당의 이념[204]을 고려할 때 토지개혁위원회가 제출한 두 번째 안에 지지를 표명했을 것으로 보인다.[205] 자유주의 계열의 언론들도 이와 마찬가지 입장을 보였다. 《에랄도 데 마드리드》는 라티푼디움 토지를 수용하여 토지를 경작하는 농가에 양도하는 길 말고는 안달루시아, 엑스트레마두라, 카스티야의 토지 문제를 해결할 방법이 없다고 강조했고[206], 《엘 솔》도 토지개혁위원회의 두 번째 안이 신속히 통과되기를 원했다.[207]

토지개혁위원회 안과 관련해 다른 목소리를 내기 시작한 쪽은 급진 공화당이었다. 정부 내에서 사회노동당과 협력하는 데 지친 기색을 보인 급진공화당[208]은 사회주의자들이 주도하는 토지개혁위원회의 개혁안에 반대 입장을 밝혔다. 급진공화당 대표 레룩스의 입장은 분명했다. 토지개혁은 좋지만 사회주의적 토지개혁은 안 된다는 얘기였다. 급진공화당 의원 디에고 이달고가 당의 견해를 반영한 개인 의견을 제출한 것은 이러한 배경에서였다.[209]

의회 안에서 이런 움직임이 전개되고 있을 때 사용자들은 그저 팔짱만 끼고 있지 않았다. 집회를 열어 의견을 개진하거나 언론을 통해서 토지개혁위원회 안의 문제점과 비현실성을 비판했다. 나아가 사용자들은 자신들의 입장을 대변하고 반영할 조직을 갖추기 시작했다. 이것이 1931년 11월에 전국경제연맹(Unión Nacional Económica) 창설로 나타났다. 1932년에 경제연맹으로 명칭이 바뀌게 되는 전국경제연맹이 제2공화국 기간 동안 사용자 단체들의 중심축 구실을 하게 된다.[210] 연맹의 주요 목적은 "생산의 보편적 이익과 더불어 농업과 금융업, 상업, 목축업, 공업, 광업, 해상수송과 육로수송에 존재하는 국부의 일반적 이익을 수호"[211]하는 것이었다. 연맹은 12월 12일에 여러 부문의 국가 경제, 곧 토지와 수송, 공업 등에서 추진하고 있는 사회화 정책에 대한 반대 시위를 주도하고 미래의 방향에 대한 국민의 의사가 확인될 때까지 그 정책을 중단하라고 임시정부에 요구했다.[212]

한편 1931년 12월 13일에서 17일까지 마드리드에서 전국총회를 가진 아나키스트들은 앞서 언급한 30인의 입장을 토지 문제에 대한 공식 입장으로 확인했다. 전국노동연합 전국위원회가 주요 내용을 담아서 〈사회혁명 문제의 요지〉라는 이름의 보고서를 작성했다.[213] 하지만 토지개혁위원회 안에 대해서는 별다른 언급을 하지 않았다.

공산주의자들은 토지개혁위원회 안이 농업 노동자들의 기대를 거스르는 방안이라고 생각했다.[214] 공산당은 1931년 11월 29일에 노동자들을 대상으로 호소문을 발표했다. 혁명은 단순히 착취자들의 지배 형태가 바뀌는 것이 아니라 노동자들이 노예 상태에서 해방되는 것이고, 라티푼디움 도둑한테서 토지를 탈취해 경작자에게 양도하는 것이며, 모든 특권을 과감히 폐지하는 것이라고 했다. 그러면서 농민들에게 토지를 제공하지도 않았고 주린 자들에게 빵을 주지도 않았으며 억눌린 자들에게 자유를 주지도 않았다며 임시정부의 허상을 들추어냈다.[215] 12월 13일에 토지 문제에 관한 행동 강령을 발표하면서도 공산당은 농민 대중의 염원을 만족시켜 주기는커녕 부르주아와 지주들의 이해를 옹호하고 있다며 임시정부를 비난했다.[216] 그리고 사회노동당을 포함한 부르주아 정당들과 임시정부가 제출한 기만적인 토지개혁안에 맞서 토지에 관한 '혁명법'을 제시했다. 그 골자는 이렇다.

- 농업 노동자와 빈농이 지주와 은행이 소유한 토지 무상 몰수
- 농업 노동자와 빈농이 대지주, 은행, 고리대금업자에게 진 부채 말소
- 농민들이 진 모든 조세와 채무 폐지
- 국가와 자치단체 소유의 숲과 토지를 농업 노동자와 빈농 위원회에 양도
- 수용을 집행하고 수용한 토지를 방어할 노동자와 빈농의 혁명 민병대 창설

이 혁명법은 오직 산업 프롤레타리아와 연대한 농민과 농업 노동자 대중의 혁명 활동을 통해서만 실현될 수 있다고 했다. 이것이 바로 공

산당이 내건 민주혁명의 강령이었다.

　이상이 임시정부 아래에서 전개된 토지개혁안 마련과 그것을 둘러
싼 정당과 사회단체들의 주요 움직임이었다. 공화국 헌법이 제정되면
서 임시정부는 정식 정부에 자리를 내주어야 했다.

3장

개혁의 몸부림

공화국 정부가 아니었으면 봉건적이고 시대착오적이며 반경제적인 토지제
도가 변함없이 이어졌을 것이고 실업자들과 불공평한 분배, 비합리적 경작
체제가 변함없이 유지될 것이다. 토지가 …… 사회적 기능을 수행한다는
것은 기적이다. 이 기적을 공화국 정부가 이룩해 낼 것이다.

— 마르셀리노 도밍고(제2공화국 농업부 장관)

1. 아사냐 정부

제헌의회는 1931년 12월 9일에 헌법을 승인하고 알칼라 사모라를
대통령으로 선출했다.[1] 이제 제헌의회는 물론이고 임시정부도 맡은
임무를 다했다. 신임 대통령이 정식 정부를 구성하도록 임시정부가 총
사퇴했다. 12월 11일에 취임한 알칼라 사모라 대통령은 아사냐를 총
리로 지명하고 그에게 내각을 꾸리는 작업을 위촉했다.

당시 정부는 두 가지 문제에 당면해 있었다. 의회를 해산하고 새로
운 총선을 소집하는 문제와 사회주의자들과 계속 연립정부를 구성하
는 문제였다. 첫 번째 문제는 쉽게 해결되었다. 헌법의 부속 법령들
을 제정할 때까지 기존 의회를 유지하기로 했다. 두 번째 문제는 복잡
했다. 아사냐는 급진공화당의 레룩스에게 내각에 참여해 달라고 부탁
했다. 그를 지원하고 사회주의자들의 협력을 얻게 해주겠다고 약속하
기도 했다. 하지만 레룩스는 사회주의자들이 계속 정부에 참여하는 데
반대했다. 그는 아사냐에게 새 정부에 참여하는 사회주의자들의 수

를 줄여 달라고 요청했다. 공화국 정부에 사회주의자들이 더 이상 협력할 필요가 없다고 판단한 레룩스는 자신의 요청이 받아들여지지 않자 아사냐의 입각 제의를 거절했다.[2] 의원 수가 가장 많은 사회노동당과 그다음으로 의원 수가 많은 급진공화당 가운데 한 정당을 선택해야 할 처지에 놓인 아사냐는 사회노동당 편을 택했다. 사회주의자들이 참여하면 공화국의 안정이 좀 더 확실하게 보장되리라고 판단했다.[3] 그가 이런 판단을 내린 데는 산토스 훌리아의 지적처럼 사회노동당이 원내 1당이라는 점은 물론이고 공화국 정부가 토지 소유와 노사관계, 가톨릭교회, 카탈루냐 자치령 같은 예민한 사안들을 처리해야 할 처지에 있었다는 점이 크게 작용했을 것이다.[4]

마누엘 아사냐는 12월 15일에 조각을 끝냈다. 자신이 총리와 전쟁부 장관을 겸직했고, 갈리시아자치조직의 산티아고 카사레스 키로가가 내무부 장관, 개혁주의 공화파 루이스 데 술루에타가 외무부 장관, 에스케라의 하이메 카르네르가 재무부 장관, 사회노동당의 인달레시오 프리에토가 공공사업부 장관, 급진사회공화당의 마르셀리노 도밍고가 농상공부(이하 농업부) 장관, 사회노동당의 페르난도 델로스 리오스가 교육부 장관, 사회노동당의 프란시스코 라르고 카바예로가 노동부 장관, 공화행동의 호세 히랄이 해군부 장관을 맡았다.

아사냐 정부에 사회주의자들 세 명이 참여한 반면에 급진공화주의자들은 배제되었다. 레룩스가 입각을 거부하는 바람에 급진공화당은 야당으로 전락했다. 내각에 참여하지는 않았어도 정부 내에 급진주의 기조는 유지될 것이라던 급진공화당 지도자들의 장담과 달리 아사냐 정부와 급진공화당의 입장 차이는 갈수록 커져 갔다.[5] 사회주의와 대립된 급진공화당의 정책에 문제의 근원이 있었다. 제2공화국 초기부터 급진공화당에는 사회주의를 반대하는 사회계층이 몰려들었다. 이를테면 경제계의 지주와 상공인들, 정치계의 토호들이 그들이다. 사회주의에 대한 방어 수단을 물색하던 이들 신규 가입자들이 반사회주의 정책을 펴도록 급진공화당 지도자들에게 압력을 행사했다.[6] 급진공화주의자들과 사회주의자들 사이에 대립의 골이 갈수록 깊어졌고 정부 활동과 의회 활동에 부정적 영향을 끼쳤다.[7]

입각을 거부한 급진공화당은 의회 안팎에서 공격하기 시작했다. 그들의 공격 목표는 공화 좌파와 사회주의자들의 연대를 무너뜨리는 것이었고, 그들이 내건 슬로건은 '공화주의자들을 위한 공화국'이었다.[8]

급진공화당의 입각 거부가 다른 한편으로는 아사냐 정부의 동질성을 높여 주었다. 공화 좌파와 사회주의자들이 연립정부를 구성했다. 동질성이 높아졌다고 해서 추진력이 좋아졌다는 얘기는 아니다. 공화 좌파 정당들과 사회노동당의 의석이 의회에서 겨우 과반수를 넘겼기 때문에 일처리가 쉽지는 않았다. 그래도 연정이 무너질 위험은 전보다 줄었다.

2. 도밍고 안

농업부 장관에 취임한 마르셀리노 도밍고는 사실 임시정부에서 교육부를 맡아 업무를 잘 수행했다. 이런 그를 갑자기 농업부 장관에 기용한 까닭은 급진공화당 당원들의 입각 거부와 사회주의자들에게 경제 관련 부처를 모두 맡겨서는 안 된다는 정치적 고려 때문이었을 것이다.[9] 도밍고는 취임한 지 한 주도 되지 않아서 의회에 제출된 토지 개혁안을 철회하고 농업부의 기준에 좀 더 부합하는 다른 안을 제출하겠다고 밝혔다. 그리고 법률 전문가와 농학자들을 불러 모아 개혁안 마련에 몰두했다.[10] 그는 개혁안을 작성하면서 효과적이고 실현 가능한 안을 마련하는 데 주안점을 두었다.[11] 이듬해인 1932년 1월 30일에는 토지개혁은 불가피한 일이고 그것을 실현하는 데는 타협이 필요하다고 밝혔다.[12] 그에게 토지개혁은 특정 정당의 희망이라기보다는 정치인의 의무 사항이었다.[13]

아사냐 총리도 1931년 12월 17일 의회 연설을 통해서 토지법을 신속히 처리해야 할 시급한 법이라고 밝혔다.[14] 하지만 토지 문제는 복잡해서 주의 깊게 다루어야 하고 한 세대 이상의 시간을 두고 점진적으로 풀어 가야 한다고 지적하기도 했다.[15]

토지개혁의 시급함과 불가피함을 인식한 아사냐 정부가 각료회의를 열어 토지개혁 문제를 검토하기 시작한 것은 1932년 1월 12일이었다.[16] 2월 1일까지만 해도 분위기는 괜찮았다. 아사냐는《회고록》에서 당시의 분위기를 이렇게 전하고 있다.

오후에 각료회의. (……) 토지법안을 계속 검토했다. 이 문제를 매듭지을 때가 되었다. 이제 현명한 대안이 마련되었다. 이전에는 그렇지 못했다. (……) 도밍고가 매우 현명한 기준을 제시했고 알보르노스가 그의 제안에 동의했다. "토지개혁을 생각해 본 적이 없는" 프리에토가 이제 수긍하기 시작했다고 한다. 라르고도 한발 물러났다. 리오스는 아직도 버티고 있다. 지적인 맹신에 빠져 현실성을 따지고 있다. (……) 알보르노스는 큰 관심을 보이며 조용히 듣고 있었다.[17]

하지만 그 뒤의 분위기는 그렇게 좋지 않았다. 개혁안 검토 작업은 3월 4일이 되어서야 마침내 마무리되었다. 그리고 3월 15일 각료회의에서 토지법안 최종안을 확정했다.[18] 검토 작업을 시작한 지 두 달 만이었다. 사안의 시급함을 고려할 때 두 달이면 긴 시간이었다. 도밍고가 토지개혁 법안을 의회에 제출한 것은 3월 24일이었다.

도밍고는 자신이 제출한 안이 실현 가능한 방안임을 강조했다. 급진주의자들이 볼 때는 보수적인 것처럼 보이는 대목도 있고 보수주의자들이 볼 때는 급진적인 것처럼 보이는 대목도 있지만, 이론이 아니라 현실과 가능성, 결과에 초점을 맞추었다고 설명했다.[19] 그가 일간지 《아오라》에서 밝힌 주요 논점은 이렇다.

수용 대상 토지는 전국의 귀족 영지와 공유지로 확대한다. 하지만 농민 정착 사업은 안달루시아, 엑스트레마두라, 시우닷레알, 톨레도, 알바세테, 살라망카 지방에 한정한다. 국가는 별도의 과세 없이 매년 5천만 페세타를 개혁 사업에 투입한다. 지대를 원금으로 돌리고 현금과 더불어 상환이 가능한 특별공채로 수용에 대한 보상을 지불한다. 임시 점유에 대한 보상도 지불한다. 개혁은 대토지 소유제와 부재지주제를 겨냥한 것이다. 토지 임대차 계약과 전대 계약은 카탈루냐에서 '포도원 소작 계약'으로 알려진 구두 계약이나 문서 계약처럼 나중에 무를 수도 있다. 소작과 분익소작도 마찬가지이다.[20]

대토지 소유제와 부재지주제를 주요 개혁 대상으로 삼은 도밍고 안은 의회에서 마련한 위원회 안들과 견주어 내용이 훨씬 온건했다.[21]

도밍고가 개혁안을 만드는 동안 사회주의자들과 사회주의 노조원들은 자신들의 입장을 정리하여 정책에 반영하려고 노력했다. 먼저 전국 농업노동자연맹이 집행위원회를 열어 입장을 정리하고 토지개혁안에 대한 자신들의 생각을 농업부 장관에게 전달했다. 그들은 토지 소유의 집중 문제뿐만 아니라 각종 소작 계약을 무르는 문제도 다루어 달라고 주문했다.[22] 다음으로 1932년 2월 6~8일에는 코르도바 몬티야에서 사회주의 노조 비상대의원대회를 열고 토지개혁에서 다루어야 할 기본 조항들을 다루었다. 안달루시아와 엑스트레마두라 사회주의 노조원들 8만 명을 대표해 참석한 대의원 200명은 한꺼번에 모든 것을 해

결하려는 생각은 잘못이라며 몇 가지 사항을 주문했다.[23]

- 직접 경작지라 하더라도 총소득이 1만 페세타를 넘을 경우, 그 토지를 수용한다.
- 귀족 소유 영지를 수용하되 토지개량 비용을 보상해 준다.
- 집단 경작을 장려한다.
- 소작 관련법을 개혁에 포함시킨다.
- 분익소작과 전대는 폐지한다.
- 농업 노동자들로 구성된 노동자 단체나 그와 유사한 협동조합이 집단 경작을 위해 토지를 요청할 때는 언제나 개인의 요청보다 우선권을 준다.
- 토지 분할을 금지한다.

4월 9~11일에는 마드리드 인민의 집(Casa del pueblo)에서 카스티야라누에바 대의원대회를 개최했다. 310개 지부를 대표하여 참석한 대의원 550명은 몬티야에서 채택한 결의를 확인하고 이상에 맞게 현실을 변혁해 나가기로 했다.[24]

이런 입장을 보인 사회주의자들은 도밍고 안을 탐탁지 않게 생각했다. 그들은 도밍고 안이 앞서 나온 법안들보다 못하다고 판단했다. 집단 계약과 농업협동조합 활성화를 위한 노력이 없으면 토지개혁이 실제로 효과를 거둘 수 없을 것이라고 보았다.[25] 하지만 사회노동당 대변인 루시오 마르티네스 힐은 도밍고 안에 지지 의사를 밝혔다.[26] 도밍고 안의 내용을 출발점으로 해서 개혁을 계속 심화시켜 나갈 필요가 있다는 얘기였다. 이런 생각에는 토지개혁이 한두 해 만에 끝날 사업이 아니라는 논리가 크게 작용했다.

이렇듯 사회주의 노조 전국농업노동자연맹은 1932년 초에 온건한 입장을 보였다. 토지개혁안에 대한 대응에서도 그랬고 아나키즘 노조인 전국노동연합이 주도하는 파업에 대응하는 태도도 그랬다.[27] 1932년 5월 세비야에서 파업이 확산될 기미를 보이자 전국농업노동자연맹 기관지 《엘 오브레로 델라 티에라》가 아사냐 정부를 지원하고 나섰다. 이념을 위해서 투쟁을 벌여야 할 때가 있기는 하지만, 민주 체제인 공화제가 수립되어 있는 지금은 그럴 때가 아니라는 얘기였다.[28] 사회주의자들은 폭력과 봉기를 일삼는 아나키스트들을 싫어했다. 그들은 아나키스트들이 "특정한 목표도 없이 노동자들의 삶을 우롱하고" 있다고 생각했다.[29] 1932년 6월에 전국노동연합 세비야 지부가 파업을 단행할 때도 전국농업노동자연맹은 농민들을 "속이고 있다"며 아나키즘 지도부를 비난했다. 봉기를 통해서 계급 없는 사회를 이룩하려는 시도는 "대륙과 대륙을 잇는 도로를 건설할 수 있다고 생각하며 모래주머니를 쌓아 대양을 메우려는" 것과 같다고 비판했다.[30]

한편 급진공화당의 알레한드로 레룩스는 1932년 2월 21일에 마드리드에서 역사에 길이 남을 연설을 했다.[31] 그는 청중들 앞에서 토지개혁의 필요성을 부정하지도 않았고 토지개혁에 대한 협력을 거부하지도 않았다. 토지개혁의 참뜻과 정당성, 필요성, 심지어는 시급함을 부정할 사람은 하나도 없고 토지개혁을 시행하는 데 필요한 나름의 희생을 치르지 않을 농장주는 없다고 강조했다.[32] 그러면서 토지개혁은 여러 세대에 걸쳐 이룩할 작업이고 하나하나 순서대로 추진해야 한다고 주장했다. 개혁을 한 차례에 마무리하겠다는 시도는 토지 문제의 규모를 모르는 처사라며 경제 현실을 알고 그 현실에 맞는 개혁을 채택해야 할 것이라고 말하기도 했다.[33] 레룩스는 합의된 방안이 사문화되지 않고 실현 가능한 방안이 되도록 지나친 환상과 현실을 조정하는 데서 급진공화당이 해야 할 역할을 찾았다.

도밍고 안에 대해 급진공화당은 부정적이었다. 급진공화당 의원 디에고 이달고는 전국을 대상으로 일률적인 개혁을 하겠다는 도밍고 안에 심각한 오류가 있다고 비판했다. 전국의 토지 문제는 물론이고 지역이나 지방의 토지 문제가 한 가지가 아니라 여러 가지라고 했다.[34] 그러면서 의회에 자신의 개인 의견을 제출했다.

1932년 4월에는 토지 문제에 관심을 보인 급진사회공화당 당원들이 전국경작자연합(Asamblea Nacional de Labradores)을 창설했다. 소토지 소유자와 차지농, 소작농, 분익소작농, 축산농을 아우르는 모든 경작자들을 조직하고 교육하는 것이 창립 목표였다.[35] 급진사회공화당의원 펠릭스 고르돈 오르다스가 운영위원장을 맡았다. 기관지《보스 델 캄포》를 발행하기는 했지만 이렇다 할 효과를 거두지는 못했다.

원내 토지개혁위원회 위원장을 맡은 공화국봉사회 의원 디아스 델 모랄은 도밍고 안이 실현 가능하다고 보면서도 자신이 속한 공화국봉사회의 입장을 반영하는 개인 의견을 제출했다. 주민들에게 식료품과 원료를 제공하는 사회적 기능을 할 수 있는 방향으로 토지를 개혁해야 한다는 것이 공화국봉사회의 입장이었다.[36] 그들은 토지를 임시 보유하는 소작제로는 이 목적을 달성하지 못한다고 보았다. 소작농이 토지를 개량할 수 없다는 이유에서였다. 공화국봉사회는 토지가 지대를 수취하는 수단이 아니라 노동의 수단이어야 한다고 했다.[37]

그런가 하면 정부 안이 발표되자 사용자 단체들이 침묵을 깨뜨리고 토지개혁 반대의 목소리를 높였다. 지주 단체들의 개혁안 비판과 반대 운동이 봇물 터지듯 쏟아졌다. 개혁안을 성토하는 강연회와 대규모 집회를 열었으며 의회에 서신과 보고서를 제출했다.

우선 1932년 3월 30일부터 4월 20일까지 주요 도시에서 강연회를 열었다. 전국경제연맹이 주관한 강연회도 있었고 다른 단체들이 주관한 강연회도 있었다.[38] 강연회는 토지개혁안이 불러올 파장과 결과를 청중들에게 납득시키는 자리였다. 1932년 4월 3일 세비야의 요렌스 극장에서 열린 강연회에서, 알폰소 13세 치하에서 재무부 장관을 역임한 후안 벤토사 칼벨은 도밍고 안이 종전 안들만큼이나 해롭다고 했다. 그는 또 대토지 소유 지역이 아닌 곳에서도 토지 문제가 제기되기는 마찬가지라면서, 문제의 원인이 대토지 소유에 있지 않다고 강조했다.[39] 같은 날 사라고사의 프린시팔 극장에서 열린 강연회에서는 마테오 아스페이티아가 강연을 했다. 그는 새로운 안이 종전 안들에 비해 덜 급진적이고 덜 엄격하기는 하지만 위험성은 더 높을 것이라고 내다봤다. 그는 기본적으로 토지개혁 자체가 법적으로 부당하다는 견해를 지니고 있었다.[40] 비스콘데 데 에사는 4월 11일 강연에서 벤토사 칼벨과 마찬가지로 토지 문제의 원인이 라티푼디움에 있지 않다고 강조했다. 나아가 도밍고 안은 원칙도 방향도 목적도 없는 방안이라고 비판했다. 국유화의 의도를 나타낸 조항도 있고 그렇지 않은 조항도 있어서 일정한 기준이 없다는 주장이었다.[41] 4월 12일 마드리드 법률학원(Academia de Jurisprudencia)에서 열린 강연에서 페르난도 캄푸사노는 도밍고 안이 법률적 측면에서 부실하고 일관성이 없으며 부당하고 비효율적이라고 지적했다.[42] 축산업자연합회의 페드로 가르시아 구티에레스도 4월 16일 강연에서 페르난도 캄푸사노와 비슷한 내용으로 강연했다. 도밍고 안이 개인 소유를 폐지하려는 당파적 방안이라고 지적하면서 "비조직적이고 모순적이며 부당하고 반농학적이며 반경제적이고 반사회적이며, 특히 반헌법적인" 안이라고 비난했다.[43] 이런 몇몇 사례에서 확인할 수 있다시피, 사용자 단체들이 주관한 강연회는 도밍고 안의 문제를 들추어내고 토지개혁 자체의 부당함을 성토하는 장이었다.

1932년 4월 26일과 27일 양일에는 마드리드 코메디아 극장에서 농업경제인대회가 열렸다. 전국경제연맹 주최로 열린 이 대회에 경제계 각 분야를 대표하는 300여 단체가 참여했다. 각 단체를 대표해서 참석한 이들이 4천 명을 넘어섰다.[44] 농업 분야와의 연대를 과시하고 정부가 제출한 토지개혁안과 관련해 전국의 농업 관련 단체들이 지녀야 할 입장을 확정하는 대회였다.[45] 전국경제연맹 대표 라몬 베르헤가 개회 연설에서 밝혔다시피 한마디로 토지개혁안 반대였다. 라몬 베르헤는 토지개혁안이 문명을 지탱하는 기초인 사적 소유제의 토대를 공격하고 있다고 지적했다.[46] 에스파냐 역사가 투뇬 델 라라가 이 대회를 두고 토지개혁 법안과의 전쟁을 선포한 대회[47]라고 말한 이유가 여기에 있다.

이 대회에서 지주 세력과 경제 단체들은 정부 안이 소유권을 뒤흔들고 있고 국가 경제를 '사회주의화' 하려 하고 있다고 비판했다.[48] 그러면서 그들은 자신들이 계급 이익이 아니라 국익을 옹호하고 있다는 수사를 늘어놓았다.[49] 사유재산과 관련해서는 소토지 소유자 계급을 창출하고 시세에 따라 보상을 하는 정당한 수용을 주장했다. 그들은 자신들의 바람을 선언하는 데 그치지 않고 결론을 모아서 총리에게 제출했다.[50] 전국경제연맹 대표는 대회의 결론을 전달하면서 의회에 제출된 토지개혁안이 국가 경제에 미치는 심각성과 사유재산이 처한 불안정한 상황을 총리에게 알렸다.[51]

농민연합회와 상공인연합회는 대회 보고서와 별도로 독자적인 보고서와 서신을 제출했다. 농민연합회는 토지개혁안에 관한 방대한 보고서를 정부에 제출했다. 이 보고서에서 그들은 토지개혁이라는 명칭 자체가 부적절하다고 지적했다. 토지개혁이라면 마땅히 고려해야 할 근본적 측면을 그대로 둔 채 토지 분배 문제만을 다루고 있다는 이유에서였다.[52] 상공인연합회는 토지개혁이 공산주의의 승리를 의미한다는 내용의 서신을 의회 의장에게 올렸다. 만일 개혁안이 통과된다면 모든 수단을 동원하여 의회를 해산하겠다고 협박하기도 했다.[53]

1917년에 창립된 전국가톨릭농민연합도 토지 문제에 각별한 관심을 보였다. 4월에 제16차 총회를 열고 토지개혁안의 부당함을 성토했다.[54] 그리고 기독교적 소유 개념과 농촌 토지 소유자 수의 증대 방안, 소작 계약의 법률적 개선 등을 대안으로 주장했다.[55]

사용자 단체들은 이렇듯 개혁안에 비판적 반응을 보였다. 나아가 대회를 열고 집회를 개최하며 서신과 보고서를 제출하는 등 자신들의 이해관계를 관철하기 위해 온갖 수단을 동원했다.

1932년 1월에는 아나키즘 노조인 전국노동연합이 토지 문제와 의회에 제출된 토지개혁안에 대한 입장을 밝혀 흥미를 끈다.[56] 핵심 내용 몇 가지를 짚어 보면 이렇다.

• 대토지 소유의 경우에 용익권을 행사할 수 없도록 실제 경작지 이외의 토지를 수용한다.
• 수용한 토지를 자치단체에 넘기고 자치단체는 공동 경작을 위해 그 토지를 노조에게 양도한다.
• 노조는 생산·소비 협동조합의 창립 필요성을 검토한다.
• 소토지 소유자들을 위한 최소 요건으로 일부 세금 감면, 흉년 때 세금 전액 면제, 경작 방해 금지, 법적 제소 금지 등을 제기한다.
• 경작이 가능한데 경작을 하지 않고 버려 둔 토지와 압류나 그와 비슷한 이유로 국가 소유가 된 토지는 자치단체에 넘겨 노조가 경작하도록 한다.
• 차지농, 소작농, 분익소작농을 당사자의 뜻과 상관없이 토지에서 추방할 수 없다. 추방할 경우에는 토지를 개량한 데 든 비용 전체를 배상해 준다.
• 일용 노동자들을 위해서 임금 인상과 노동시간 단축 등을 요구한다.

이러한 입장을 밝힌 아나키스트들에게 도밍고 안이 마음에 들었을

리가 없다. 그들은 도밍고 안이 사유재산에 충실한 안이며,[57] 여태껏 제시된 안들 가운데 가장 보수적이고 타협적인 안이라고 평가했다.[58] 아나키스트들은 토지개혁안이 농촌의 사회구조를 바꾸는 해결책이 아니라고 강조했다. 이를테면 강경파 아나키즘 기관지 《티에라 이 리베르탓》은 문제의 안이 농촌의 고질적 문제와 심각한 위기는 아랑곳하지 않고 소유 체제에 다소 수정을 가해 국가만 이롭게 하는 방안이라고 지적했다.[59] 안테오라는 필명의 아나키스트는 실효성이라고는 소토지 소유자 수천 명을 창출하겠다는 내용뿐이라고 평가했다. 나아가 소토지 소유자 창출은 현실, 곧 부르주아 체제를 수호하는 무리를 육성하려는 것이라고 덧붙였다. 에스파냐의 토지 문제를 대토지 소유를 분할하는 것으로 해결할 수 없다고 했다. 그는 농민들을 서로 적대하게 만드는 악의 근원이 개인 경작에 있다고 생각했다. 가족을 부양하는 데 필요한 면적을 초과하는 토지는 수용해서 자치단체에 넘기고, 자치단체는 그 토지를 농민 노조에 넘겨서 농민 노조가 개인 경작이나 공동 경작을 결정하게 하는 방안이 안테오가 주장한 해결책이었다.[60] 이러한 안테오의 입장이 토지 문제에 관한 아나키스트들의 입장을 대변한다고 보아도 좋을 것이다.

공산주의자들은 1932년 초에 입장을 좀 더 명확히 했다. 여기에는 코민테른이 한몫 했다. 〈에스파냐공산당 당원들에게〉라는 제목의 공개 서신에서 코민테른은 에스파냐 공산주의자들에게 이렇게 말했다.

공화·사회 정부와 공화주의 정당들, 제헌의회는 부르주아계급의 반혁명적 성격을 드러냈다. 반혁명 블록 가운데서 대중을 기만하는 일에 사회당이 주역을 담당해 왔고 지금도 그러하고 있다. 노동자계급과 노동 대중을 겨냥한 부르주아와 지주의 반혁명 공세를 사회당이 주도하고 있다. (……) 부르주아·지주 블록은 사실 부르주아·민주 혁명의 기본 과업을 하나도 해결하지 못했다. 토지 문제도 마찬가지이다. 한계가 많은 토지개혁을 담은 미온적 법안마저 의회에서 거부당했다.

　공산당이 감당할 즉각적 과업은 프롤레타리아 대중의 반혁명 투쟁과 토지혁명을 주도하는 일이다. 이 과업을 위해서는 공산당과 프롤레타리아계급 혁명 단체들의 조직을 강화할 필요가 있다. (……) 동시에 대지주들의 공세에 맞서 농민들의 투쟁을 강화하고 산발적 투쟁을 대중적 토지혁명 수준으로 끌어올려야 한다. 농촌에서 농업 노동자와 빈농들의 투쟁을 주도하지 않고서는 공산당이 이 과업을 실현해 나갈 수 없다.[61]

이 서신에서 코민테른은 아사냐 정부와 사회노동당을 대상으로 비난의 포화를 퍼부었다. 여기에는 사회주의 세력을 약화시키고 상대적으로 열세에 몰려 있던 에스파냐 공산주의 세력을 강화하고자 하는 바람이 담겨 있었다.[62]

에스파냐 공산주의자들은 노동자·농민 대중의 비참한 처지를 개선할 유일한 해결 방안으로 그들에게 빵과 토지를 줄 노동자·농민 정부를 수립하고자 했다. 공산당 중앙위원회는 이를 위한 정강을 마련하고 노동자 대중을 대상으로 당을 대중화하는 작업에 착수하기를 바랐다. 노동자·농민의 연대를 실현하고 프롤레타리아계급 주도로 토지혁명을 달성하기 위한 정강의 핵심 요소는 이렇다.[63]

- 지주와 교회, 수도원, 자치단체 소유 토지를 무상 몰수하고 근로 농민과 농업 노동자들이 지고 있는 봉건적·준봉건적 부담(임대료 등)을 철폐하며 부르주아·지주 체제가 부과하는 각종 조세를 폐지한다.
- 노동자·농민 정부가 농민들에게 금융과 종자, 기계를 즉각 지원한다.
- 농업 노동자들의 물질적 수준 개선을 위한 중대 조치를 취한다.
- 대기업을 몰수하여 국유화하고 소비에트가 생산과 분배를 통제하며 은

행과 철도, 운송 및 통신 수단(버스, 전차, 선박, 항공기, 전화, 라디오)을 국유화한다.

- 7시간 노동제를 도입하고 노동자 대중의 생활수준을 개선한다.
- 국가와 국영 기업, 미수용 사용자들의 재원으로 노동자들에게 질병과 사고, 장애, 실업에 대비한 사회보험을 제공한다.
- 민족자결권에 입각하여 피억압 소수민족들(카탈루냐, 바스크, 갈리시아)을 해방시킨다.
- 즉각적이고 완전하게 식민지를 해방시킨다.
- 자본가와 지주들의 치안대와 돌격대와 무장 단체를 해산하고 노동자·농민을 무장하며 인민 대중에게 적대적인 부르주아 세력을 타도하고 소비에트가 종업원을 선출한다.
- 자본가와 지주들 수중에 있는 군대를 폐지하고 장군과 장교 계급을 철폐하며, 병사들이 민주적 장교단과 노동자·농민·병사 소비에트 대의원을 선출하고 인민 대중의 이익을 수호하는 노동자·농민의 붉은 군대를 창설한다.
- 전 세계 피억압 민중과 프롤레타리아 연대를 도모하고 소련과 우애동맹을 실현한다.

요컨대 자본가·지주의 정부를 타도하고 노동자·농민 정부를 수립하는 데 총력을 기울이겠다는 내용이다. 1932년 3월 17일에 세비야에서 열린 제4차 당대회에서도 이러한 내용을 다시 확인했다.[64] 지주와 종교 단체가 소유한 토지를 무상몰수하여 농민들에게 양도하고 농민을 설득해서 프롤레타리아계급과 동맹을 맺고 소비에트를 구성한다는 내용이다.

3. 1932년 토지개혁법

이렇듯 다양한 반응을 불러일으킨 도밍고 안이 의회에 제출되었고, 의회는 1932년 5월 10일부터 9월 9일까지 넉 달에 걸쳐 본회의를 열어 심의를 했다. 그리고 그해 9월 15일에 토지개혁법을 공포했다.

심의는 법안 전문에 대한 개인 의견서 심의와 법안 전문에 대한 심의, 법안 조항에 대한 심의 순서로 진행되었다. 의회 내 토지개혁위원회 위원장 디아스 델 모랄에 따르면 한 주에 이틀, 하루에 세 시간 정도 심의하기로 했다. 한 달에 24~30시간을 심의하게 되는 셈이다.[65] 그런데 5월 18일에 법안 전문에 대한 심의가 시작되자 의원 19명이 발언을 신청해서 당일 심의 시간을 다 소비했다. 그뿐만이 아니었다. 개인 의견서 57건이 제기되었고 수정안 68건이 쏟아졌다.[66] 정작 전문 자체에 대한 심의는 한 달이 다 되어 가던 6월 15일에나 이루어졌다.

법안 6조에 대한 심의가 진행될 무렵 사건이 터졌다. 1932년 8월 10일 새벽에 세비야에서 산후르호 장군이 쿠데타를 일으켰다. 곧 실패로 돌아간 산후르호 쿠데타가 법안 심의에 큰 영향을 미쳤다. 1조에서 6조까지 심의하는 데 무려 두 달이 걸렸는데, 이 사건이 일어나고 나서는 7조에서 24조에 이르는 나머지 조항들 심의를 마치는 데 한 달이 채 걸리지 않았다. 산후르호 쿠데타로 의회의 심의 분위기가 완전히 바뀌었다. 심의가 끝난 법안은 9월 9일에 찬성 318표 대 반대 19표로 통과되었다.[67]

법안 심의가 이렇게 지체된 데는 몇 가지 이유가 있었다. 우선은 앞서 지적한 대로 농업회 의원들의 방해 공작을 들 수 있다. 전국농업노동자연맹 기관지 《엘 오브레로 델라 티에라》는 농업회 의원들의 술책을 이렇게 성토했다.

엄청나게 많은 불필요한 수정안과 개인 의견서의 의미를 따져볼 필요가 있다. 우선 전문 심의에 참여한 30여 명의 의원들이 주장을 되풀이하고 토론 시간을 끌기 위한 발언을 했을 뿐 새로운 아이디어를 제공하지 않는 술책을 부리는 것을 똑똑히 보았다. 희망 사항이 아니라 실현 가능한 것을 말한다면 그래도 봐 줄 수 있다. 그냥 넘어갈 수 없는 것은 아무런 근거도 없이 수정안들을 제출하고 더 나아가 개인 의견서까지 제출한다는 점이다. 이것은 그 이름도 잘못 붙여진 농업회가 지금까지 벌여 온 짓이다. 농업회 의원들이 1조에 수정안을 20건 정도 제출했다. 대부분 단어나 사소한 것을 수정하는 내용이다. 수정안들을 모아서 한꺼번에 심의하고 한꺼번에 의결하는 것이 좋을 것이다. 하지만 법안을 방해하는 데 목적이 있기 때문에 하나하나 심의하고 기명투표를 요청했다. 농업회 의원들은 이렇게 심의를 지체시킨다. 그들은 시간이 흐르고 토지개혁이 승인되지 않기를 바란다.[68]

실제로 카사누에바 의원은 법 조항을 심의할 때 수정안을 24건이나 제출했고, 시드 의원은 22건, 레이노 카마뇨 의원은 12건, 페르난데스 카스티예호 의원은 11건, 라마미에 데 클라이락 의원은 9건, 오로스코 의원은 8건을 제출했다.[69]

다음으로 법안 심의가 지체된 이유는 토지개혁 법안 심의를 카탈루냐 지방자치기본법안 심의와 함께 진행한 데 있다. 《엘 솔》은 "의회가 중대한 법안 심의에 별다른 관심을 보이지 않아 개탄스럽다"고 보도했다.[70] 에드워드 말레파키스는, 카탈루냐 지방자치기본법안 심의는 힘 있는 의원들이 맡고 토지개혁 법안 심의는 이류 의원들이 담당했다고 지적했다.[71] 그러다보니 의원들의 관심이 부족하게 되었다.

특히 급진공화당 의원들은 카탈루냐 지방자치기본법안 심의에 심혈을 기울인 반면에 토지개혁 법안 심의에는 별다른 관심을 기울이지 않았다. 급진공화당을 연구한 옥타비오 루이스 만혼에 따르면, 급진공화당 의원들은 토지 문제의 중요성을 깨닫지 못했고 토지 문제에 대한 해결책 마련도 부족했다.[72]

셋째로, 얄궂게도 사회주의자들이 법안 심의에 별로 관여하지 않았다. 토지개혁 문제의 중요성에도 불구하고 사회노동당 각료는 물론이고 의원들도 심의에 참여하지 않았다. 루시오 마르티네스 힐이 사회노동당 원내 집단을 대변해 발언하고 두어 명이 그를 지원했을 뿐이다. 발언도 농업회 의원들의 방해 공작을 비난하거나 법률을 공포해 개혁을 빨리 시행해 달라고 요청하는 내용이었다.[73]

마지막으로, 각료들의 태도 문제다. 우선 대통령 알칼라 사모라는 개혁을 운운하면서도 안달루시아 지주로서 미온적 태도를 보였다.[74] 총리 아사냐도 각료들과 나눈 그의 대화를 볼 때 토지 문제에 관심을 보이는 듯하지만[75] 심의 장소에 거의 모습을 드러내지 않았다. 에드워드 말레파키스는 이런 행태를 보인 아사냐를 두고 "말만 늘어놓고 행동하지 않는 로베스피에르"라고 꼬집었다.[76] 농업부 장관 도밍고는 분위기를 파악하지 못하고 있었다. 그는 적절한 수정 작업이 진행되고 있기 때문에 심의는 늦어도 좋은 결실을 맺게 될 것이라고 보았다. 농업회의 술책에 대해서도, 그들이 낸 "수정안들이 정당한데다 수월하게 시행할 수 있고 실현 가능한 법안으로 만들고자 하는 목적이 있기에 방해 공작이라고 말할 수 없다"고 말했다.[77] 아사냐가 도밍고를 가리켜 너무 유약한 사람이라고 비판한 이유가 여기에 있다.[78] 토지 문제에 얽힌 이해관계가 복잡하여 일치단결해도 성사될까 말까 한데 집권 세력마저 미온적 태도를 보이거나 때로는 다소 상반된 태도를 보였다.

법안 전문을 심의하는 과정에서는 두 부류의 대립이 도드라졌다. 사회주의자와 지방자치주의자, 공화행동당 당원, 급진사회공화당 당원들의 집권 세력이 급진공화당 당원과 보수주의자, 농민당 등으로 구성

된 야권 중심 집단과 맞섰다.[79]

먼저 토지개혁의 의미를 둘러싸고 일어났다. 한쪽은 토지개혁을 경
작지확대법과 소작법으로 축소해야 한다고 보았고, 다른 한쪽은 토지
개혁을 농업개혁으로 확대해야 한다고 주장했다. 후자에 속하는 급
진공화당의 이달고 의원은 토지개혁이 수천 가지에 달하는 농업 문제
를 풀어 나가는 복잡하고 광범위한 개혁이어야 한다고 주장했다.[80] 삼
페르 의원을 비롯한 동료 의원들이 특정 지역의 토지 소유에만 영향
을 미치는 개혁을 불충분한 토지개혁이라고 지적한 것도 같은 맥락이
었다.[81] 반면에 공화국봉사회 소속 의원 디아스 델 모랄처럼 토지개혁
은 토지 재분배 그 이상도 이하도 아니라고 보는 이들도 있었다.[82] 결
국 농업부 장관 마르셀리노 도밍고는 토지개혁의 목적을 세 가지로 정
리했다. 농민 실업 개선, 토지 재분배, 농업의 합리화가 그것이었다.[83]

법안 전문 심의에서 다음으로 중요하게 다룬 문제는 정부 안의 성격
이었다. 농업회 의원들은 정부 안이 사회주의적이라고 못 박았다. 세
고비아 사제인 가르시아 가예고 의원은 "법안에 따르면 모든 토지의
절대적 소유자이자 주인은 국가이고, 국가는 원하는 곳에 토지를 나누
어 주며, 국가가 원하는 자들에게 국가가 원하는 액수를 국가가 원하
는 때와 방식으로 보상해 주는 것으로 돼 있다며 (……) 법안이 사회
주의적이고 집단주의적 성격을 담고 있음을 부인할 수 없다"고 강변
했다.[84] 법안이 사회주의적이라는 이러한 비난은 농업회 의원들을 결
속시켜 주는 공통분모였다.

하지만 법안이 사회주의적이려면《엘 소시알리스타》에서 지적한 대
로 대토지 소유를 무상 수용해서 그 토지를 사회화하며, 러시아에서
단행한 토지혁명과 유사한 내용을 포함해야 할 것이다.[85] 급진사회공
화당의 빌라텔라 의원은 러시아 말고는 유럽 국가들 가운데 그 어느
나라도 일방적 성격의 개혁을 시행하지 않았다며 정부안도 마찬가지

라고 했다.[86] 법안의 성격 문제에 대해 농업부 장관 도밍고가 《엘 소시 알리스타》에다 자신의 견해를 밝혔다.

(법안은) 사회주의적인 것도 아니고 특정 정치 집단의 입장을 반영한 것
도 아니며 당파성을 따른 것도 아니다. 법안은 누가 뭐라 해도 타협의 산
물이다. 공화국에는 일관된 경제가 필요하기 때문이다. 생산을 하는 토지
가 사회적 기능을 수행하지 않고서는 이것이 불가능하다. 그런데 지금까
지는 그 기능을 수행하지 못했다.[87]

법안이 사회주의적인 것이 아니라 타협적인 것이라는 얘기이다. 의
회에서도 "한 가지 경향이 있다면 국가가 농업경제의 모든 부문에 확
실히 개입해서 모든 측면에서 경제를 합리화하고 규정을 따르게 하며
경제에 통일성을 부여하는 것이라고 말할 수 있다"고 지적했다.[88]

이 밖에도 소급 적용 문제, 토지 수용 문제, 금융 문제, 지역의 특수
성 문제 등을 다루었다. 먼저 소급 적용 문제와 관련해서 토지개혁위
원장을 맡은 공화국봉사회 소속 의원 디아스 델 모랄은 사회적 성격의
법과 경제에 신기원을 열고자 하는 법에서는 법의 소급 적용이 불가피
한 원칙이라며 "토지법은 본디 소급법"이라고 단언했다. 그리고 유럽
의 토지법에서는 예외 없이 소급 적용의 원리를 적용하고 있다고 덧
붙였다.[89] 논란의 핵심은 언제까지 소급할 것인가 하는 문제였다. 사
회노동당 의원 마르티네스 힐은 공화국 수립 시점으로 소급해야 한다
고 주장했다. 마르티네스 힐에 따르면 개혁에 관한 사실이 알려지면
서 공증인 사무실마다 자신의 토지를 가족들에게 분할 양도하려는 대
토지 소유자들로 붐비기 시작했다. 이해 관계자들이 법망을 피하려고
했다는 얘기이다.[90] 바로 그가 공화국 수립으로 소급해야 한다고 말한
이유였다. 급진공화당의 이달고 의원도 법을 소급 적용해야 한다고 주

장했다. 그렇게 하지 않으면 개혁법이 아무짝에도 쓸모가 없을 것이라고 했다.[91] 반면에 농민당의 카사누에바 의원은 소급 적용의 원칙은 법안이 추구하는 목적과 일치하지 않는 데다 심지어 모순된다고 지적했다.[92] 같은 당의 삼페르 의원은 소급 적용의 원칙이 불신과 불안정을 초래하기 때문에 법질서에 위배된다고 했다. 이번에 토지개혁에 적용되는 소급의 원칙이 다음에는 다른 사안으로 확대될 수 있기 때문에 시민의 권리가 불안정해진다는 논리였다.[93] 농민당의 페르난데스 카스티예호 의원은 소급 적용을 두고 "발전을 가로막는 가장 큰 적은 법적 무질서라고 규정했다.[94]

법안 조항 심의에서 격렬한 논란의 대상이 될 토지 수용 문제가 전문 심의에서도 뜨거운 감자로 떠올랐다. 공화국봉사회 소속 산체스 로만 의원이 기준 면적을 제시했다.

단일 농장이든 여러 농장이든 한 사람의 수중에 토지가 대규모로 축적될 수 있다는 것은 경제에 해롭다. 농촌 지역 토지 소유자라면 어느 누구한테도 '특정' 헥타르로 표시되는, 유기적 경작 단위로 제한되는 일정한 면적을 초과하는 토지 소유를 허용해서는 안 된다. 기준 면적을 초과하는 토지는 수용을 하거나 아니면 지대와 토지 소유에 누진세를 부과하여 지주가 결국에는 그 토지를 분할 매가하도록 해야 한다. 그렇게 하지 않을 경우 토지가 황폐해질 것이다.[95]

이것이 바로 산체스 로만이 주장한 '기준 면적 테제'였다. 기준 면적을 설정하고 기준 면적 초과 토지를 수용하거나 그 토지에 누진세를 부과하자는 얘기였다. 이러한 산체스 로만의 주장에 대해 공화행동의 페르난데스 클레리고 의원이 반박하고 나섰다. 기준 면적을 초과하는 토지를 수용한다거나 그 토지에 누진세를 부과한다는 것은 정당하지도 않고 적용할 수도 없다고 했다.[96] 여기서 기준 면적은 단일 농장 면적이 아니라 토지 소유자가 소유한 전체 토지 면적을 대상으로 한다. 따라서 산체스 로만의 주장에 따르면 개혁이 전국으로 확대되게 된다. 페르난데스 클레리고가 반대한 이유가 여기에 있었다.

토지 수용 문제와 관련해서 공화행동의 산체스 알보르노스 의원은 귀족의 영지를 수용하되 무상으로 수용해야 한다고 주장했다. 소작인들이 수백 년 전부터 경작해 온 토지와 살아 온 주택을 귀족들이 부당하게 탈취했다. 따라서 이들 귀족의 토지는 무상 수용해야 한다는 얘기였다.[97]

토지 수용 문제와 관련해서 이달고 의원은 도시 주변 경작지, 곧 루에도(ruedo) 농장을 수용하는 것은 부당하다고 했다. 엑스트레마두라, 안달루시아, 라만차, 살라망카 지역의 루에도 농장들은 면적이 5헥타르 미만이었다. 이 농장들은 토질도 좋고 경작 상태도 양호했다. 그리고 농민이나 노동자들이 경작하는 경우가 많았다. 따라서 이달고 의원은 이 소규모 경작자들이나 소규모 소작농의 토지를 수용하는 것은 부당하다고 했다.[98]

금융 문제의 중요성에 대해서는 이견이 없었다. 디아스 델 모랄, 이달고, 크레스포 의원들은 농업신용은행 설립을 요청했다. 도밍고는 농업금융의 액수를 늘릴 필요가 있다고 했고, 다음 각료회의 때 검토하도록 농업금융 구조조정 방안을 마련해 두었다고 밝혔다.[99]

지역의 특수성 문제와 관련해서는 오테로 페드라요, 수아레스 피카요, 안토니오 과야르, 메넨데스 수아레스, 피타 로메로 의원이 발언했다. 갈리시아자치조직의 오테로 페드라요 의원은 갈리시아에는 갈리시아만의 특수한 문제가 있는데 법안은 갈리시아의 농업 현실을 고려하지 않았다고 주장했다.[100] 안토니오 과야르 의원과 메넨데스 수아레스 의원은 아스투리아스의 문제를 고려해 달라고 위원회에 요청했다.[101] 이런 주장들에 대해 의회가 심의하고 있는 법안은 종합적 토지개혁안이 아니라고 급진사회공화당의 베니토 아르티가스 아르폰 의원이 위원회를 대신해서 답변했다.[102] 지역의 특수성 문제는 일단 추진하고 있는 토지개혁을 완수한 다음에 고려해야 한다는 얘기였다.

법안 전문에 대한 심의가 끝나고 조항에 대한 심의가 이어졌다. 여기서는 적용 범위, 수용 대상 토지, 보상, 임시 점유 관련 조항에 대한 심의 내용을 살펴본다.

먼저 제2조에서 토지개혁의 적용 범위를 규정했다. 개혁이 가져올 충격을 줄이고 개혁의 효율성을 높이기 위해서 도밍고는 적용 범위를 제한했다.[103] 하지만 이 내용이 토지개혁위원회를 거치면서 적용 범위를 전국으로 확대하는 방향으로 수정되었다. 이에 급진공화당의 오로스코 의원이 반대 의견을 밝혔다. 이 조항이 파국을 불러올 것이라고 생각한 농민당은 온갖 노력을 동원해 방해 공작을 폈다. 급진사회공화당의 안토니오 과야르 의원은 적용 범위를 전국으로 확대하게 되면 충격도 전국으로 확산될 것이라고 했다.[104] 공화 우파의 시릴로 델 리오 의원은 대토지 소유가 발달하고 농촌 실업이 심각한 문제로 떠오른 안달루시아와 엑스트레마두라, 라만차로 적용 범위를 국한해야 한다고 주장했다.[105]

제6조에서는 수용 대상 토지를 다루었다. 여기서는 귀족 소유 토지와 도시 주변 경작지(루에도)를 두고 논란이 벌어졌다. 법안은 귀족이 소유한 토지를 무엇보다 먼저 전면 수용한다고 규정했다. 여기서 귀족 소유 토지는 귀족의 명의로 점유되어 오고 현재 소유자에 이르기까지 상속이나 재산 분배를 거쳐 전해져 온 농장이었다. 농민당의 칸디도 카사누에바 의원과 앙헬 오소리오 이 가야르도 의원은 귀족이 소유한 토지도 다른 토지와 똑같이 취급해야 한다고 주장했다.[106] 공화국 봉사회의 디아스 델 모랄 의원은 귀족 소유의 토지를 수용하되 억압과

정치적 영향력의 수단이 되는 토지로 수용 대상을 한정하고, 수용하더라도 보상을 해주어야 한다고 주장했다.[107] 6조 8항에서는 주민 2만 5천 명 이하의 촌락이나 도시의 시가지에서 2킬로미터 이내에 위치한 토지가 직접 경작되고 있지 않을 경우에 면적이 50헥타르가 넘는 토지의 초과 면적을 수용한다고 규정했다. 남부 지방에서 농민들이 루에도에 특별한 관심을 보인다는 사실[108]을 안 사회노동당 의원들이 루에도의 수용 기준 면적을 50헥타르보다 더 낮춰 잡아야 한다고 주장했다.[109] 무소속 의원들과 공화 좌파 의원들이 반대했지만 사회노동당 의원들이 거세게 주장하는 바람에 수용 기준 면적이 20헥타르로 줄어들었다. 그 결과, 수용 대상에 중소 토지 소유자들이 포함될 가능성이 높아졌다.

제8조는 보상 문제를 다루었다. 과세소득이 1만5천 페세타 이하 등급에서 20만 페세타 이상 등급에 이르기까지 각 등급에 대한 자본계수가 5~20퍼센트이며, 보상액은 1만5천 페세타 이하 등급에서부터 차례로 각각 보상액의 1~20퍼센트에 달하는 액수만 현금으로 지급하고 나머지는 특별공채로 지급하게 돼 있었다. 여기서 문제가 된 것은 보상의 기초가 되는 농장 수익의 산정 방식이었다. 법안은 토지세 부과를 목적으로 산정한 '대장 지대'(renta catastral)를 기준으로 삼았는데, 농민당 의원들과 디아스 델 모랄 의원은 이것이 실제 수익보다 낮게 책정되었다며 이보다 1.5배 정도 올려서 산정해야 한다고 주장했다. 이들은 자본계수도 3.5퍼센트 올려야 한다고 주장했다. 보상액을 높이려는 의도였다. 이에 대해 사회노동당과 공화 좌파 의원들은 대장 지대가 정당하다 하여 그들의 주장을 받아들이지 않았다.

제9조는 임시 점유 문제를 규정했다. 토지 수용이 완료될 때까지 국가가 그 영유권을 대표하며, 정착 농민은 그 대가로 임차료를 지불하게 된다고 규정했다. 임차료 산정은 토지개혁청(Instituto de Reforma

Agraria)에 위임했다. 이 조항은 토지 국유화를 선언한 것이나 다를 바 없다. 농민당 의원들을 비롯한 개혁 반대파가 이 점을 맹렬히 비난했다. 급진공화당과 공화국봉사회 의원들도 소토지 소유자를 창출해야 한다는 당위성을 역설했다. 이에 대해 사회노동당 의원은 "만약 농민에게 토지 소유권이 주어진다면 그들은 자신들에게 주어진 소유권을 단기간 안에 화폐와 교환해 버릴 것이며, 토지가 다시 지대를 취득하는 수단이나 거래의 대상이 되어 버릴 것"이라며 국가가 소유권을 갖고 농민에게 낮은 임차료로 토지를 대여하는 것이 바람직하다고 했다.[110] 결국 원안이 그대로 승인되었다.

이렇듯 법안 전문에 대한 개인 의견서 심의와 법안 전문 심의, 법안 조항 심의에 오랜 시간이 걸렸다. 앞서 말한 대로 1932년 9월 9일에 찬성 318표를 얻어 법안이 통과되었다. 반대표를 던진 의원들 19명은 아나키즘 성향의 급진사회공화당 호세 안토니오 발본틴 의원 1명을 빼고 모두 농업회 소속 의원들이있다.[111]

이렇게 통과된 토지개혁법의 의미에 대해서는 당대 연구자들이 이미 충분히 따져 보았다. 23개 조항으로 이루어진 토지개혁법의 의미를 수용 대상 토지, 보상, 정착으로 나누어 간략히 살펴보면 이렇다.

문제의 핵심은 두말할 나위 없이 어떤 토지를 수용할 것인가에 있었다. 토지개혁법 제5조는 수용 대상 토지로 13개 범주를 설정했다.

- 소유자가 자발적으로 내놓은 토지
- 일방적 계약으로 양도된 토지
- 부채나 상속 또는 유증으로 국가, 주, 자치단체 등이 취득한 토지
- 차지나 분익소작 같은 형태로 경작하는 법인단체나 공공기관의 토지
- 투기나 지대 수취 목적으로 매입한 것으로 추정되는 토지
- 상속이나 유증 또는 기증으로 양도된 사법귀족 소유의 토지

- 미개간지나 부실하게 경작되고 있는 토지
- 법률이 정하는 관개 의무 규정에 따라 저수지를 마련해야 함에도 저수지를 마련하지 않은 토지
- 국고를 지원했으나 관개하지 않은 토지
- 주민 2만5천 명 이하의 도시 시가지에서 2킬로미터 이내에 위치한 토지 가운데 직접 경작을 하고 있지 않은 토지
- 자치단체 전체 부에 할당된 과세대상액의 20퍼센트 이상을 부담하는 자에게 속한 토지
- 12년 이상 계속 소작 형태로 경작되어 온 토지
- 다음과 같은 면적 제한 범위 안에서 각 자치단체의 지방위원회가 해당 지역의 필요에 따라 인정한 수치를 초과하는 자연인 혹은 법인 소유의 토지

  ① 비관개지: 곡물 생산 토지(300~600헥타르), 올리브 재배지(150~300헥타르), 포도 재배지(100~150헥타르), 과수 재배지(100~200헥타르), 목초지(400~750헥타르)

  ② 관개지(10~50헥타르)

  단, 소유자가 직접 경작하는 경우에는 위에 제시된 기준치의 최저 기준을 33퍼센트, 최대 기준을 25퍼센트 높인다.

이어서 제6조에서는 수용 대상에서 제외되는 토지를 명시했다. 마을에 속한 공유지와 공동 방목지, 조림지, 경작이 불가능한 면적이 75퍼센트에 달하는 목초지, 기술적으로나 경제적 측면에서 경작이 양호한 농장이 그것이었다.

이 규정으로 수용 대상이 된 토지의 비율이 남부 지방에서는 전체 면적의 3분의 1이 넘었고 경작지의 50퍼센트 정도에 달했다.[112] 이 비율만 본다면 개혁의 규모가 상당한 것으로 받아들일 수 있다. 하지만

토지개혁법을 자세히 분석한 미국 역사학자 말레파키스는 개혁법에 두 가지 중대 실책이 들어 있다고 지적했다.[113] 첫째로, 중소 규모 토지 소유자들 상당수를 개혁 대상에 포함시켰다. 대토지 소유가 발달한 주들 가운데 2개 주를 분석한 결과, 루에도 조항과 차지 조항에 의해 수용 대상으로 분류된 중소 토지 소유자들이 불어난 반면에 분배할 토지 양은 별로 늘지 않게 된다. 앞서 법안 심의를 다루면서도 지적한 바이다. 다시 말해서 개혁의 효과는 별로 커지지 않았는데 정부의 개혁에 반대하는 세력은 더욱 늘어나게 되었다. 둘째로, 법률 적용 범위를 지리적으로 국한하지 않고 전 국토를 대상으로 했다. 그러다 보니 수용 대상이 된 토지 소유자 가운데 3분의 2 이상이 중부와 북부에 거주하는 사람들이었다. 그 결과, 개혁을 반대하는 적대 세력의 수가 큰 폭으로 늘어나게 되었다. 개혁 추진 세력의 개혁 목적이 무엇인지, 법 조항을 충분히 검토했는지 의문이 드는 대목이다.

다음으로 중대한 문제는 수용 대상자들에게 보상을 어떻게 해줄 것인가 하는 점이다. 개혁법 제8조는 대공(大公) 귀족과 법률 귀족을 제외한 수용 대상 토지 소유자들에게 재산 손실을 보상해 준다고 규정했다. 보상은 현금과 특별공채 두 가지 형태로 이루어지게 된다. 현금 지불과 특별공채 지불의 비율은 과세소득의 등급에 따라 달라진다. 과세소득 1만5천 페세타 이하에서 과세소득 20만 페세타 이상까지를 16등급으로 나눈 다음에, 과세소득 1만5천 페세타 이하 등급에 속하는 토지 소유자의 현금 지불 비율을 20퍼센트로 하고 과세소득 1만5천 페세타에서 3만 페세타 등급에 속하는 토지 소유자의 현금 지불 비율을 15퍼센트로 하며, 마지막 등급인 과세소득 20만 페세타 이상 등급에 속하는 토지 소유자의 현금 비율을 1퍼센트로 정했다. 현금으로 지불하지 않는 나머지 보상액은 특별공채로 지불하게 된다. 특별공채는 한 해에 10퍼센트 이상을 시중에 유통시킬 수 없었다. 따라서 특별공채 지불 비율이 높을수록 더 많은 재산이 공채로 묶이게 된다. 이런 보상 방식에 따르면 과세소득이 높을수록 불리하게 된다. 하지만 과세소득이 7만 페세타를 넘는 토지가 거의 없었기 때문에 이런 보상 방식으로 큰 피해를 입을 소유자들이 사실상 거의 없었다.[114]

마지막으로 제9조는 토지 수용이 완료될 때까지 토지개혁청이 수용 대상 토지를 임시 점유하고, 그 토지에 농민을 정착시킨다고 규정했다. 토지개혁청의 수용 대상 토지 임시 점유는 정착할 농민의 정착 비용 부담을 덜어 주게 된다. 제11조는 개혁의 혜택을 입을 농민을 토지가 없는 농업 노동자와 축산업노동자, 합법적으로 조직되어 2년 이상 경과한 농업 노동자 단체, 연간 50페세타 이하의 조세 부담을 지고 있는 직접 경작자 또는 연간 25페세타 이하의 조세 부담을 지고 있는 차지 보유자, 10헥타르(관개지의 경우 1헥타르) 이하 토지를 경작하고 있는 소작농이나 분익소작농 등 네 범주로 나누었다. 네 범주 가운데 농업 노동자 단체에 정착의 우선순위를 주었다.

이런 내용의 토지개혁법에 당대의 정파들과 후대의 연구자들은 어떤 반응을 보였을까? 한 마디로 말해서 법의 개혁성과 혁명성을 치켜세우는 견해에서부터 비판적 입장에 이르기까지 다양했다.

농업부 장관 마르셀리노 도밍고는 토지개혁법 승인을 두고 '역사상 최초'이자 '영예롭고 중대한 과업'을 실현한 것이라고 치켜세웠다.

공화국 정부가 아니었으면 봉건적이고 시대착오적이며 반경제적인 토지제도가 변함없이 이어졌을 것이고 실업자들과 불공평한 분배, 비합리적 경작 체제가 변함없이 유지될 것이다. 토지가 (……) 사회적 기능을 수행한다는 것은 기적이다. 이 기적을 공화국 정부가 이룩해 낼 것이다.

이 법은 분명 혁명적이다. 농촌을 떠나거나 굶어 죽는 농민들에게 토지를 마련해 주어서 (……) 수백만 명의 영혼들을 구원하고 그들의 정신세계를 풍요롭게 해주는 법이다. 소비 능력을 확대해서 생산지 소득을 대폭 증가시키고 국민경제를 향상시키는 법이다.[115]

마누엘 아사냐 총리는 9월 8일 의회 연설을 통해서 이미 법의 혁명적 성격을 지적했다.[116] 9월 30일 산탄데르 집회에서는 "공화국이 혁명의 길로 나아가고 있다"고 밝혔다.[117] 급진사회공화당의 라몬 페세드 의원은 이 토지개혁법이 세계에서 가장 진보적인 법이라고 했다.[118]

급진공화당과 공화국봉사회는 이들 급진사회공화당이나 공화행동처럼 개혁법의 혁명성을 지적하지는 않았다. 하지만 그들도 개혁법의 중요성을 인정했다. 급진공화당의 디에고 마르티네스 바리오는 토지개혁법을 두고 "한편으로는 토지 소유를 개혁하고 다른 한편으로는 소유자들의 정치권력에 철퇴를 가하는" 법이라고 했고[119], 공화국봉사회의 오소리오 이 가야르도는 "공화국이 이제까지 취한 조처들 가운데 가장 중대하고 가장 중요한 조처"라고 지적했다.[120]

이에 반해 사회노동당은 회의적 입장을 보였다. 루시오 마르티네스 힐은 토지개혁법이 미흡하다고 지적했다. 사회주의자들이 처음부터 제기한 중대 오류가 해결되지 않고 개혁법에 그대로 남아 있다고 했다. 수용 대상 토지에 대한 사정을 소유자 단위로 해야 하는데 농장 단위로 하게 되었다는 것이다.[121] 사회주의 노조 전국농업노동자연맹은 훨씬 더 회의적이었다. 이 법으로는 농촌 문제를 해결할 수 없다고 보았다.[122]

한편 농민당은 토지개혁법이 헌법의 중요 내용을 훼손했다고 주장했다. 재산 몰수를 금지하고 있는 헌법 규정을 어겼다는 것이다. 법안이 통과되자 농민당 의원 호세 마르티네스 데 벨라스코는 일간지 《엘솔》에 자신의 입장을 이렇게 밝혔다.

심의가 끝났을 때 참담함을 금할 수 없었다. 법안은 소유의 원칙을 무너뜨렸다. 이러한 폭력에 뒤이어 오늘 오후에는 재산 몰수를 금지하는 헌법의 중요 내용을 유린했고 (……) 몰수 조처를 특정 사회계층에 무차별적으로 시행하기로 했다.

위원회의 손을 거치면서 정부 안이 일부 수정되었다. 하지만 수정 내용 가운데 중요한 것은 아무것도 없었다. (……) 개혁의 근간이 되는 보상 방식에는 전혀 손을 대지 않았다.

법안이 의도한 좋은 취지에도 불구하고 시행에 엄청난 어려움을 겪게 될 것이라고 확신한다. 줄곧 희생당해서 이제는 희생에 익숙해진, 개혁의 영향을 받게 된 사람들이 저항을 해서 힘든 것이 아니라 현실의 상황 때문에 그렇다. (……)

(토지개혁법은) 효과가 거의 없을 것이다. 여기에는 근본적인 이유가 있다. 대안을 만들어 내지는 않고 소유를 훼손했다. 개혁의 결과, 소작농들은 그들에게 낙찰된 토지를 제공받는다. 그 토지가 언젠가는 자신들의 토지가 되리라는 희망도 없이. 이 법은 농민한테서 노동 의욕은 물론 미래의 희망을 앗아 간다.[123]

호세 마르티네스 데 벨라스코는 이 글에서 법이 소유의 원칙을 훼손했다고 비판하고 현실적 효과도 거의 없을 것이라고 지적했다.

공화국 정부의 토지 정책을 줄곧 비판해 온 아나키스트들과 공산주의자들이 이 법에 비판적 입장을 보인 것은 당연하다. 아나키스트들은 이 법을 두고 "현학적 태도를 보여 주는 걸작"이라고 비꼬았고,[124] 공산주의자들은 법안을 발의한 자들이 제기한 소기의 성과를 거두지 못할 것이라고 내다봤다.[125] 농민 대중의 생활조건을 전혀 개선하지 못할 것이라고 했다. 반면에 금융자본과 대부르주아에게 매우 유리한 결과를 가져올 것이라고 비판했다.[126]

저널리스트로서《에스파냐 역사》를 저술한 안토니오 라모스 올리베이라는 이 법이 타협의 산물이라면서 대지주 알칼라 사모라를 공화국 대통령 자리에 앉힌 부실한 의회에 어울린다고 했다.[127] 영국 역사가 제럴드 브레넌은 경작할 토지가 거의 없는 북부 지방 농가들의 처지를 개선한다거나 유동적이고 힘에 겨운 카스티야 지방의 지대를 고정 지대로 전환하기 위한 방안들은 전혀 고려하지 않은 가운데, 해묵은 대토지 소유 문제만을 다룬 법이라고 평가했다.[128] 에스파냐 경제학자인 라몬 타마메스는 기술적 문제를 지적했다. 개인 경작을 할지 공동 경작을 할지 경작 형태에 관한 결정을 농민 단체에 전부 맡긴 데서 볼 수 있다시피, 토지개혁법이 매우 복잡하고 토지개혁청 구성이 제대로 되지 않으면 법 시행이 난항을 겪게 되고 더뎌지게 된다고 보았다.[129] 미국 역사학자 에드워드 말레파키스도 라몬 타마메스와 비슷한 시각을 보였다. 토지개혁법이 지나치게 복잡해졌다고 보았다. 서로 다른 정파들이 여러 차례 협상을 벌이면서 여러 규정 상당수가 모호해지거나 심지어는 서로 모순이 나타났다는 것이다. 이런 지적을 하면서도 에드워드 말레파키스는 토지개혁법이 당시의 소유 체제를 변혁시킬 혁명성을 내포하고 있었다고 덧붙였다.[130] 이 말은 법을 누가 어떻게 시행하느냐에 따라 그 성격이 달라질 수 있다는 얘기일 것이다.

4. 토지개혁의 시행

토지개혁법이 통과된 다음에는 그 법을 신속하게 효과적으로 시행하는 것이 중요하다. 토지개혁을 효과적이고 신속하게 추진하기 위해서는 몇 가지 조건이 필요했다. 개혁 추진을 담당한 토지개혁청의 구성과 활동, 정당과 사회단체들의 지원, 소작법과 농업은행법 같은 보완 법 제정이 그것이다. 따라서 토지개혁청의 구성과 활동, 주요 지도 자들의 활동, 보완 법 제정 노력을 살펴볼 필요가 있다.

토지개혁 시행은 토지개혁청에 달려 있었다고 해도 지나친 말이 아니다. 그만큼 토지개혁청의 역할이 중요했다. 농업부 장관 마르셀리노 도밍고가 곧 토지개혁청을 설치하겠다고 밝힌 건 토지개혁법이 통과된 직후인 1932년 9월 11일이었다. 이때 기술자와 법률가, 금융업자, 지주, 소작인, 농민들로 토지개혁청을 구성하겠다고 밝혔다.[131] 토지개혁법 제3조에 따르면 농업기술자, 법률가, 농업 신용기관 대표, 지주 대표, 소작인 대표, 농업 노동자 대표들로 구성되는 위원회가 토지개혁청을 운영하게 된다. 하지만 이게 전부였다. 집행위원회의 구성은 물론 토지개혁청장과 집행위원회의 권한을 구체적으로 명시하지 않았다.

9월 23일 법령으로 토지개혁청을 신설한 마르셀리노 도밍고는 산하에 여러 국을 설치하고 업무를 분장했다. 중대 사안은 집행위원회가 결정하고 청장에게는 실권이 별로 없었다. 집행위원회는 21명으로 구성되었다.[132]

토지개혁청 구성이 알려지자 전국농업노동자연맹이 강력하게 항의했다. 집행위원회가 관료 중심으로 구성되었다는 주장이었다.[133] 관련 당사자들을 참여시켜 활동적인 집행위원회를 구성해야 한다는 사회주의자들의 주장에도 불구하고 마르셀리노 도밍고는 법률적 기능에 우선권을 두고 집행위원회를 구성했다. 그 결과 위원회에 참여하는 노동자 대표는 두 명밖에 없었다. 이에 사회주의자들은 토지개혁청이 덩치만 컸지 쓸모없는 기구가 되었다고 비판했고 토지개혁법에 건 노동자들의 기대를 저버리고 말았다고 덧붙였다. 법 시행이 더디고 노동자들의 이해에 반하는 등 법이 제대로 시행되지 않을 것이라는 얘기였다.[134] 사회주의자들은 10월에 노동자총연맹 대회와 사회노동당 대

회를 개최하고 반대 운동을 벌였다. 맨 앞자리에 전국농업노동자연맹이 있었다.[135]

사회주의자들과 정부 사이에 벌어진 갈등이 해소된 건 한 달 반이 지난 뒤였다. 정부가 사회주의자들이 바란 대로 집행위원회의 노동자 위원 수를 2명에서 6명으로 늘려 주었다. 하지만 여기에 그치지 않고, 동시에 지주 위원 수를 노동자 위원과 같은 수로 늘렸다. 타협을 한 셈이다. 그 결과 갈등은 해소되었지만 집행위원회 규모가 21명에서 29명으로 불어났다. 사회주의자들이 항의해서 얻어 낸 유일한 소득으로 가뜩이나 느려 터지게 된 위원회의 기동성이 더욱 떨어지게 되었다.[136] 아사냐도 토지개혁청이 "규모가 작은 의회"로 전락했다고 말할 정도였다.[137] 실제로 집행위원회는 집행기구라기보다 입법기구나 사법기구의 성격을 띠었다. 향후 1년 동안 벌인 위원회 활동은 1932년에 의회에서 벌인 토론의 재탕이나 다름없었다.

맡은 임무에 충실하도록 자율성을 부여하고자 했다는 마르셀리노 도밍고의 회고[138]가 무색하리만치 토지개혁청의 관료제적 성격이 끝없이 도마 위에 올랐다. 496명이나 되는 직원 규모가 그 표적이었다. 일간지 《엘 리베랄》은 인원이나 조직 탓에 의회처럼 더디게 움직이게 될 것이라고 비판했다.[139] 사회노동당 의원 후안 시메온 비다르테는 토지개혁청의 관료제 성격 탓에 정부가 500만 페세타를 출연하기로 한 농업은행을 아직도 창설하지 못했다고 지적했다.[140] "도밍고 주변에서는 조사하러 돌아다니고 기록하는 일 말고는 아무것도 하지 않는 법률가, 농학자, 건축가, 사회학자 전문가 군단이 일하고 있다"는 마누엘 아사냐의 빈정거림도 같은 맥락에서 나온 것이다.[141]

마침내 마르셀리노 도밍고가 토지개혁 시행을 위해 적절한 조처를 취한 것은 이런 배경에서였다. 1933년 9월 2일에 그는 토지개혁청의 구조를 다시 조정했다. 집행위원회를 구성하는 주요 집단들 대표 5명으로 상임위원회를 구성한 것이다. 그리고 일부 사안에 대해서는 청장에게 결정권을 부여했다. 이제 장관과 청장을 포함한 7명이 개혁 작업을 추진해 나갈 수 있게 되었다. 농업부 장관은 여기서 한걸음 더 나아가 수용된 토지를 양도받게 될 농민 단체의 조직과 기능에 관한 법령을 공포했다. 이제 토지개혁법이 공포되고 1년이 지날 무렵에는 개혁 시행을 위한 채비가 모두 갖춰진 것처럼 보였다.[142]

하지만 토지개혁을 단행하는 데는 또 다른 중대 문제가 있었다. 바로 재정 문제이다. 대규모 농촌 인구에 영향을 미칠 토지개혁을 시행하는 데는 농민들의 주택 건축 비용과 대출 이자상환 지불금을 비롯한 막대한 예산이 필요했다.[143] 토지개혁법 제2조에서 농민들을 정착하기 위해 최소 5천만 페세타를 한 해 예산으로 책정했다. 이 액수는 사실 보잘것없는 액수이다. 1933년 국가 예산 44억4천700만 페세타 가운데 1퍼센트가 약간 넘는 액수에 불과했다. 1933년에 치안대에 투입한 예산 1억2천550만 페세타에도 못 미치는 액수였다.[144]

토지개혁청에 실제로 투입된 예산은 1932년 4분기에 830만 페세타였고 1933년에 5천만 페세타였다.[145] 마르셀리노 도밍고에 따르면 5천만 페세타로는 고작 농민 4천 명을 정착시킬 수 있을 뿐이었다. 농민 1명을 정착시키는 데 1만2천페세타가 들기 때문이었다.[146] 그나마 이 예산마저도 다 집행하지 못했다. 1934년의 경우, 3천220만 페세타를 지출하고 7천410만 페세타를 남겼다.[147] 공산주의자 호아킨 마우린은 이를 두고 토지개혁청이 "유일하게 흑자를 내는 정부 기관"이라고 꼬집었다.[148]

이와 더불어 농업금융도 턱없이 적었다. 2~3년 전에 수백만 페세타를 굴리던 지주들이 그 뒤로 은행 창구를 닫고 영업을 하지 않았다. 토지개혁청에서 제공하는 금융이 있기는 했지만 시간이 지나면서 그 액수가 대폭 줄었다. 이를테면 몬테몰린 지역의 경우, 처음에 농업금융으로 배당된 금액 30만 페세타가 1933년 4월 8일에는 4만5천 페세타로 줄어들었다. 캄피요데요레나, 트라시에라, 이게라데레오나, 올리벤사 같은 곳에서도 마찬가지 상황이 벌어졌다.[149] 농업금융 관련 입법 작업도 과두세력의 반대로 사문화되었다. 과두세력이 마르셀리노 도밍고가 마련한 법안을 의회에 상정하지 못하도록 방해했던 것이다. 농업금융 문제를 풀기 위해서는 농업은행을 창설하는 길밖에 없었다.[150]

토지개혁은 예기치 않게도 산후르호 쿠데타에 대한 보복 조처로 대공 귀족 소유 토지를 수용하면서 시작되었다. 1933년 12월 말까지 농지 24,204헥타르에 농민 2,236명을 정착시켰다. 1년 3개월에 걸친 아사냐 정부의 토지개혁 성적표였다. 이런 속도라면 농업 노동자들을 정착시키는 데만 400년은 족히 걸릴 것이란 지적도 나왔다.[151] 이것이 토지개혁에 건 농민들의 기대는 결코 아니었다.

여기서 토지개혁법보다 더 중요한 결과를 낳은 경작강화령을 짚고 넘어가지 않을 수 없다. 토지개혁의 바람이 불어닥치던 1932년 10월부터 경지 면적 축소 움직임이 조직적으로 전개되기 시작했다. 귀족 소유 토지의 비율이 매우 높던 바다호스에서 경작과 파종을 하지 않는 경향이 나타났다. 목축을 하기 위해 토지를 직접 관리하겠다며 지주들이 자신들의 농장에서 소작농들을 내몰았다. 그리고는 농장을 목장으로 바꾸었다. 지주들의 속셈은 경지 면적을 축소해 토지개혁법을 피해 가려는 데 있었다. 그 결과 실업과 굶주림에 내몰린 농민들이 늘어났다.[152] 살라망카에서도 지주들에게 토지를 경작하지 말라고 농민 블록이 선동을 했고 살라망카지주연합도 여기에 가세했다. 호세 마리아 힐 로블레스를 비롯한 농업회 의원들이 지주들을 지원하고 나섰다.[153] 이에 살라망카 주지사가 살라망카지주연합의 선동 행위를 금지했다. 이 사실이 알려지면서 파종 거부 문제가 전국적 관심사로 떠올랐다. 이러한 사태에 대한 마르셀리노 도밍고의 태도는 단호했다. 그는 "파종을 하지 않겠다고 말하는 사람들은 얼마 전에 산후르호 쿠데타 가담자들에게 가한 것과 유사한 엄벌에 처할 것"이라고 밝혔다.[154]

이 문제의 해결책이 토지개혁에 있다고 파악한 정부는 10월 22일 각료회의에서 바다호스 주의 토지를 강제로 경작하기 위한 법령을 통과시켰다. 11월 1일에 의회의 추인을 받은 이 법령은 경작강화령이었다. 대규모 미경작지들을 파악하고 목축 활동에 지장을 주지 않는 범위 내에서 경작할 수 있는 토지가 미경작지 가운데 얼마 정도인지를 조사관이 결정하도록 규정했다. 경작 가능한 토지는 토지가 없는 농촌 주민들에게 2년간 양도한다는 내용이었다. 이에 따라 소작인들이 1932~33년 농사철에 땅을 개간하고 1933-34년에 파종할 수 있게 되었다. 이 소작인들은 토지개혁청에서 신용대출을 받을 수도 있었다. 추수를 끝낸 뒤에는 농장주에게 토지대장 공시지가의 지대를 납부하고 토지개혁청에 상환금을 지불해야 했다.[155]

이 법령은 토지개혁을 본격적으로 추진하기에 앞서서 당면한 세 가지 문제를 신속히 해결하려고 마련한 것이다. 세 가지 문제는 실업, 농장 점거, 경지면적 축소였다.[156] 이 시기를 기존의 토지경제 체제에서 새로운 개혁경제 체제로 넘어가는 과도기로 파악한 마르셀리노 도밍고는, 경작강화령이 이 시기에 발생하는 이중 위험에서 구출해 줄 것이라고 확신했다. 이중 위험이란 개혁의 대상이 될 지주가 경작을 포기하게 될 위험과 개혁의 혜택을 받게 될 농촌 주민이 부당하게 토지를 점거하게 될 위험성을 두고 한 말이다.[157]

경작 강화 조처에 지주들이 팔짱만 끼고 있지는 않았다. 바다호스 지주 대표들이 농업부 장관과 면담을 갖고 법령으로 영향을 받게 될 농장을 사정하는 기구에 지주 대표를 포함시켜 달라고 요청했다. 농업부 장관은 이들의 요구를 들어주었다.[158]

이 법령은 바다호스 주에만 적용되었지만, 후속 법령을 통해 카세레스, 카디스, 세비야, 말라가 주들로 확대되었으며, 나중에는 시우닷레알, 코르도바, 그라나다, 살라망카, 톨레도 주들에도 적용되었다.[159]

이제 경작강화령이 소기의 목적을 달성하는 듯했다. 하지만 1933년 1월 중순에 사건이 터졌다. 농촌 주민들이 농장을 점거하고 나선 것이다. 사태는 종전보다 더 심각했고 농장 점거 움직임이 엑스트레마두라 지방 전역으로 확대되기 시작했다.[160] 기다리다 못한 농촌 주민들이 직접 행동에 뛰어들었다. 이에 정부가 어떤 식으로든 직접 조치를 취하지 않을 수 없었다. 마르셀리노 도밍고가 농장 점거 주민들에게 장차 토지개혁법에 따라 받게 될 혜택을 박탈하겠다고 위협해도 소용이 없었다. 결국 점거 사례 상당 부분을 인정해 주지 않을 수 없었다. 점거한 농장에 경작강화령을 적용해서 불법 점거를 임시 점유로 합법화해 주었다.[161] 하지만 무질서가 가시지 않았다. 특히 사회노동당과 노동자총연맹의 지부 사무실인 인민의 집이 주도한 농장 점거와 폭력 사태가 끊이지 않았다.[162] 팔렌시아 같은 평온한 주에서도 갑자기 사회운동이 벌어졌다. 팔렌시아 주 발타나스에서 농부(윤테로) 백여 명이 자치체가 소유한 야트막한 산림을 점거하고 개간하기 시작했다.[163] 내무부 장관이 엑스트레마두라 지방총리에게 "20년 전에 방목지로 지정된 목초지를 농민 200명이 불법 점거해 개간"을 시작했으니 적절한 조처를 취해 달라는 내용의 관보를 보냈다.[164] 이에 엑스트레마두라 지방총리는 "치안대를 투입해 노동자 단체를 해산하고 시장의 직무를 정지하겠다"고 답신을 보냈다.[165] 팔렌시아 주 에스파라고사델라레스와 돈베니토에서도 똑같은 사건이 벌어졌다.[166] 엑스트레마두라 지방총리는 3월 30일자 보고서에서, 앞서 벌어진 사태들은 지주들이 소작인들을 받아들이려 하지 않은 데서 비롯된 것이라면서 그들의 갈등을 해결하고 지주들에게 소작인들을 받아들이게 했다고 밝혔다.[167]

경작강화령은 이런 사건이 벌어지는 가운데서 시행되었다. 1933년

3월 9일까지 집계된 통계를 보면 123,805헥타르에 농민 39,878명을 정착시켰다. 농민들이 이 성과에 만족하지는 않았을 것이다. 하지만 앞서 살펴보았다시피 토지개혁 조치로 정착된 농민 수에 비한다면 이 성과의 의의는 자못 크다. 이를 분석한 에드워드 말레파키스가 "토지 분배와 관련해서 아사냐 정부가 이룩한 유일한 업적은 경작강화령이 었다"고 강조한 까닭이 여기에 있다.[168]

그렇다면 토지개혁이 왜 이렇게 더디게 진행되었을까? 먼저 두 가지 요인을 들 수 있을 것이다. 앞서 살펴보았듯이, 토지개혁법이 지나치게 복잡했고 토지개혁청의 조직적 성격에 한계가 많았다. 그렇다면 이 두 가지 요인이 전부일까?

근본적 이유는 당시 유력 정치인들이 토지개혁에 보인 관심 부족에 있을 것이다. 초대 토지개혁청장을 맡았던 아돌포 바스케스 우마스케도 이 점을 지적했다.[169] 농촌 문제에 관심을 기울인 사람들은 일부 전문가들이었고 나머지는 무관심했다. 집권당을 구성한 정당들도 이 문제를 최우선 사안으로 여기지 않았다.

먼저 토지개혁 주무 장관인 마르셀리노 도밍고의 책임을 따져 볼 수 있다. 뜻밖에도 중도 성향 일간지 《아오라》가 당시 급진사회공화당 지도자 마르셀리노 도밍고의 무능함을 공개적으로 비판하고 나섰다.[170] 《아오라》지는 토지개혁의 성공과 실패가 농업부 장관과 토지개혁청에 달려 있다고 보았다. 법이 체계적이지 못하고 모호한 부분이 많더라도 농업부 장관과 토지개혁청이 구체적이고 명확한 계획을 세우면 농촌에 변화를 가져올 수 있으리라고 내다봤다.[171] 그런데 관계자들이 그렇게 하지 않았다는 얘기이다. 2월에 들어서는 탁월한 능력이 필요한 자리에 도밍고 같은 장관을 앉히려고 한 데 문제의 근원이 있다고 좀 더 명확하게 밝혔다.[172]

총리 아사냐도 마르셀리노 도밍고가 좋은 성과를 내리라고 기대하지 않았다. 그는 1933년 6월 6일자 일기에 마르셀리노 도밍고가 "장관 직을 지키는 데 열을 내고 있다"고 썼다.[173] 그해 7월 28일자 일기에는 "각료회의에서 도밍고가 개혁이 진행되는 상황을 보고했는데 실망이 이만저만 아니었다. 일을 제대로 하지 못할 것 같다. 도밍고나 그의 지지자들이 불안과 혼란을 불러올 뿐 공화국에 필요한 성과를 내지 못할 것"이라고 기록했다.[174] 대통령 알칼라 사모라의 견해도 소개했다. 알칼라 사모라는 1933년 11월에, 마르셀리노 도밍고는 정치적으로 죽은 사람이라며 그에 대해 좋지 않게 얘기했다고 전했다.[175] 대통령이나 총리가 마르셀리노 도밍고를 신뢰하지 못했다면 왜 곧바로 교체하지 않았을까? 그를 기용할 때와 마찬가지로 정치적 이유로 교체하지 않은 것일까?[176]

사회노동당 의원 후안 시메온 비다르테도 마르셀리노 도밍고가 농업부를 맡을 자질이 없다고 비판했다. 그 이유로 세 가지 요인을 들었다.

첫째, 내용을 잘 몰랐다. 둘째, (……) 도무지 연구에는 열정도 없었다. 그리고 마지막으로, 그를 둘러싼 주변 사람들도 전문가들이 아니었다. 그 주위에는 애초부터 토지개혁안을 폐지하는 데 혈안이 된 배신자들이 몰려 들었다.[177]

이러한 비판을 액면 그대로 받아들이기에는 내용이 지나치게 과격해 보인다. 그렇다 하더라도 마르셀리노 도밍고를 바라보던 사회주의자들의 입장을 이해하는 데는 큰 무리가 없을 것이다.

그렇다면 마르셀리노 도밍고 자신은 어떤 입장이었을까? 마르셀리노 도밍고가 장관 재임 시절 자신이 생각하고 느낀 점을 책으로 엮어냈다. 《집권 경험》이라는 책에서 그 무렵 일을 이렇게 말했다.

내가 농업부에 입각할 당시 중대 문제는 토지개혁이었다. 나머지는 부차적인 것이었다. 모두 주된 관심을 기울일 필요가 없는 것들이었다. (……) 하지만 1932년 중반에는 통상조약 문제, 오렌지나 쌀 수출 문제, 올리브유 가격 문제 등에 많은 관심을 기울여야 했는데 토지개혁 시행 자체만큼이나 중대한 문제였다.[178]

이 서술에는 마르셀리노 도밍고 자신이 토지개혁은 물론이고 농업 문제 전반을 매우 중시한 것으로 나타나 있다. 그런데도 왜 무관심했거나 잘 몰랐다는 비판을 받았을까? 그 자신도 《집권 경험》의 다른 대목에서 "사람들이 왜 내가 과도하게 서두르기를 바랐을까?" 하고 물었다. 그리고 "토지개혁은 여러 세대에 걸쳐 이룩해야 할 과업이라고 선언한 정당 대표가 있었다. 이 선언에 박수갈채로 화답한 정당이 토지개혁청이 출범하고 두 달이 지나자 속도를 내지 않는다고 나를 비난했다"고 스스로 답했다.[179] 그가 이 대목에서 언급한 정당은 사회노동당일 것이다. 일관성 없는 사회노동당의 행보를 지적한 것이다. 하지만 여기서 마르셀리노 도밍고의 방점은 앞부분에 있다. 곧 토지개혁이 여러 세대가 걸리는 작업이라는 것이다. 그는 이 점을 1933년 3월 27일 《루스》에서 명확히 밝혔다.

토지개혁이 더디고 규모 없이 진행되고 있다고들 얘기하는데, 그것은 어디까지나 제대로 진행되고 있고 법에 따라 진행되고 있다. 파종을 하는 가을에는 농촌 주민을 대상으로 인구조사를 실시하고 농장을 수용하며, 경작 계획을 수립하고 예정된 정착을 완료할 것이다. 토지개혁은 제때에 진행되어야 하고 폭넓게 시행되어야 하며 분쟁이나 고통, 실망을 불러일으켜서는 안 될 것이다.[180]

토지개혁이 법에 따라 제대로 진행되고 있다는 얘기이다. 토지개혁에 대한 마르셀리노 도밍고의 입장이 앞서 언급한 다른 정치인들과 다르다는 사실을 확인할 수 있다.

사실은 초대 토지개혁청장을 지낸 아돌포 바스케스 우마스케도 마르셀리노 도밍고와 같은 태도를 보였다. 아돌포 바스케스 우마스케는 1932년 10월에 《루스》에 기고한 글에서 이렇게 말했다.

성공 여부가 사람의 손에 달려 있는 토지개혁을 제대로 시행하려면 서두르지 말아야 한다. 법을 제대로 실현할 수 있게 해주어야 한다. 대장을 만들고 재원을 준비하며 이의신청을 받을 시간이 필요하다. 이런 절차가 없다면 토지개혁법은 법이라고 할 수 없을 것이다. 그것은 (……) 토지의 사회적 부정을 개선하고자 하는 독재가 되고 말 것이다.[181]

법을 제대로 시행하기 위해서는 준비 절차가 필요하다는 얘기였다. 이런 준비 작업을 거쳐서 1933년 가을에는 농민을 정착시킬 수 있을 것이라고 밝혔다.[182]

그러나 이러한 말들은 수사에 불과했다. 실제로 노력 자체도 시나브로 자취를 감추고 개혁의 성과도 보잘것없었다. 요컨대 마르셀리노 도밍고는 물론이고 아돌포 바스케스 우마스케도 합법적 개혁에 집착했다. 그 결과, 그들은 토지개혁에서 이렇다 할 성과를 내지 못했다. 적법 절차를 운운하면서 정작 시대적 문제에는 미온적으로 대응했다. 마르셀리노 도밍고를 신랄하게 비판한 아사냐 총리도 이러한 평가로부터 자유롭지 못할 것이다. 마르셀리노 도밍고의 방식을 비판한 그가 대안적 조처를 취하지는 않았다. 농업부 장관을 교체할 수도 있었지만 그렇게 하지 않았다.

보기에 따라서는 복잡한 토지개혁 문제에 대한 아사냐 자신의 관심도 사안의 중대성에 비해 상대적으로 부족했다고 볼 수 있다.[183] 호세 루이스 카스티요가 전하는 내용에 따르면 아사냐는, 토지개혁은 안 된다고 생각하는 이해 당사자들과 그것을 서둘러야 한다고 생각하는 사람들 사이에서 "오른쪽으로도 치우치지 않고 왼쪽으로도 치우치지 않는 가운데 한 걸음 한 걸음 법을 따라갈" 것이라고 생각했다.[184] 안토니오 라모스 올리베이라는 "경제보다 정치를 우선하고 통계 자료보다 도덕적 관점을 우선하는 내 입장을 너그럽게 이해해 달라"고 한 아사냐의 연설을 인용하면서, 아사냐가 "자신의 철학적 이상주의 때문에 소유 체제 변혁, 곧 사회혁명 같은 시급한 과제를 정치적이고 도덕적인 문제 같은 덜 시급한 것보다 앞세우지 못했다"고 지적했다.[185]

아사냐 정부 또한 약점을 지니고 있었다. 앞서 지적한 대로 제2공화국 출범에 기여했고 제헌의회 선거에서 상당수의 의석을 확보한 급진공화당이 아사냐의 연립정부 제의를 거절했다. 급진공화당의 지원을 받지 못하게 된 아사냐 정부는 이런저런 정치적 사건에 직면하면서 시간이 흐를수록 활력을 잃어 갔다. 조짐은 1933년 4월에 개최된 지자체 선거에서 나타났다. 당선된 전체 시의원 16,000명 가운데 9,800명이 임시정부를 구성했던 정당들 소속이었다. 문제는 사회노동당 시의원 수가 줄어서 적대 관계에 있던 급진공화당 시의원 수보다 적어졌다는 점이었다.[186] 이러한 선거 결과가 아사냐 정부에 유리하게 작용할 리가 없었다. 공화주의자들 사이에 사회노동당과의 연립을 불편해 하는 정치인들이 늘어났다. 9월에는 헌법재판소의 전신인 헌법보장재판소 지역위원 선거에서 집권 여당들이 패배했다. 집권 여당들 소속으로 선출된 위원 수가 전체 위원의 3분의 1에 불과했다. 급진공화당 소속 위원 수가 그만큼, 곧 3분의 1에 육박했다.[187] 이 결과로 대중의 지지가 줄어들고 공화·사회 연립에 문제가 있음이 한층 분명해졌다. 최대 정당인 사회노동당의 위기는 물론 그와 더불어 태동한 아사냐 정부의 위기가 토지개혁의 향방에 중대한 영향을 주었음에 틀림없다. 정치판에 나타난 변화에서 토지개혁의 시행이 지지부진했던 이유를 찾아볼 수 있다.

이상에서 토지개혁청의 구성과 활동은 물론 주요 지도자들의 활동을 살펴보았다. 이제 보완 법령 제정 노력을 살펴볼 차례이다. 여기서 보완 법령은 소작법, 공유지반환법, 농업은행창설법을 일컫는다.

이 보완 법령들은 토지개혁을 시행하는 데는 물론이고 농촌의 경제 구조를 변혁시키는 데도 중요한 구실을 할 것으로 기대되었다.[188] 토지개혁법 22조도 보완 법령들을 제정해야 한다고 밝히고 있다. 농업부 장관 마르셀리노 도밍고도 1932년 3월에 이미 "토지개혁 직후 아니면 그와 함께 의회에서 심의하도록 이 법안들을 제출할 것"이라고 밝혔다.[189] 그러나 1933년 초까지도 의회에 법안을 제출하지 않았다. 아사냐도 의회가 자신의 임기 안에 처리하기를 바라는 입법 목록을 작성하면서 목록에서 이 법령들을 제외했다.[190]

이 법령에 큰 관심을 보인 사람들은 사회주의자들이었다. 그들은 1932년 4분기에 각종 대회를 열고 이 문제를 다루었다.[191] 사회주의 언론도 정부의 무관심을 비판하고 대안을 요구했다.[192] 일부 공화주의 일간지들도 정부의 무관심을 비판하는 데 가세했다.[193] 급진사회공화당이 조직한 경작자연대(Alianza de Labradores) 전국위원회도 "만약에 농업은행과 소작법이 나라의 농업 현실을 제대로 반영하지 않는다면" 토지개혁은 실패하게 될 것이라고 경고했다.[194]

이런 분위기 속에서 1933년 4월 6일에 마르셀리노 도밍고가 마침내 의회 농업위원회에 소작법안을 제출했다. 두 달 뒤인 6월 말에는 농업은행법안을 공개했다. 하지만 공유지반환 법령은 제출하지 않았다.

각료회의에서 소작법 초안을 다루기 시작한 건 1933년 3월 15일이었다. 농업부 장관은 그것이 토지개혁과 관련하여 중대 문제를 해결하기 위한 법안이라고 소개했다. 소작 계약의 최소 기간과 기간 연장, 환매권, 지대 조정, 계약 수정, 토지개량, 추방, 공동소작, 분익소작 등이 특기할 사항이라고 언급했다.[195]

이어서 4월 6일에 의회에 제출한 소작법안 서문에서 밝힌 법안의 근본정신은 토지 생산물이 경작자들을 위한 것이어야 한다는 내용이었다. 이 정신은 세대를 넘어 꿈꿔 온 경작자들의 이상이었다. 이 정신을 실현하기 위해서는 몇 가지 혁신이 필요했다. 전대차를 금지하고, 최소 6년은 소작 기간을 보장하며, 20년을 계속 경작할 경우에는 영구소작으로 전환하고, 10년이 지나면 과세소득액의 20배가 넘지 않는 가격으로 농장을 취득할 수 있다는 점이 법안에 담긴 기본 방침들이었다. 토지를 매매할 경우에 소작인이 그 토지를 다시 사들일 권리가 있다는 점도 명시했다.[196]

법안 전문 심의에서 급진공화당 의원이 간략하게 정리한 내용에 따르면 법안의 목적은 세 가지였다.

첫째는 소작인 보호이다. 차지인과 소작인, 분익소작인 같은 소작인 계급이 토지 소유의 부족한 기능을 보완해 왔으며, 에스파냐의 농업 경작을 영구적이고 안정적 상태로 유지해 왔거나 그것을 유지하는 데 기여해 왔다고 밝히면서 서문에서 이 목적을 정당화하고 있다. 둘째는 부재지주제를 폐지하는 데 이바지하는 것이다. 서문에서 토지는 생산수단이지 수익을 추구하는 대상이 아니라고 밝히고 있다. 마지막으로는 사회경제적으로 의미심장한 시도이자 실험으로서 공동소작을 장려하는 것이다.[197]

그렇다면 왜 이런 목적을 추구했을까? 이런 목적을 추구한 실제 동기나 필요성은 두 가지였다. 먼저 나라의 농업 현실을 고려해야 했다. 경지면적 대부분이 소작 방식으로 경작되었다. 공화국봉사회 의원 산체스 로만에 따르면 경작지의 60~70퍼센트가 소작지였다.[198] 따라서 소작 계약을 규제하는 법령이 필요했다. 다음으로 자유주의 원리에 입각한 낡은 민법 규정을 개선할 필요가 있었다. 토지 경작자나 소작인을 보호해야 한다는 가치와 충돌하기 때문이다. 소작 계약을 사람 중심의 계약으로 바꾸기 위해 소작법령을 제정할 필요가 있었다.[199]

이런 목적과 필요성이 있었음에도 법안 심의를 곧바로 진행하지 않았다. 입법이 지체되는 것을 보다 못한 코르도바 지역 소작인들은 1933년 5월 25일에 대회를 열고 소작법이 통과되지 않으면 농촌이 시끄러울 것이라고 목소리를 높였다.[200] 그래도 법안 심의는 여전히 지지부진했다. 급기야 농업부 장관이 의회가 이 법안을 통과시키지 않는다면 법령을 공포해서라도 새로운 체제를 출범시키겠다는 뜻을 언론에 밝히기에 이르렀다.[201]

마르셀리노 도밍고는 의회에서 심의가 진행되는 동안 예방책을 마련하여 의회에 제출했다. 의회의 승인을 받은 이 1933년 7월 27일 법령에 따라 1천500페세타 이상의 소작료를 지불하는 소작인들은 소작료 미지불, 경작 포기, 농장 전대의 경우를 제외하고는 농장에서 추방할 수 없게 되었다.[202]

소작법안 심의는 7월 말에 이르러서야 진행되었다. 칸디도 카사누에바 의원을 비롯한 농민당 소속 의원들이 법안 제1조에 대한 개정안을 무려 205건이나 제출했다. 농민당이 법안 반대 공작을 펴고 있다는 비난을 받은 이유가 여기에 있다. 농민당의 칸디도 카사누에바 의원은 이러한 비난을 일축했다. 농민당은 소작법이 신속히 추진되기를 언제나 바라왔고 심지어 토지개혁법을 심의할 때도 토지개혁법이 추구하는 문제 해결은 토지개혁법에 있지 않고, 소작법에 있다고 여러 차례 언급했다는 것이다.[203] 살라망카의 가톨릭 지주인 호세 마리아 라마미에 데 클라이락 의원도 농민당이 법안 제1조에 대한 개정안을 205건이나 제출한 것은 정치적 방해 차원이 아니라 법 자체의 개선을 위한 것이라며 농민당의 입장을 변호했다.[204] 농민당 대표 호세 마르티네스 데 벨라스코는 서신을 통해 "(소작법안이) 토지개혁법보다 훨씬 더 의미가 크기 때문에 효과적이고 단호한 반대를 위하여" 의회에 전원 출석하기로 했다는 사실을 당원들에게 알렸다.[205] 소작법안을 단호하게 거부한다는 입장을 당원들에게 알린 셈이다.

농민당이 반대한 논점은 두 가지였다. 소작료 결정 기준과 소작인들의 소유권 획득 방식 및 조건이 그것이었다.[206] 그들은 먼저 과세소득보다 더 높은 지대를 수취하지 못하도록 금지한 것은 부당한 처사라고 반대했다. 그리고 20년 된 소작을 영구소작으로 전환할 수 있도록 규정한 제17조를 비판했다. 칸디도 카사누에바 의원은 이 조항에 토지를 몰수하겠다는 의미가 담겨 있다고 비판했다.

의원 여러분, 제가 보기에 이 조항은 소작을 준 토지 소유자한테서 토지를 강제로 수용하겠다는 것이고 무상으로 수용하겠다는 것입니다. 영구소작으로 전환할 때 지불하는 소작료를 토지 가격이 아니라 지대를 근거로 산정하고 있기 때문입니다. 그리고 지대의 자본 산출 비율을 5퍼센트로 하고 소작 계약을 해지하게 되면 직접 소유권이 아니라 용익권, 곧 보유권이 소작인에게 곧바로 넘어가게 됩니다. 소작인이 소유자에게 한 푼도 내지 않았는데 말입니다.[207]

이러한 농민당의 반대가 심각한 걸림돌이 될 수 있었기에 정부는 이 장애물을 제거하고자 노력했다. 농민당의 방해 공작을 끝내고 법안을 신속하게 처리할 방안을 물색했다. 결국 의회 내 농업위원회가 합의점을 마련해 냈다.[208] 사회노동당 기관지 《엘 소시알리스타》가 전하는 내용에 따르면, 급진공화당이 다시 걸림돌로 부상한 것처럼 보였지만 급진공화당을 대표하여 합의안 마련에 참여한 멘디사발 의원이 당과 조율을 거쳐 합의안에 협력하기로 결론을 내렸다.[209]

그런데 정작 합의안에 서명을 거부한 세력은 사회주의자들이었다. 사회주의자들은 법안의 의미를 바꿔 놓은 수정 사항들을 받아들일 수 없다고 했다. 말하자면 농민당의 입장을 받아들일 수 없다는 얘기였다. 합의안을 부결시킨 책임이 사회주의자들에게 있다고 공화주의 언론들이 대서특필한 이유가 여기에 있다.[210] 《엘 소시알리스타》는 이에 대해 "그들은 농민당이 노리고 있는 속셈이 무엇인지 따져 보기는커녕 합의안을 검토해 보지도 않았다"고 반박했다. 법안 처리의 시급함과 의원들이 느끼는 피로도, 의사일정의 촉박함을 틈타 지주들의 이해관계를 대변하려는 농민당의 계략을 간파해야 한다고 지적했다.[211]

농민당과 사회노동당이 팽팽하게 대립하면서 의회의 법안 심의는 난관에 부닥쳤다. 산체스 로만이 조정을 시도하려고 나섰지만[212] 또 다른 문제가 불거졌다. 여름 휴가철을 맞이하여 공화 좌파 의원들의 결석이 잦았고, 의석수가 부족하여 법조항이나 수정안을 처리하지 못하는 경우가 발생했다. 사회노동당을 제외한 집권 여당들이 표결에 도움을 주지 못했다. 정부가 의원들의 결석을 방지하는 데 신경을 써야 할 지경에 이르렀다.[213] 이는 농민당에 매우 유리한 상황이었고 농민당은 이 상황을 충분히 활용했다. 농민당은 자신들의 입장을 더욱 확고히 할 수 있었고 원하는 대로 표결 처리할 수도 있었다. 결국 농민당이 승리를 거두게 되었다.[214] 일부 아나키스트들은 그 결과를 두고 이렇게 말했다.

농촌 부호의 이익을 대변하는 의원들의 반대에 부딪쳐 노동자의 이해관계를 대변한다는 사회주의 관점과 다수파의 기준이 패배하고 말았다. 집권 세력은 세력도 미약한 데다가 (의회에) 출석도 하지 않고 여론과 등진 가운데 농민당의 요청에 차츰 타협을 하더니, 급기야는 혁명적이어야 할 법을 좌파 의원이라는 명색이 부끄러울 정도의 보수적인 법으로 전락시켜 버렸다.[215]

하지만 법안은 결국 빛을 보지 못했다. 다른 정치 사건들로 의회가 해산되었고, 그에 따라 의회의 입법 작업이 중단되었다. 지지부진하던 소작법안 심의마저 중단되고 말았다.

다음으로 살펴볼 보완 법령은 농업은행 창설 관련법이다. 자금 지원 문제는 에스파냐뿐 아니라 다른 나라에서도 토지개혁 시행을 위해 준비해야 할 첫 번째 요소라고 저마다 이구동성으로 지적해 왔다.[216] 농업은행이 토지개혁을 지탱할 유일한 기둥이라는 농업부 차관 산티아고 발리엔테의 지적[217]이나 농업은행이 좀 더 공정한 토지 재분배를 위한 척추 구실을 해야 한다고 본 급진사회공화당 의원 라몬 페세드의 주장,[218] 농업금융이 없으면 각종 법률의 효력이 크게 반감될 것이라는 사회주의자 칸타브라나의 경고[219]가 바로 그런 목소리였다.

하지만 현실은 달랐다. 농업금융 조직은 비효율적이었고 농업 수요를 맞출 만한 규모도 되지 않았다. 민간은행들은 창구를 모두 폐쇄했다. 필요한 자금을 충당하려면 고리대금업자에게 의존하는 수밖에 없었다.[220] 농업금융기관이 없어서 고리대금업자에게 손을 벌려야만 하는 농민들은 갈수록 가난의 수렁에 빠져들었다. 농업금융은 이 농민들을 해방시켜 줄 길이자 토지개혁의 중요 수단이었다.[221]

이런 상황에서 정부 안에 농업은행 창설 법안 초안을 마련하기 위한 위원회가 꾸려졌다. 하지만 위원회는 별다른 성과를 내지 못했다. 민간 금융업자들의 이해를 대변하는 에스파냐은행(Banco de España)의 반대와 민간은행들의 비판 때문이었다.[222] 민간은행 홍보 담당자 세바요스 테레시는 "민간은행과 함께하는 농업은행이면 몰라도 민간은행

의 이익에 반하는 농업은행은 절대 안 된다"고 강조했다.[223]

결국 마르셀리노 도밍고가 위원회에 새로운 초안 마련을 지시했다. 외환은행장 비구리와 농학자 바예스테르를 비롯한 여러 위원으로 구성된 위원회를 전 토지개혁청장 라몬 페세드가 이끌고 있었다. 위원회는 22개 조항으로 이루어진 초안을 내놓았다. 은행의 목적을 다룬 제2조에 따르면 농업협동조합 운동을 실현하고 생산수단 구입, 목축업 개선, 산림자원 육성, 2차 산업 장려, 근대적 경작 방식 도입, 농촌 생활 개선, 토지개량 사업, 공공사업에 자금을 지원하는 것이 그 목적이었다. 은행 자본금은 설립 당시 정부가 출연하는 5천만 페세타와 5년에 걸쳐 정부가 매년 출연하는 5천만 페세타로 충당된다.[224]

이 초안에 대한 비판이 쏟아졌다. 비판의 목소리는 우선 에스파냐은행과 산업은행, 은행최고위원회(Consejo Superior Bancario)에서 나왔다. 이를테면 은행최고위원회는 에스파냐에서는 이 방안을 실현하기가 어렵다고 지적했다. 그 이유로 소유 구조가 불안정하고 이자와 상환금을 지불하기가 쉽지 않다는 현실을 들었다.[225]

반면에 전국농업노동자연맹 전국위원회는 1933년 9월 9일과 10일에 집회를 열고 될 수 있으면 빠른 시일 안에 농업은행을 설립해 달라고 정부에 요청했다.[226] 하지만 그들이 보낸 요청서를 받은 총리는 마누엘 아사냐가 아니었다. 아사냐는 1933년 9월 8일에 막 총리 자리에서 물러난 참이었다. 그 후 공화 좌파의 정치적 입장에 혼선이 생기면서 농업은행법안도 자취를 감추고 말았다.[227]

이상에서 아사냐가 총리로 재임한 시절에 진행된 토지개혁의 흐름을 토지개혁법 시행과 보완 법 제정 시도를 중심으로 살펴보았다. 이런 움직임에 각 정당과 사회단체들은 어떤 반응을 보이고 어떻게 대응을 했을까?

먼저 사회주의자들은 토지개혁법이 통과된 1932년 가을에 각종 대회를 개최하고 자신들의 입장을 정리했다. 9월에 전국농업노동자 대회, 10월에 제13차 사회노동당 당대회와 제17차 노동자총연맹 대회가 열렸다. 사회노동당은 대회를 통해 "마르크스주의 계급정당의 진정한 정체성"으로 돌아가기로 했다.[228] 반면에 노동자총연맹 대회에서는 "계급을 중재하는" 우파가 두각을 나타냈다. 사회주의 우파는 훌리안 베스테이로가 이끌고 있었고, 마르티네스 힐과 마르티네스 에르바스를 대표로 하는 전국농업노동자연맹의 지원을 받고 있었다. 이렇듯 당과 노조 단체를 주도하는 세력이 다르기는 했지만, 사회주의자들이 개최한 대회들은 토지경제와 관련해서 세 가지 사항을 공통으로 추구했다. 신속한 토지개혁 시행과 토지개혁청의 개혁, 지체 없는 소작법령 공포가 그것이다.[229]

지주들이 마드리드에서 농업경제대회(Asamblea económico-agraria)를 열고 토지개혁법 반대를 선언하자 사회주의자들은 야당, 곧 급진공화당과 농민당을 토지개혁법의 적으로 간주했다. 특히 인달레시오 프리에토는 농업경제대회에서 수행한 급진공화당의 활동이 반혁명을 의미한다고 주장했다. 급진공화당의 주요 인사가 급진공화당이 토지개혁 철폐를 강조한 대회 결의를 수용해야 한다고 선언했기 때문이다.[230] 농업노동자연맹은 1933년 3월 18일 마드리드 인민의 집 극장에서 농업경제대회의 결의에 항의하는 집회를 열었다. 이 집회에서 호세 카스트로는 토지개혁법 시행을 지체하고 있는 농업부를 질타했다. 나아가 사회주의자의 적은 자본주의 이익을 대변하는 공화파 정당들이라고 비판했다.[231] 집회 참여자들은 다음 파종기가 시작되기 전인 가을에 토지개혁이 전면적으로 시행되기를 바랐다.[232]

이때 사회노동당 기관지 《엘 소시알리스타》는 너무 급속한 개혁이 오히려 역효과를 낳을 수 있다며 강경한 태도를 보이는 농업노동자연맹 조합원들을 다독이기도 했다.[233] 하지만 그해 4월 23일에 지자체 선거를 치르면서 당의 입장에 중요 변화가 나타나기 시작했다. 지자체 선거를 통해 사회주의자들이 자신들의 영구 집권 희망이 무너지고 정치적 사망에 이를 수도 있다는 사실을 깨닫게 되었다. 이런 불안감은 6월에 발생한 내각 위기와 급진공화당과 사회노동당의 적대감 증대로 더욱 깊어졌다.[234]

전국농업노동자연맹 내부의 태도가 바뀐 데는 연맹 대표 마르티네스 에르바스가 쓴 5월 1일자 사설의 영향이 컸다. 마르티네스 에르바스는 4월 선거에서 농민층의 지지가 부족했던 이유를 지지부진하게 진행된 토지개혁에 돌렸다. 그는 노동자들의 인내심에도 한계가 있다며 개혁의 준비 작업을 신속히 마쳐야 한다고 경고했다. 농업노동자연맹 코르도바 지부 대표를 맡고 있던 마누엘 산체스도 농민들이 이제까지는 자제해 왔지만 "다시 한 번 우롱당한다면 합법적인 절차를 통해서 자신들의 처지를 개선할 수 있을 것이라는 믿음을 저버리는 파국에 다다를 것"이라고 지적했다.[235] 그 뒤로 전국농업노동자연맹은 갈수록 더욱 비판적 입장을 보였다. 거두절미하고 대공 귀족 소유 토지와 국유지만 노동자들에게 양도해도 개혁의 효과가 클 텐데 그 어떤 핑계로도 토지개혁 시행의 지지부진함을 정당화할 수 없다고 비판했다.[236] 아사냐 정부 말기에는 전국농업노동자연맹의 비판이 극에 달했다. 토지개혁청을 토지개혁청이 아니라 '반토지개혁청'이라고 불러야 마땅하다고 비난할 정도였다.[237] 아사냐가 총리 자리에서 물러난 이튿날인 9월 9일에 전국농업노동자연맹 전국위원회는 토지개혁법의 완수를 강조하는 결의문을 채택했다. 전국위원회는 이 결의문에서 토지개혁이 지체됨에 따라 "노동자계급의 이익이 크게 훼손된 반면에 대지주와 우익 대표들은 농촌 노동자계급에 도전을 제기해 올 정도로 공권력 기관을 헤집고 다니고 있다"고 지적하고, 토지개혁 시행을 위해서 필요하다면 전국에 걸쳐 선동 작업을 벌여 나가겠다고 선언했다.[238]

1933년 4월 지자체 선거에서 사회노동당 다음으로 치명타를 입은 정당은 급진사회공화당이었다. 이런 상황에서 당의 주도권을 장악한 세력은 당내 우익 인사들, 곧 펠릭스 고르돈 오르다스, 모레노 갈바체, 페르난도 발레라였다. 펠릭스 고르돈 오르다스는 그해 6월 3일에 열린 제4차 급진사회공화당 전당대회에서 사회주의자들과 협력을 중단하고 급진공화당과 연대를 추진하겠다고 밝혔다. 고르돈 오르다스는 아사냐 정부의 모든 실책이 아사냐가 급진공화당 대신에 사회노동당과 제휴한 데 있다고 보았다.[239] 고르돈 오르다스는 소토지 소유자와 소작농 단체인 경작자연대의 대표를 맡고 있었다. 그는 이 단체를 지지 기반으로 하여 반사회주의 운동을 전개하고 대지주들을 간접 지원하여 노동자계급을 고립시키고자 했다.[240]

소작인들을 대변하는 에스파냐경작자연대는 1932년 10월에 기관지 《라 보스 델 캄포》 창간호에서 "에스파냐의 경작자, 곧 농민, 소작인, 절반소작인, 분익소작인 같은 중산계급은 공화국 출범 이후 많은 점을 배웠다"[241]고 한 뒤 후속 발행에서 세 가지 점을 강조했다. 첫째로, 토지개혁 작업이 성과를 거두지 못할 위험성을 내포하고 있다. 이 위험은 다름이 아니라 신용 기금이 없다는 데 있다.[242] 둘째로, 농업은행과 소작법령이 에스파냐의 농업 현실을 반영하지 않을 경우에 토지개혁은 실패하게 된다.[243] 고르돈 오르다스는 앞서 살펴본 대로 이런 조처들에 우선권을 부여하지 않는다고 마르셀리노 도밍고를 나무랐다.[244] 마지막으로, 토지단일세를 대안으로 제시했다. 토지단일세야말로 불충분한 소득, 실업, 비위생적 주거, 문명이 진보하면서 증대하는 빈곤 등의 문제들을 해결하는 열쇠라고 주장했다.[245]

급진공화당에 대한 관점을 두고 급진사회공화당 내부에 분열이 나타나기 시작했다. 급진공화당의 알레한드로 레룩스가 9월 12일에 내각을 구성한 직후에 열린 제3차 임시대회에서 그 분열이 급기야 분당으로 이어졌다. 마르셀리노 도밍고와 산체스 알보르노스 등이 탈당을 해 독립급진사회공화당(Partido Republicano Radical Socialista Independiente)을 창당했고, 기존의 급진사회공화당은 고르돈 오르다스를 대표로 선출했다.[246] 기존의 급진사회공화당은 사회주의자들이 내각에 들어오는 것을 결사코 반대했다.

급진공화당은 1932년 10월 15일에 전당대회를 열고 토지개혁에 관한 공식 입장을 다시 천명했다. 알레한드로 레룩스는 대회 연설을 통해서 토지개혁법을 통해 농촌 민주주의를 실현하는 데 관심을 기울여야 한다고 강조했다.[247] 이런 입장에서 그는 1933년 초부터 사회주의자들을 비판하기 시작했다. 1933년 2월 3일 의회 연설에서 경제와 사회, 정치의 측면에서 공화·사회 연립정부는 완전히 실패했다고 지적했다.[248] 사회노동당처럼 중요한 정당이 정부에 참여하고 있다면 에스파냐의 프롤레타리아계급이 내적인 만족을 누리도록 봉사해야 하는데 현실은 전혀 그렇지 않다고 비판했다.[249] 급진공화당의 디에고 이달고, 앙헬 레라 데 이슬라, 살라사르 알론소의 입장도 이와 마찬가지였다. 살라사르 알론소는 토지개혁 철폐를 강조한 농업경제대회의 결의를 당의 입장으로 받아들인다고 선언한 인물이다.[250] 급진공화당은 국가 경제의 이익, 곧 사용자와 기업가의 이익을 들먹이며 갈수록 더욱 분명하게 토지개혁을 반대해 나갔다.

공화국을 출범시킨 주요 정당들, 곧 사회노동당과 급진사회공화당, 급진공화당이 이제 저마다 제 길을 가기 시작한 데서 한걸음 더 나아가 서로 불신하고 반목하게 되었다. 개혁에 박차를 가할 동력이 바닥난 것이나 다름없었다.

반면에 개혁 정책에 반대하는 지주들의 저항은 갈수록 거세졌다. 앞서 간간이 살펴보았다시피, 그들은 토지개혁법 시행에 반발하고 토지개혁청 구성을 훼방하고 농업은행 창설을 방해하고 소작법안 심의에 제동을 걸었다. 그뿐만이 아니었다. 각종 대규모 집회를 열고 새로운 정당과 단체를 결성했다. 에스파냐자치우익연합과 농업고용주연합 등을 창설했다.

먼저 사용자들의 시위가 봇물 터지듯 터져 나왔다. 토지개혁 시행은 물론 경작 강화 조처에 반대하는 목소리들이었다. 1932년 11월에 카세레스 농장주들은 다른 사람들에게 불똥이 튀지 않도록 의회에서 통과된 규정에 따라 토지개혁 시행을 엄격히 관리하라고 요구했다.[251] 라만차의 농업행동(Acción Agraria)은 1933년 2월에 농장주대회를 열고 토지개혁 시행 방식을 비판했다. 발렌시아에서는 농장주연합이 토지개혁을 3년 동안 중지해 달라고 요청했다. 현황 조사를 하는 데 시간이 필요하다는 이유였다.[252]

경작 강화 조처에 대한 반응은 즉각적이었다. 농장주연합회 회장 그란다는 그 조처가 에스파냐 목축업에 해를 끼치고 엑스트레마두라 목축업을 파멸로 몰고 갈 것이라고 항의했다.[253] 카세레스 지주연맹과 농장주연합회는 1932년 11월에 집회를 열고 장관들(농업부, 재무부, 내무부)과 면담할 위원회를 구성하기로 합의했다. 경작강화령의 폐지나 일부 수정을 장관들에게 요구할 계획이었다.[254] 트루히요 지역 농장주연합회는 "규제를 풀고 얼마 전에 발생한 난동을 처벌하지도 않아서 농촌 주민들 사이에 무정부 상태가 확산되고" 있으며 "가축 수천 마리에게 줄 사료가 없어서 향후 엄청난 재산 손실이 발생하게 될 것"이라는 항의서를 내무부 장관 앞으로 보냈다.[255] 코리아와 돈베니토, 에스파라게라델라레스, 코로나다, 비야누에바델라세레나, 캄파나리오스, 오레야나 같은 곳에서도 불만을 담은 항의서가 장관에게 날아들었다.

한편 1933년 2월 28일과 3월 5일 사이에 마드리드에서는 에스파냐자치우익연합이 창당되었다. 기존의 국민행동을 모체로 등장한 에스파냐자치우익연합에는 전국가톨릭농민연합을 비롯한 가톨릭 단체들이 참여했다.[256] 전국가톨릭전도자협회를 중심으로 하는 몇몇 지도자가 당권을 장악했고, 카리스마 넘치는 지도자 호세 마리아 힐 로블레스가 최고 권력을 누렸다.[257]

에스파냐자치우익연합에는 도시와 농촌의 소부르주아들과 적잖은 수의 지주들, 금융계의 거물들이 모여들었다. 당원들의 출신 지역뿐 아니라 사회적 구성도 다양했다. 하지만 사회적 지배계층의 권익을 대변할 통로 구실을 할 것으로 기대되었다.[258] 구성원이 다양하다는 사실은 정책을 추진하는 데 약점으로 작용할 수도 있다. 에스파냐의 정당 제도를 연구한 후안 린츠가 지적했다시피, 에스파냐자치우익연합에는 1930년대의 시대적 문제를 해결하는 데 필요한 단일한 정책과 응집력이 부족했다.[259] 따라서 공화주의 체제에서 살아남으려면 단계적 전술을 채택할 필요가 있었다.[260] '최대주의'가 아니라 상황에 따라서 점진적으로 추진한다는 '상황주의'를 당론으로 채택했다.[261]

창당대회에서 채택한 에스파냐자치우익연합의 강령은 국민행동의 강령과 너무도 유사했다. 강령에 나타난 우선 관심 사항은 교회의 권리 문제와 토지 정책이었다. 강령의 4분의 1을 차지하는 토지 정책 문제는 '국가 경제 체제의 근간'에 해당했다. 에스파냐자치우익연합은 이 대목에서 정부가 추진하는 토지 정책, 곧 토지개혁에 반대한다는 입장을 밝히고 사유재산제의 확대 공고화를 주장했다.[262] 호세 마리아 힐 로블레스는 에스파냐자치우익연합의 창당이 에스파냐의 악을 척결해 나가려는 우익 집단들에게 분명한 구조와 정책, 방향을 제공해 준다고 생각했다.[263]

에스파냐자치우익연합이 창당을 선언한 지 얼마 되지 않아서 토지개혁 반대의 첨병 구실을 하는 농업경제대회가 마드리드에서 열렸다. 앞에서 살펴본 바, 이 대회에는 급진공화당을 비롯한 공화 우파들이 대거 참여했다. 각종 농업 단체들의 목소리를 아우르기 위하여 개최한 연대 집회였다. 경제연맹이 주최하고 농장주연합회가 주관한 대회였다. 대회의 목표는 "토지 문제에 대한 정부의 관심을 촉구"하는 데 있었다. 대회 참가자들은 정부가 추진하는 개혁 관련 법령들이 토지 문제를 더 악화시키고 있다고 고발했다.

대회에는 농업 단체 대표들뿐만 아니라 상공업 단체 대표들도 참가했다. 이 대회는 두 가지 면에서 특별한 의미가 있다. 하나는 에스파냐의 생산자들이 스스로 이익을 수호하기 위하여 사상 처음으로 단일전선을 구축했다는 점이다. 또 하나는 장차 정부를 책임질 정치인들이 사상 처음으로 생산자들의 견해를 귀담아듣고 그들의 견해를 지지했다는 점이다.[264]

연설가들의 연설 내용은 매우 정치적이었다. 한마디로 정부의 토지 정책이 '사회주의적'이라는 얘기였다. 농장주연합회 회장 아돌포 로드리게스 후라도는 계급 노조를 옛날의 동업조합으로 대체하고 마르크스주의 및 아나키즘 전선과 맞서 싸울 노동조합 단체를 창설하자고 제안했다. 전국가톨릭농민연합의 안토니오 마세다는 '사적 유물론'에 맞서 소유권 옹호를 강조했다. 올리브재배농연합회의 알칼라 에스피노사는 공화국이 공화주의자들의 지원을 받는 사회주의 공화국이라고 비판했다. 경제연맹의 이름으로 연설에 나선 루이스 코르니데는 국가 경제를 사회주의에서 건져 내고 의회의 권리를 존중해야 한다고 강조했다. 마지막으로 대회는 토지개혁법의 개정이 불가피하다는 결론을 내렸다. 개정의 사유는 그 법이 위법적이고 비경제적이라는 이유였다.[265]

농촌의 사정이 최악의 상황에 달한 1933년 4월에는 27개 주 연맹들과 여러 고용주 단체들이 모여 에스파냐농업고용주연합(Confederación Española Patronal Agrícola)을 창설했다.[266] 에스파냐농업고용주연합은 농민운동의 요구 사항들을 효과적으로 수렴했다. 마누엘 투뇬 델 라라에 따르면, 에스파냐농업고용주연합은 지주들을 동원하여 토지개혁과 노사조정위원회, 정부에 대한 반대 운동을 벌이는 단체였다.[267] 그들은 성명서를 통해 "토지개혁을 바라지만 사회주의혁명은 아니다"라고 호소했다.[268] 고용주들은 사회주의자들이 내각에 참여하는 것을 한사코 반대했다. 노동 관련 조항의 시행을 반대하고 사회주의자들이 내각에서 사퇴할 것을 요구하면서 사용자 단체가 과격화되는 과정을 역사가 마르타 비스카론도가 잘 그려 냈다.[269] 마누엘 투뇬 델 라라도 "우익 언론들이 포문을 열고 모든 해악, 곧 실업, 관료제, 농촌의 혼란, 노사조정위원회의 편파성에 대한 책임이 사회주의자들의 내각 참여에 있다고 비판했다"고 서술했다.[270]

농업고용주연합 대회는 1933년 4월부터 6월까지 바야돌리드와 마드리드, 사모라, 시우닷레알, 살라망카에서도 열렸다. 마드리드 대회에는 카스티야라누에바 농민 15,000명이 모였다.[271] 그들은 경작강화령에 담긴 심각한 사회 입법과 노사조정위원회의 끊임없는 편파성을 성토했다. 무르시아, 사라고사, 알비세테 등지에서 온 농업 고용주들도 이 대회에 참여했다. 바다호스와 세비야 같은 지역에서도 이와 유사한 대회를 개최했다. 1933년 8월 28일에는 안달루시아 농민들이 세비야에서 대회를 열고 농업 노동의 자유계약, 행정구역령 폐지, 노사조정위원회 개편, 노동자 의무고용 폐지, 경작강화령 개정 등을 요구했다. 이 대회에 말라가와 우엘바, 카디스, 코르도바, 하엔에서 온 대표들도 참여했다.[272]

상업 단체와 경제 단체들은 7월 17일 의회에 중요 문건을 제출했다. 국가 경제의 파멸을 방지해 달라는 문건이었다. "정부의 토지 정책은 아나키즘 혁명의 씨앗을 뿌려 대는 판도라 상자이자 사회적 파장이 엄청나게 큰 실패작"이라는 내용이 들어 있었다. 그들은 결론적으로 노사조정법의 폐지와 더불어 국가 경제와 공공 경제에 해를 끼치는 토지 관련 법령들의 개정을 요구했다.[273] 사용자 단체들은 이처럼 자신들의 입장을 개진하는 데 적극적이었다.

이와 달리 아나키스트들은 출판물을 통해서 제2공화국의 정치가 토지 문제를 해결하는 데 아무런 기여도 하지 못했다고 강조했다.[274] 아나키스트들은 사실 기존의 정치체제에서 기대하는 게 아무것도 없었다. 그들은 정당이 인민의 적이라고 판단하고 있었다. 우파는 물론이고 좌파도 마찬가지였다.[275] 그들이 보기에는 공화국 정부도 지난 정부와 마찬가지로 진부한 길을 걷고 있었고 의회도 권력의 장식물에 불과했다. '토리오'라는 필명을 쓴 아나키스트는 "의회는 어제는 횡재요, 오늘은 연줄이라고 부르는 온갖 부도덕함의 온상이다. 설명은 간단하다. 의회는 당원들을 위해 국가의 단물을 빨아먹는 것을 유일한 목적으로 삼는 정당들로 구성된다. 행정과 정치의 혼선이 바로 여기에서 나온다"고 파악했다.[276] 따라서 "어느 정당이 제 아무리 급진적이라 하더라도 그 정당에서 정의에 대한 갈증을 채울" 수 없었다.[277] 아나키스트들은 토지개혁을 전혀 신뢰하지 않았고 농촌의 심각한 문제를 해결해 주리라고 기대하지도 않았다.[278] 아나키스트들은 토지개혁을 "계략이자 속임수요, 실패를 감추기 위한 꼴사나운 요술"이라고 생각했다.[279] 공화국 정부가 농촌에 시행하고자 하는 개혁은 농민들에게 아무런 유익을 제공하지 않기 때문에 도덕과 물질 양면에서 완전한 실패작이라고 보았다.[280] 심지어 정부에게는 토지개혁이 실패작이라고 실토할 정직함도 없다고 비판했다.[281] 대토지 소유가 여전히 농촌을 황폐화시키고 있고 토호들이 여전히 나라를 지배하고 있는 상황에서 토지개혁이니 농민 정착이니 하는 말은 그들이 보기에 농촌 노동자들을 착취하고 그들을 노예로 묶어 두려는 주문에 불과했다. 법률이란 것도 자본가들의 이익을 옹호하기 위한 법적 장치일 뿐이었다.[282]

아나키스트들은 1932년 가을에 들어와 더 이상 시간을 지체할 수 없다며 농촌 주민들을 조직해야 한다고 설파하기 시작했다.[283] 1933년

6월 2일자 《세에네테》는 농촌 주민들에게 이렇게 말했다.

농촌 주민들이여, 관료제를 척결하고 토지대장의 기록을 거부하며 경계를 없애 버리는 진정한 토지개혁을 할 때가 왔다고 생각하지 않으십니까? '지대나 과세소득'의 개념을 두고 논란을 벌일 때가 아니라 토지를 사회화하고 핵심 생산수단인 토지를 노동자 단체에 넘길 때가 왔다고 생각하지 않으십니까?[284]

아나키스트들이 제기한 유일한 해결책은 다름이 아니라 자유지상 코뮌주의였다. 그들은 문제의 근원이 대토지 소유나 영세토지 소유에 있다고 보지 않았다. 따라서 농업 문제의 해결책은 안달루시아와 엑스트레마두라 지방의 대토지 소유를 폐지하는 것도 아니고, 갈리시아와 카탈루냐 지방의 영세토지 소유를 통합하는 것도 아니었다. 본디 법률로 해결할 문제가 아니었다.[285]

아나키스트들이 바라본 문제의 뿌리는 소유에 있었다. "토지 소유가 인간을 노예로 전락시킨 장본인이다"라든지 "해악의 근원은 소유 자체에 있다"라는 말이 그런 인식을 웅변해 준다.[286]

토지는 그 누구의 소유도 아니다. 토지, 기계, 광산, 공장, 제작소, 곧 과학이 인간에게 마련해 준 모든 것은 만인의 소유이고 만인을 위한 것이다. 살아 있는 동안 우리는 하찮은 일이라 할지라도 동료들과 협력해야 한다. 그렇게 할 때 모든 사람의 것을 두고 우리의 것이라거나 내 것이라는 허튼소리를 결코 입에 올릴 수 없을 것이다.[287]

자연계의 삼라만상이 다 그러하듯 토지에 주인이 있을 수 없다. 인간의 타고난 본성은 토지를 소유해서도 안 되고 소유할 수도 없다! 우리는 온갖 부류의 정치인들처럼 그런 비열한 목표를 위해서 싸우지 않는다. (……) 인간이 노력하면 토지는 풍성한 수확을 가져다주는 법이다. 다만, 특정 개인의 이익을 위해서가 아니라 함께 일한 공동의 이익을 위해서 그렇게 한다.[288]

아나키스트들이 내린 결론은 소유 철폐였다. 그들이 대안으로 제시한 자유지상주의 공동체에서는 토지는 물론 토지와 관련된 모든 것에 임자가 없었다. 모든 사람들에게 속한 것이기 때문이다.[289]

그렇다면 자유지상 코뮌주의(comunismo libertario)를 어떻게 건설할 것인가? 아나키즘 언론에 글을 기고한 이삭 푸엔테는 서류상에 프로그램을 작성할 필요도 없고 사전 프로그램이나 기본 계획의 세부 사항에 합의할 필요도 없다고 말했다. 그와 반대로 틀에 박힌 모든 것에서 벗어나 있는 길과 방향을 따라가면 충분하다고 덧붙였다.[290] 또한 자유지상 코뮌주의는 위에서 아래로 건설되거나 권력이나 법률 규정을 통해 건설되는 것이 아니라 그 반대로 추진된다고 했다. 곧 노동조합과 자치단체 같은 하위 공동체의 생활과 활동을 통해서 실현된다고 보았다.[291] 하지만 아나키스트들의 견해가 한결같지는 않았다. 1932년 말에 분리 독립하여 조합당을 창당하는 앙헬 페스타냐는 이삭 푸엔테와 달리 자유지상 코뮌주의를 건설하기 위해서는 특권계급과 국가를 철폐하고 자유지상 체제를 건설하는 데 걸림돌이 되는 온갖 권위와 강제 수단을 즉각 폐지해야 한다고 주장했다.[292]

아나키즘 이론가들이 제기한 자유지상 코뮌주의의 주요 골자는 이렇다.[293]

• 사유재산제 폐지
• 국가 해체

- 주권은 주민 총회로
- 활동이 가능한 구성원들의 노동 의무
- 임금제도 폐지
- 공동 분배
- 지역 간 자유 거래
- 연방 조직
- 국가나 반도 차원의 경제 조직
- 지역 자치
- 공동 경작
- 공업화와 기계 수용
- 범죄 예방을 위한 집단 노력
- 모두에게 고등교육의 기회 제공
- 관료들도 의무 노동

1933년 1월 들어서 아나키스트들은 이러한 자유지상 코뮌주의를 실현하기 위한 봉기를 일으키기 시작했다. 봉기는 전투적 집단인 이베리아아나키스트연맹이 주도했다. 1933년 1월에 일어난 카사스비에하스 사건은 이런 배경에서 발생했다.

카사스비에하스는 에스파냐 남부 카디스 주에 위치한 조그만 마을이었다. 카디스 주의 여러 마을들이 그러하듯이 이곳 주민 대부분은 전국노동연합 조합원이었다. 이들은 이베리아아나키스트연맹이 주도하는 봉기에 가담할 채비를 하고 있었다. 하지만 정부가 강경하게 진압하는 바람에 봉기는 실패로 돌아갔고 투쟁은 중단되었다. 이런 상황에서 투쟁 중단 지시를 받지 못한 카사스비에하스 아나키스트들은 1월 11일에 봉기를 일으켰고, 자유지상 코뮌주의를 상징하는 붉은색과 검정색 아나키즘 깃발을 거리마다 게양했다. 광장에서는 땅문서들을 불살랐다. 그리고 화폐와 사유재산제를 폐지하고 인간이 같은 인간을 착취하는 세상을 종식한다고 선언했다. 출동한 돌격대가 가옥에 불을 질러 집안에 있던 아나키스트가 사망하고 지휘관 로하스의 부하들이 일부 농민들을 체포해 사살했다.[294] 이렇듯 무자비한 공권력의 횡포 속에서 아나키스트들의 자유지상 코뮌주의 실현 운동은 맥없이 무너지고 말았다. 짧은 시간이긴 하지만 마을의 주인이 된 노동자들이 자유지상 코뮌주의를 선언했다. 그들은 곧 토지를 재분배할 계획이었다.[295]

마지막으로, 이 기간에 공산주의자들이 보여 준 활동이나 대응은 세 가지로 요약할 수 있다. 첫째로, 법률이 농촌의 문제를 해결하기는커녕 농업 노동자와 가난한 농민들의 반감만 키웠을 뿐이라는 결론을 내렸다. 심지어는 법의 테두리를 벗어나야 농촌 주민들의 염원을 만족시킬 수 있을 거라고 확신하게 되었다.[296] 에스파냐공산당 중앙위원회 정치국이 내린 결론도 같았다. 정치국은 "지주 부르주아 집단은 민주적 부르주아 혁명이라는 중대 문제를 해결하지 못하고 있고 앞으로도 그럴 것"이라는 결론을 내렸다. 마찬가지로 토지 문제도 해결할 수 없다고 보았다.[297]

둘째로, 농민 대중이 다른 세력에게 속지 않고 공산주의자들이 내건 목표를 확실히 붙들기를 바랐다. 그 목표는 토지와 수확물, 가축을 탈취해서 분배하는 것이었다.[298] 이 목표를 공산당의 과업으로 삼았고 농촌 주민과 노동자들에게도 토지를 탈취하고 분배하라고 주문했다.[299]

셋째로, 통일전선의 입장을 취하기 시작했다. 공산당은 사회노동당과 노동자총연맹, 이베리아아나키스트연맹, 전국노동연합 앞으로 보낸 1933년 3월 16일자 서신에서 노동자·농민 계급의 신성한 이익을 옹호하기 위하여 혁명과 반파시즘의 공동 대응을 하자고 제안했다.[300] 공산주의자들은 "반파시즘 투쟁을 위하여 성향 구분 없이 모든 노동자

들이 공동 전선을 구축해야 한다"고 강조했다. 공산당은 1933년 4월
7일 마드리드에서 개최한 공산당 중앙위원회 확대회의에서도 반파시
즘 전선 정책을 거듭 강조했다.[301] 이러한 공산주의자들의 제안을 사회
주의자들과 아나키스트들은 일언지하에 거절했다.

4장

보수 회귀

선거 결과 진자운동의 추가 다시 제자리로 돌아갔다. 개혁의 기치를 내걸고 제휴한 사회노동당과 공화 좌파의 연립 체제가 끝나고 중도우파 세력의 보수 회귀가 시작되었다. 총선 결과 의회와 정부 구성에 결정적 변화가 생겼다. 정치판이 바뀐 것이다. 정치판이 바뀌면서 경제정책이 바뀌고 토지 정책도 크게 달라졌다.

1. 정치판의 변화

1933년 1월에 발생한 카사스비에하스 사건과 그해 4월에 실시된 지자체 선거 결과로 아사냐 정부는 곤혹을 치렀다. 선거 결과, 사회노동당과의 대결에서 4대3의 비율로 전세를 역전시킨 급진공화당의 알레한드로 레룩스가 아사냐 퇴진 카드를 꺼내들 정도였다. 이어서 9월에 치른 헌법보장재판소 지역위원 선거에서도 집권 여당이 참패했다. 이에 여론이 중도우파 쪽으로 기울었다고 확신한 대통령 알칼라 사모라가 아사냐를 해임했다. 겨우 모양새를 갖춰 오던 공화·사회 연립정부는 결국 해체되고 말았다. 알칼라 사모라는 아사냐 후임 총리로 알레한드로 레룩스를 지명했다. 사회노동당과 공화 좌파 세력이 총리 인준 거부로 맞서자 대통령은 레룩스와 같은 정당 소속인 디에고 마르티네스 바리오를 총리로 지명했다. 그러고는 1933년 10월 9일 대통령령으로 의회를 해산했다. 디에고 마르티네스 바리오를 선거 관리 내각의 수장으로 임명한 셈이다.

총선은 1933년 11월 19일에 실시되었다. 선거 결과 진자운동의 추가 다시 제자리로 돌아갔다. 개혁의 기치를 내걸고 제휴한 사회노동당과 공화 좌파의 연립 체제가 끝나고 중도우파 세력의 보수 회귀가 시작되었다. 총선 결과 의회와 정부 구성에 결정적 변화가 생겼다. 정치판이 바뀐 것이다. 정치판이 바뀌면서 경제정책이 바뀌고 토지 정책도 크게 달라졌다.

　11월 19일 총선은 1933년 7월 27일 선거법 규정에 따라 치러졌다. 이 규정에는 1931년 헌법 규정에 따라 여성 참정권이 명시되었다.[1] 따라서 유권자 수가 1931년에 비해 곱절로 늘어났다. 유권자가 1,300만 명으로 늘었고 남성 유권자에 비해 여성 유권자 수가 더 많았다.[2] 비로소 사상 처음으로 투표에 참여하는 여성 유권자들의 표심이 매우 중요해졌다고 말할 수 있다.[3]

　여기서 그냥 지나쳐서 안 될 점은 선거를 위해 상호 연대하는 정당들이 훨씬 유리해졌다는 사실이다. 과반수 득표 진영에 프리미엄을 얹어 주었기 때문이다. 따라서 선거에서 승리를 거두려면 다른 정치 세력과 선거연합을 결성할 필요가 있었다. 1931년에 치른 제헌의회 선거에서 선거연합을 결성한 공화·사회 연합 세력이 압도적 다수 의석을 차지하고 그렇게 하지 못한 우파 세력이 큰 손실을 본 이유가 여기에 있었다.

　이런 선거 규정과 과거의 경험을 되새긴다면 다가올 총선에서 선거연합을 결성하는 데 총력을 기울였어야 했다. 하지만 공화 좌파 진영은 그렇게 하지 못했다. 사회노동당은 공화 좌파가 보여 준 2년간의 정치적 행보에 배신감을 느끼고 있었고, 공화 좌파 정당들은 그들대로 사분오열되어 있었다.

　우파의 경우는 달랐다. 에스파냐자치우익연합이 다른 우파 정당들(카를로스파, 농민당, 에스파냐쇄신)과 선거 공조를 이루었고 상당수 지

역에서는 급진공화당과 중도우파 선거연합을 결성했다.[4]

체제를 위협하는 행위는 할 수 없었지만 선거전 활동은 자유로웠다.[5] 한 달 동안 진행된 선거전은 그야말로 치열했다. 좌파, 중도, 우파 할 것 없이 재력과 정치력, 이념을 총동원했다. 군주제 아래에서 자행되던 부정과 회유, 강압의 관행이 버젓이 모습을 드러냈다.[6] 우파는 공화·사회 연립정부의 업적을 폐기하자고 한 목소리를 냈다. 반면에 좌파는 뿔뿔이 흩어졌다.

사회주의자들은 무슨 까닭인지 선거전을 2주나 늦게 시작했다. 산적한 문제들을 해결하기 위해 거의 날마다 당 집행위원회를 열고 어떤 날은 하루에 두 차례 모이기도 했지만,[7] 대대적으로 밀어붙이는 우파의 선거전을 따라잡을 수가 없었다.

사회주의 지도자들은 선거전을 어떻게 치를 것인지를 두고 서로 다른 입장을 보였다. 하지만 실제 선거전에서는 극단론자들이 우세했다. 극단론자들의 대표는 사회노동당 대표이자 노동자총연맹 사무총장인 프란시스코 라르고 카바예로였다. 에스파냐자치우익연합의 호세 마리아 힐 로블레스가 '반마르크스주의 전선'에서 보여 준 것처럼, 사회주의 선거전을 주도한 라르고 카바예로가 선거전을 치르면서 차츰 급진적 성향을 드러내기 시작했다.[8]

라르고 카바예로는 11월 상반기에 전국을 순회하면서 혁명을 부르짖었다.[9] 공화국은 부르주아 공화국이 아니라 사회주의 공화국이어야 한다면서 사회혁명을 주문했다.[10]

우리는 선언해야 합니다. 자본주의로는 우리가 당면한 문제들을 해결해 나갈 수 없다고. (……) 사회주의의 승리 말고는 다른 길이 없습니다. 우리는 생산수단과 교역을 사회화하는 집단주의를 강령으로 삼고 있습니다. 우리는 확신합니다. 부르주아 민주주의 내에서는 이 집단주의를 실현할 수 없습니다. 노동자계급이 정치권력을 장악하고 모든 국가 기구를 뿌리째 바꾸어 낼 때라야 그렇게 할 수 있습니다."[11]

사회노동당과 노동자총연맹도 부르주아적 가치를 비판하는 성명서를 냈다. "에스파냐의 부르주아는 언제나 개인 소득이 감소하면 국가 경제가 파멸하고, 전제정치가 흔들리면 세상이 무너진다고 생각해 왔다. 지금과 마찬가지로 종전에도 그들은 자본주의 언론을 위대한 대변자로 삼았다."[12] 그들은 "선거에서 사회주의가 승리하면 보수 반동적 자본가 일당과 군주제 옹호자들과 파시스트들이 패배하고 사회공화국을 향한 거대한 진일보가 이룩될 것이다"라는 내용이 담긴 포스터도 제작했다.[13]

공화국이 배신을 하고 있다고 본 라르고 카바예로는 공화국을 지탱할 진정한 기둥은 사회주의자들이라고 자신들을 추켜올리고, 에스파냐가 보기보다 몹시 절박한 위험에 직면해 있다고 지적했다. 그 위험은 다름이 아닌 파시즘의 등장과 군주제파 조직의 강화였다.[14] 이런 가운데 11월 14일 무르시아 유세에서는 급기야 "19일에 우파가 승리한다면 그 즉시 프롤레타리아혁명이 일어나게 될 것"이라고 경고했다.[15] 공화국에 대한 기대를 접은 일부 사회주의자들은 이처럼 프롤레타리아혁명과 사회주의 승리를 부르짖었다.

이렇듯 사회주의자들이 공화국을 다른 시각으로 바라보기 시작했다. 이것은 사회주의 진영에 나타난 큰 변화였다. 하지만 토지 문제에 대해 사회주의자들은 여전히 온건한 입장을 유지하고 있었다. 이 점에서는 사회주의 진영의 극단론자들도 마찬가지였다.[16] 사회주의자들은 이미 진행된 노동자들의 토지 점거를 옹호하고 토지개혁과 사회 입법을 확실히 하겠다고 약속했다. 10월 22일에 행한 마드리드 인민의 집 연설에서 루시오 마르티네스는 "토지개혁법은 반드시 시행해야 합니다. 공화국과 농촌의 본질이자 공화국과 농촌의 안정을 보장하는 길이기 때문입니다. 그것이 체제를 확고하게 다질 방벽이기 때문입니다"라면서 당시까지 진행된 개혁의 방향에 대해 지지 입장을 밝혔다.[17] 전국농업노동자연맹도 토지개혁 시행과 보완 법령 제정을 약속한다는 내용으로 성명을 발표했다.[18] 라르고 카바예로는 사회주의자들이 소유 체제를 변혁하기를 바라지만 노동으로 획득한 소유와 생활 수단의 소유를 폐지하려는 것은 아니라고 강조했다. 사회주의자들은 다만 소유를 착취의 수단으로 이용하는 것을 용납할 수 없었다.[19] 토지 문제와 관련해서 사회주의자들은 여전히 온건한 태도를 보이고 있었다.

공화 좌파들도 선거연합을 이루지 못한 것은 마찬가지이다. 급진사회공화당은 사회노동당과의 협력 문제를 놓고 내부 갈등을 벌이다가 1933년 9월에 둘로 쪼개졌다. 사회노동당과의 협력을 주장한 마르셀리노 도밍고와 알바로 데 알보르노스 같은 일부 의원들이 급진사회공화당을 탈당한 뒤 독립급진사회공화당을 창당했다. 마르셀리노 도밍고는 유세에서 사회주의자들과 협력하여 혁명적 활동을 이어 나가겠다고 밝혔다.[20] 반면에 기존의 급진사회공화당은 단일 계급이 아니라 모든 세력과 모든 이념이 조화롭게 통합되는 국가를 지향한다는 내용의 성명서를 발표했다.[21] 한편 공화행동의 마누엘 아사냐는 자신이 이룬 업적을 변호하기에 바빴다. 공화국봉사회의 펠리페 산체스 로만은, 우파는 물론이고 사회주의자들을 공격 대상으로 삼았다. 높은 임금과 인플레이션을 지향하는 사회주의 정책이 나라 경제를 망치게 된다는 얘기였다.[22] 공화 좌파들은 이렇듯 사분오열을 피할 수 없었다.

이에 반해 급진공화당은 보수 계층을 결집하는 데 발 벗고 나섰다. 중산층, 지주, 여성 등이 주된 공략 대상이었다.[23] 이를 위해서 공화 우파와 선거연대를 모색했고, 한걸음 더 나아가 보수파인 농민당 및 에스파냐자치우익연합과도 선거연대를 시도했다. 목표는 두 가지였다. 반마르크스주의와 정신의 평화가 그것이었다.[24] 알레한드로 레룩스는 연설에서 2년에 걸친 공화정 얘기를 하면서 사회주의자들의 내각 참여를 부정적으로 평가했다. 그리고 민족이 살 길을 경제의 활성화와 정치적 안정 두 가지로 제시했다. 한걸음 더 나아가 경제를 활성화하려면 공공질서를 유지해야 하고 사회경제적 법률을 개정해야 한다고 주장했다.[25] 사회경제적 법률 개정에 토지개혁 관련법이 포함되었음은 물론이다. 하지만 토지개혁 관련법 개정이 토지개혁 반대를 뜻한 것은 아니다. 급진공화주의자들은 점진적인 토지개혁을 바랐다. 그들의 바람과 주장이 이러하다보니 급진공화당의 득표 결과에 따라 토지개혁에 변화의 바람이 불어닥칠 수 있게 되었다.

한편 우파는 선거를 위해 단일 전선을 구축했다. 에스파냐자치우익연합은 10월 9일에 전국위원회를 열고 다른 우파 세력과 공동 전선을 펴기로 만장일치로 가결했다. 호세 마리아 힐 로블레스는 처음부터 될 수 있으면 폭넓게 반마르크스주의 전선을 구축해야 한다고 주장했다.[26] 10월 12일에는 일종의 집행위원회로 에스파냐자치우익연합, 에스파냐쇄신, 카를로스파, 농민당의 대표들이 참여하는 우익연락위원회(Comité de enlace de las fuerzas de derecha)를 구성했다. 이들이 단일 전선을 위해 내건 조건은 세 가지였다. 세속적·사회주의적 법률의 개정, 농업 보호, 정치범 사면이 그것이었다.[27] 내부적으로 서로 다른 입장이 있었겠지만 이들은 이 세 가지를 공동 목표로 내걸었다. 이러한 목표는 공화 좌파와 사회주의자들을 겨냥한 공개 도전장이나 마찬가지였다.

우익 선거전의 특징은 에스파냐자치우익연합의 핵심을 이루는 국민행동이 중심이 되어 선거전을 치렀고 힐 로블레스 의원이 이를 직접 진두지휘했다는 점이다. 이와 더불어 선거 자금도 풍부했다. 부자들의 기부와 부르주아 지주들의 후원 덕분이었다. 이들은 우선 마드리드의 거리마다 노란색과 파란색으로 인쇄된 대형 벽보를 붙였다. 폴 프레스턴에 따르면 벽보를 무려 20만 장이나 인쇄했다.[28] 힐 로블레스는 자신의 연설을 영상물로 제작해서 트럭에 탑재한 스크린을 통해 시민들에게 보여 주었다. 스크린을 탑재한 트럭들이 주요 도시의 거리를 돌며 순회 상영을 실시했다. 라디오로는 매일 20차례 스폿광고를 내보냈다. "우파에게 투표를!"이나 "마르크스주의에게 반대표를!"이 단골 메뉴였다. 이렇듯 우파는 현대적인 홍보 수단과 매체를 선거전에 동원했고 전국 방방곡곡을 돌아다니며 에스파냐자치우익연합을 홍보했다.[29]

농촌 여론과 여성 유권자 대중을 동원하는 데는 성직자들이 중요한 역할을 했다. 우파는 농촌 표와 여성 표의 중요성을 인식하고 그들을 공략해 나갔다. 그 결과 이들에게서 어마어마한 표를 얻게 된다.[30]

우파는 앞서 언급한 대로 반마르크스주의 단일 전선을 구축했다. 따라서 반사회주의가 우파 선거전의 핵심 골자였다. 마드리드 지역구에 출마한 에스파냐자치우익연합 후보 라파엘 마린 라사로는 이 선거를 "두 가지 상반된 이데올로기가 승리를 놓고 다투는 대규모 정치투쟁을 넘어서는 그 무엇"이라고 규정했다.[31] 그가 말한 두 이데올로기는 사회주의 이데올로기와 가톨릭교였다. 사회주의는 나라를 파멸의 수렁과 무정부 상태로 몰아 간 이데올로기인데 반해 가톨릭교는 에스파냐를 구출할 유일한 길이라고 강조했다.[32]

우파 후보들은 11월 초에 발표한 성명서에서 자신들이 '반마르크스주의자'임을 밝히고 마르크스주의와 그 주동자들이 저지른 해악을 분석했다. 11월 5일에 열린 우파 후보들의 집회에서 에스파냐자치우익연합 대표인 힐 로블레스는 자신들이 반마르크스주의를 천명한 이유를 이렇게 밝혔다.

우리는 반마르크스주의자입니다. 마르크스주의의 두 가지 기본 개념을 배격하기 때문에 그렇습니다. 유물론적 역사 개념은 삶에 영향을 미치는 개인의 의식을 부정하고 물질적 이해관계 투쟁을 중시합니다. 난폭한 계급투쟁 개념은 인간의 연대를 무너뜨립니다. 마르크스주의 이념은 문명의 원리를 공격하고 도덕적 요소를 경시합니다.[33]

이러한 이데올로기 투쟁에 뛰어든 것은 비단 우파 정당들만이 아니었다. 우파 계열의 주요 일간지와 잡지는 물론 주요 단체들도 마찬가지였다. 이를테면 전국경제연맹은 사회주의에 승리를 넘겨주지 않으려면 마르크스주의를 반대하는 정당들이 반마르크스주의에서 공통분모를 찾아야 하고 "민족의 고통과 불행을 낳은 사회주의 정책의 흔적을 지워 버려야 한다"고 요구했다.[34] 우파 진영은 이렇듯 정당은 물론 언론과 사회단체들 모두 이데올로기 투쟁에 뛰어들었다.

한편 공산당은 선거전에 임하면서 두 가지 입장을 밝혔다. 파시즘의 위협을 지적하면서 사회노동당에 단일 전선을 구축하자는 제안을 했고 공산당의 목표는 '노동자·농민 정부'라고 밝혔다.[35] 공산당은 반동 세력의 선거 승리를 방지하는 유일한 방법이 단일 전선 구축이라고 강조했다. 단일 전선을 구축하지 않으면 동맹을 결성한 반동 세력이 좌파 후보들을 누르고 권력을 장악하게 될 것이라고 내다봤다. 사회노동당의 반응은 간단했다. 공산당의 제의가 술책에 지나지 않는다는 것이었다.[36]

공산당은 당 중앙위원회가 작성한 선거 강령에서 유물론적 관점에서 에스파냐의 상황을 분석하고 에스파냐 공화국이 부르주아 지주들의 공화국이라고 비판했다. 그리고 노동자, 농민, 병사들이 선출하는 소비에트에 기반을 둔 노동자·농민 정부를 그 대안으로 제시했다. 노동자·농민 정부는 주요 혁명적 조처들을 즉각 단행하게 될 것이다. 그 조처에는 대지주와 교회, 수도원, 자치단체의 토지를 무상 몰수하여 농업 노동자들에게 무상 분배한다는 내용도 들어 있었다.[37]

선거를 바라보는 아나키스트들의 입장은 단호했다. "노동자들이여, 좌파에게도 투표하지 말라. 정당과 정치인은 모두 부르주아 국가의 독재를 대표하고 옹호한다." "우리는 투표를 하지 않고 자유지상 코뮌주의를 수립하기 위한 혁명을 수행한다. 노동자들이여, 폭탄과 무기를 준비하라!"[38] 당시 아나키스트들이 내건 구호들이다. 그들은 이 구호들을 자신들의 언론과 팻말, 전단지를 통해 널리 알렸다.

아나키스트들은 조직적으로 선거반대 운동을 폈다. 1933년 10월 30일 마드리드에서 개최한 전국노동연합 지방총회는 '투표거부 운동을 강화'하기로 결정했다. 사라고사에서 개최한 지방총회도 프롤레타리아들에게 기권을 권유하기로 했다.[39] 11월 5일에는 바르셀로나의 토로스 광장에 7만5천 명이 모여 기권 운동을 벌였다. 그들은 '투표에 맞서 사회혁명을!'이라는 구호를 내걸었다. 11월 12일에는 사라고사의 토로스 광장에서 선거반대 운동을 벌였다. 이러한 아나키스트들의 움직임이 딱히 특이한 것은 아니다. 그들은 기본적으로 선거에 대해 기권 입장을 견지해 왔다. 아나키스트들은 선거 사기극의 효과를 믿지 않았을 뿐 아니라 "사회혁명의 길 말고는 개혁과 개선, 복권의 가능성이 없다"고 생각했다.[40]

아나키스트들의 기권 운동은 공화·사회 연립정부의 무력함에 싫증이 난 프롤레타리아와 농민들에게 커다란 반향을 불러일으켰다. 바르셀로나에서는 40퍼센트가량이 기권했고, 사라고사와 우에스카, 타라고나에서는 40퍼센트 이상이 기권했으며, 세비야와 카디스, 말라가에서는 45퍼센트 이상이 기권했다. 에스파냐 전국의 기권율은 32.5퍼센

트에 달했다.[41]

투표일인 11월 19일에 유권자의 67.46퍼센트가 투표에 참여했다.[42] 개표 결과 좌파가 패배하고 우파가 승리한 것으로 나타났다. 급진공화 당이 104석을 차지했고 에스파냐자치우익연합이 115석을 차지했다 [표 10]. 몇 십 석 되던 우파 쪽 의석이 무려 250석가량으로 늘어났다. 반면에 1931년부터 1933년까지 집권한 정당들(사회노동당, 급진사회공 화당, 공화행동, 갈리시아자치조직 등)의 의석은 모두 합쳐 200석 가량에 서 93석으로 줄었다. 외교관이자 저술가인 살바도르 데 마다리아가가 표현한 대로 진자의 추가 반대쪽으로 움직였다.[43] 우파가 과반수를 차 지하게 된 것이다.

이렇게 급격한 변화가 어떻게 일어났을까? 역사가들은 대체로 좌파 의 패배가 선거연대 실패에서 비롯되었다고 본다. 공화 좌파들이 뿔뿔 이 흩어져 입후보했고 사회주의자들도 독자적으로 입후보했다. 반면 에 우파는 선거연대에 성공했다. 그 결과, 우파는 선거 승리자에게 제 공하는 선거법의 이점을 최대한으로 누렸다.[44]

또 다른 요인으로 아나키스트들의 투표 기권을 들 수 있다. 아나키 스트들의 기권 전략으로 32.5퍼센트나 되는 상당수 유권자가 투표를 하지 않았다. 당연히 좌파에 유리한 표가 줄게 되었다. 공산당 기관 지 《문도 오브레로》는 기권이라는 슬로건으로 우파에 승리를 안겨 주 었다며 아나키스트들을 비난했다. 이에 대해 아나키스트 기관지 《세 에네테》는 《문도 오브레로》의 주장이 근거가 부족하다고 반박했다. 그러면서 힐 로블레스 일파가 선거에 승리한 것은 마누엘 아사냐와 라 르고 카바예로를 비롯한 지도자들에게 책임이 있다고 주장했다. 그들 이 지난 2년여 기간 동안 정치를 제대로 하지 못했기 때문에 그런 결 과가 나왔다는 얘기이다.[45]

한편 당시 사람들 상당수는 여성 투표에서 그 이유를 찾았다. 여성

표 10 1933년 의회 선거의 결과

정당	득표율(%)	의석수	의석 비율(%)
공산당	1.2	1	0.2
사회노동당	19.2	59	12.4
에스케라	4.3	22	4.6
공화행동	3.0	5	1.0
갈리시아자치조직	1.8	3	0.6
급진사회공화당	1.8	3	0.6
연방당	0.6	1	0.2
진보당	0.7	3	0.6
보수공화당	3.7	16	3.4
자유민주당	0.9	10	2.1
급진공화당	15.5	102	21.5
농민당	6.1	32	6.7
에스파냐자치우익연합	22.0	115	24.3
카탈루냐연맹	3.5	26	5.5
바스크민족당	2.3	12	2.5
우익독립파	5.9	26	5.5
에스파냐쇄신	2.9	15	3.2
전통파	4.1	21	4.4
민족당	0.4	1	0.2
팔랑헤	0.2	1	0.2
전체	100	474	100

출처: Leonardo Morlino, *Dalla democrazia all'autoritarismo. Il caso spagnolo in prospettiva comparata*, Bolonia: Il mulino, 1981. José Ramón Montero, *"Las derechas en el sistema de partidos del segundo bienio,"* J. L. García Delgado (ed.), *La II República española*, p. 5에서 재인용

투표로 좌파가 피해를 본 반면에 우파는 득을 보았다는 얘기이다. 마누엘 아사냐와 루이스 푸네스 같은 사람들은 좌파가 패한 원인을 여성 투표로 돌렸다.[46] 알레한드로 레룩스는 이러한 선거 결과를 가져온 일차적 요인을 '여성의 손에 권총을 쥐어 준' 데서 찾았다.[47] 당시 사람들은 대체로 노동자계급 여성들이 남편의 견해를 따라 투표한 반면에, 중산계급 여성들은 고해성사 신부의 조언대로 투표했을 것이라고 본다.[48] 의미심장한 얘기이다. 하지만 이러한 추측이 실제로 어느 정도 영향을 미쳤는지 가늠하기란 쉬운 일이 아니다.

　이러한 요인들 외에 좀 더 근본적으로 좌파가 우파에게 가한 무자비한 공격에서 우파의 승리 요인을 찾는 이들도 있다.[49] 종교와 가족, 조국이 공격을 받고 있다고 생각한 우파들이 결집한 결과라는 것이다. 알레한드로 레룩스는 지난 2년여 기간 동안 정부와 의회가 벌인 모든 일에서 이러한 결과가 초래되었다고 주장했다.[50] 공산주의자 호세 부예호스는 "농업 노동자들의 권리를 보장하는 사회 입법과 토지혁명의 유령에 질겁한 소농과 중간층 농민 대중이 집단 반발을 보이며 우파 쪽으로 돌아섰다"고 해석하기도 했다.[51] 가톨릭 일간지 《엘 데바테》는 선거에서 정부의 당파 정책에 반대표를 던졌다고 했다. 여기서 당파 정책은 합법적 소유권에 제약을 가한 사회주의 정책을 의미했다.[52] 이런 비평들은 다름 아니라 선거가 아사냐 정부에 대한 심판이었다는 얘기이다. 그 결과로 공화·사회 연립으로 구성된 아사냐 정부 2년이 막을 내리게 되었다.

　1933년 11월 총선으로 에스파냐 정치판에는 3대 정당이 등장했다. 사회노동당과 급진공화당, 에스파냐자치우익연합이 그것이다. 에스파냐자치우익연합이 가장 많은 의석을 차지했지만 절반을 넘지 못했다. 24.3퍼센트에 머물렀다. 제2당인 급진공화당은 21.5퍼센트를 차지했다[표 10]. 사회노동당은 12.4퍼센트에 불과했다. 중도 정당인 급진공화당의 좌우에 우파 정당 에스파냐자치우익연합과 좌파 정당 사회노동당이 진을 친 형국이 되었다. 나머지 정당들은 군소 정당들이었다. 사정이 이러하다보니 새로운 정부의 형태는 연립정부여야 했다. 연립정부를 꾸릴 열쇠는 에스파냐자치우익연합이나 급진공화당이 쥐게 되었다.

2. 방향 전환

연립정부를 구성하는 일이 쉬운 문제는 아니었다. 우선 원내 제1당인 에스파냐자치우익연합이 우파 정당들의 구심점 노릇을 할 수는 없었다. 당원들 대다수가 민주적 정통성을 결여하고 있었기 때문이다.[53] 심지어는 당 자체가 내각 구성을 바라지도 않았다. 의회를 개원하기 직전에 열린 전당대회에서 몇 가지 중대 사안을 의결했는데, 그 가운데 하나가 아직은 "우파 정부를 구성할 때가 아니라고 보고 에스파냐의 최대 현안인 폭력과 혼란이 없는 안정된 생활을 영위하는 데 이바지하기를 바란다"는 내용이었다.[54] 내각을 구성할 의사가 없음을 분명히 한 것이다. 당 대표 힐 로블레스가 최종적으로 내각 구성을 포기한다는 의사를 밝혔다. 갑작스런 정치적 변화를 피하고 전 정부가 추진한 극단적 정책들을 수정해 나갈 중도 정부를 구성하도록 한발 물러선 것이다.[55] 어째서 그가 이렇게 물러섰을까? 아직은 때가 아니라고 보았다. 그는 "오늘은 중도 정부를 구성하도록 지원하고, 때가 되면 집권을 해서 헌법을 개정할 것"이라고 밝혔다.[56]

한편 급진공화당은 또 다른 문제에 봉착했다. 100석이 약간 넘는 의석으로 단일 정부를 구성할 수도 없었고, 자신들의 이념을 중심으로 군소 정당들을 끌어 모으기에도 역부족이었다.[57]

이런 상황을 해결한 인물이 레룩스와 힐 로블레스였다. 그들은 협약을 맺고 양대 정당의 요구 사항을 실현하고자 했다. 두 정당은 지난 2년 동안 시행해 온 아사냐 정부의 개혁 정책을 '수정하자'는 데 합의했다. 그리고 그 합의에 기반을 두고 정당의 미래 전략을 수립했다. 개혁을 수정하자는 데 두 정당이 합의를 하기는 했지만, 정작 개혁 수정의 성격과 범위를 놓고서는 서로 다른 시각을 보였다. 급진공화당은 온건한 방향의 수정을 모색했지만 에스파냐자치우익연합은 개혁 반대를 염두에 두었다. 여기서 개혁 반대란 헌법의 기본을 문제 삼겠다는 얘기나 마찬가지이다.[58]

급진공화당과 에스파냐자치우익연합의 불안정한 관계는 통치의 불안정으로 이어졌고 통치의 불안정은 정치적 비효율을 낳았다. 호세 라몬 몬테로의 분석에 따르면, 첫해에 정부가 네 차례나 교체되었고 두 번째 해에는 무려 일곱 차례나 교체되었다. 2주를 가까스로 채운 정부도 있었고 한 달을 넘기지 못한 정부도 여럿 있었다.[59] 잦은 내각 교체가 통치에 부정적 요인으로 작용했다.

내각을 구성할 기회는 결국 알레한드로 레룩스에게 주어졌다. 레룩스는 우파의 지원을 받아 내각을 구성했다. 외무부 장관에 피타 로메로를 기용하고, 내무부 장관에 리코 아베요, 재무부 장관에 라라, 법무부 장관에 알바레스 발데스, 전쟁부 장관에 마르티네스 바리오, 해군부 장관에 로차, 공공사업부 장관에 게라 델 리오, 상공부 장관에 삼페르, 노동부 장관에 에스타데야, 교육부 장관에 파레하 예베네스, 통신부 장관에 시드, 농업부 장관에 시릴로 델 리오를 기용했다. 자유민주당의 알바레스 발데스와 농민당의 시드, 진보당[60]의 시릴로 델 리오를 제외하면 모두가 급진공화당 소속이었다.

에스파냐자치우익연합은 내각에 참여하지 않았다. 하지만 최대 압력단체로서 통치에 영향력을 행사했다.[61]

이렇게 구성된 레룩스 정부는 어떤 국정 기조를 내걸었을까? 레룩스는 1933년 12월 19일 의회 총리연설에서 정부의 정책 기조를 밝혔다. 레룩스는 이 연설에서 정부의 일차적 관심을 '사회 평화와 도덕적 규율, 법의 권위를 확립'하는 데 두겠다고 밝혔다. 특히 토지개혁과 관련한 국정 기조를 이렇게 설명했다.

소작인이나 일용 노동자들처럼 지주들도 그 효과를 느끼고 인정하며 지원하도록 토지개혁을 적극 추진할 것이다. 현대의 민주 국가들은 될 수 있으면 미래 세대가 혁명의 폭력에 호소하지 않고도 좀 더 공정한 변혁을 시도할 수 있도록 개인 소유와 공공 재산의 기초를 튼튼히 하고 토지 재분배 문제를 해결하고자 한다. 우리도 이 국가들과 마찬가지로 이러한 의미의 개혁을 추진해 나가야 한다.[62]

토지개혁을 적극 추진하겠지만 개인 소유를 인정하는 가운데 토지 재분배 문제를 풀어 나가겠다는 뜻으로 받아들일 수 있다. 우리는 이 연설에서 아사냐 정부의 토지개혁 정책과 그다지 큰 차이를 발견할 수 없다.

그러나 농업부 장관 시릴로 델 리오는 궤도 수정의 의지를 분명히 드러냈다. 그는 정부가 발행하는 관보에서 이렇게 말했다. "제가 맡은 부처의 관심사 가운데 하나는 토지개혁법을 개정하는 일입니다. 개혁법을 쓸모없게 만들거나 무디게 만드는 것이 아니라 단순화하고 그것에 융통성을 부여하며 효과적이고 중대한 추진력을 제공하는 것입니다." "우리가 해야 할 일은 개혁법을 단순화하는 작업입니다. 개혁을 시행하려면 먼저 개혁법을 단순하게 만들어야 합니다."[63] 여기서 주의 깊게 받아들여야 할 대목은 토지개혁법을 개정한다는 내용과 그것을 단순화한다는 내용이다. 이 말은 토지개혁의 궤도를 수정하겠다는 얘기나 다를 바 없다. 이후에 전개되는 토지개혁의 흐름이 이를 입증해 준다.

1934년 10월 혁명이 일어나기 전까지만 해도 정부들은 오로지 종전 의 토지 관련 법률을 개정하는 작업에 매달렸다. 제헌의회가 통과시킨 대다수의 다른 법률에는 손을 대지 않았다.

법률 개정의 첫 번째 물결은 경작강화령과 행정구역령을 둘러싸고 일어났다. 앞서 살펴본 대로 1933년 봄에 엑스트레마두라 지방에서는 일부 노동자들이 농장을 점거하는 사건이 발생했다. 이에 지방정부는 노동자들에게 점거한 농장에 들어가 경작을 하라는 지시를 내렸고 노 동자들은 이러한 정부의 지시를 실행에 옮겼다. 파종한 씨앗들이 싹 을 틔우자 카세레스 주의 지주들이 농장에서 경작자들을 강제로 몰아 냈다. 이러한 상황에 직면하여 농업부 장관 시릴로 델 리오는 문제 해 결을 위한 법안을 제시했다. 법안의 논점은 간단했다. "당국의 지시에 따라 경작을 실시한 농민은 수확할 때까지 토지를 보유한다. 농장을 임대해 주고도 지대를 받을 보장이 없는 지주에게는 토지개혁청이 지 대 지불을 보증해 준다."[64] 요컨대 이미 파종을 했기 때문에 파종한 것 을 거두어들일 때까지는 경작자들이 농장에 머무는 것을 허용하지만 그 뒤에는 아무런 보장을 하지 않겠다는 내용이다.

이 법안에 대해 아스페이티아, 카사누에바, 로드리게스 후라도 같은 에스파냐자치우익연합 우파 의원들과 마르티네스 데 벨라스코 농민당 대표는 수확의 기회를 줄 필요도 없이 농장에서 윤테로들을 즉시 추 방해야 한다고 주장했다.[65] 하지만 이들의 주장은 별다른 효과를 보지 못했다. 이들의 주장이 결실을 거두지 못한 이유를 두고 에드워드 말 레파키스는 급진공화당원들이 암묵적으로 좌파의 시각을 지지했기 때 문이라고 보았다.[66] 하지만 사실은 좌파의 관점이 급진공화당 당원들 의 주장과 일치했기 때문이라고 보는 게 더 정확할 것이다. 사회노동당 의원들 블라스케스와 넬켄의 연설에서 이를 확인할 수 있다. 이를 테면 블라스케스 의원은 토지를 경작한 자가 토지개혁의 혜택을 입게 될 때까지는 평화롭게 농장에 머물러야 한다는 의회의 결정에 지지를 표명한다고 말했다.[67] 자신의 견해가 의회의 결정과 크게 다르지 않다는 점을 내비친 말이라고 볼 수 있다. 한편 영국 역사가 리처드 로빈슨은 의회의 심의 과정에서 드러난 우파의 의견 불일치에서 그 이유를 찾았다.[68] 농민당 의원들과 군주제파 의원들은 물론이고 에스파냐자치우익연합 의원들 상당수도 총선의 승리를 공화정 처음 2년의 법령들을 폐지하고 1931년 이전으로 돌아가라는 국민들의 명령으로 받아들였다. 그런 점에서 카사누에바와 아스페이티아, 로드리게스 후라도 같은 일부 의원들은 농업부 장관의 해결 방안에 반대하는 태도를 보였다.[69] 반면에 엑스트레마두라 지방의 이익을 대변하는 에스파냐자치우익연합 의원들은 장관의 견해를 지지했다. 이를테면 마누엘 히메네스 페르난데스 의원은 지주들의 권리에 앞서 윤테로들의 비참한 처지를 먼저 고려해야 한다고 지적했다.[70] 결국에는 힐 로블레스가 당원들을 설득하는 작업에 나섰고 에스파냐자치우익연합 의원들은 장관이 제출한 법안에 찬성표를 던졌다. 1934년 2월 11일에 시릴로 델 리오의 법안이 통과되었고 이미 파종을 끝낸 경작자들은 수확할 때까지 농사를 지을 수 있게 되었다. 농민당 의원들과 군주제파 의원들은 이런 결과에 아쉬움을 감추지 못했다.[71]

행정구역령은 다른 법령으로 대체되었다. 사회주의 노조인 전국농업노동자연맹은 행정구역령에 커다란 의미를 부여하고 있었다. 지주들이 농업 노동자들의 임금을 삭감하지 못하게 하고 농촌 주민들의 파업 문제를 해결하기 위해 다른 임시 노동자를 고용할 수 없도록 규정했기 때문이다.[72] 반면에 우파는 이런 규정이 자유주의를 거스르는 불합리한 내용이라고 비판했다.[73] 그들은 하루라도 빨리 그런 규정을 폐지하고자 했다. 1934년 1월에는 행정구역령을 대체할 법안을 제출했다. 예상대로 사회주의자들이 이 법안을 완강히 반대했고 그에 따라 그해 5월 24일까지도 법안 심의가 끝나지 않았다. 법안은 결국 218대 18로 통과되었다. 1931년 9월 9일자 행정구역령을 대체한 이 법은 사용자가 다른 지역 출신의 일용 노동자를 고용할 수 있고, 그럴 경우에 해당 관할 구역의 노사조정위원회가 정한 금액에 상당하는 임금을 지불하도록 규정했다.[74] 노동자들을 취사선택할 수 있게 해준 이 법으로 지주들은 '대승'을 거둔 것이나 다름없었다. 다가오는 추수 때부터 지주들은 지역 노동자 대신에 갈리시아와 포르투갈에서 온 노동자들과 계약할 수 있게 되었다.[75]

농업부 장관 시릴로 델 리오는 이러한 법률 개정 작업 말고도 세 가지 법안을 제출했다. 소작법안과 공유지회복법안, 토지개혁법 개정안이 그것이다. 하지만 의회의 농업위원회를 통과한 법안은 소작법안뿐이었다. 이 법안에 대해서는 뒤에 다시 살펴보도록 하자.

이런 와중에도 1932년 토지개혁법은 변함없이 시행되었다. 1933년 11월 30일에 각료회의를 열어 토지개혁청 집행위원회의 활동에 박차를 가하고 추진력을 높이는 결정을 내렸다. 각 대표단마다 6명이던 집행위원회 위원을 2명으로 줄여 집행위원회의 규모를 축소한 것이다. 또한 6개 분야의 사업단을 규모가 작은 부서로 전환했다.[76]

1933년 12월에는 1934년 토지개혁청 집행위원회 예산을 9천680만 페세타 정도로 책정했다. 이 액수에는 8천620여 만 페세타에 달하는 토지개혁 비용이 포함되어 있었다.[77] 그런데 실제로 1934년에 토지개혁 비용으로 할당된 액수는 2천100만 페세타, 곧 예산의 24.28퍼센트에 불과했다. 이마저도 다 집행하지 못했다. 1천만 페세타를 집행하고 나머지 1천100만 페세타는 1935년으로 이월했다.[78] 이러한 예산 배정과 집행 규모에서 토지개혁에 대한 정부의 의지를 읽을 수 있다.

시릴로 델 리오는 실제로 취임하고 9개월 동안 81,558헥타르의 토지에 농민 6,269명을 정착시켰다.[79] 이 수치만 고려하면 전임 아사냐 정부의 토지개혁 흐름을 크게 바꾼 것처럼 보이지는 않는다. 오히려 토지를 수용하고 농민을 정착시키는 속도가 다소 빨라진 것처럼 보인다. 하지만 길고 긴 준비 과정을 거쳐 1934년이 정착을 본격적으로 추진해야 할 해라는 점을 고려한다면 이 수치는 사실상 별다른 의미가 없는 결과라고 볼 수 있다.

이러한 정치판의 변화와 궤도 수정에 정당들과 사회단체들은 어떤 기여를 하고 어떤 반응을 보였을까? 정당과 사회단체의 움직임을 우파와 공화주의자, 극좌파, 사회주의자로 나누어 살펴보자.

이 시기에 우파의 견해는 에스파냐자치우익연합과 농민당이 대변하고 있었다. 에스파냐자치우익연합 대표 힐 로블레스는 1933년 12월 19일 의회 연설을 통해서 전 정부의 토지 정책 기조를 바꾸려는 농업부의 입장을 지지했다. 선거를 통해 자신들의 의사를 표시하는 국민들이 지난 총선에서 우파에 더 많은 표를 던졌다. 이러한 총선 결과를 통해 국민들이 공화정 처음 2년의 정책에 반대한다는 사실을 알 수 있다. 이 점이 바로 그가 농업부의 입장을 지지하는 근거와 논리였다. 유권자들의 바람을 반영하는 정책을 실현하는 것이 새 정부의 임무라는 얘기였다.

토지개혁을 시행할 필요가 있습니다. 하지만 현재의 개혁 방향을 크게 수정해야 합니다. 소유의 가치를 떨어뜨리기만 할 뿐 아무짝에도 쓸모없는 말장난을 끝내고 사회주의적 의미의 정착 조항을 속히 제거해야 합니다. 그 대신에 소유 옹호와 관련이 있는 기독교의 소토지 소유자 개념을 집어넣어야 합니다.[80]

이러한 힐 로블레스의 입장은 사실 그동안 사용자 단체들이 제기해 온 주장들을 대변한 것이나 다름없었다. 에스파냐자치우익연합은 에스파냐 대다수 지역의 이해관계를 조정하고 토지 관련 압력단체들의 이익을 대변하는 통로 구실을 했다.[81] 대지주들의 아성인 전국가톨릭농민연합은 에스파냐자치우익연합을 자신들의 이해관계를 반영하는 통로로 삼았다. 심지어 역으로 자신들이 에스파냐자치우익연합의 핵심 기둥 역할을 하기도 했다.[82] 이 밖에도 의원들과 사용자들이 자신들의 입장을 조정하기 위해 회합을 열었다. 첫 회의는 1933년 12월 23일에 열렸다. 이 회의에서 그들은 농업에 영향을 미치는 주요 의제를 확정하고 시급한 사안들을 검토할 조사위원회들을 구성했다.[83] 에스파냐자치우익의 청년 조직인 국민행동청년단(Juventudes de Acción Popular)은 1934년 4월 22일에 엘에스코리알에서 대회를 열고 19개 조항에 이르는 결론을 이끌어 냈다. 이 결론들에는 국민행동청년단의 성격을 보여 주는 조항들이 들어 있었다. 반에스파냐적이고 사회주의적이며 분파적인 법률을 폐지하고 좀 더 공정한 부의 재분배를 꾀한다는 내용이 포함되어 있었다.[84]

원내 농업회도 1934년 초에 정치적 회합을 열었다. 이 자리에서 농업회 소속 의원들은 합법적으로 구성된 체제를 받아들이고 자신들의 이념과 일치하는 공화국 정부에 성실하게 협력한다는 선언을 채택했다.[85] 체제, 곧 정부의 형태를 문제 삼지 않고 자신들의 이익을 챙기겠다는 뜻이 담겨 있다.

농민당 의원들도 정책 강령을 발표하고 토지 문제에 대한 자신들의 입장을 밝혔다.[86] 정책 강령 4조에서는 농업금융 강화 문제를 다루었다. 농업금융을 강화하기 위한 방안으로 기존 은행들의 지원과 전국농업은행 신설, 협동조합과 농업신용은행 보호를 내놓았다. 6조에서는 경작 상태가 괜찮은 토지의 소유를 존중하고 묵은 땅은 유상 수용 조치를 취해야 한다고 주장했다. 말하자면 지주들의 소유권을 보장하겠다는 내용이었다. 그럴 경우, 중소 지주가 늘어나고 농촌 주민의 수가 증가한다고 보았다. 8조에서는 정착 시행에 반대 입장을 밝혔다. 그러면서도 대토지 소유 시스템을 수정하여 소토지 소유자를 양산하는 입법에 찬성했다. 물론 공정한 보상을 지불한다는 내용을 전제로 내걸었다. 이렇듯 농민당은 토지 분배를 반대하지도 않고 문제의 본질에 반기를 들지도 않은 것처럼 보인다. 그들은 다만 그 방식에 이의를 제기하고 있는 것 같다. 농민당이 토지개혁법 개정 작업을 추진한 배경이 바로 여기에 있었다.[87]

에스파냐자치우익연합은 1934년 1월 25일자로 토지개혁법 개정안을 의회에 제출했다. 법안을 발의한 이들 가운데 한 사람인 알바레스 로블레스 의원은 법안의 주안점을 세 가지로 요약했다.

법안의 주안점 가운데 하나는 현행법의 적용 범위를 축소하여 수용 대상이 되는 농장의 수를 줄이는 것이다. 또한 기본적으로 현행법에 따라 국가에 귀속된 소작인 보유의 토지를 수용 대상으로 삼는다. 그리고 정착 대신에 소토지 소유자의 창출을 도모한다. 소토지 소유자는 주로 가족 재산의 상속과 (……) 전 소작인들에게 임대한 농장의 소유권 양도를 통해서 창출한다. 이 모든 것의 밑바탕에는 소유권이 있다. 소유권에 접근할 길은 열려 있다. 그 방식은 매매이다.

세 번째 주안점은 토지개혁청 기구와 관련된 것이다. 기술적 토대를 더욱 탄탄히 하고 더 많은 인적 자원과 경제적 자원을 투입하며 매우 절약을 해야 한다. 그래야 개혁이 궤변을 넘어선 개혁이 될 수 있다. 획일성을 강조한 궤변은 다양한 토지 문제를 해결할 수 없다. 또한 에스파냐 각 지방의 농학적·법률적·사회적 상황에 제대로 대처할 수 있도록 토지개혁청을 매우 신축성 있게 운영해야 한다.[88]

곧 수용 대상 농장을 줄이고 소토지 소유자를 창출하며 토지개혁청을 효율적으로 운영해야 한다는 내용이다. 알바레스 로블레스 의원이 말한 대로 이 법안은 얼핏 보기에 토지개혁을 반대하거나 방해하려는 것 같지는 않다.[89] 오히려 토지개혁을 바라고 있고 서둘러야 한다는 인상마저 준다. 하지만 수용 대상 농장을 줄이겠다는 것은 개혁의 후퇴를 의미하며, 소토지 소유자를 창출하겠다는 것은 개혁 기조의 변화를 의미한다. 이른바 '토지개혁의 개혁'에 대해서는 나중에 다시 다루겠다.

의회를 중심으로 토지개혁법 개정 움직임이 전개되는 동안에도 토지 수용과 정착은 여전히 진행되고 있었다. 이를 두고 가톨릭 일간지 《엘 데바테》는 토지개혁청의 활동에 조직적으로 반대하고 있지 않다고 비판했다.[90] 국민행동의 기관지는 심지어 토지개혁법 시행을 중단하라고 목소리를 높였다.[91] 시간이 흐르면서 이러한 현실을 파악하게 된 남부 지방의 지주들은 시릴로 델 리오가 추진하고 있는 토지개혁을 즉각 중단해야 한다고 주장했다. 농장주연합회는 수용과 정착을 시행하고 있는 토지개혁청에 불만을 토로했다.[92] 에스파냐농민협회도 토지개혁 시행으로 생겨나는 해악이 이루 말로 다 할 수 없다고 지적했다.[93]

이러한 불만과 비판 그리고 법 개정 시도가 바로 대대적인 변화로 이어지지는 않았다. 법 개정 작업이 현실화되기에는 아직 시간이 좀 더 필요했다.

한편 공화주의자들은 총선에서 실패한 이후 패배의 늪에서 빠져나오기 위한 출구를 모색하고 있었다. 이를 위해서 마르셀리노 도밍고의 급진사회주의자들과 카사레스 키로가의 갈리시아 공화주의자들, 마누엘 아사냐의 공화행동당원들이 한자리에 모였다. 그들은 1934년 4월 1일과 2일 마드리드에서 대회를 개최하고 공화좌익(Izquierda

Republicana)이라는 명칭의 정당을 구성했다. 대회에 참석한 세 정당의 대의원 81명은 별다른 이견이 없이 정책 강령을 채택했다. 정책 강령의 골자는 두 가지였다. 공화제 수호와 사회경제 정책이 그것이었다.

사회경제 정책 쪽은 1934년 2월 11일 연설에서 마누엘 아사냐가 강조한 것과 유사한 노선을 따랐다. 마누엘 아사냐는 이렇게 연설했다.

문제가 가장 심각한 곳은 농촌입니다. 가난의 핍박이 벌어지는 곳이기 때문입니다. 이러한 문제들을 조사하고 풀어 나가야 할 정부가 시급하게 시행해야 할 것은 두 가지라고 생각합니다. 다른 법안들과 마찬가지로 의회에 계류 중인 공유지회복법안을 즉시 통과시키고 소작법도 즉시 시행해야 합니다. 소작법은 한 가지 조건을 두고 적용해야 합니다. 그 법을 농장을 임차한 기업농이 아니라 진짜 소작농을 대상으로 적용해야 한다는 조건 말입니다. 농장을 임차한 기업농을 대상으로 법을 적용하는 것이 법적으로는 하자가 없지만 본래 목적을 벗어난 것입니다. (……) 농민들을 정착하는 정책을 숨가쁘게 추진해 나가야 합니다. 토지개혁 관련 자료와 문서는 이제 충분합니다. 조사하거나 기록하는 일은 더 이상 필요 없습니다.[94]

마누엘 아사냐는 이 연설에서 토지개혁을 적극 추진하고 공유지회복법안과 소작법을 즉각 시행해야 한다고 강조했다. 공화좌익도 정책 강령에서 토지개혁의 적극 시행을 강조했다.[95] 공화좌익이 발행한 주간지 《라디칼 소시알리스타》에서 알베르토 가르시아 로페스가 중요한 점을 지적했다.[96] 공화제를 수립할 무렵에 토지 보유와 경작 시스템에 두 가지 문제가 있었다는 것이다. 토지를 직접 경작하는 사람들의 자립을 보장하는 문제와 토지와 농산물을 재분배하는 문제가 그것이다. 그는 이 둘 가운데 첫 번째 문제를 해결하는 일이 더 시급하다고 보았다. 토지개혁의 대업을 실행하는 데는 부닥쳐야 할 기술적 난관이 있고 시간도 필요한 반면에, 직접 경작자를 위한 소작법을 제정·공포 하는 일은 단시간에 가능하고 별다른 경제적 혼란도 발생하지 않는다 는 점을 그 이유로 들었다.

일부 공화주의 정당들이 출구를 모색하기 위해 합당을 추진한 것과 반대로 급진공화당은 두 집단으로 분열했다. 1934년 5월 16일에 열린 급진공화당 집행위원회에서 분열이 분당으로 이어졌다. 1932년 전국 대회에서 채택한 좌파 성향의 합의를 따라 순수한 공화주의자들의 내 각 참여를 제한하자는 마르티네스 바리오의 제안이 거절당하면서 발 생한 사건이었다. 마르티네스 바리오는 우파들의 입각에 반대한다는 입장을 확실히 했다.[97] 그리고 급진민주(Radical Demócrata)라는 이름 의 정당을 창당했다. 급진민주에 참여한 의원들은 22명이었다. 급진 민주는 9월에 다시 고르돈 오르다스가 이끄는 급진사회공화당과 통합 했다. 새 당명을 공화연합으로 내건 창당대회에 557곳에 달하는 급진 민주 지회 대표들과 504곳에 달하는 급진사회공화당 지회 대표자들이 참여했다. 대회 참여자들은 1930년에 천명한 급진사회주의 이념을 실 천하기로 했다. 따라서 급진공화당을 탈당한 이들이 공화연합(Unión Republicana) 전국위원회의 다수를 차지하고 있었지만, 공화연합은 이 념 면에서 급진사회주의의 직접 계승자라고 할 수 있다.[98] 이런 점에 서 공화좌익과 공화연합은 실천 강령상의 차이가 거의 없었다.

당시 극좌파 세력은 우파의 승리를 파시즘의 승리라고 보고 반파시 즘 전선 구축을 모색하고 있었다. 노동자계급의 정치사회적 상황이 최 악의 상태에 놓여 있던 1933년 초에 노동자·농민블록(Bloque Obrero y Campesino)의 공산주의자들이 노동자동맹(Alianza Obrera)을 결성 할 목적으로 혁명적 노동자들의 단결을 구체화하기 시작했다. 노동자동맹은 카탈루냐에서 처음으로 실현되었다. 총선이 끝난 뒤 12월 17일에 카탈루냐 노동자동맹 협정이 체결되었다. 여기에는 카탈루냐사회주의연합(Unió Socialista de Catalunya) 소속 사회주의자들과 1931년 8월에 '30인 선언'을 발표한 '30인회' 소속 온건파 아나키스트들, 노동자·농민블록의 공산주의자들이 참여했다.[99]

한편 에스파냐공산당은 1934년 내내 통일전선 전술을 밀어붙였다. 1934년 1월 10일에 통일전선 위원회 구성을 제의했고 같은 달 20일에서 22일 사이에는 프롤레타리아 세력, 곧 사회노동당, 노동자총연맹, 전국노동연합, 이베리아아나키스트연맹 등에게 통일전선을 구축하자고 호소했다.[100] 그해 6월 12일에도 같은 내용을 되풀이해서 호소했다. 이에 사회노동당은 노동자동맹 카드를 꺼냈다. 공산당이 볼 때 사회노동당의 이런 반응이 통일전선 구축을 위한 일보 전진임에는 틀림없었다. 하지만 농민을 혁명의 원동력으로 받아들이지 않고 있던 사회노동당이 노동자동맹으로 농민들을 배제하겠다는 뜻이어서 사회노동당의 역제의에 공산당이 선뜻 응할 수 없었다.[101] 공산당은 봉건제와 부재지주제를 반대하고 농민들을 지지한다고 사회노동당에 회신했다.[102] 공산당은 대지주와 부농을 위한 파시즘 정책의 실체를 파헤치고 농촌 프롤레타리아들을 노조로 조직하는 일에 주력해 왔다.[103]

하지만 공산당은 결국 노동자동맹에 참여하기로 결정했다. 1934년 9월 11일과 12일에 열린 당중앙위원회 총회에서 전술을 대담하게 바꾸고 노동자동맹에 참여한다는 합의를 이끌어 냈다. 공산당은 노동자동맹에 가입하면서도 그 동맹을 노동자·농민동맹으로 바꾸기를 원했다. 노동자·농민동맹이 민주 혁명의 양대 세력을 통합하는 길일 뿐 아니라 혁명을 승리로 이끌 필수 조건이라고 생각했던 것이다.[104]

3. 사회주의자들의 급진화

사회주의자들은 1933년 총선 패배 이후 1934년 10월 혁명에 이르기까지 기존 노선을 급선회하여 급진화의 길을 걸었다. 사회주의자들이 합법적 투쟁의 길을 포기하고 극단적이고 혁명적인 수사를 구사하게 된 데는 1933년 총선의 결과가 미친 영향이 컸다.[105] 총선이 진행되는 동안에는 선거를 통한 집권을 포기하지 않았던 라르고 카바예로가 선거에 패배하고 나서는 그 길을 거부하고 혁명과 프롤레타리아독재를 주창하기 시작했다.[106]

한편 노동자총연맹 대표 훌리안 베스테이로는 이러한 혁명적 움직임에 반대했다. 1933년 12월 18일에 열린 사회노동당과 노동자총연맹 집행위원회들 연석회의에서 훌리안 베스테이로 측 입장과 라르고 카바예로 측 입장이 뚜렷하게 나뉘었다. 그해 12월 31일에 열린 노동자총연맹 전국위원회 회의에서는 훌리안 베스테이로의 입장에 맞서 혁명적 성향의 견해가 제시되었다. 은행연합회 대표 아마로 데 로살이 노동자계급이 권력을 장악하도록 혁명운동을 준비하자고 제안한 것이다. 당시 회의에서는 이 제안이 거부당했다. 하지만 사회노동당 내부에서는 이 제안이 차츰 세력을 얻어 나갔다. 라르고 카바예로가 이끄는 당내 '좌파' 계열은 물론이고 인달레시오 프리에토를 지도자로 하는 '중도' 계열도 혁명운동의 필요성에 공감했다.[107]

문제는 혁명운동의 강령을 둘러싸고 벌어졌다. 인달레시오 프리에토와 훌리안 베스테이로가 강령을 만들기 위해 여러 차례 회동을 했지만 합의에 이르지 못했다. 결국 저마다 별도의 강령 안을 만들었다. 훌리안 베스테이로 안을 검토한 사회노동당 집행위원회는 즉각 실현할 수 있는 강령이 아니라는 이유로 그 안을 기각하고 인달레시오 프리에토 안을 선택했다.[108] 이렇게 마련한 사회노동당 강령은 10개 조항으로 이루어져 있었다. 처음 두 조항은 토지 국유화와 관개 사업 활성화 문제를 다루었다.[109] 사회노동당 집행위원회는 훌리안 베스테이로가 만든 강령안과 인달레시오 프리에토가 만든 강령안 두 안을 노동자총연맹에 회부했다. 두 안을 놓고 노동자총연맹에서도 갈등이 벌어졌지만 1934년 1월 27일에 열린 노동자총연맹 전국위원회는 사회노동당-프리에토 강령을 선택했다.[110] 일이 이렇게 되자 훌리안 베스테이로는 노동자총연맹 대표직을 사임하지 않을 수 없었다.[111]

이러한 위기는 전국농업노동자연맹으로 확대되었다. 1934년 1월 28일에 전국농업노동자연맹 전국위원회가 열리자 마르티네스 힐과 마르티네스 에르바스 등이 사표를 제출했고, 나바라의 젊은 투사 리카르도 사발사와 아스투리아스 지방연맹의 마누엘 마르티네스, 바다호스 지방연맹의 마누엘 바스케스가 그들을 대신했다. 이튿날 1월 29일에는 노동자총연맹 전국위원회가 집행위원회를 새로 구성했다. 라르고 카바예로가 다시 대표가 되고 아나스타시오 데 그라시아, 아마로 델 로살, 호세 디아스 알로르, 펠리페 프레텔, 안토니오 헤노바, 마누엘 로이스, 카를로스 에르난데스 산카호, 파스쿠알 토마스, 마리아노 무뇨스 등이 노동자총연맹 지도부를 이루었다.[112] 이어서 사회주의 지도부는 사회노동당과 노동자총연맹, 사회주의청년단(Juventudes Socialistas)의 집행위원회 연석회의를 열고 혁명운동을 준비하기로 결정하고 일종의 혁명위원회를 꾸렸다. 프란시스코 라르고 카바예로는 물론이고 후안 시메온 비다르테, 엔리케 데 프란시스코, 파스쿠알 토마스, 호세 디아스 알로르, 카를로스 에르난데스 산카호, 산티아고 카리요가 이 혁명위원회에 참여했다.

이처럼 사회주의 노조들의 집행위원회에서는 라르고 카바예로 세력이 훌리안 베스테이로 세력을 대신했다. 이때부터 전국농업노동자연맹에서 발행하는 성명서와 기관지 《엘 오브레로 델라 티에라》의

논조가 강성으로 바뀌어 갔다.[113] 전국농업노동자연맹 전국위원회가 1934년 1월 28일에 발표한 성명서에 노조의 성향 변화가 잘 드러나 있다. '지체 없는 혁명'을 선언한 전국농업노동자연맹은 노조원들에게 노동자총연맹과 사회노동당의 붉은 깃발을 들고 혁명 실현을 준비하고 혁명을 수호하자고 촉구했다.[114] 기관지《엘 오브레로 델라 티에라》는 정보를 제공하는 기관지에서 선동을 주도하는 기관지로 탈바꿈했고 토지개혁의 지체를 강력히 성토하는 논조를 드러냈다. '토지개혁에 반하는 토지개혁청'이라는 제목의 칼럼을 게재하기 시작했는데, 이 칼럼에서 토지개혁청 집행위원회의 '비틀거리는 거북이걸음'을 비난하고 그 정치적 함의를 밝혔다.[115] 그리고 "성공적 혁명의 첫 번째 조치는 토지의 사회화여야 한다"라거나 "혁명이 없으면 토지개혁도 없을 것이다"라는 글도 실었다.[116] 1934년 2월 3일자에서부터는 집단화에 관심을 기울이고 소련에서 시행된 콜호스(집단농장)의 성과를 찬미하기 시작했다.

이렇게 볼 때 사회주의자들의 입장과 태도가 분명 바뀌었다. 사회주의자들의 입장 변화는 에스파냐 공화국의 역사는 물론이고 유럽의 역사에도 의미하는 바가 크다. 따라서 이들이 왜 급진주의를 채택하게 되었는지 그 이유를 살펴볼 필요가 있다. 사회주의자들이 왜 갑자기 노선을 바꾸었을까? 그 계기가 무엇일까?

이 질문에 사실 여러 연구자들이 다양한 각도에서 답을 찾아왔다. 이 문제는 복잡한 문제이기 때문에 그 까닭을 찾기에 앞서 다음 세 가지 사항을 염두에 둘 필요가 있다. 첫째로, 이것이 복잡한 문제이기 때문에 그 이유가 한두 가지가 아니라 복합적이다.[117] 그 이유를 1933년 총선에서 사회주의자들이 패배하고 에스파냐자치우익연합이 두각을 나타낸 이후 우파가 제기한 위기의 상황에서만 찾는다든지, 아니면 유럽에서 사회주의 운동의 패배를 보여 주는 두 가지 징후, 곧 독일의 히틀러 정권 수립과 오스트리아의 우파 권위주의 독재 수립 이후에 전개된 유럽의 상황 변화에서만 찾는다든지, 아니면 1932~1933년에 나타난 경제공황의 악화에서만 찾는다든지, 아니면 집권 여당 외부의 변화나 총선 패배와 무관하게 사회주의자들과 공화 좌파의 연립이 흔들리기 시작한 것으로 보이는 1933년 여름으로 거슬러 올라가 찾는다든지 하게 되면 복합적 요인들을 한두 가지 요인으로 환원해 버릴 위험성이 있다. 에스파냐 사회주의를 연구한 호세 카를로스 히바하 벨라스케스가 이 점을 아주 적절하게 지적했다.

제2공화국을 다룬 저작들 대다수는 공화정 후반기에 나타난 사회노동당의 과격화 문제를 단순한 현상으로 해석하려는 유혹을 뿌리치지 못했다. 이들은 그 이유를 상호 연결된 두 가지 동인에서 찾았다. 첫째로, 라르고 카바예로라는 인물이다. 이들은 라르고 카바예로에게 전부 책임을 지웠는데 이것은 조직 운동과 이념적 대변인을 혼동한 것이다. 이어서 둘째로, 라르고 카바예로 계파의 태도를 개인적이고 심지어는 사회학적 차원에서 해석하면서 사회주의자들의 급진화는 혁명적 의지나 단순한 개인적 변화의 산물이라고 결론을 내렸다.[118]

둘째로, 사회노동당의 과격화를 과정의 산물로 이해할 필요가 있다. 사회주의자들의 과격화는 어느 정도 기간을 거쳐 형성되고 누적되어 왔다. 이렇게 형성된 급진성이 때가 되어 폭발적으로 나타난 것이다. 과격화를 공화정 시기에 갑작스럽게 나타난 현상으로 이해해서는 안 되는 이유가 여기에 있다. 이런 점에서 에스파냐사회노동당을 연구한 마누엘 콘트레라스 카사도는 사회노동당이 보인 혁명적 태도 변화를 뚜렷하게 구분되는 두 단계로 나누어 살피고 있다. 설득력이 높다. 마누엘 콘트레라스 카사도는 두 단계에 관해 이렇게 말했다.

1933년 여름과 가을에 일시적으로 전개되어 그해 11월 총선에서 정점에 이르는 첫 번째 단계는 그 성격이 압도적으로 방어적이다. 사회주의자들이 반혁명의 공세를 제지하기 위하여 취한 단계이기는 하지만 아직 공화정이 제공하는 합법적 노선을 포기하지는 않았다. 1933년 연말에서 1934년 10월 혁명에 이르는 두 번째 단계는 그 성격이 압도적으로 공격적이다. 사회주의 사회 수립을 위해 나아가는 이행 단계로 (사회주의자들이) 합법적 노선을 넘어섰다.[119]

산토스 훌리아도 마누엘 콘트레라스 카사도와 유사하게 사회주의자들이 두 가지 시나리오를 지니고 있었다고 말한다. 법의 테두리 내에서 합법적 투쟁을 펼쳐 승리하는 길과 합법적 노선을 탈피해야 한다고 보는 사람들의 주장을 따르는 길이 그것이다. 그런데 1933년 11월 총선에서 사회주의자들이 패배했고 그 결과, 깊은 좌절감을 느끼면서 극단적이고 혁명적인 수사에 호소를 하기 시작했다는 것이다. 결국 두 시나리오가 한 시나리오로 환원되었다는 얘기다.[120]

마지막으로 이 문제를 두 가지 차원에서 접근해야 한다. 당의 지지 기반인 노동자 대중의 차원과 사회주의 운동 지도부의 차원이 그것이다. 전자의 차원에서는 공화정 처음 2년 동안에 드러난 개혁의 한계를 보면서 노동자들이 실망을 넘어 환멸을 느꼈고, 우파가 집권할 경우에 겪게 될 희생을 그들이 두려워했다는 점을 주시할 필요가 있다. 후자의 차원에서는 공화파 부르주아 정권과의 협력 자체에 한계와 모순이 있을 뿐 아니라 유럽 여기저기에서 파시즘이 상승 가도를 달리고 있다는 사실을 인식하게 되면서 사회주의 지도자들이 태도를 바꾸기 시작했을 것이다.[121] 폴 프레스턴은 여기서 한걸음 더 나아가 라르고 카바예로가 과격해지게 된 것은 하부 조직의 상태를 반영한 것이라고 했다.[122] 다시 말해 라르고 카바예로가 혁명적 수사를 채택하게 된 결정적 요소는 하부 조직의 호전성이라는 얘기이다. 하지만 라르고 카바예로와 하부 조직이 서로 얼마나 영향을 주고받았는지 가늠하기란 쉽지 않다.

요컨대 이상에서 얘기한 세 가지 사항에 유의할 때 사회주의자들이 갑자기 노선을 바꾼 이유를 더 잘 이해할 수 있다. 에스파냐 사회주의는 공화정 처음 2년 동안 계급 협력과 민주적 개혁주의 정책을 견지해왔다. 하지만 1933년 들어 이 정책을 수정하고 새로운 전략을 수립해야 할 현실에 부닥쳤다.

우선 공화정 처음 2년 동안 정부의 노력에도 불구하고 문제가 더욱 심화되어 갔다. 이를테면 토지 문제가 만족스럽게 해결되지 않았다. 그 결과 농업 노동자들의 생활 여건이 나빠졌다. 참담하게도 농업 노동자들의 임금이 하락했다. 기대가 좌절되자 노동자들은 절망과 불만을 느꼈다. 따라서 1933년에는 파업이 매우 잦았다.[123] 이런 상황을 두고 무리요 페롤은 이렇게 말했다. "무지와 가난, 사회적 불평등에 시달리면서 인간 이하의 삶을 산 지 오래된 대중들이 장밋빛 희망을 느꼈다. 벽지의 조그만 농장에서도 마찬가지였다. 공화국이 제공한 자유로운 분위기 속에서 이들은 해묵은 굶주림과 증오를 깨닫게 되었다. 그리고 이루 말할 수 없는 좌절감을 느끼게 되었다."[124]

이러한 사회경제적 현실이 연립정부를 해체하는 크나큰 요인으로 작용했다. 반사회주의적 불만의 목소리에 좌파 사회주의자들이 귀를 기울이기 시작했으며 사회노동당이 기존 입장을 바꾸고 공화 좌파와의 협력을 단념하기에 이르렀다.[125] 1933년 9월 19일에 열린 사회노동당 전당대회에서 이미 이런 움직임이 나타났다. 특히 토지를 둘러싼 갈등이 극심한 지역의 대의원들은 공화주의와 과감하게 단절해야 한다고 주장했다. 엑스트레마두라 대의원 안토니오 카날레스는 "별다른 대책을 강구하지 않으면 좌시하지 않겠다"고 했다.[126]

이 밖에도 우파의 반혁명적 공세를 빼놓을 수 없다. 그들은 앞서 살펴본 대로 의회 안팎에서 공격의 고삐를 늦추지 않았다. 특히 1933년 11월 총선 이후에는 권력을 등에 업고 법의 비호를 받으며 공격을 감행했다. 사용자들은 노동자 관리를 반대하고 노사조정위원회의 활동을 비난했다. 사용자들이 이렇게 나오니 노동자 대중은 갈수록 과격해졌다. 이것이 1933년 연말에 사회주의 지도자들이 당면한 현실이었다.

에스파냐 사회주의는 또한 유럽에서 파시즘이 위세를 떨치고 있는 현실에 직면했다. 바이마르공화국이 무너지자 민주주의가 파시즘적 반동을 억제할 보증이 되리라는 믿음이 현격하게 줄어들었다.[127] 히틀러의 집권이 사회주의자들의 입장 변화에 가져다준 영향은 상당했다. 1933년 7월 23일 마드리드에서 행한 연설에서 라르고 카바예로는 "사회노동당과 노동자총연맹은 에스파냐에서 파시즘이 집권하지 못하게 할 의무를 지고 있다"고 말했다.[128] 사회주의청년단 내부에서는 파시즘에 맞설 효과적 대응책은 오직 사회혁명이라는 신념이 지배적이었다. 이 신념은 총선 당시 유세를 통해 더욱 강화되었다.[129]

이러한 상황에서 사회주의 지도자들은 일부 부르주아계급과 협력하여 집권한 것 자체에 한계와 모순이 있음을 인식하게 되었다. 그들은 결국 내각에서 물러났고 태도를 바꾸게 되었다. 또한 레룩스 정부의 성향이 사회주의 지도자들의 입장 변화를 더욱 부추겼다. 특히 1933년 11월 총선 결과로 에스파냐 사회노동당은 루이스 아라키스타인이 말한 '사회주의의 새로운 단계'에 들어서기 시작했다.[130]

이 새로운 단계에서 에스파냐 사회주의를 지도한 주역은 세 지도자 훌리안 베스테이로, 인달레시오 프리에토, 라르고 카바예로 가운데 단연코 라르고 카바예로였다. 사회주의 노동자 대중의 태도 변화와 사회경제적·정치적 상황 변화에 가장 크게 영향받은 인물은 라르고 카바예로였다. 이런 맥락에서 사회주의자들의 급진화를 더 잘 이해하려면 좌파 사회주의의 흐름을 살펴보아야 할 것이다. 라르고 카바예로는 앞서 언급한 요인들 외에도 사회주의자들 내부에 잠복해 있던 갈등의 위험을 파악하고 있었고[131] 예방 조처를 취해야 할 필요성을 인식하고 있었다. 그는 결국 의회 노선을 거부하고 혁명과 프롤레타리아독재를 주창하게 됐다.[132] 이러한 라르고 카바예로의 노선 변화는 당과 노조의 지배 구조에 커다란 반향을 불러일으켰을 뿐 아니라 하루도 빠짐없이 농촌 문제와 씨름하는 지역과 지방 단체들의 지지를 받기도 했다.

라르고 카바예로의 노선 변화뿐만 아니라 인달레시오 프리에토의 지원도 언급할 필요가 있다. 인달레시오 프리에토는 레룩스 정부의 우익 정치를 목격하면서 중도 사회주의자로서 그동안 일삼아 온 '혁명에 대한 공격'을 중단했다. 그리고 한편으로는 우파에게 제동을 걸어서 혁명을 일으킬 필요가 없게 만들고 다른 한편으로는 혁명을 준비하는 데 성실하게 협력해 나가는 두 가지 카드를 사용했다.[133] 인달레시오 프리에토는 특히 '에스파냐 토지의 전면적 사회화'와 소작인들이 지불하는 온갖 지대를 폐지해야 한다고 주장하고 "토지는 그 누구의 소유도 아니라 국가의 것이고 인민의 것이며, 국민의 것이고 집단의 것이며, 에스파냐의 것"이라고 선언했다.[134] 사회주의자들은 물론이고 농업노동자연맹에 가입한 사람들은 대체로 인달레시오 프리에토의 이러한 생각에 공감하고 그것을 지지했다.[135]

앞서 언급한 대로 사회주의 지도부가 교체된 것은 인달레시오 프리에토를 비롯한 '중도' 세력의 지지가 있었기에 가능했다. 이후 사회주의자들은 더욱 과격해졌으며, 급기야 1934년 6월에는 농민 파업을 선포하기에 이른다.

새로 구성된 전국농업노동자연맹 지도부는 갈수록 보수화되는 집권세력에 맞서 농민들의 권리를 수호하기 위한 채비에 들어갔다.

1934년 2월 중순에는 전국위원회 위원들에게 통지문을 보냈다. 공권력이 자신들의 요구를 들어주지 않을 경우에 농민 파업을 불사하겠다는 내용이었다. 이 파업 문제와 관련해서 전국농업노동자연맹은 노동자총연맹 집행위원회에 조언을 구했다.[136] 노동자총연맹 집행위원회는 1934년 2월 22일에 회의를 열고 이 문제를 다루었다. 이날 회의에서 베스테이로계의 루시오 마르티네스 힐을 대신해 전국농업노동자연맹 사무총장을 맡게 된 리카르도 사발사는 "더 이상 기다릴 수 없습니다. 농업 노동자들의 총파업에 따르는 위험을 알고 있습니다만 우리의 조직이 탄탄한 주에서는 더 이상 기다릴 수가 없습니다"라고 밝혔다. 하지만 노동자총연맹 집행위원회는 리카르도 사발사의 제의를 선뜻 지지하지 않았다. 그들은 농민들의 불만이 수화기에는 기껏해야 부분 파업 정도에 그칠 것이라고 보았다. 라르고 카바예로도 총파업 선언에 부정적 입장을 표시했다.[137] 노동자총연맹 집행위원회가 총파업 움직임을 지지하지는 않았지만 그들의 요구 사항을 들어주도록 공권력에 압력을 행사하겠다고 전국농업노동자연맹에 약속했다.[138]

에스파냐농업노동자연맹 전국위원회는 2월 25일에 회의를 열고 정부에 제시할 요구 사항들을 작성했다. 그리고 그 요구 사항들을 들어주지 않을 경우에 다시 모여 총파업 문제를 다루자고 의결했다. 농업노동자연맹은 농민들을 대상으로 한 성명서에서 사용자들의 행위를 비판하고 즉각적인 요구 사항들을 제시했다. 강제경작 시행, 실업자들 고용, 공공사업 활성화, 엄격한 교대근무, 노동조건과 최저임금 엄수, 토지개혁 즉각 시행 등이 농업노동자연맹이 제시한 요구 사항들이었다.[139] 리카르도 사발사와 엔리케 데 프란시스코는 사회노동당의 이름으로, 파스쿠알 토마스와 디아스 알로르는 노동자총연맹의 이름으로 농업노동자연맹이 가결한 요구 사항들을 관철시키기 위하여 해당 부처의 장관들, 곧 노동부 장관과 농업부 장관, 내무부 장관, 공공사업부 장관을 각각 면담했다.[140] 하지만 그럴듯한 이야기 말고는 얻은 것이 없었다. 일이 이렇게 되자 에스파냐농업노동자연맹의 결의는 갈수록 확고해졌다. 연맹은 5월 1일 선언에서 아나키스트들도 포함하여 모든 농업 노동자들을 결속하는 농민전선 결성을 제안했다. 그리고 토지개혁청의 토지대장에 등재된 수용 대상 토지를 6개월 안에 모두 양도하여 집단 경작을 할 수 있게 해달라고 요청했다. 농민전선은 또한 소작법, 공유지법, 농업금융법 같은 일련의 법률을 제정해 달라고 의회에 요청할 참이었다.[141]

에스파냐농업노동자연맹은 5월 11일과 12일 이틀에 걸친 전국위원회 대회에서 마침내 총파업을 결의했다. 5시간에 걸친 토의 끝에 다수결로 내린 결정이었다.[142] 대회에서 채택한 성명서에서 그들은 사태의 심각성을 이렇게 설명했다.

노사조정위원회는 물론이고 노동계 대표들도 관료주의에 물든 나머지 자신들의 사회적 역할에는 아무런 관심도 기울이지 않는다. 사용자들은 노동조건과 판결 내용에 조직적으로 이의를 제기하고 있다. 관련 부처 사무실에는 지난 1년 동안 올라온 진정서들이 산더미처럼 쌓여 있다. 정부와 의회는 이러한 나라 사정에 등을 돌린 채 제헌의회가 마련한 노동 관련 법률과 토지 관련 법률을 폐지하는 일에만 혈안이 되어 있다.[143]

이런 상황에서 더 이상 팔짱을 끼고 있을 수는 없다는 것이 농업노동자연맹의 입장이었다. 연맹은 일련의 요구 사항들을 제시하고 각 지부에 요구 사항들을 관철시키기 위한 합법적 파업에 동참하자고 제의했다.[144] 5월 12일자 《엘 소시알리스타》는 농민 파업을 노동자들의 권리 투쟁이라고 추켜세웠다. 또한 농업노동자연맹의 요구가 '최소한의 요구'이고 "소유 체제를 거스르지 않고 단지 법을 시행하기만 하면" 되

는 것이라고 강조했다.[145]

5월 14일에는 리카르도 사발사와 마누엘 마르티네스, 마누엘 바스케스가 노동부 장관을 방문한 자리에서 에스파냐 전역에 걸친 총파업 선언이 몰고 올 심각성을 경고했다. 그들은 정부가 농민 파업의 규모에 놀라서 양보를 할 거라고 내다봤다.[146] 하지만 정부의 태도가 오히려 파업을 자극했다.

한편 의회는 5월 24일에 행정구역령 폐지를 가결했다. 사회주의자들은 이 사건을 도전으로 받아들였다.[147] 농업노동자연맹은 이 사건을 대화를 종결하겠다는 의미로 파악하고 "이제 남은 것은 투쟁뿐"이라고 했다.[148] 정부는 수확을 '국가의 공공사업'이라고 선언하고 여기에 영향을 주는 파업이나 작업 중단을 불법으로 규정했다. 내무부 장관 살라사르 알론소는 심지어 수확이 '신성한 일'이라고 주장하면서 파업을 금지했다. 농업노동자연맹의 기관지《엘 오브레로 델라 티에라》에 일시 정간 조치를 내리고 파업 참가자들의 지역 총회를 금지했으며 지역 연맹 지도자들 일부를 체포했다.[149]

정부가 수확을 국가의 공공사업이라고 선언하면서 취한 이러한 조처들에 대해 우파는 의회 안에서 공감을 표시하고 그것을 지지한다는 안건을 상정했다. 우파의 제안은 5월 30일에 145 대 45로 통과되었다.[150]

5월 31일에 노동자총연맹 집행위원회가 열린 것은 이런 상황에서였다. 이 회의에서 라르고 카바예로는 기존 입장을 바꿔 6월 5일에 농업 노동자들이 총파업을 단행한다는 성명을 발표했다. 에스파냐농업노동자연맹은 이러한 중대 결정을 내리기 이전에 취할 수 있는 모든 수단을 강구한 반면에, 정부는 심각한 갈등을 피하기 위하여 아무런 조처를 취하지 않았고 사용자들도 노동자들이 바라는 일자리 제공을 거부했다고 그는 강조했다. 그러면서 정부가 끝내 아무런 시도를 하지

않는다면 전 노동자들이 승리를 쟁취하는 데 필요한 조치를 취할 수밖에 없다고 말했다.[151]

이런 상황을 예의주시하던 공산당은 가능한 곳에서는 파업 주도를 위해 투쟁하라는 지침을 지방위원회에 회람시켰다. 토지를 점거하고 가축을 장악하며 농장과 농민 위원회를 결성하라고 제안하기도 했다. 공산당 중앙위원회는 5월 31일자 성명서에서 프롤레타리아계급이 주도하는 봉기를 통해 권력을 탈취하는 길이 유일한 해결책이라고 잘라 말했다.[152] 공산당은 양대 노동자 정당 지도부에 혁명운동을 펼쳐 나가기 위한 연석회의를 열자고 제의하고 파업에 합류했으며 도시의 연대 파업을 지지하고 나섰다.[153]

파업은 예정대로 6월 5일에 시작되었다. 38개 주로 확산되어 나간 파업은 대체로 격렬하게 진행되었다. 하지만 신속한 탄압과 엄격한 언론 검열로 투쟁의 분위기는 삽시간에 사회주의자들에게 불리하게 돌아갔다. 6월 10일에는 농업노동자연맹이 실패를 자인하고 소토지 소유자들에게 수확 작업을 허용했다. 6월 20일 무렵에는 파업이 종결되었다.[154]

파업은 대실패로 끝났다. 에스파냐농업노동자연맹은 요구 사항들을 관철시키지 못했을 뿐 아니라 투사들 상당수가 투옥되는 바람에 조직도 와해되었다. 연맹은 여전히 건재했지만 지역위원회들 상당수는 1936년에 들어서야 복원될 정도였다. 파업이 실패로 돌아가면서 과두 세력이 농촌을 완전히 장악했다. 에스파냐 농민은 이제 혁명 세력으로서의 중요성을 상실했다.[155]

파업 이후 조직이 와해되는 바람에 에스파냐농업노동자연맹은 곧 전개될 10월 혁명에 적극 가담할 수 없었다. 에스파냐 북부 지방 아스투리아스에서 공산당과 전국노동연합의 지원을 받은 사회노동당이 10월 5일에 혁명을 일으켰다. 알레한드로 레룩스가 이끄는 새 정부에 에스파냐자치우익연합 소속 의원 세 명이 각료로 참여한 것을 빌미로 삼았다. 사회주의자들은 이들의 입각을 공화제의 본질에 대한 도전으로 받아들였다. 10월 혁명이 공화국 역사에서 매우 중요한 사건이기는 하지만 농업계에 이렇다 할 반향을 미치지 않았기 때문에 여기서는 구체적으로 다루지 않는다. 10월 혁명도 실패로 돌아가고 사회주의 지도자들 다수가 감옥에 투옥되거나 프랑스나 러시아로 망명을 떠났다. 이 사건으로 에스파냐 사회주의 운동은 일대 전환기를 맞이하게 된다.

4. 차지계약법을 둘러싼 갈등

1934년에는 차지계약법을 둘러싼 갈등이 일어났다. 이 갈등은 카탈루냐 내부에서 일어난 문제이기도 했고, 카탈루냐 지방정부와 공화국 중앙정부 사이에서 발생한 문제이기도 했다.[156]

차지경작을 둘러싼 갈등은 안달루시아 지방의 문제도 아니었고 갈리시아 지방의 문제도 아니었다. 그것은 카탈루냐의 지리와 역사에서 발생한 카탈루냐 지방의 문제였다.[157] 공화국이 선포되면서 카탈루냐 농촌에는 갖가지 사건들이 발생했다. 기한 안에 차지료를 지불하지 않으려는 농민과 이에 대해 무분별하게 대응하는 일부 지주들 사이에 여러 유형의 갈등이 일어났다. 카탈루냐에서 농업 투쟁을 펼쳐 나간 주역은 둘이었다. 포도재배농연합회(Unió de Rabassaires)와 카탈루냐 산이시드로농업연구소(Instituto Agrícola Catalán de San Isidro, 줄여서 산이시드로연구소)가 그들이었다. 포도재배농연합회는 공화에스케라(Esquerra Republicana)의 후원을 기대하고 있었고, 소지주들로 구성된 산이시드로연구소는 뒤에 카탈루냐연맹으로 이름을 바꿀 지방주의

연맹의 후원을 모색하고 있었다.

1932년 12월 6일에 개원한 카탈루냐 지방의회는 공화에스케라 의원이 과반수를 차지했다.[158] 따라서 고질적인 카탈루냐 농업 문제를 포도재배농에게 유리한 방향으로 신속하게 해결하리라고 내다봤다. 마침내 1933년 4월 20일에 카탈루냐 지방정부 법무장관 페레 코로미네스가 차지계약법안을 제출했다. 하지만 카탈루냐 지방의회는 이 법안에 별다른 관심을 보이지 않았고 9월에 들어서야 심의를 하기 시작했다. 이마저 급진적인 포도재배농의 불만과 정부의 위기, 중앙의회 선거, 카탈루냐 지방총리 사망, 새 정부 구성 등으로 심의 작업이 뒷전으로 밀려났다.[159]

여러 해에 걸쳐 포도재배농연합회 대표를 지낸 루이스 콤파니스가 좌파연립 지방정부를 구성하면서 카탈루냐 지방정부는 좌파 성향을 보였다. 1934년 1월 5일에 내각을 구성한 루이스 콤파니스는 차지계약법안 처리에 박차를 가했다. 하지만 중앙정부와 의회의 성향이 바뀌고 사용자들이 공세를 취하게 되면서 일처리가 녹록하지 않았다. 게다가 카탈루냐연맹마저 카탈루냐 지방의회를 탈퇴했다.[160]

하지만 1934년 겨울에 카탈루냐 지방의회 안에서 차지계약법안 처리에 반대할 세력은 거의 없었다. 1934년 3월 21일에 법안은 56명 찬성으로 통과되었다. 반대는 한 명도 없었다. 그해 4월 12일에 차지계약법이 법령으로 공포되었다.

차지계약법의 내용은 대강 이렇다. 계약은 최소 6년간 지속된다. 6년이 지나도 소유주가 직접 경작을 하지 않는 한 계약을 취소할 수 없다. 차지농이 16년을 계속 경작하면 공시지가로 해당 농장을 매입할 권리를 갖게 된다. 포도재배농을 추방할 수 없다. 포도재배농은 1930년 과세소득에 해당하는 가격이나 경작하기 직전 농장 가격으로 농장을 매입할 수 있다.[161] 법령을 공포한 지 한 달이 지난 5월 19일에 카탈루냐 지방정부가 발표한 내용에 따르면 이 법은 점진적 토지개혁을 지향했다.

이촌향도 방지. 양도와 압류, 단기 소작을 금지하고 토지 개량을 보장하여 농민들에게 안정성 부여. 노동을 착취하는 일이 없도록 토지-자본 소득을 적절하게 낮추는 방식으로 토지 이용 가격 규제. 중간이득을 수취하는 기생 세력을 방지하기 위하여 전대차 금지. 다년간 농사를 잘 지어 온 경작자들에게 토지 소유 기회 부여. 법이 허용하는 범위 안에서 임금노동자 발생 규제. 이러한 것들이 법을 통해 달성하려는 본질적 목표들이다.[162]

요컨대 이 법은 카탈루냐 농민들을 토지 소유자로 전환하여 안정된 사회를 이룩하는 데 목적을 두었다. 이 법은 곧 두 가지 차원에서 문제를 불러일으켰다. 첫째로, 지주와 차지인들 사이에 사회적 갈등이 발생했고 이 갈등이 공화에스케라와 카탈루냐연맹의 분쟁으로 이어졌다. 둘째로, 중도우파의 중앙정부와 좌파의 카탈루냐 지방정부 사이에 정치적 갈등이 나타났다.[163]

먼저 첫 번째 갈등은 법이 공포되었을 때 산이시드로농업연구소가 강력하게 반발하면서 나타나기 시작했다. 산이시드로농업연구소는 카탈루냐 보수 언론을 통해서 이 법을 성토했다. 《엘 디아리오 데 바르셀로나》와 《라 방과르디아》, 《라 베우 데 카탈루냐》에 새로운 법을 반대한 기사가 여럿 실렸다. 카탈루냐연맹을 떠나 에스파냐자치우익연합에 가입하여 1934년 10월에 노동부 장관이 되는 앙게라 데 소호도 그에 앞서 8월에 《라 방과르디아》와 《라 베우 데 카탈루냐》에 일련의 기사를 기고했다. 이 기사들을 통해 그가 비판한 점은 두 가지였다. 소유권을 침해하고 농업 기업가들의 주도권을 제약했다는 것이다.[164] 카탈루냐연맹은 이 법이 "법률적으로는 터무니없고, 경제적으로는 카탈루냐의 농업 자원을 파괴하며, 지방 차원에서는 불길하게도 카탈루냐 주민들 사이에 내분과 불화를 조장하고, 헌법상으로는 공화국 헌법과 카탈루냐 지방자치법을 거스르고 있다"고 평가했다.[165] 지주들은 중앙정부의 권한을 무시하는 위헌적 법률이라며 이 법을 배격했다. 그들 가운데 일부는 카탈루냐 지방정부는 이런 법을 발의할 권한이 없고 다만 중앙의회가 마련한 법률을 집행할 뿐이라고 생각했다. 에스파냐자치우익연합과 농민당이 지주들을 거들고 나섰다. 이들은 이 법을 헌법재판소에 제소해야 한다고 판단했다. 다른 지주들은 카탈루냐 지방주의자로서 지방정부 밖으로 분쟁을 확대하는 것에 대해 탐탁지 않게 생각했다. 이들은 우선 바르셀로나에 청원권을 행사하고자 했다. 헌법재판소에 제소하는 작업은 마지막 수단으로 생각했다.[166]

한편 매우 온건한 카탈루냐행동의 지도자인 클라우디 아메틀라는 차지계약법이 카탈루냐연맹과 우파들이 생각하는 것처럼 몰수를 위한 법이나 강탈을 위한 법이 아니라고 평가했다. 카탈루냐행동의 또 다른 지도자도 이 법이 해묵은 문제를 해결하는 길이고, 아니면 적어도 그 길을 향한 첫걸음이라고 보았다.[167] 카탈루냐행동보다 좀 더 보수적인 카탈루냐민주연합(Unió Democrática de Catalunya)의 입장도 카탈루냐행동과 유사했다.

사회주의연합과 포도재배농연합회는 차지계약법을 비판적으로 지지했다. 사회주의연합의 기관지 《후스티시아 소시알》은 1934년 7월 21일자에서 차지계약법이 사회주의 입법은 아니지만 그것을 옹호하는 길 말고는 다른 도리가 없다고 밝혔다. 그러면서도 언젠가 입법권이 주어지면 이 법을 곧바로 개정하겠다고 덧붙였다.[168] 포도재배농연합회는 이 법이 자신들의 요구 사항들을 최소한으로 반영하고 있다고 보았다.[169]

카탈루냐 노동자 대중 상당수에게 영향을 미치고 있던 전국노동연합은 포도재배농과 관련된 문제에 별다른 관심을 보이지 않았다. 1934년에 전국노동연합을 주도한 이베리아아나키스트연맹 소속 아나키스트들이 특히 그러했다.[170] 전국노동연합은 차지계약법이 토지개혁안보다 못하다고 판단했다. 토지 수용 규정이 없다는 이유였다. 소유권을 지주들에게 유리하도록 내버려 두었다는 것이다. 이런 점에서 아나키스트들은 차지계약법이 보수반동적인 법이라고 생각했다.[171]

공산주의자들은 아나키스트들과 생각을 달리했다. 그들은 오히려 아나키스트들이 농민운동의 중요성을 전혀 이해하지 못하고 있다고 비판했다. 공산주의자들은 차지계약법이 이론상으로는 카탈루냐 포도재배농과 분익소작농들이 바라는 최소한의 열망을 반영한 것이라고 보았다. 그 법이 어떤 면에서는 사회적으로 진보적이고 또 어떤 측면에서는 보수적이라고 평가했다. 그 법이 소지주들을 양산한다는 점에서는 보수적이고 기존의 소유권에 공격을 가했다는 점에서는 혁명적이라고 평가했다.[172]

한편 지주들은 마드리드에 있는 헌법재판소에 이 법을 제소하도록 카탈루냐연맹에 압력을 넣었다. 마침내 4월 24일에 타라고나 출신 급진공화당 의원 조안 팔라우와 카탈루냐연맹의 일부 의원들이 건의안을 의회에 제출했다. 카탈루냐 지방의회에 차지경작 문제와 관련한 입법권이 없다고 중앙정부가 헌법재판소에 제소해야 한다는 내용이었다.[173] 농민당, 에스파냐자치우익연합, 군주제파는 물론이고 일부 급진공화당 의원들도 이들이 제출한 건의안을 지지하고 나섰다. 마드리드와 바르셀로나의 우파 대변인들은 카탈루냐 지방정부가 사회 문제에 관한 입법권을 남용했다고 주장했다. 사회 문제 입법은 1932년 지방자치법에 따르면 중앙정부에 속한 권한이라는 얘기였다. 한편 카탈루냐 지방정부를 옹호하는 세력은 이 법이 카탈루냐 민법에 속한다고 주장했다. 뿐만 아니라 사회 입법은 임금노동자들을 보호하는 노동 입법에 해당하는데, 차지계약법은 바로 이 임금노동자들을 대상으로 마련한 법이라는 반응을 보였다.[174)]

1934년 4월에 알레한드로 레룩스의 뒤를 이어 총리에 취임한 리카르도 삼페르 정부는 결국 차지계약법 문제를 헌법재판소에 제소했다. 당시 헌법재판소 재판관들 다수는 우파에 속했고 급진사회공화당에 속한 알바로 데 알보르노스가 소장을 맡고 있었다. 로렌소 가야르도 재판관은 6월 8일에 차지계약법이 위헌이라고 주장했다. 카탈루냐 지방정부 장관으로 활동하던 저명한 변호사 아마데우 우르타도가 로렌소 가야르도의 주장을 반박했다. 하지만 최종 판결은 중앙정부와 지주들에게 유리하게 나왔다. 헌법재판소는 13 대 10으로 법이 무효라는 판결을 내렸다. 헌법재판소는 판결문에서 지방의회에는 1934년 4월 11일 차지계약법을 공포할 권한이 없다고 선언하고, 법령은 물론이고 법령을 근거로 시행한 모든 작업을 무효로 한다고 밝혔다. 법의 일부 조항이 위헌이라는 판결이 아니라 법 전체가 송두리째 무효라는 판결이었다. 카탈루냐 지방정부의 사회 문제 관련 입법권을 부정한 판결이었다.

이처럼 카탈루냐 농업 문제가 카탈루냐 정치는 물론 에스파냐 정치의 전면에 떠올랐다. 이 문제가 중앙정부와 지방정부 사이에 갈등 요인으로 작용했고 카탈루냐 의회의 권한, 곧 최근에 시작된 카탈루냐 지방자치의 실효성에 의문을 제기했다.[175)] 급진공화당의 리카르도 삼페르가 이끄는 중앙정부의 심기도 매우 불편했다. 급진공화당을 지원하면서도 통치에 관여하지 않기로 한 에스파냐자치우익연합이 이번 사건에 개입하고 나섰다. 에스파냐자치우익연합 대표 힐 로블레스는 지방자치법 자체가 위헌 요소를 지니고 있기 때문에 그 법에 따라 시행한 것은 모두가 무효라고 주장했다.[176)] 이에 카탈루냐의 차지계약법 문제를 정치와 분리하여 해결하기를 기대한 리카르도 삼페르의 입장이 매우 난처해졌다.

헌법재판소의 판결이 나오자 카탈루냐에서는 거센 반발이 일어났다. 그 판결을 지방자치에 대한 공격이고 카탈루냐 자치정부와 지방의회에 대한 적대 행위라고 간주했다. 카탈루냐 지역의 공화주의 정당들이 강한 분노를 표시했고 상당수의 조직과 단체들이 카탈루냐 자치정부의 편을 들었다. 카탈루냐 자치정부는 카탈루냐 의회에 헌법재판소가 무효로 만든 법과 유사한 다른 법을 제정해 달라고 요청했다. 이에 카탈루냐 의회는 헌법재판소 판결이 나온 지 나흘 뒤에 종전의 것과 동일한 제2의 차지계약법을 통과시켰다.[177] 한편 카탈루냐 좌파 의원들은 중앙의회에서 철수했다. 이들과 연대하여 바스크 민족주의자들도 중앙의회에서 철수했다. 이제 카탈루냐와 바스크 지방의 민족주의 문제가 리카르도 삼페르 정부가 풀어야 할 또 다른 과제로 등장했다.

이런 상황에서 삼페르 정부와 카탈루냐연맹 사이에 협상이 불가피해졌다. 카탈루냐 지방정부 관계자들도 공화국 정부와 정면충돌할 생각이 없었다. 몇 주에 걸쳐 협상을 벌인 결과 9월 하순에 합의에 도달했다. 지방의회에서 제정하는 조례를 헌법의 내용에 비추어 개정할 수 있다고 합의한 것이다.[178] 이에 따라 차시계약법의 내용을 일부 고쳤다. 수정된 내용의 골자는 차지계약을 포도재배농 계약과 기타 소작계약 두 가지로 나눈다는 것이었다. 전자의 계약은 영구적으로 토지를 사용하거나 처분할 수 있는 영구 차지로 분류하고, 후자의 계약은 최소 6년 이상으로 설정했다. 카탈루냐 의회는 9월 21일에 이러한 내용을 박수갈채로 처리하고, 그 내용을 9월 30일자 카탈루냐 자치정부 관보에 게재했다.[179] 이로써 카탈루냐 자치정부와 중앙정부의 갈등이 종결되는 듯했다.[180] 10월 2일에 리카르도 삼페르는 중앙의회에서 이 법이 개정 작업을 거쳐서 헌법을 준수하고 있다며 차지계약법을 옹호했다. 그러나 에스파냐자치우익연합이 기대와 달리 반대표를 던졌다. 이에 리카르도 삼페르는 사임하지 않을 수 없었다. 중앙정부와 자치정부가 시도한 화해 노력은 결국 실패로 돌아갔다. 이후 차지계약법은 파기되고 지방자치법도 중지되었다.

5. 히메네스 페르난데스의 토지 정책[181]

이런 상황에서 1934년 10월 4일에 알레한드로 레룩스가 다시 내각을 구성했다. 이때 에스파냐자치우익연합 당원 세 명이 내각에 참여한다. 히메네스 페르난데스가 농업부 장관을 맡고, 라파엘 아이스푼과 오리올 앙게라 데 소호가 각각 법무부 장관과 노동부 장관을 맡았다. 에스파냐자치우익연합 당원들이 내각에 들어간 사실이 알려지자, 사회주의자들은 물론 공화주의자들[182]도 그들의 입각을 공화제의 본질에 대한 도전이라고 선언했다.[183] 이튿날인 10월 5일에 이미 전국에 걸쳐 파업이 전개되었다. 10월 6일부터는 일부 지역에서 무력시위가 시작되었다. 에스파냐 북쪽에 있는 아스투리아스에서는 파업이 '혁명'으로 번졌다. 혁명군과 정부군 사이에 무력 충돌이 벌어졌고 결국 2주 만에 혁명운동은 진압되고 말았다.[184] 그 결과 사회주의자 대다수는 체포되어 감옥에 투옥되거나 외국으로 망명을 떠났다. 나머지 사회주의자들도 중도우파 정부의 합법성을 인정하지 않는다는 표시로 의회 산하 위원회나 토지개혁청 집행위원회 같은 권력의 요직을 떠났다. 이들을 대신해서 우파의 대부르주아들이 정부와 주요 국가기관을 차지했다. 더욱이 앞서 살펴본 대로 의회 내 권력의 균형추도 우파 쪽으로 기울어 있었다. 이로써 지주들에게 유리한 입법 운동에 걸림돌이 되는 장해물이 모두 제거된 것처럼 보였다. 히메네스 페르난데스가 농업부 장관직을 수행한 것은 바로 이런 상황에서였다.

에스파냐 남부의 세비야 출신인 히메네스 페르난데스는 사회 가톨릭 교리의 대표 주자였다.[185] 1934년 10월에 장관에 기용될 당시만 해도 잘 알려지지 않은 인물이었다. 그가 장관에 임명된 것은 뜻밖의 일이었다. 누구보다 놀란 사람은 히메네스 페르난데스 자신이었던 것으로 보인다. 그는 자신이 농업부 장관에 지명된 사실을 일간지 《아베세》지를 통해 알게 되었다고 한다.[186]

히메네스 페르난데스를 농업부 장관에 추천한 인물은 사실 에스파냐자치우익연합 대표 호세 마리아 힐 로블레스였다. 힐 로블레스는 1934년 12월 15일 연설에서 역사적 사명에 충실하지 못한다면 모두가 시련을 당하게 될 것이라고 경고했다. 그가 여기서 말한 역사적 사명은 기독교와 관련이 있다. 같은 연설에서 국민행동[187]의 장관들을 공격하려면 차라리 기독교를 공격하라고 덧붙이기도 했다.[188] 여기서 힐 로블레스가 왜 역사적 사명이나 기독교를 거론했을까? 그 이유는 공화정 처음 2년 동안의 토지 정책 가운데 과도한 내용을 바로잡고 싶었기 때문이다. 그는 혁명적인 내용을 기독교적인 내용으로 바꾸는 작업이 농업부가 수행해야 할 역사적 과제라고 생각했다.[189] 그가 보기에 이 일을 맡을 적임자는 바로 히메네스 페르난데스였다.

히메네스 페르난데스는 의회 연설에서 토지 정책과 관련하여 자신이 다루고자 하는 중요 사안은 소작법과 소작지 소유 관련법, 토지개혁법 개정이라고 밝혔다.[190] 그는 이런 법률의 목적을 빈곤층을 보호하는 데 두었다. 소외 계층을 배려하겠다는 이 정책은 교황 레오 13세의 회칙에서 비롯된 것이다. 노동자들의 교황으로 알려진 레오 13세는 1891년에 〈레룸 노바룸〉(노동헌장)이라는 회칙을 내렸다. 레오 13세는 이 회칙에서 분배의 정의를 강조했다. 그는 통치자들의 의무 가운데 으뜸은 모든 시민 계층을 똑같이 보호하는 것이라면서 "노동자, 특히 가난한 대중을 이루는 임금노동자들을 특별히 지원해야 한다"고 지적했다.[191] 부자들은 자신의 재원으로 스스로를 보호할 수 있기에 공권력의 지원이 덜 필요하지만, 가난한 사람들은 자신을 보호할 수단이 없기 때문에 국가의 지원을 많이 받아야 한다는 것이다. 히메네스 페르난데스가 법안들을 발의하면서 고려한 점은 바로 레오 13세가 제시한 이러한 사회 회칙이었다.

히메네스 페르난데스는 1934년 10월에서 1935년 4월까지 6개월 남짓 재직했지만 갖가지 법안을 발의했다. 그 가운데 대표적 법안 세 가지는 윤테로와 소규모 경작자 보호법안과 소작법안, 소작지 소유 관련 법안이었다.[192]

먼저 히메네스 페르난데스는 윤테로들의 정착 계약 문제와 씨름했다. 당시 윤테로들은 자신들의 경작지에서 추방될 처지에 놓여 있었다. 지주들은 그들 나름대로 바다호스 주와 카세레스 주에서 상경하여 장관을 면담했다.[193] 문제의 시급성을 인식한 장관은 곧 윤테로와 소규모 경작자 보호 법안을 만들어 의회에 제출했다. 법안을 심의한 의회 농업위원회는 그 안을 본회의에 상정했다.

윤테로와 소규모 경작자 보호 법안은 지대 지불에 대해 토지개혁청이 보조 책임을 진다는 점과 비생산적으로 경작된 토지 및 면적이 20헥타르 미만인데도 전대차를 한 토지를 계약 연장에서 제외한다는 점을 주로 다루었다. 이것은 다시 말해서 경작 상태가 양호한 토지와 전대차를 하지 않은 토지의 경우에는 지주들이 계약을 연장해 주어야 한다는 내용이다.

법안 전문에 따르면 법안의 목적은 만성적인 실업 문제를 해소하는 것이었다. 토지 없는 이들에게 토지를 제공해 주면 실업 문제가 해소된다는 논리였다. 의회 본회의 심의에서 히메네스 페르난데스가 이 점에 관해 좀 더 자세히 설명했다.

노동자들이 지주들에게 바라는 것은 조그만 땅뙈기입니다. 지주들이 소유한 토지의 상당 부분은 경작되지 않고 있습니다. 그 토지 가운데 1파네가[194]나 2파네가, 3파네가, 4파네가, 5파네가를 실업자들에게 양도해 달라는 것입니다. 그것도 1년 내내가 아니라 몇 달 동안 말입니다. 그 땅에다 농사를 지어도 한 해를 먹고 살기에는 충분하지 않을 겁니다. 하지만 그들에게 도움이 되기에는 충분합니다.[195]

히메네스 페르난데스는 농업부 장관으로서 지주들을 설득하고, 만약 자신의 설득을 받아들이지 않는다면 법으로라도 강제하겠다고 강한 신념을 표시했다. 심지어는 자신이 재무부 장관이라면 지대 소득에 누진세라도 부과하겠다고 밝혔다.[196]

히메네스 페르난데스의 이러한 생각들은 앞서 언급한 대로 가톨릭교의 사회 교리에서 나온 것이다. 그는 11월 21일 의회 연설에서 소유권을 옹호했고 11월 27일 연설에서는 훨씬 더 자세히 언급했다. 그는 "공권력이 소유권을 무시할 수는 없지만 공동선의 필요에 따라 소유권 사용을 규제할 수는 있다"[197]면서 소유권에 대한 자신의 생각을 밝혔다.

소유권에는 개인적 요소와 사회적 요소가 있다고 알고 있습니다. 사회적 요소는 가족적 요소와 국가적 요소로 나뉘기도 합니다. 생산을 할 때는 개인적 요소를 우선해야 한다고 봅니다. 부와 재산을 유지하는 데는 가족적 요소를 중시하고 소비를 조절하는 데는 국가적 이익을 앞세워야 합니다. 이것이 명백한 법률의 테두리 안에서 시대와 장소와 시기의 상황에 따라 적용해 나가야 하는 일반 회칙입니다. 우리가 여기서 다루고자 하는 것은 바로 다양한 상황들입니다. 또한 소유권이 인간 고유의 권리로서 침해할 수 없는 것이라고 하더라도 소유권 사용은 제한할 수 있다고 봅니다. 그것을 제한할 경우를 세 가지만 말씀드립니다. 먼저 재산을 비생산적으로 내버려 두는 것은 정당하지 못합니다. (……) 생산적 의미나 모든 사람에게 도움이 되는 (……) 기능들을 고려하지 않고 재산을 축적하는 과도한 축재도 정당하지 못합니다. 마지막으로 (……) 정당하고 용인할 수 있는 경우에도 절실한 필요에 따라 소유권을 제약할 수 있습니다.[198]

그렇다면 침해할 수 없는 소유권을 상황에 따라 제한할 수 있다는 히메네스 페르난데스의 이런 생각이 반영된 법안에 대해 사람들은 어떤 반응을 보였을까? 농민당 당원들과 군주제파는 소유권을 무시하는 '혁명적'이고 '선동적'인 법에 의해 엑스트레마두라 목축업자와 지주들의 기대가 무너졌다고 한탄했다. 이를테면 농민당 의원 알바레스 라 라는 "엑스트레마두라 지주들의 기대를 저버렸고 경제적·농학적으로도 문제가 많다"며 법안을 비난했다. 전통파 의원 라마미에 데 클라이락은 토지를 바란다고 노동자들에게 토지를 주는 것은 불법이며 심각한 농촌 문제를 해결하기 위해 장관이 해야 할 첫 번째 일은 질서와 평화를 회복하고 자본에 안전을 보장해 주는 것이라고 말했다.[199] 특히 군주제파는 아무것도 가지지 않은 자들은 자신들에게 아무런 의미도 없다면서 경작자 보호에 난색을 표시했다.[200] 심지어는 히메네스 페르난데스가 속한 정당 안에서도 지주들을 홀대해서는 안 된다고 지적하는 의원들이 있었다.[201]

한편 급진공화당원들은 농업부 장관의 방안을 적극 지지했다. 전 농업부 장관 시릴로 델 리오는 '진정으로 정의에 이바지하는' 방안이라면서 히메네스 페르난데스의 법안을 환영했다.[202] 법안은 결국 1934년 12월 20일에 찬성 203표, 반대 30표로 통과되었다.

히메네스 페르난데스가 다음으로 처리해야 할 문제는 소작법안이었다. 이것은 1934년 초에 전임 장관이 의회에 제출한 법안이었다. 이 안을 의회 농업위원회가 검토한 뒤 농업위원회 안을 마련했다.[203] 시릴로 델 리오 안과 농업위원회 안을 검토한 히메네스 페르난데스는 전자가 소작인 위주로 치우친 데 반해 후자는 지주 쪽으로 치우쳤다고 판단하고 두 안을 상호 절충한 새로운 법안을 만들었다.[204] 그리고 그 안을 농업위원회 안에 대한 개인 안의 형태로 1934년 12월 4일에 의회에 제출했다.

히메네스 페르난데스는 자신의 안이 '사회정의에 대한 대중의 갈망을 반영'한 것이라고 설명했다.[205] 그는 토지가 지대를 거둬들이는 수단이 되어서는 안 되고, 경작자들에게 토지를 제공해서 소토지 소유자를 늘리고 소작인들이 사라지게 해야 한다고 말했다.[206] 그는 이를 위해서 원안 가운데 일부 내용을 수정했다. 하지만 히메네스 페르난데스 안이 원안과 석잖은 부분이 유사했다. 카사누에바 의원의 지적에 따르면, 전체 70개 조항 가운데 60개 조항이 농업위원회 안과 동일했다.[207] 히메네스 페르난데스 안의 주된 특징은 지대 규제 선언과 소작 등록의 개선, 지주 가족들의 경작권 확대에 있었다. 전대차는 여전히 금지되어 있었고 계약은 최소 6년이었으며, 지주 가족들이 농장을 직접 경작하겠다는 경우를 제외하면 계약 기간을 무기한 연장할 수 있었다.[208]

법안 심의는 1934년 12월 5일에 시작되었다. 처음부터 심각한 논란이 벌어졌다. 극우 세력은 물론 에스파냐자치우익연합의 일부 의원들도 반대하고 나섰다. 히메네스 페르난데스 안을 가장 격렬하게 반대한 사람은 전통파 의원 라마미에 데 클라이락이었다. 그는 소작인들이 없어서는 안 될 계층이라고 말했다. 노동자들이 소유자가 된다 하더라도 소작 과정을 거쳐야 한다는 이유 때문이었다. 따라서 사회주의자들처럼 소작제를 폐지해야 한다고 주장하는 것은 토지 소유권을 폐지하겠다는 말과 같다고 강조했다.[209] 히메네스 페르난데스 안의 기본 정신에 대해 제일 크게 반발한 세력은 농업위원회였다. 갈등은 특히 소작분쟁조정위원회와 분익소작 계약을 둘러싸고 발생했다. 여기서 특이한 점은 농업위원회에 히메네스 페르난데스가 속한 정당의 주요 인사들이 참여하고 있었다는 사실이다. 지주이자 공증인이던 칸디도 카사누에바 의원이 농업위원회 위원장으로 참여하고 있었고, 가톨릭농민연합의 주요 지도자 마테오 아스페이티아와 농장주연합회 대표 로드리게스 후라도가 위원으로 참여하고 있었다. 히메네스 페르난데스 안은 이처럼 당내 주요 인사들의 지지도 받지 못했다.

히메네스 페르난데스는 12월 12일에 의회에서 자신이 제출한 안의 취지에 관해 연설했다. 그는 이 연설에서 낡은 개인주의 개념과 불합리한 사회주의 개념을 제도 개념과 정의 개념으로 대체하는 데 안의 본질이 있다고 밝혔다.[210]

저는 사람들이 주장하는 단순한 개인적 권리에도 반대하고 실제적인 과세에도 반대합니다. 소작 계약이 개인의 권리라고 하는 주장은 경제적 자유주의에 해당합니다. 생존경쟁에서 겪는 온갖 폐단이 모두 여기에서 비롯된다고 봅니다. 수요 공급의 법칙이 도덕이 배제된 채 생존경쟁으로 변질되기 때문입니다. 제가 이 주장에 반대하는 이유가 여기에 있습니다. 저는 영속적이고 영구적인 부담을 지우는 과세 개념에도 반대합니다. 이것은 사회주의자들이 주장하는 개념입니다. 이것은 인간의 자유를 부정하고 자유로운 개성의 발현을 방해하며, 서구 문명을 소련의 우울한 생활양식으로 변질시키는 개념입니다. 요컨대 저는 소작 문제에 대해서 법률적 제도라는 복합 개념을 지지합니다.[211]

여기서 히메네스 페르난데스가 얘기하는 정의 개념은 법률적 제도 개념과 다르지 않다. 그렇다면 법률적 제도 개념이란 무엇일까? 법률적 제도는 골격을 둘러싸고 있는 근육과도 같은 개념이다. 소작을 둘러싸고 있는 법률관계 전체를 일컫는다. 히메네스 페르난데스는 아리송하게도 이 개념을 개인 권리를 제한하는 보수주의 개념도 아니고 개인 권리를 폐지하는 개념도 아니며 정신을 되살리는 개념이라고 했다.[212] 여기서 정신을 되살린다는 말은 당시 사법에 나타난 새로운 경향으로서 정신적 권리의 개념을 지향한다는 뜻이다.[213]

히메네스 페르난데스는 이런 개념을 내세우면서 지대 문제나 계약 기간 문제를 다루었다. 지대와 관련해서는 경제적 자유주의에서 생겨난 자유 지대와 사회주의적 국가주의에서 나온 평가 지대, 그리고 규제 지대라는 세 종류가 있는데 자신은 규제 지대를 선호한다고 말했다. 그것이 교회법학파의 경제 개념, 곧 평가 개념을 잘 반영한다는 이유에서였다. 계약 기간은 최소 6년을 설정했다. 지주에게 자신의 토지를 경작할 권리를 보장해 주기 위하여 계약 기간을 무기한 연장하지는 않았다.[214]

농업부 장관은 법안의 취지를 유지하기 위하여 열정적으로 활동했으며, 반대를 누그러뜨리고 법안이 지체되지 않도록 야간 심의를 요청하기도 했다. 장관의 안을 지지한 사람이 없었던 것은 아니다. 전임 장관 시릴로 델 리오와 급진공화당의 알바레스 멘디사발, 레온 지역 에스파냐자치우익연합 의원 알바레스 로블레스가 주요 지지자들이었다. 의회 밖에서는 국민행동청년단이 "국민행동의 정신을 구현할 진정한 대변자"라며 장관을 영웅으로 치켜세웠다.[215] 전국농민연맹과 소토지 소유자들도 장관의 안을 열렬히 지지한 것으로 보인다.[216]

하지만 힐 로블레스를 비롯한 에스파냐자치우익연합 의원 대다수는 대지주들의 이익을 앞세웠다. 히메네스 페르난데스 문서보관소에 소장된 장관 업무 관련 자료들을 분석해 보니 힐 로블레스가 보낸 청원 가운데 절반 이상이 상급 귀족 지주들과 관련된 사안이었다.[217] 히메네스 페르난데스의 사회 입법을 강력하게 반대한 농장주연합회는《아베세》와《인포르마시오네스》를 통해서 반대 여론을 조성하는 데 중대한 역할을 했다.[218]

이런 반대에 봉착한 법안의 주요 내용이 결국 수정되었다. 계약 기간이 최소 6년에서 4년으로 줄고 부동산 임대료가 과세대상 소득에서 제외되었다. 분쟁조정위원회가 사라지고 지역위원회가 그 기능을 대신하게 되었다. 이런 수정을 거친 법안이 1935년 3월 14일에 찬성 189표, 반대 38표로 통과되었다.[219]

셋째로, 소작지 소유 관련 법안이다. 농업부 장관은 사실 소작법과 소작지 소유 관련법을 동시에 공포하려고 했다. 소작법이 먼저 제정되고 소작지 소유 관련법이 나중에 제정되면, 후자의 혜택을 받을 사람들이 그 법이 제정되기 이전에 소작법에 따라 소작지에서 추방당할 수도 있다고 판단했기 때문이다.[220]

소작지 소유 관련 법안이 1934년 12월 4일에 각료회의를 거쳐 같은 날에 의회에 제출되었다. 간단한 전문과 15개 조항으로 이루어진 법안의 목표는 토지를 재분배하는 데 있었다. 다시 말하면 일정한 기간이 지난 뒤에는 농장을 경작하는 소작인에게 농장 소유자가 될 수 있는 길을 열어 주었다.[221] 좀 더 구체적으로 말하면 1931년 4월 14일을 기점으로 소작인이 토지를 경작한 지 12년이 되면 자신이 경작한 토지의 소유주가 될 수 있다. 이때 소작인은 지주와 합의 하에 정당한 토지 가격을 지불해야 한다. 소작인과 지주가 가격에 대해 합의를 보지 못하게 되면 조정위원회가 가격을 결정한다. 지불은 즉시불이나 연부로 할 수 있고 거래 금액이 2만5천 페세타를 넘지 않을 경우에는 세금을 면제해 준다.

이 법안에 대해 군주제파는 농학적 입장이나 정치적 입장에서 비판을 제기했다. 마우라는 이 안을 두고 "그 누구에게도 유익하지 않고 에스파냐를 파멸로 몰아넣는, 토지가격을 하락시키는 불합리한 정책"이라고 개탄했다.[222] 에스파냐자치우익연합 내의 우익들도 반대 입장을 표시했다. 전국농장주연합회는 물론이고 카탈루냐의 산이시드로농업연구소 같은 단체들도 반대 의사를 나타냈다.[223] 농민당과 카탈루냐연맹, 마우라계 의원들, 급진공화당 내의 일부 의원들도 법안에 반대했다. 이들은 히메네스 페르난데스 장관을 '비겁한 볼셰비키'라고 부르기까지 했다. "손에 회칙을 들고 토지를 빼앗는다면 우리는 차라리 이교도가 되겠다. 토지를 수용하려는 데 있어서 적어도 사회주의자들이 당신보다는 솔직하다"고 말하는 의원도 있었다.[224] 장관을 지지한 사람들은 에스파냐자치우익연합 내의 일부 중도파와 좌파, 급진공화당 내의 좌파, 그 밖에 의회에 남아 있던 몇 안 되는 좌파 의원들뿐이었다.[225]

의회는 3월 12일까지도 이 법안을 다루지 않았다. 소작법을 우선시하는 분위기 속에서 보수 세력의 배타적 태도에 부딪쳐 법안 처리가 지지부진해졌다.[226] 이후 카스티야 대지주들의 이익을 대변하는 니카시오 벨라요스가 농업부 장관이 되자 소작지 소유 관련 법안은 결국 폐기되고 말았다.

이상에서 히메네스 페르난데스가 추진한 토지 문제 해결 시도 세 가지를 살펴보았다. 윤테로와 소규모 경작자 보호 법안과 소작법안, 소작지 소유 관련 법안이 그것이다. 우리는 여기서 그의 토지 정책을 엿볼 수 있었다. 그는 친절하게도 자신의 토지 정책의 줄기를 이렇게 밝혔다. "토지는 소유자의 노동 수단이 되어야 한다. 물론 소유자가 미망인이거나 미성년자라서 경작할 수 없을 때는 토지를 임대할 수 있다."[227] 그는 공화정 처음 2년으로 돌아가고 싶어 하지도 않았고 그렇다고 해서 공화정 수립 이전 시기로 돌아가고 싶어 하지도 않았다.

공화정 처음 2년은 파국을 낳았고, 공화정 수립 이전 시기는 공화정 처음 2년을 초래한 원인이라고 보았기 때문이다. 히메네스 페르난데스는 가톨릭 교리를 실현하고자 했다. 가톨릭 교리는 "얼굴에 땀을 흘려야 먹을 것을 먹으리니. 누구든지 일하기 싫어하거든 먹지도 말게 하라"(창세기 3장 19절과 데살로니가후서 3장 10절)는 성경 구절에 잘 나타나 있다. 노동을 강조한 구절이다. 히메네스 페르난데스는 이를 위해서 소토지 소유를 장려하고자 했다.

히메네스 페르난데스의 소토지 소유 장려 정책은 소농연맹의 환영을 받았고 가톨릭 기관지 《엘 데바테》의 지지를 받았다. 하지만 대지주들은 달랐다. 그들은 히메네스 페르난데스의 정책에 반기를 들었다. 반기를 든 인물 가운데 상당수는 에스파냐자치우익연합 내의 우파 의원들이었다. 의회 밖에서는 에스파냐자치우익연합 회원들이 지도하는 사용자 단체들이 장관의 정책에 반대 운동을 벌였다. 히메네스 페르난데스는 이처럼 의회 안팎에서 소속 정당 관계자들의 반대에 봉착했다. 소속 정당 내에서 그를 지지한 세력은 몇몇 개혁주의자들뿐이었다.[228]

여기서 알 수 있다시피, 에스파냐자치우익연합은 소수의 개혁 세력과 다수의 반개혁 세력으로 나뉘어 있었다. 이러한 내분 문제를 해결할 열쇠를 쥐고 있는 인물은 당 대표 힐 로블레스였다. 하지만 힐 로블레스는 침묵으로 일관했다. 이 시기에 그가 왜 침묵했을까? 어째서 히메네스 페르난데스를 지지하지 않았을까? 이에 대해 에스파냐자치우익연합을 연구한 호세 라몬 몬테로 히베르트는 당의 공식 분열을 방지하고자 한 데서 힐 로블레스가 침묵한 이유를 찾았다. 힐 로블레스가 정책 강령과 일치하는 정책에 손을 들어 주기보다 보수반동 의원들의 비판에 귀를 기울였다는 지적이다.[229] 하비에르 투셀과 호세 칼보는 시간의 흐름에 따라 나타난 히메네스 페르난데스와 힐 로블레스의 관계 변화에 주목했다.[230] 이들의 연구에 따르면 두 사람의 관계가 초기에는 긴밀했다. 이때는 장관이 힐 로블레스의 지원을 받는 데 문제가 없었다. 하지만 몇 달 지나면서 두 사람의 관계가 악화되었다. 관계가 나빠지게 된 핵심 요인은 히메네스 페르난데스가 세비야 국민행동 출신 정치인이나 지도자들과 부딪치면서 생겨난 갈등에 있었다. 시간이 흐르면서 힐 로블레스가 당내 보수 세력의 주장에 귀를 기울이기 시작하고 히메네스 페르난데스의 정책을 지지하는 데는 주저했다. 그러다가 결국 히메네스 페르난데스에 대한 지지를 철회하고 대지주들의 이해관계를 대변하는 니카시오 벨라요스를 장관 자리에 앉혔다.

6. 1932년 토지개혁법의 개정

히메네스 페르난데스는 이상에서 살펴본 토지 관련 입법을 추진하면서 토지개혁의 대안을 모색하기도 했다. 그가 토지개혁에 대한 견해를 밝힌 것은 1934년 12월 12일이었다. 이날 의회 의사록 편집자와 나눈 대담[231]에서 토지개혁은 필수라고 강조했고, "에스파냐자치우익연합 정책 강령의 정수에 해당하는 사회정의의 원리를 에스파냐 농촌에 실천하는 길이 토지개혁"이라고 주장했다. 그러면서도 그는 토지개혁의 효율성을 높이고 농촌의 현실에 맞게 토지개혁법을 수정해야 한다고 보았다. 토지개혁법의 개정 작업에 대해서는 그 뒤로도 몇 차례 더 언급했다. 1935년 1월 1일에는 토지개혁의 개혁 안을 거의 마무리했다고 밝히고, 개혁의 기본 방침 다섯 가지를 이렇게 정리했다.[232]

1. 수용 대상 토지대장에서 소규모 토지 제외
2. 개인 소유 토지 면적의 상한선 설정과 개인 소유 단일 농장의 최대 면적 설정. 전국에 걸쳐 소유한 토지 소유 총면적이 더 많은 소유자의 농

장 우선 수용.

3. 8월 10일 음모에 연루된 사람들에 대한 토지 몰수 규정과 같은 징벌 성
   격의 행정명령 폐지

4. 토지개혁의 지역화와 적용 범위의 구체화

5. 사회적 유용성을 위한 수용과 보상금 지불

여기에는 소토지 소유를 장려하겠다는 뜻이 명확히 드러나 있다. 자신의 말마따나 히메네스 페르난데스는 이런 방침을 골자로 하는 토지개혁법 개정법안을 만들고자 했다. 하지만 법안은 마련되지 않았고 법안의 초안이 히메네스 페르난데스 문서보관소에서 발견되었을 뿐이다.[233] 이 자료에 따르면 소작법 심의가 끝나는 3월 말경에 법안을 의회에 제출하려고 했던 것으로 보인다. 하지만 그는 개정법안을 제출하지 않았다.

이런 가운데 1935년 5월에 니카시오 벨라요스가 농업부 장관에 취임하면서 토지 정책의 주도권은 이제 신임 장관에게 넘어갔다. 농민당 의원이던 니카시오 벨라요스는 지주로서 토지개혁 반대론자였다. 언론인이자 역사가인 헤수스 파본이 지적한 바에 따르면, 니카시오 벨라요스의 토지 정책은 히메네스 페르난데스가 추진해 온 정책과 양립할 수 없는 것이었다.[234] 더욱이 니카시오 벨라요스가 입각할 무렵 알레한드로 레룩스가 대규모 개각을 단행했는데, 에스파냐자치우익연합 당원 다섯 명이 입각했다. 따라서 당시 레룩스 정부는 제2공화정 시기에 구성되었던 정부들 가운데 가장 우파적이었다. 그 덕분에 지주 과두 세력이 국가의 주요 기관들마저 장악할 수 있었다.[235]

1932년 토지개혁법의 개정 작업에 박차를 가하게 된 배경은 이러했다. 이미 일부 인사들이 의회에 개정안을 제출하기도 했다. 힐 로블레스가 1934년 2월에 제출했고 시릴로 델 리오도 1934년 10월에 온

건한 성격의 개정안을 제출했다. 농민당 대표 마르티네스 데 벨라스코도 1934년 1월에 안을 만들어 그해 11월에 제출했다.

한편 전국농장주연합회는 1935년 여름이 오기 전에 반개혁법을 통과시키기 위한 작업을 추진했다. 그 일환으로 알레한드로 레룩스와 힐로블레스, 마르티네스 데 벨라스코를 방문했다. 6월 19일에는 토지개혁법 개정 심의를 서둘러 달라는 제안서를 의회 위원회에 제출했다. 50명에 달하는 의원들이 이 제안서에 연대 서명을 했다.[236]

7월 3일에는 신임 농업부 장관 니카시오 벨라요스가 1932년 토지개혁법을 일부 수정하는 개정안을 의회에 제출했다.[237] 이 개정안은 의회 농업위원회를 거쳐 7월 5일에 본회의에 상정되었다.[238] 농업위원회가 개정안을 검토하는 데는 이틀밖에 걸리지 않았다. 보수주의자들이 농업위원회를 장악했기 때문이다.

본회의에 회부된 농업위원회 안에 대한 심의가 7월 20일에 시작되어 7월 26일에 끝났다. 개정법안을 심의하는 데는 엿새밖에 걸리지 않았다. 이렇듯 신속하게 심의가 진행된 것은 아마도 의회 내에 법안 반대 세력이 거의 없었기 때문일 것이다. 1934년 10월 이후로 사회노동당 의원들이 의회 등원을 거부하고 있었다.

7월 24일까지 진행된 전문 심의에서 농민당 의원 아돌포 로드리게스 후라도는 "제헌의회 입법이 낳은 가장 큰 해악을 개정하려는" 것이라며 농업위원회 안을 옹호했다.[239] 오노리오 마우라 의원을 비롯한 군주제파 의원들은 다소 불만을 표시하면서도 전반적으로 법안에 반대하지는 않았다.[240] 카탈루냐연맹 의원 플로렌사는 경제와 정의에 해악을 끼친 부당한 점들을 개정하려는 것이라며 장관의 안을 지지했다.[241] 농업부 장관은 의회 연설에서 이른바 토지개혁법이 소유의 가치를 떨어뜨렸고 농촌을 황폐화시켰다고 지적했다. 그러면서 자신의 안이 "우파의 방안도 아니고 좌파의 방안도 아니며, 오직 정의를 세우는 방안

이고 피해를 가로막고 파국을 피하는 방안일 뿐"이라고 강조했다.[242]

급진공화당 의원들은 의견이 엇갈렸다. 알칼라 에스피노사와 블랑코 로드리게스 같은 의원들은 개정안을 지지했고 알바레스 멘디사발, 삼페르, 디에스 파스토르 같은 의원들은 반대했다.[243] 전 농업부 장관 시릴로 델 리오는 개정안에 강하게 반발했다. 그는 개정법안이 "토지개혁의 개혁안이 아니라 토지개혁을 뒤집는 안이거나 아니면 적어도 1932년 9월 15일 법을 전면 폐기하자는 안"이라고 보았다.[244] 산체스 알보르노스 의원은 공화좌익의 이름으로 시릴로 델 리오의 지적에 공감을 표시했다. 겉으로 보기에는 중요한 변화가 거의 없어 보이지만 그 이면에는 토지법을 폐기하려는 의도가 있다고 지적했다.[245] 흥미롭게도 유일한 팔랑헤 의원인 호세 안토니오 프리모 데 리베라도 좌파 의원들과 견해를 같이했다. 그는 "이것은 토지개혁이 아닙니다. 토지개혁을 폐지하겠다는 것입니다"라고 밝혔다. 이러한 비판은 평소의 소신에서 나온 것이었다. 그는 에스파냐에 토지개혁이 필요하고 토지개혁은 토지 분할이나 라티푼디움 분배, 미니푼디움 병합보다 훨씬 더 광범위하게 이루어져야 한다고 주장했다.[246]

전문 심의가 끝난 뒤 7월 25일 아침에 농업위원회는 회의를 열고 조문 가운데 일부를 수정했다. 이날 오후 좌파 의원들, 곧 공화좌익, 공화연합, 민족공화당 소속 의원 20여 명이 의사당을 떠났다. 이들을 대표해서 산체스 알보르노스 의원이 성명을 발표했다.[247]

우리는 이틀 밤낮을 이곳에 출석했습니다. 그리고 정부 안이 토지개혁 폐지를 의미한다는 사실을 이유를 들어 진지하게 설명했습니다.

우리의 주장이 일부 의원들의 지지 발언, 나아가 의원들 사이에 반향을 일으킬 것이라고 기대하기도 했습니다. 하지만 불행하게도 우리의 바람은 물거품으로 돌아갔습니다. 오늘 오후에 우리는 의회 다수파 의원들의 의도가 무엇인지 알게 되었고, 우리의 노력이 아무런 쓸모가 없다는 사실을 깨닫게 되었습니다. (……)

다시 말씀드리지만, 우리 세 정당은 우리의 노력이 아무런 쓸모가 없다는 사실을 깨닫게 되었습니다. 이제 우리의 주장을 되풀이하지 않겠습니다. 에스파냐 대공 귀족과 지주들에게 보상을 해준다면 우리 사회와 공화국이 시급하게 요청하고 있는 (토지개혁)법을 시행할 수 없습니다. 뿐만 아니라 여러분들이 토지개혁의 핵심 내용을 개정하려고 합니다. 여러분들은 우리가 본질적이라고 생각하는 이 내용, 곧 개정안과 수정안을 고집하기로 합의했습니다. 여기서는 우리가 할 일이 아무것도 없다고 생각합니다.

이러한 몇몇 의원들의 위협에도 나머지 의원들은 꿈쩍도 하지 않았다. 보수공화당의 미겔 마우라 의원은 이들 공화 좌파 의원들을 향해 "그것은 여러분들의 권리를 포기하는 행위"라고 비꼬았다.[248] 급진 공화당의 이글레시아스 암브로시오 의원은 법안 심의를 거부하는 과격하고 무질서한 행위는 정당화될 수 없다고 비판했다.[249] 에스파냐자치우익연합 의원들은 정치의 연속성을 깨뜨리고 의회의 본질을 망각한 비민주적이고 비의회적인 처사라고 비난했다.[250] "여러분은 여러분의 관점을 고수하세요. 우리는 우리의 관점을 지키겠습니다. 의회라면 전 세계 어디에서나 그러하듯이 심의는 언제나 표결로 끝나게 됩니다"라면서 회의장을 떠날 테면 떠나라고 했다. 그래도 자신들의 입장에는 변함이 없다고 덧붙이면서.[251]

이들 의원들이 의사당을 떠나자 법안은 순조롭게 처리되었다. 찬반을 거수로 표결했고 법안이 통과되었다. 개정된 법이 1935년 11월 19일자 《관보》에 게재되었다.

이렇게 통과된 1935년 '토지개혁의 개혁'법은 어떤 의미를 지니고 있을까? 먼저 수용 대상 토지에서 루에도 조항과 소작을 준 소토지가 삭제되었다. 그리고 에스파냐 대공 귀족이 소유한 토지를 수용하는 조항도 삭제되었다. 가장 큰 변화는 수용 대상 토지 목록을 폐기한 것이었다. 이제 자녀나 친척, 명의인에게 토지를 양도하면 개혁법 적용을 받지 않을 수 있게 되었다.

다음으로 이보다 더 큰 변화가 보상 원칙에서 나타났다. 몰수 조치가 폐지되고 과세대상 소득액을 기준으로 마련한 조견표에 따라 보상액을 결정하지 않아도 되었다. 지주들은 이제 시장가격보다 높은 액수를 보상받을 수 있게 되었다. 이러한 조치들로 수용 비용이 급등하게 되었다. 하지만 토지개혁청 예산을 최대 5천만 페세타로 제한했다. 이것은 사실상 그 어떠한 형태의 개혁도 바라지 않았음을 의미한다.[252]

하지만 1935년 법에는 혁명적 의미를 함축하고 있는 규정도 있다. '사회적 유용성'에 따른 농장 점유권을 국가에 부여한 것이다. 국가는 사회적 유용성을 근거로 규모나 상태에 관계없이 아무 농장이나 수용할 수 있게 되었다. 이 조항은 혁명적 활동의 법적 근거가 될 수 있다.

그러나 마누엘 투논 델 라라의 말마따나, 1935년 법은 기본적으로 개혁을 이유로 지주가 최소한의 피해도 입지 않게 한 법이다.[253] 안토니오 라모스 올리베이라가 이 법을 서슴지 않고 '토지 과두 세력의 토지개혁'이라고 부른 이유도 여기에 있다.[254]

1935년 법이 존속한 기간은 길지 않았다. 1936년 7월에 내전이 발발했으니 반년 정도 존속한 셈이다. 이 기간에 이 법으로 수용된 농장도 없었고 새로 마련된 가족 자산도 없었으며 소작인이 소유자가 된 사례도 없었다.[255] 한 가지 업적이 있다면 토지개혁청을 재정비한 일일 것이다. 재정비를 통해 사회주의자들을 토지개혁청 업무에서 배제했다.

토지개혁법 개정 움직임이 있던 이 시기에 사회주의자들이나 극좌파 세력은 이렇다 할 대응을 하지 않았다. 주된 이유는 아마도 1934년 10월 이후 계속된 탄압에 있을 것이다. 사회주의자들은 특히 심한 내홍도 겪었다. 라르고 카바예로를 따르는 젊은 지식인들이 1935년 7월에 당 기관지 《엘 소시알리스타》의 '개혁주의'에 반기를 들고 새로운 주간지 《클라리닷》을 창간했다.[256] 《클라리닷》에 따르면, 1935년 9월에 농업 노동자들이 노조를 조직하는 데 심혈을 기울이고 있었다. 시우닷레알과 그라나다에서 각각 지방대회를 개최한 에스파냐농업노동자연맹은 와해된 조직을 재건하는 데 주력하고 있었다.[257]

5장

변혁의 물결

대지주가 토지를 소유하는 이유는 무위도식하기 위해서이거나 아니면 농촌 노동자를 노예로 삼기 위해서이다. (……) 따라서 농업 경제가 압도적인 우리나라에서는 농민들을 정치적으로 지배하는 수단이자 그들을 비참하게 만드는 요인인 엄청난 규모의 대토지 소유를 해체하지 않는다면 정치사회적으로 어떤 개혁을 시도한다 해도 성공을 거둘 수 없다.

— 리카르도 사발사(에스파냐농업노동자연맹 대표)

1. 인민전선 결성[1]

정치적 성격이 다른 정당들이 선거연합을 결성할 수 있을까? 대답은 간단하다. "그렇다." 제2공화국을 출범시킬 당시에 이미 공화주의 계열의 여러 정당들과 사회노동당이 선거연합을 이룬 적이 있다. 제2공화국 마지막 단계에서도 그랬다. 이때는 선거연합에 공산당도 가세한다. 이른바 인민전선을 결성한 것이다.

에스파냐 인민전선과 관련해 흔히 제기하는 질문은 정치적 이념이 다른 정당들이 어떻게 연합했을까 하는 것이다. 이 질문에 대한 답은 대강 세 가지로 압축할 수 있다. 공산당 역할론과 마누엘 아사냐 역할론, 라르고 카바예로 역할론이 그것이다.

인민전선이 등장했을 무렵은 물론이고 1960년대까지만 해도 공산주의자들이 주도적 역할을 했다는 데에 별다른 이의가 없었다. 공화주의자들과 중도파 사회주의자들이 선거연합을 제의했지만 라르고 카바예로를 비롯한 좌파 사회주의자들이 이를 받아들이지 않았다. 그런데 얼마 후 좌파 사회주의자들이 선거연합 제의를 받아들였다. 그들이 이 제의를 받아들인 이유는 공산당이나 코민테른[2] 대표들이 행사한 압력 때문이었다. 당시에는 이것이 일반적 주장이었다.

이런 주장이 일반화된 데는 공산주의 역사 서술의 영향이 컸다. 에스파냐공산당 서기장을 역임한 돌로레스 이바루리가 세 권으로 편찬한 에스파냐 내전 관련 서적[3]과 1968년에 행한 강연에서 에스파냐공산당이 1935년 여름 이후 단독으로 인민전선 창설을 주도했다고 주장했다. 이 주장은 모든 사람들이 받아들일 정도로 역사적 선전 효과가 컸다. 프랑코도 예외가 아니어서 이 주장을 받아들였다.[4]

이런 인식을 보편화하는 데 영미 역사가들도 한몫 거들었다. 에스파냐 내전사를 쓴 휴 토머스는 "라르고 카바예로를 설득하기 위해 프랑스 공산당 지도자 자크 뒤클로가 에스파냐에 갔다"고 주장했고, 폴 프레스턴이나 E. H. 카도 그와 유사한 주장을 했다.[5] 흥미롭게도 에스파냐 우파 역사가들 가운데 적잖은 수가 이런 관점에 관심을 보였다.[6]

이런 공산당 역할론에 강한 이의를 제기한 사람은 뜻밖에도 프랑코주의 역사가 리카르도 델라 시에르바였다. 정보관광부 내 역사연구실장을 맡으면서 자료 접근이 자유로웠던 리카르도 델라 시에르바는 프랑코에게 제출한 조사 보고서에서 돌로레스 이바루리와 완전히 다른 결론을 내렸다. 인민전선의 기원과 초기 발전에 공산주의자들이 영향을 미치지 않았다는 것이다. 1934년 10월 이후 마누엘 아사냐와 인달레시오 프리에토가 서신을 주고받는 과정에서 인민전선을 구상하게 되었다는 것이다. 1935년에 이 구상이 진전을 보였지만 공화주의자들과 사회주의자들이 공산주의자들의 가입을 반대했다. 1935년 여름에 반파시즘 운동의 일환으로 코민테른이 인민전선 구상을 제시하기는 했지만, 이것은 아사냐와 프리에토의 생각을 표절한 것이다. 좌파의 반대에 부딪친 공산주의자들이 인민전선에 가입한 것은 막바지에 이

르러서였다. 이 보고서의 내용을 받아본 프랑코는 그제야 자신의 생각을 바꾸었다.[7]

리카르도 델라 시에르바는 공산주의자들의 역할은 극히 미미했고 그 영향도 카바예로계 사회주의자들을 통한 간접적인 것에 불과했다고 주장했다. 그는 인민전선이 마누엘 아사냐와 인달레시오 프리에토의 지원이 결합되어 생겨난 산물이라고 보았다.[8] 이것이 앞서 언급한 '아사냐 역할론'이다.

리카르도 델라 시에르바에 뒤이어 산토스 훌리아도 '공산당 역할론'에 의문을 제기했다. 에스파냐 인민전선의 기원을 연구한 산토스 훌리아는 결론으로 네 가지 테제를 제시했다.[9] 첫째로, 1935년 당시 인민블록이나 인민전선이 에스파냐 공산주의자들의 우선적 관심 사안이 아니었다. 둘째로, 사회주의자들, 특히 라르고 카바예로가 공산주의자들과의 행동 통일 정책을 확고하게 거부했다. 셋째로, 사회주의자들은 공산주의자들과의 노동전선이 와해되었더라도 공화주의자들과 선거연합을 구성했을 것이다. 넷째로, 당내 중도파와 결별한 라르고 카바예로가 자신의 입장을 강화하기 위해 새로운 공화-사회주의 연합에 공산주의자들과 노동자 집단의 참여를 요구했다. 이상의 테제를 분석하면서 산토스 훌리아는 라르고 카바예로를 비롯한 사회노동당 좌파가 공산주의자들의 압력 때문에 인민전선 협정에 가담했다는 주장은 그 반대로 바뀌어야 할 것이라고 결론을 내렸다. 다시 말해서 라르고 카바예로를 비롯한 사회노동당 좌파의 요구로 공산당이 선거협정에 참여하게 됐다는 것이다. 이것이 '라르고 카바예로 역할론'이다.

그렇다면 도대체 어느 주장이 일리가 있는 걸까? 1934년 말에서 1936년 초에 이르는 인민전선의 성립 과정을 찬찬히 되짚어 보자.

앞장에서 살펴보았다시피 공화·사회 연립정부가 토지개혁에서 이렇다 할 성과를 내지 못했다. 그러자 아나키스트들이 파업을 주도하기 시작했고 그에 따라 경찰도 탄압을 강화해 나갔다. 농업 노동자들은 공화국에 실망을 금하지 못했고, 사회주의자들은 정부가 과거의 어느 정부에 못지않게 노동자들의 바람에 적대적이라는 사실을 깨달았다. 이에 사회노동당은 1933년 11월 총선에 독자적으로 출마했다. 그 결과, 다수 득표 집단에 의석을 몰아주는 선거법의 혜택을 받지 못했다. 선거 결과, 통치권이 급진공화당의 알레한드로 레룩스가 이끄는 중도 우파 연립정부로 넘어갔다.

중도우파 연립정부의 목표는 앞선 공화정 2년의 개혁을 중단하거나 후퇴시키는 것이었다. 게다가 최대 정당인 에스파냐자치우익연합 대표 힐 로블레스는 오스트리아 독재자 돌푸스를 추종하는 인물이었다. 사정이 이렇게 돌아가자 자유주의적 중산계층과 노동자들 사이에 파시즘에 대한 우려가 확산되었다. 공화주의 정당들과 사회노동당 지도자들이 1934년 10월 4일에 에스파냐자치우익연합 당원 세 명이 내각에 들어간 사건을 파시즘 수립의 전조로 받아들인 것은 바로 이러한 배경에서였다. 이런 조처를 취한 알칼라 사모라 대통령에게 사회노동당 의원들은 물론이고 아사냐를 비롯한 공화주의 지도자들도 경고 메시지를 보냈다. 사회주의 노조 노동자총연맹은 총파업을 지시했다.

성급하게 추진한 파업은 대부분 실패로 돌아갔고, 에스파냐 북부의 아스투리아스 지방에서만 일시적 성공을 거두었다. 공산주의자들과 아나키스트들까지 가세한 아스투리아스 코뮌도 아프리카에서 불러온 무어인 부대와 외인부대에게는 속수무책이었다. 주동자들은 물론이고 관련이 없는 사람들도 정부가 단행한 투옥과 탄압에 희생이 되었다. 이것이 1934년 10월 봉기의 결과였다.

이런 배경 속에서 공산당이 사회노동당에 '조직 연대'를 제의했다. 공산당은 1934년 10월에 특별한 목표를 세웠다. 그 목표는 사회주의 노동자들과 조직 연대를 구축하는 것이었다. 한마디로 말해서 '다른 부류의 혁명적 노동자들'을 공산당으로 끌어들이자는 것이었다.[10] 10월 봉기 이후 지도부를 잃고 흩어져 있던 사회주의 노동자들을 공산당에 포섭하고자 한 것이다. 조직 연대란 결국 고립된 소수 정당을 벗어나 대중정당으로 거듭나고자 한 공산당의 자구책이었던 셈이다.

공산주의자들이 사회주의자들과 조직 연대를 구축하는 방식에는 크게 두 가지가 있었다. 우선 협정을 통해 사회노동당 지도부와 관계를 맺는 방법이다. 이를 위해서 두 정당 사이에 통합위원회를 운영하거나 기존의 노동자동맹 조직을 강화할 필요가 있었다. 하지만 이러한 지도부 중심의 관계 개선 작업이란 사회노동당 지도부가 공산당 지도부와 협정을 체결할 필요성을 느끼지 않는다면 그만이었다. 사회노동당 지도부가 이 필요성을 느끼게 하기 위해서는 아래로부터의 압력이 필요했다. 공산당 중앙위원회가 공장위원회와 농장위원회, 구역위원회 창설을 준비한 이유가 여기에 있다.[11] 요컨대 위로는 통합위원회를 가동하고 아래로는 공장위원회나 구역위원회를 창설하는 것이 조직 연대를 구축하는 구체적 방안이었다.[12]

공산당 지도부는 1934년 11월 26일에 사회주의자들에게 '통합위원회' 구성을 제안했다. 그 뒤에도 1935년 1월에서 9월까지 사회노동당에 10차례 이상 공식 전문을 보냈다.[13] 또한 1935년 1월 공산당 기관지 《반데라 로하》 특집호에 실린 〈프롤레타리아계급의 혁명적 통일〉이라는 글은 "인민의 무장봉기를 통해 부르주아 지주 블록의 독재를 타도하고 노동자·농민의 혁명 정권을 수립하기 위해" 두 정당이 조직을 통일할 필요성이 있다고 강조하기도 했다.

에스파냐 공산주의자들은 이렇듯 노동자들과의 노동전선 정책을 중시했다. 그 무렵 코민테른이 공화주의자들도 포함하는 인민블록 정책을 마련했지만, 에스파냐 공산주의자들은 이를 부차적인 것으로 생각했다. 사회주의자들과 조직 연대를 이룩하는 것이 인민블록을 구성하

는 관건이라고 본 것이다.[14]

그런데 기대와 달리 공산당은 사회주의 세력의 강력한 저항에 부딪쳤다. 사회노동당 집행위원회는 1934년 12월 4일에 회의를 열어 통합위원회 문제를 다루고 공산주의자들과 접촉할 책임자를 임명했다. 하지만 통합위원회에 행정권을 부여하지는 않았다. 이틀 뒤에 노동자총연맹 집행위원회도 같은 결정을 채택했다. 당과 노조의 집행위원회가 통합위원회를 구성하자는 공산당의 공식 요청을 접수한 뒤에 통합위원회의 행정권을 부정하고 그 활동 범위를 제한한 것이다.[15] 공산당과 사회노동당 대표들이 통합위원회를 구성하는 작업은 이렇듯 순탄하지 않았고 행정권이 없었기에 위원회의 현실성도 떨어졌다. 위원회를 구성한 지 두 달 뒤에도 사회노동당 대표는 집행위원회에서 아직 아무런 합의에도 도달하지 못했다고 보고했다.[16] 노동자총연맹의 사정도 마찬가지였다. 통합 추진에 별다른 비중을 두지 않았던 것이다.[17]

공산당은 결국 의도한 성과를 얻지 못했다. 1935년 1월 중순에 공산당 중앙위원회가 사회주의 노동자들의 공산당 입당과 새로운 투사들의 충원이 매우 더디게 이뤄지고 있다고 한탄한 데서 이를 확인할 수 있다.[18] 사회주의자들과의 조직 연대 실패는 곧 아나키스트들과의 연대 실패로 확대되었다.[19]

공산당의 조직 연대 시도, 곧 노동자들의 단일 전선 구축 전략이 실패로 돌아가면서 강한 정당을 만들고자 한 정책도 실패로 돌아갔다. 사회주의 노조와 아나키즘 노조가 공산당이 제의한 조직 연대를 거부한 이유는 이를 추진한 공산당의 동기와 관련이 있었다. 그 동기는 이들과 연대하여 노동자계급 속에서 영향력을 확대하는 것이었다. 이는 이렇다 할 노조의 지원을 받지 못하는 약소 정당이 취한 정치적 논리였다.[20] 하지만 양대 노조가 이러한 정치적 논리에 휘말려들 리 만무했다.

사회노동당과 사회주의 노조가 노동자동맹 전략을 거절하자 공산당 지도부는 정치적 고립 상태에 빠졌다. 당 총서기 호세 디아스는 1935년 정치국 회의에서 "우리가 다른 정당들로부터 고립되었다"고 언급했다.[21] 이런 와중에도 공산당 지도부는 노동자동맹을 중심으로 인민블록을 결성한다는 전략을 바꾸지 않았으며 그 목표를 더욱 분명히 했다. 이를 위해서 이번에는 반파시즘인민집중(Concentración Popular Antifascista)을 출범시켰다.[22] 하지만 공산주의자들은 아직 공화주의 정당들과 단독으로 일을 추진할 힘이 없었고 자신들이 바라는 대로 사회주의자들을 움직일 힘도 없었다.[23]

1934년 10월 이후 연합 구성에 관심을 보인 또 다른 세력은 좌파 공화주의 정당들이었다. 이들이 1933년 11월 총선 패배라는 잿더미에서 불사조처럼 일어난 마누엘 아사냐를 중심으로 결집하기 시작했다.[24]

좌파 공화주의자들은 1933년 11월 총선 참패의 원인이 좌파가 연합하지 못한 데 있다고 보고 연합을 부활시키고자 했다. 이러한 노력이 카탈루냐 지방선거를 앞두고 구체화되었다. 1934년 1월 7일에 공화행동의 마누엘 아사냐와 급진사회공화당의 마르셀리노 도밍고, 갈리시아자치공화조직의 카사레스 키로가를 비롯한 몇몇 지도자들이 바르셀로나에 모였다. 카탈루냐 지방선거를 염두에 둔 것이기는 하지만 이 자리에서 아사냐가 연합을 주장했고, 도밍고도 "단일 전선을 출범시키는 좌파들은 어떤 희생을 치르더라도 정권을 재창출해 사회경제적 혁명 작업을 계속하기 바란다. 합법적인 길이 봉쇄된다면 무력을 통한 권력 장악도 불사할 것이다"[25]라고 거들었다. 사회경제적 혁명을 계속 수행하기 위해서는 정권을 재창출해야 하고 그러기 위해서는 선거연합을 이룩해야 한다는 취지였다. 결국 선거연합을 탄생시켰고 카탈루냐 지방선거에서 승리를 거두었다. 하지만 사회주의자들은 이 사건에 별다른 관심을 보이지 않았다.

좌파 공화주의자들은 이어서 두 부류의 단일화를 이룩했다. 1934년 4월에는 공화행동과 급진사회공화당, 갈리시아자치조직이 결합해 공화좌익을 출범시키고 아사냐를 당 대표로 선출했다. 그해 9월에는 펠릭스 고르돈 오르다스의 급진사회공화당과 마르티네스 바리오의 급진민주 정당이 모여 공화연합을 결성했다. 공화주의자들이 보여 준 이러한 시도가 나중에 결성될 인민전선을 염두에 둔 것은 분명 아니었을 것이다. 하지만 그들은 나름대로 단일화 작업을 추진했고 정치 세력을 결집하는 데 관심을 보였다. 그 대표적 인물이 마누엘 아사냐였다.

아사냐는 다가올 선거에 대비해 안으로는 좌파 공화주의자들과 결속을 공고히 하고, 밖으로는 사회주의자들과 손을 잡아야 한다고 생각한 것으로 보인다. 그는 좌파를 중심으로 공화국을 회복해야 한다고 주장했다. 이를 위해 좌파연합을 부활시킬 필요가 있었다. 여기서 말하는 좌파에는 공화 좌파는 물론 사회주의자들까지 포함되었다. 대통령 알칼라 사모라 같은 보수파나 총리 알레한드로 레룩스 같은 우파 공화주의자들은 제외되었다.[26] 공산주의자들도 마찬가지였다. 아사냐가 공산주의자들을 거부한 이유는 간단했다. 그들이 "선거에서 이렇다 할 표를 가져다주기는커녕 유권자들을 놀라게 할 것이고, 연합의 성격을 변질시키고 해를 입히게 될 것"이라고 보았다.[27]

그는 먼저 좌파 공화주의자들과 접촉하면서 1935년 4월에 마르티네스 바리오의 공화연합 및 산체스 로만의 국민공화당과 더불어 행동을 통일하기로 하는 '정치연합선언'에 서명했다.[28] 헌정질서를 확립하고 정치범을 석방하며 좌파 차별을 철폐한다는 등의 내용을 골자로 한 이 공동성명서에서 민주주의 수립을 위한 최소한의 요건을 명시했다.[29] 이어서 공화 좌파 지도자들은 1935년 여름에 공동의 선거 강령을 마련하는 작업에 착수했다. 하지만 공화 좌파를 배제한 노동자동맹의 부활을 주장하는 카바예로계의 반대로 사회주의자들과의 협상에서는 이렇다 할 진전을 거두지 못했다.

다른 한편 아사냐는 1934년 1월 7일의 바르셀로나 회동에 참여한 적이 있는 중도파 사회주의 지도자 인달레시오 프리에토와 접촉을 시도했다.[30] 두 사람은 1934년 11월부터 서신 교환을 하면서 좌파연합의 필요성을 교감했다. 이듬해 1월에는 더욱 구체적으로 사회주의자들과 좌파 공화주의자들이 새로운 선거연합을 구성하고 공동의 강령을 마련해야 한다는 데 뜻을 같이 했다.[31]

이러한 내용은 곧 온건 사회주의 진영 내에 반향을 불러일으켰다. 프리에토는 파리에서 당 집행위원회에 연합의 필요성을 제기하는 편지를 보냈다. 당시 당 사무부총장이던 후안 시메온 비다르테가 프리에토의 편지 내용을 중심으로 노동자 집단은 물론 공화주의 집단과도 적대시하지 말고 우호적인 관계를 유지하라는 회람 문건을 작성해 모든 지부에 돌렸다.[32] 이러한 권고 내용을 통해 1933년 총선 패배 이후 추구해 온 공식 노선을 사회주의자들이 수정하기 시작했음을 짐작할 수 있다. 하지만 이것은 어디까지나 당내 중도파의 입장이었다. 라르고 카바예로를 중심으로 한 좌파 사회주의자들은 이러한 입장에 강력한 반발을 보였다. 이것이 이후 사회주의자들의 내분을 낳는 불씨가 되었다.

아사냐는 대중연설을 통해서도 선거연합을 호소했다. 그는 1935년 5월과 7월, 10월 세 차례에 걸쳐 대규모 대중연설을 했다.[33] 첫 번째 연설은 5월 26일 발렌시아의 메스타야 축구장에서 진행되었다. 관중이 무려 10만 명가량 몰려들었다.

우리 모두가 (……) 바라는 선거연합은 선거에서 이긴 다음날 흩어지고 마는, 공화정치를 개선하려는 열망에 불타는 단순한 의지의 연합이 아닙니다. 대중을 들끓게 하는 자극제로도 충분하지 않고 선거전을 위한 세력의 연합으로도 충분하지 않습니다. (……) 이런 것으로는 충분하지 않습니다.

가장 시급한 국가의 중대 사안들과 현명한 정치가 제기하는 문제들을 다루는, 그리고 여론에 기초한 것은 아닐지라도 연합에 참여할 모든 사람들이 수용할 수 있는, 우리 모두가 의회 안팎에서 지원할 수 있는 정치의 행동 강령을 마련할 필요가 있습니다.[34]

이 연설에서 좌파의 선거연합을 부르짖은 아사냐는 그것이 단순한 선거용이 아니라 선거 이후에도 유효한 연합이어야 하고 이를 위한 행동 강령을 마련해야 한다고 강조했다.

두 번째 연설은 7월 14일 바라칼도의 라세사레 경기장에서 진행되었다. 아사냐는 여기서 조기 총선을 요청하면서 좌파 선거연합의 필요성을 다시금 강조했다. 그는 이 연설에서 "공화국은 극단주의에 기초를 두어서는 안 됩니다. 극좌파도 극우파도, 극단주의는 그 어떤 것이라도 안 됩니다"라며 극단주의를 배격했다. 특히 "에스파냐 공산주의자들은 그 수가 적고 그렇게 뛰어나지도 않습니다. 또한 그들과의 연대가 지금은 물론이고 앞으로도 영원히 민주주의자들에게 아무런 도움도 되지 않을뿐더러 오히려 여러 해악을 끼치게 될 것입니다"라며 공산당의 좌파연합 가입 문제에 반대 의사를 분명히 밝혔다.[35]

세 번째 연설은 10월 20일 마드리드 교외에 위치한 코미야스 경기장에서 진행되었다. 이는 적게 잡아도 20만 명가량이 참석한 에스파냐 역사상 최대 규모의 집회였다. 이번에는 사회주의자들과 공산주의자들도 상당수 참석했다. 카바예로계 사회주의자들이 이 코미야스 연설에 감명을 받은 것으로 보인다. 카바예로계 사회주의자들이 발행하는 기관지 《클라리닷》이 11월 2일에 처음으로 공화 좌파와 일시적 선

거연합의 가능성을 언급했기 때문이다.[36]

아사냐는 이렇듯 안으로는 공화주의 정당들의 단일화 작업을 추진하고 밖으로는 사회주의자들과 연합을 모색하기 위해 노력했다. 뿐만 아니라 대중 집회를 통해서 좌파연합을 위한 여론을 조성해 나갔다.

하지만 아사냐의 좌파연합 노력은 그렇게 순탄한 길을 걷지 못했다. 가장 큰 걸림돌은 바로 사회노동당의 내분이었다. 사회노동당의 내분을 불러일으킨 불씨는 앞서 얘기한 대로 당 집행위원회에 보낸 1935년 3월 23일자 프리에토의 편지와 이에 대한 카바예로계의 반발이었다. 프리에토는 공화국 수립 4주년 기념일인 1935년 4월 14일 《엘 리베랄》에 좌파연합의 필요성을 제기하기도 했다. 이에 감옥살이를 하고 있던 라르고 카바예로는 집행위원회에 보낸 4월 29일자 서신에서 부르주아 좌파와 연합하는 것에 반대한다는 입장을 밝혔다. 인민전선의 기원을 연구한 산토스 훌리아는 이것이 카바예로주의가 당내 분파로 등장하는 계기라고 했다.[37] 이때부터 내전 발발 때까지 사회주의 언론은 세 계파 간의 논쟁으로 장식되었다. 세 계파란 다름 아닌 당내 '좌파' 카바예로계와 당내 '중도파' 프리에토계, 당내 '우파' 베스테이로계를 일컫는다.[38]

프리에토의 편지와 기사 내용이 소개된 지 며칠 뒤에 사회주의청년 연맹(Federación Nacional de Juventudes Socialistas) 마드리드 지부 집행위원회 위원장 카를로스 에르난데스 산카호가 《10월, 제2단계》라는 소책자[39]를 발간했다. 이 책자는 1935년 사회주의의 위기와 당의 볼셰비즘화 과정을 이해하는 데 매우 중요한 자료이다. 그는 1934년 10월의 전사(前史)와 그 결과를 다루면서 노동자총연맹의 지도부는 물론 사회노동당 지도부를 비판했다. 노동자총연맹이 10월 봉기에 적극 가담하지 않았다는 것이다. 그는 이것을 에스파냐 프롤레타리아계급이 처한 상황을 무시한 증거로 삼았다.[40] 사회노동당 원내 집단도

10월의 패배에 대한 책임이 크다고 했다. 특히 베스테이로와 프리에토가 봉기를 방해했다며 비난의 화살을 이들한테 돌렸다.

에르난데스 산카호는 이렇게 비판을 늘어놓는 데 그치지 않고 당을 혁신하기 위한 대안을 제시했다. 이른바 당의 '볼셰비즘화'였다. 에스파냐 사회주의가 1917년 러시아의 볼셰비즘과 마찬가지로 '혁명적 수단'이 되어야 한다고 주장했다. 이를 위해 온건파를 당에서 축출하고 비밀 기구와 혁명적 붉은 군대를 중심으로 하는 레닌주의 조직을 구성해 전 세계에 프롤레타리아독재를 수립하기 위한 제2단계의 에스파냐 10월 혁명을 완수하자(10월 테제)고 주장했다. 그리고 프리에토계가 주장하는 것과 달리 사회 계급을 초월한 '유토피아' 민주주의를 주창하는 아사냐와의 협력을 전면 거부한다고 밝혔다. 이 밖에도 당의 중앙집권화와 당내 프롤레타리아계급의 정치적 통일, 노조운동의 단일화[41]를 부르짖었다. 또한 "에스파냐 혁명을 성취하기 위해서는 할 수만 있다면 에스파냐 혁명가들의 지원은 물론이고 러시아 혁명가들의 지원도 필요하다. 왜냐면 우리가 처한 어려움이 상대적으로 더 크기 때문이다. 이들의 지원과 소련의 지원이 없다면 권력 장악을 위해 전진할 수 없을 것이다"[42]라며 소련의 지원을 호소하기도 했다.

이에 프리에토는 좌파연합의 필요성을 주장하면서 에르난데스 산카호의 이러한 10월 테제를 반박하기 위해 1935년 5월에 빌바오에서 발행하는 《엘 리베랄》에 〈좌파연합의 확대와 그 조건〉이라는 글을 연재했다. 이 글은 자신이 당 집행위원회에 보낸 3월 23일자 편지의 내용을 수정·보완한 것이었다. 그는 이 글을 모아 《사회주의의 입장》이라는 소책자를 발간했다. 그는 여기서 사회당을 '개혁파, 중도파, 볼셰비키파'로 나누는 인위적 구분에 반대하고, "삶이란 마르크스주의보다 훨씬 더 광범하다"며 교조주의를 거부했다. 아울러 사회노동당의 민주적 전통을 무너뜨리는 카바예로주의를 배격해야 한다고 주장했다.

프리에토는 또한 좌파연합의 확대와 관련하여 연합의 범위를 노동자블록으로 한정해서는 안 되고 공화 좌파들과도 손잡아야 한다며 좌파가 대동단결할 것을 강조했다.

　이 연합을 당내 좌파와 우파로 확대해야 한다고 생각한다. 어느 한편으로 국한하는 것은 엄청난 과오가 될 것이다. 얼마 전에, 다가올 선거전에 참여할 세력들(사회주의자와 공산주의자, 조합주의자)의 단일화를 일차적인 목표로 내걸면서 노동자블록의 이점을 예찬한 적이 있다. 대부분의 선거구에서 고립을 자초한 1933년에 우리 사회당이 잘못을 범했다면 이 연합을 선거나 노동자블록에만 국한할 경우 우리가 또 다시 잘못을 범하게 될 것이라고 생각한다.[43]

나아가 "선거연합은 단순히 정당이나 집단의 연합이 아니라 명확한 강령, 곧 모두가 수용할 수 있는 해결책을 기반으로 삼아야 한다"며 강령 중심의 연합을 강조했다. 앞서 살펴본 5월 26일자 아사냐의 연설 내용과 일맥상통한다.

하지만 카바예로계가 곧 이를 비판하고 나섰다. 이번에는 청년들이 아니라 지식인들이었다. 그 주인공은 카를로스 데 바라이바르였다. 그는 《인달레시오 프리에토의 '사회주의의 입장'의 허구》라는 책자[44]를 펴내 공화주의자들과 연합해야 한다는 주장을 비판하고, 공화-사회주의 블록을 결성하려는 그 어떤 시도도 거부한다고 밝혔다. 나아가 급진공화당과 에스파냐자치우익연합의 연립정부가 곧 선거법을 개정할 것이기 때문에 그래 봤자 새로운 선거연합은 무용지물이 되고 말 것이라고 주장했다.

요컨대 프리에토계는 공화 좌파를 포함한 좌파연합을 부르짖었지만, 부르주아계급과의 협력을 거부한 카바예로계는 이들을 배제한 노동자동맹의 부활을 주장했다. 앞서 얘기한 대로 1935년 여름 들어 공화 좌파 지도자들이 공동의 선거 강령을 마련하는 작업에 착수했지만, 이들 카바예로계의 반대 탓에 사회주의자들과의 협상에서는 한동안 이렇다 할 진전을 이뤄내지 못했다.

한편 노동자 세력과 조직 연대를 시도하다 별 재미를 보지 못한 공산당은 공화주의 세력을 아우르는 인민블록 창설에 적극 뛰어들었다. 당 총서기 호세 디아스가 1935년 5월 2일 마드리드 시내의 모누멘탈 극장에서 집회를 열고 인민블록 창설을 제의했다. 연설 제목은 '반파시즘 인민블록을 위하여'였다. 이 연설 내용이 《인민전선의 깃발》이라는 소책자로 출간되었다. 이 제목은 내전 직전인 1936년에 붙인 것으로 연설을 할 때는 '전선'이란 말을 쓰지 않고 '블록'이란 표현을 썼다. 그는 인민블록을 제창하면서 네 가지 강령을 제시했다. 요약하면 다음과 같다.

1. 대농장주와 교회와 국가가 소유한 토지를 무상몰수해서 빈농과 농업 노동자들에게 즉시 무상으로 분배한다.
2. 에스파냐 제국주의가 억압해 온 인민을 해방시킨다. 카탈루냐 민족과 바스크 민족을 비롯한 에스파냐 제국주의가 억압하는 소수민족들에게 자치권을 부여한다.
3. 노동자계급의 생활환경과 노동조건을 개선한다(봉급 인상, 노동 계약 존중, 계급투쟁 노조 인정, 노동자들의 언론·집회·시위 자유 확대 등).
4. 사회·정치범들을 전부 석방한다.[45]

공화주의자들이 이 강령의 내용을 탐탁지 않게 생각할 것이 분명하지만, 여기서 중요한 것은 호세 디아스가 공화주의자들을 아우르는 인민블록을 제창했다는 사실이다. 그렇다고 그가 공산당의 최종 목표를 포기한 것은 아니다. "우리 공산당은 우리의 최고 강령을 실현하기 위하여, 곧 에스파냐에 노동자·농민 정부를 건설하고 프롤레타리아독재를 수립하기 위하여 영원히 싸워 나갈 것이다"라고 했다. 다만 파시즘이 노동자들을 위협하는 심각한 상황에서 모든 반파시즘 세력의 연합 투쟁이 필요했다. 어디까지나 인민블록은 순수하게 프롤레타리아적인 기반 위에 세워져야 하고 노동자·농민의 임시 혁명정부를 구성해야 한다는 기본 방침에는 여전히 변함이 없었다.

그렇다면 호세 디아스와 에스파냐공산당의 전술에 왜 이런 변화가 나타났을까? 아마도 코민테른의 영향 때문이었을 것이다. 두 달 뒤에 열리는 코민테른 제7차 대회에서 채택한 강령이 호세 디아스가 제시한 강령과 유사하기 때문이다. 코민테른이 이 강령을 사전에 유포했다고 하는 리카르도 델라 시에르바의 지적[46]도 이런 추측을 뒷받침해 준다.

코민테른 제7차 대회는 1935년 7월 25일 모스크바에서 열렸다. 호세 디아스와 돌로레스 이바루리, 헤수스 에르난데스, 페드로 체카, 비센테 우리베, 안토니오 미헤 등이 에스파냐공산당을 대표해 참석했다. 대회에서 내린 결론 가운데 에스파냐와 관련된 내용은 3가지였다. 단일 전선으로 노동자·농민동맹을 조직하는 작업에 집중한다. 단일(또는 통일) 전선에 기초한 인민전선 연합을 결성하고 인민전선 정부를 수립한다. 청년들의 통합을 시작으로 프롤레타리아 단일 정당을 결성하고 노조를 통일한다. 이 밖에 특기할 만한 내용은 공산주의자들이 '카바예로계' 사회주의자들과 긴밀한 접촉을 갖는다는 것이었다. 이런 맥락에서 대회에 참석한 헤수스 에르난데스가 당의 이름을 빌려 "카바예로와 그 동지들에게 프롤레타리아 전선을 통일하고 부르주아 정권을 타도하며 프롤레타리아 정권을 수립할 단일 혁명정당을 창설하기 위해 그들과 단일 전선을 구성하겠다"고 선언하기도 했다.[47]

이 7차 대회의 기본 목표는 위로는 프롤레타리아 단일 전선을 구축하고 아래로는 부르주아 정당들과 협력한다는 것이었다. 코민테른 집행위원회 총서기 게오르기 디미트로프는 대회 중에 '광범한 반파시즘 민주주의 인민전선'이 필요하다고 밝혔다. 그는 당시 여러 국가들이 처한 위기 상황에서는 인민전선 연합이 바람직하고 그것이 인민전선 정부로 이어질 수 있다고 설명했다.[48] 이렇듯 이 대회에서 인민전선 또는 인민블록이라는 개념이 사용되었다.[49] 물론 이것이 1936년 에스파냐에 등장한 인민전선과 같은 의미는 아니다. 하지만 우리가 여기서 확인할 수 있는 것은 공산당의 혁명 전략은 그대로였어도 전술에는 변화가 나타났다는 사실이다. 공화주의자들을 포함한 광범한 반파시즘 인민전선을 부르짖기 시작한 것이다. 코민테른 집행위원회는 이어서 에스파냐공산당에게도 이를 따르라고 지시했다.[50]

이에 따라 에스파냐공산당과 코민테른은 우선 사회노동당과의 연합이나 노동자동맹에 다시 적극적인 관심을 보이기 시작했다. 먼저 사회노동당 지도부와 접촉을 시도했다. 이 사실은 1935년 11월 2일자 《클라리닷》에 공산주의자들이 자신들에게 보낸 편지를 카바예로계가 공개하면서 밝혀졌다. 편지를 보낸 날짜가 10월 23일인 것으로 보아 코민테른 제7차 대회 이후 접촉이 재개된 것으로 보인다. 공산당은 이 편지에서 노조의 통일과 프롤레타리아 단일 전선, 프롤레타리아계급의 정치적 통일을 기초로 반파시즘 인민블록을 창설하자고 제안했다. 코민테른 제7차 대회의 내용을 담은 이 제안은 프리에토와 아사냐가 합의한 협정과는 반대되는 내용이었다. 이에 대해 《클라리닷》은 단일전선 구상과 공산당의 전술에 공감한다는 반응을 보였다. 그들은 "우리의 요구에 분명하게 응답한 공산당 중앙위원회에 대단히 감사한다. 모든 국가의 마르크스주의 프롤레타리아들에게 영감을 불러일으킨 코민테른의 결의가 우리나라에 어떤 결과를 가져다줄지 가능한 한 빨리 알아보아야 한다고 생각한다"[51]고 언급했다.

이런 분위기 속에서 공산당 총서기 호세 디아스는 다음날인 11월 3일 마드리드에서 공산주의대회를 열고 '파시즘을 타도하기 위한' 광범하고 새로운 반파시즘 인민블록을 구성하자고 호소했다. 그리고 "우리는 프롤레타리아독재를 위해, 소비에트를 위해 투쟁하고 있다. 이를 만천하에 선포한다. 우리는 프롤레타리아 계급정당으로서 우리의 목표를 포기하지 않는다"며 프롤레타리아 계급독재를 위한 노동자·농민정부를 수립해야 한다고 주장했다. 그러면서도 "우리는 지금의 상황이 프롤레타리아계급의 독재가 아니라 반파시즘 민주주의 투쟁을 직접적인 목표로 내걸고 싸워야 하는 상황임을 알고 있다"[52]고 덧붙였다.

이어서 얼마 뒤에는 에스파냐 주재 코민테른 대표 비토리오 코도비야가 라르고 카바예로와 만났다. 당시 건강이 좋지 않은 부인을 방문하도록 라르고 카바예로가 잠시 석방된 적이 있었는데, 비토리오 코도비야가 그 기회를 이용해 그를 만난 것이다. 그는 회동을 마치고 즉시 "라르고 카바예로가 대회의 주요 결정 사항을 에스파냐에 실행하기로 합의했다"는 내용의 전문을 모스크바로 보냈다. 조직 연대 시도를 거부해 온 라르고 카바예로가 이제 노조운동을 통합하자는 공산당의 제안을 받아들인 것이다.[53]

한편 1935년 10월 말 파리에 망명 중이던 프리에토가 마드리드에 도착했다. 그가 귀환하면서 좌파연합 선거협정을 구체화하려는 협상이 활기를 띠었다. 11월 14일에는 아사냐가 공화주의 정당들의 이름을 내걸고 사회노동당 지도부에 공동 강령에 기초한 선거연합을 공식 제의하기에 이른다.[54] 그런데 놀랍게도 사회노동당 지도부는 신속하게 긍정적인 답변을 내놓았다. 이틀 뒤 모델로 감옥에서 모인 사회노동당 집행위원회가 아사냐의 제의를 수용하기로 한 것이다. 하지만 11월 16일 라르고 카바예로가 주재한 노조와 정당, 청년연맹 집행위원회들의 연석회의에서는 선거연합을 실현하는 데 도움이 될 노조 세력과 노동자 정당들을 포함시켜야 한다는 결론을 내렸다. 선거연합에 '다른 노동자 집단'도 포함시켜 달라고 요구한 것이다. 여기서 '다른 노동자 집단'이란 사회주의 노조인 노동자총연맹은 물론 공산당과 공산주의 노조인 통일노동총연합(Confederación General del Trabajo Unitaria)을 두고 한 말이다.[55]

이렇듯 라르고 카바예로의 입장에 변화가 생긴 것을 알 수 있다. 공산당의 노동전선 구축 제의를 받아들였을 뿐 아니라 아사냐의 좌파연합 제의를 수용했다. 나아가 좌파연합에 노동자 집단들을 끌어들이고자 했다. 그에게 왜 이런 변화가 일어났을까?

이에 대한 답은 사회노동당 내부에서 찾아볼 수 있다. 카바예로계가 공화주의자들과의 연합은커녕 공산당과의 노동전선 구축을 계속 거부하면서 사회노동당 전국위원회 내에 불만이 쌓이고 있었다. 지역 대의원들이 대회를 소집해 좌파 정당들에 대한 입장을 명확히 해야 한다는 문제를 제기하기 시작했다. 하지만 라르고 카바예로는 대회를 소집하는 데 반대했다. 당 지도자들이 감옥에 수감되어 있다는 이유에서였다. 하지만 더 중요한 이유는 라르고 카바예로 자신이 노동자총연맹 지도부에서는 주도권을 확보했지만 당에서는 아직 그러지 못했다는 데 있다. 이런 가운데 진딩대회를 열게 되면 프리에토의 정치적 입장에 날개를 달아 주는 셈이 되고 자신이 사태를 장악할 가능성은 사라지기 때문이었다.[56]

라르고 카바예로가 공산당의 제의는 물론 아사냐의 제의에 긍정적인 반응을 보인 것은 바로 이러한 상황에서였다. 그는 이를 통해 자신의 권력 기반을 강화하고자 했다. 앞서 언급한 11월 16일자 연석회의에서 라르고 카바예로가 공산당과 통일노동총연합 집행위원회 대표들과 회의를 열어 공화주의 정당들에 대한 공동의 입장을 채택하라고 자신의 동지들에게 주문한 데서 이를 확인할 수 있다.[57] 공화주의자들과의 선거연합에 다른 노동자 집단을 끌어들이려는 시도는 바로 프리에토와 중도파의 헤게모니를 약화시키려는 속셈에서 나온 것이라고 볼 수 있다.[58]

프리에토는 예상대로 공산당의 제의를 받아들이자는 라르고 카바예로의 주장에 강한 반발을 보였다. 그는 이것이 사회노동당의 위상에 해가 된다고 보았다. 이들의 견해차는 곧 이어 열린 사회노동당 전당대회에서 정치적 갈등으로 표출되었다. 그해 12월 17일 열린 대회에서 프리에토는 전국위원회 집행위원회가 사회노동당 원내 집단을 더욱 철저히 관리하는 방안을 제시했다. 이를 자신에 대한 인신공격이라고 본 라르고 카바예로는 이 방안에 반대의사를 표시했다.[59] 집행위원회의 다수가 프리에토를 밀자 라르고 카바예로는 아예 집행위원회 위원장직을 사임했다.[60]

아사냐도 프리에토와 마찬가지로 좌파연합에 공산당을 참여시켜야 한다는 카바예로계의 요구에 반대했다. 하지만 결국 요구를 받아들일 수밖에 없었다. 그 이유는 공산주의 역사가들이 매우 정확하게 지적했다시피, 아직 소집된 것은 아니지만 선거가 임박했음을 느꼈기 때문이다. "선거에 대한 전망이 인민전선을 실현 가능하게 해주었던"[61] 것이다.

한편 당에서 입지를 잃은 라르고 카바예로는 공산주의자들에게 더 가까이 접근했다. 그리고 공화주의 정당들에게는 선거연합 강령을 준비하는 선거위원회에 공산당 당원을 참여시켜야 한다고 주장했다. 이때 이 주장을 강력히 반대한 사람은 다름 아닌 아사냐였다.[62] 선거연합에 참여시키는 것은 어쩔 수 없다 하더라도 선거위원회에까지 공산당 당원을 참여시킬 수는 없다는 얘기였다. 공화주의자들이 이를 거부했다. 이런 상황에서 거절을 '모욕'으로 받아들인 라르고 카바예로는 당 집행위원회에서 탈퇴했듯이 선거위원회에서도 탈퇴했다.[63] 결과적으로 라르고 카바예로는 선거위원회에 대표를 직접 파견할 수 없는 것은 물론이고 협정문 작성에 간접적인 영향을 미칠 수도 없게 되었다. 하지만 1935년 11월과 12월에 펼친 그의 활동은 나중에 협정문에 공산당이 서명을 하게 만드는 정치적 결과를 가져왔다. 이로써 공산당은 정치적 고립에서 탈피하고 다른 정당들과 협정을 체결하는 숙원을 성취하게 된다.[64]

1935년 11월 말부터 불거진 집권 급진공화당의 금융 스캔들로 정국이 어수선한 가운데, 1936년 1월 7일 포르텔라 바야다레스 총리가 마침내 의회를 해산하고 2월 16일에 총선을 실시한다는 발표를 했다. 그러자 좌파의 협상이 급속도로 진전되었다. 인민전선 협정 문서를 만들기 위해 위원들이 회동하기 시작했다. 인민전선 협정 체결을 위한 마지막 협상은 그해 1월 14일에 진행되었다. 이날 라르고 카바예로가 필수 조건으로 제시한 공산당을 받아들이기로 합의했다.[65] 이 때문에 강령을 마련하는 협상에서 주도적 역할을 했으며, 강령의 대부분을 작성한 펠리페 산체스 로만은 협정에 서명하지 않고 강령을 공포하기 직전에 인민전선을 탈퇴했다. 그는 공화 좌파 가운데 가장 온건하고 책임성 있는 지도자였으며 아사냐가 가장 존경한 인물이었다. 그런 그가 탈퇴한 이유는 인민전선에 공산당을 참여시킨 데 있었다.[66] "혁명적 진술을 금시하고 호전적인 청년들을 억제할 필요성"[67]을 강령에 명시하자고 주장했지만 아사냐마저도 변호하지 않자 그는 탈퇴를 결심했다.[68]

1936년 1월 15일 오후에 드디어 인민전선 협정문 서명 작업이 끝났다. 그 이튿날 협정문이 모든 언론에 실렸다. 공화좌익의 아모스 살바도르와 공화연합의 베르나르도 히네르, 사회노동당의 후안 시메온 비다르테와 마누엘 코르데로, 노동자총연맹의 프란시스코 라르고 카바예로, 사회주의청년연맹의 호세 카소를라, 공산당의 비센테 우리베,

조합당의 앙헬 페스타냐, 마르크스주의통일노동자당(Partido Obrero de Unificación Marxista)의 후안 안드라데가 협정문에 서명했다.

서명자들은 이것이 단순히 당면한 선거를 위한 연합이 아니라 선거에서 승리할 경우, 공화 좌파 정당들이 노동자 세력의 지원을 받아 실현해 나가야 할 통치 규범이라고 선언했다. 이를 위해 협정문 1장에서는 치안 관련 문제와 1933년 11월 이후 정치범의 특사 문제를 다루었고, 제2장에서는 공화국 회복과 법치 회복 문제를, 제3장에서는 토지 문제를, 제4장에서는 산업 문제를, 제5장에서는 금융 문제를, 마지막 제6장에서는 교육 문제를 다루었다.

하지만 공화 좌파와 카바예로계 사회주의자들의 시각차를 해소할 수는 없었다. 카바예로계는 이를 단지 선거연합으로 간주했을 뿐 장기간 지속될 통치의 기초로 생각하지는 않았다.[69] 이런 사회주의자들 때문에 강력하고 통일된 연립정부를 기획할 수 없었다. 아사냐는 "이를 시행하기 위해서는 트라야누스 대제 같은 사람이 필요하다"고 쓸 정도였다. 그리고 이 강령이 현실성이 거의 없는 이상적 방안이라고 말했다.[70] 사회주의 역사가 안토니오 라모스 올리베이라도 이 강령을 두고 한마디로 "모든 것이 애매모호하다"[71]는 평가를 내렸다.

이제 이 장 첫머리에서 던진 질문에 대답을 할 때가 되었다. 정치적 이념이 다른 정당들이 어떻게 인민전선으로 연합했을까? 공산주의자들이 주도적 역할을 했을까? 아니면 아사냐 또는 라르고 카바예로가 주도적 역할을 했을까?

인민전선을 향한 출발은 두 방향에서 시작된 것으로 보인다. 하나는 공산당의 조직 연대 시도다. 공산주의자들이 노동전선을 구축하기 위해 사회주의자나 아나키스트와 조직 연대를 시도했다. 하지만 가능성이 높아 보인 카바예로계 사회주의자들마저 별 관심을 보이지 않아 실패로 돌아갔다. 다른 하나는 아사냐와 프리에토의 좌파연합 노력이다.

그런데 이들은 공산주의자들을 염두에 두지 않았다. 아사냐와 프리에토의 교감은 오히려 사회노동당 내분의 불씨가 되었다. 그리고 더 나아가 카바예로계의 볼셰비즘화를 부추겼다.

다른 한편 당내 입지가 위축된 라르고 카바예로는 기존의 전략을 바꿔 노동자 집단들을 끌어들이는 데 관심을 기울였고 이것이 공산당의 전술 변화와 맞아떨어졌다. 코민테른의 지시를 따르던 에스파냐공산당이 카바예로계 사회주의자들과 단일 전선을 구축하는 데서 더 나아가 공화 좌파를 아우르는 광범한 반파시즘 인민블록을 결성하는 것으로 전술을 바꾼 것이다.

아사냐가 사회노동당에 좌파연합을 공식 제의한 것이 바로 이때였고, 라르고 카바예로가 공산주의자들의 참여를 조건으로 그 제의를 받아들였다. 공산당의 참여를 반대하던 아사냐와 프리에토가 결국 이를 수락하면서 마침내 공화 좌파와 사회주의자, 공산주의자까지 아우르는 좌파의 선거연합이 성립되었다. 물론 선거 참여 자체를 거부하던 아나키스트는 제외한 채였다.

이렇게 볼 때 공산당 역할론이나 아사냐 또는 라르고 카바예로 역할론을 운운하는 것이 무슨 의미가 있을까? 오히려 그것보다는 인민전선을 성립시키는 데 저마다 나름대로 역할을 했을 것이라고 보는 것이 더 타당할 것이다. 문제는 그들이 왜 그랬을까 하는 점이다.

우선 외부적인 요인으로 파시즘의 위협을 들 수 있다. 이탈리아에 무솔리니 체제가 이미 들어서 있었던 터에, 오스트리아에 돌푸스가 집권하고 독일에 히틀러가 집권하면서 에스파냐에 파시즘의 위협이 더욱 크게 느껴졌다. 공산당이 내건 반파시즘 인민블록 구호에서 이를 확인할 수 있다. 이어서 내적인 요인으로 선거제도를 들 수 있다. 한 표라도 더 많이 득표한 정당이나 집단에게 의회의 다수 의석을 배분해주고 있었다. 이는 군소 정당이 난립하는 상황에서 정권의 안정을 보장하기 위한 고육지책이었다. 따라서 선거연합을 결성해 더 많은 표를 얻는 것이 무척 중요했다. 1931년 공화주의 정당들과 사회노동당이 연립정부를 구성할 수 있었던 이유가 바로 여기에 있었고, 1933년 중도우파 정부가 들어선 이유도 바로 여기에 있었다. 1935년 말 임박한 선거를 앞두고 좌파 진영이 협상을 서두른 이유는 바로 이러한 선거연합의 중요성을 인식하고 있었기 때문이다. 이 밖에 공산당은 공산당 나름대로, 라르고 카바예로는 라르고 카바예로 나름대로 또 다른 이유가 있었다.

인민전선은 이렇듯 사분오열된 좌파 세력들이 선거를 위해 연합함으로써 이루어졌다. 그래서 출발부터 매우 불안정했다. 이는 선거전에서 명백히 드러났다. 단일 합동회의를 구성할 수 없었던 것이다. 각 정당과 노조는 자신의 정체성을 유지하는 데 관심을 두었다. 합동위원회 같은 것이 사실상 존재하지 않았다.

2. 1936년 총선[72)

1936년 2월 16일 총선을 앞두고 1월과 2월 들어 선거전이 치열하게 펼쳐졌다. 전체 473개 의석을 놓고 32개 정당의 후보자 977명이 경합을 벌였다. 하지만 이 모두는 크게 세 진영, 곧 인민전선 진영과 우파 진영, 중도파 및 독립파 진영으로 나뉘어 선거전을 치렀다.

인민전선의 선거전은 인민전선 협정 내용을 보는 시각에 따라 네 부류로 나누어 살펴볼 수 있다. 먼저 공산주의자들은 인민전선 선거 강령에 대해 공식 지지를 표명하고 그 강령을 적극 선전했다. 이 강령이 공산주의자들의 열망을 모두 담고 있지는 않았지만, 파시즘 타파를 근본 목적으로 삼고 정치범 석방을 약속하고 있었기 때문이다.[73) 공산주의자들은 여기서 더 나아가 노동자·농민의 정부를 제시했다. 그들은 인민전선 협정과 정책 강령, 인민전선의 승리가 부르주아민주주의혁명을 이룬다고 보았고, 이 혁명이 노동자·농민 정부 수립으로 완성되어야 한다고 주장했다.[74] 공산주의자들의 이러한 입장은 공산당 기관지《문도 오브레로》1936년 2월 3일자에 실린 호세 디아스의 글에 잘 나타나 있다.

> 우리는 선거를 앞두고 있다. 반동 세력을 투쟁으로 타도하고 부르주아민주주의혁명의 길을 열기 위하여 노동자 대중과 민주 세력이 프롤레타리아계급을 중심으로 뭉쳤다. (……)
>
> 반동 세력은 자유와 민주주의의 흔적을 지우고 프롤레타리아계급과 민주 세력의 조직을 무너뜨리려고 투표에 참여한다. (……)
>
> 우리는 강령을 성취하고 반혁명 세력한테서 그들의 물적 기반을 제거해야 한다. 특권과 게으름의 아성이자 농민 대중 지배의 발판인 이 물적 기반을 반동 세력이 반혁명적 목적에 활용하고 있다. 우리는 이 반동 세력을 무너뜨리고 두 가지 목적을 달성하고자 한다. 반동 세력의 수중에서 토지 소유라는 강력한 수단을 탈취하여 노동자·농민에게 그 토지를 되돌려 주고자 한다. 지주와 교회 소유의 토지를 무상으로 수용하여 그 토지를 가난한 농민과 농업 노동자들에게 제공하고자 한다. 이것이 반동 세력을 타도하는 가장 확실한 일격이다.

한편 좌파 사회주의자들은 선거 이후까지도 인민전선이 계속되리라고 생각하지는 않았다. 대표 지도자인 라르고 카바예로는 인민전선이 상황에 따른 연대임을 분명히 했다.

선거를 앞둔 이 역사적 순간에 노동자계급이 공화 좌파 세력과 연대한다고 놀랄 사람은 아무도 없을 것입니다. 그러나 공화 좌파와 연대하면서 우리의 이데올로기와 (……) 우리의 행동을 내맡길 수는 없습니다. 이 것은 상황에 따른 연대이고 연합입니다. 이 연대를 위해 강령을 만들지만 우리는 그것에 만족하지 않습니다.[75]

라르고 카바예로는 또한 부르주아계급이 역사적 소임을 다하도록 길을 열어 주는 게 인민전선 연대의 목적이라고 말했다.[76] 아울러 부르주아계급이 건설할 부르주아 공화국이란, 종착역이 아니고 계속 전진해 나가야 할 여정 속에 있는 중간 기착지일 뿐이라고 말했다.[77] 그는 2월 16일 선거는 사회혁명보다는 반파시즘 세력과 우익 세력, 반혁명 세력을 타도하는 데 의미가 있다고 보았다. 선거를 마치고 나서는 더 이상 부르주아지를 지원하지 않을 생각이었다.[78]

이런 라르고 카바예로와 달리 인달레시오 프리에토는 같은 사회주의자이면서도 선거 차원의 협력을 통치 차원의 협력으로 연결시키려고 생각했다. 선거가 끝난 뒤에도 내각 구성에 참여할 생각을 한 것이다. 프리에토는 선거연대를 통치 연대로 이어 나가기를 바랐다.[79]

좌파 공화주의자들도 프리에토와 같은 기대를 했다. 마누엘 아사냐는 이 연합이 선거 승리를 위한 단순한 협조에 불과한 것이 아니라 '새로운 정치체'에 생명을 불어넣는 것이라고 말했다. 이렇게 생겨난 새로운 정치체가 선거 강령을 시행해 나가게 된다.[80]

한편 총선을 위해 '중도당'이 창당되었다. 이 정당은 대통령 알칼라 사모라의 작품이었다. 알칼라 사모라는 자신의 취향에 맞는 의회를 구성했으면 했고 창당 작업을 구체적으로 추진했다. 자유당의 포르텔라 바야다레스를 총리로 지명하고 선거관리 내각을 구성하게 했다. 그리고 그에게 좌파와 우파에서 일정한 수의 의원들을 영입하여 중도당을 창당하고 중도당이 의회 안에서 중재자 구실을 하도록 하는 것이 좋겠다고 제안했다.[81] 선거 관리에 수완이 뛰어난 포르텔라 바야다레스는 대통령이 제안한 대로 균형자 역할을 맡고자 중도당을 만들었다.[82] 그리고 1936년 1월 28일에 '민족 재건과 평화'를 실현하는 것이 중도당의 주요 목표라는 내용의 성명서를 발표했다.[83] 이렇게 중도 정당임을 표방했지만 포르텔라 바야다레스가 제시한 당 강령은 사실 에스파냐자치우익연합 일부 의원들의 견해, 이를테면 히메네스 페르난데스의 견해보다 더 보수적이었다.[84]

우파 진영은 인민전선 진영처럼 연합을 이루지 못했다. 연합을 위한 시도가 없었던 것은 아니다. 우파 진영에서 선거연합의 주도권을 쥔 세력은 에스파냐자치우익연합이었다. 이미 1935년 12월 14일에 당 대표 힐 로블레스가 광범한 반혁명 전선 구성을 촉구했고[85] 이듬해 1월까지 여러 집단들과 협상을 시도했다. 다른 한편 에스파냐쇄신의 지도자 칼보 소텔로는 군주제파와 전통파를 규합하여 국민블록(Bloque Nacional)을 결성했다. 국민블록은 1935년 12월 25일에 '폭넓은 반혁명 전선 결성'을 촉구하는 성명서를 냈다.[86] 이들은 에스파냐자치우익연합과 긴밀한 연합을 이루고 공동 강령을 마련하고자 했다. 그리고 힐 로블레스에게 대통령 알칼라 사모라의 퇴위와 의회의 제헌적(制憲的) 성격 천명, 장군이 주재하는 내각 구성을 골자로 하는 강령 작성을 제안했다. 하지만 에스파냐자치우익연합의 이해관계를 대변하는 가톨릭 일간지 《엘 데바테》가 이 제안에 전면 반대했다. 극우파가 제안한 강령을 수용하게 되면 선거연합의 범위가 좁아진다는 것이 이유였다. 연합의 범위를 좁게 국한시키기보다는 될 수 있으면 광범위하게 반혁명 전선을 구성해야 한다고 주장했다.[87] 에스파냐자치우익연합 내의 자유주의 세력인 히메네스 페르난데스와 루시아는 우파 공화주의자들과의 연합 가능성을 포기하지 않고 있었다. 당은 결국 극우파가 제안한 강령을 거부했다. 힐 로블레스는 지역 차원에서 선거연합을 결성하고 그것도 일정한 강령이 아니라 단순히 선거를 목적으로 결성한다고 밝혔다.[88] 이렇듯 우파 진영은 인민전선과 달리 공동의 정책 강령을 마련하지 못했고 성명서 하나 내지 못했다. 이들은 당원들의 열정은 물론이고 국민의 관심을 끌어 모을 구체적 강령이나 방침이 없이 선거를 치르게 되었다.[89]

에스파냐자치우익연합은 '반혁명을 위하여!' '대표에게 전권을!' '300명을 위하여!' '하느님과 에스파냐를 위하여!' 같은 구호를 내걸고 선거전을 펼쳤다. 자주 되풀이한 '반혁명을 위하여'라는 구호는 당의 성격을 보여 주는 것이고, '대표에게 전권을'에서 대표는 힐 로블레스를 지칭했다. '300명을 위하여'에서 '300명'은 당선을 바라는 의원 수를 일컬은 것인데, 사실은 그 수만큼 후보도 내지 않고 외친 터무니없는 구호였다. '하느님과 에스파냐를 위하여'는 교권주의 요소가 담긴 표현이었다. 하비에르 투셀은 이 구호들이 부동층 유권자들에게 매우 부정적 영향을 끼쳤을 것이라고 분석했다.[90]

에스파냐자치우익연합은 선거용 전단지를 제작해 전국에 뿌렸다. 만일에 좌파가 승리를 한다면 "악당들의 무장과 은행이나 저택 방화, 재산과 토지의 재분배, 합법을 가장한 약탈, 여성 재분배"가 일어날 것이라고 선동했다.[91] 당시 배포한 선전물의 무게가 무려 몇 톤이나 되었다고 한다.[92]

호세 안토니오 프리모 데 리베라가 이끄는 팔랑헤에스파뇰라(줄여서 팔랑헤)는 1935년 11월에 마드리드에서 열린 제2차 전당대회에서 인민전선에 맞서 싸울 전체 우익의 국민전선을 결성하기로 의결했다.[93] 그러나 팔랑헤에 선거 수행 능력이 없다고 판단한 우익은 팔랑헤의 참여 여부에 별다른 관심이 없었다. 오히려 팔랑헤가 가세한다면 다수의 보수주의자들마저 경악할 것이라고 내다봤다. 우파의 관심을 끌지 못한 팔랑헤는 선거전에서 노동자와 농민의 표를 끌어들이고 당에 붙어

있는 부르주아 정당의 이미지를 불식시킬 목적으로 토지개혁을 주창했다.[94]

사용자 단체들은 자본주의 체제의 원리를 존중하고 거기에 순응하는 세력을 지원했다. 전국경제연맹은 협회와 이익집단들을 동원하여 인민전선 후보자들의 승리를 저지하는 한편, 에스파냐 전역에 배포되는 일간지와 잡지를 통해서 "자본에 대한 신뢰를 촉구하고, 국가 경제 재건을 활성화시키기 위한 조치로 확고부동한 권위의 승인과 공공질서 유지, 소유권의 존중" 등이 실현되어야 한다고 강조했다.[95] 농장주 연합회는 "반혁명을 위해 싸우거나 토지 소유의 합법적 이해관계를 변호해 준다면, 후보자들은 물론 정치 단체에도 도덕적 지원, 나아가 재정적 지원을 아끼지 않겠다고 호소했다.[96]

선거전에서 귀추가 주목이 된 것은 아나키스트들의 태도였다. 정치에 개입하지 않기로 원칙을 정한 아나키스트들이 선거에 기권할 게 뻔했다. 하지만 포로로 잡혀 있는 동지들을 구출하기 위해 사면을 약속하고 있는 인민전선에 아나키스트들이 지지표를 던지지 않을까 기대하는 사람들도 있었다. 결과적으로 이러한 기대가 터무니없는 것은 아니었던 것 같다. 아나키즘 노조인 전국노동연합에는 두 갈래의 흐름, 곧 포로들과 연대한다는 차원에서 투표에 동참해야 한다는 쪽과 계속하여 기권을 주장하는 쪽이 있었다. 결국 1936년 1월 25일의 바르셀로나 대회와 1월 29일의 마드리드 대회에서 투표에 기권하되 선전 활동은 계속해 나가기로 결론을 내렸다.[97] 그러나 이런 방침에도 불구하고 선거를 며칠 앞두고 아나키스트 지도자들 일부가 인민전선을 지지한다는 입장을 밝혔다.[98] 특히 부에나벤투라 두루티는 "그 누구에게도 투표하지 말라고 얘기할 수는 없다"고 말했다.[99] 그는 더 나아가 "공화정을 옹호하는 것은 아니지만 파시즘에 대해서는 끊임없이 투쟁할 것"이라고 강조했다.[100] 이베리아아나키스트연맹의 이론가 디에고 아밧 데 산티얀은 훗날 이렇게 회고했다.

우리의 손에 미래가 달려 있었다. (……) 1933년 11월에 벌인 선거 반대 운동이 모든 사람들의 기억에 남아 있었다. 가장 과감한 반대 운동이었다. 이번에도 거의 같은 방식으로 되풀이해야 했다. 그러나 상황은 분명했다. 언제나 그랬듯이 기권하게 되면 틀림없이 우파가 선거에서 승리할 것이다. (……) 이러한 상황이 전개되기를 바라지 않아서 반대 입장을 표시한 동지들이 상당수였다. (……) 다행스럽게도 대중들이 투표장으로 향했다. 우리 언론은 포로들을 석방해야 한다고 호소했고, 그 결과 1933년과 같은 기권은 피했다.[101]

아나키즘 지도자들 대부분은 투표에 기권했지만 조합원 대중은 투표장으로 향했다. 사라고사에서는 1933년 총선에서 40퍼센트를 보인 기권율이 1936년 총선에서는 27퍼센트로 내려갔고, 바르셀로나에서는 1933년에 38퍼센트를 보인 기권율이 1936년에는 31퍼센트로 떨어졌다.[102] 아나키스트들의 투표 참여가 인민전선이 승리를 거두는 데 아마도 상당한 영향을 주었을 것이다.

투표는 시종 질서정연한 가운데 진행되었다. 선거를 연구한 하비에르 투셀이 집계한 바에 따르면, 1936년 2월 선거에 유권자 1,355만여 명 가운데 986만여 명이 투표를 해 72.8퍼센트의 투표율을 보였다. 에스파냐 역사상 가장 높은 투표 참여율이다. 투표자 가운데 465만여 명이 좌익을 지지했고 450만여 명이 우익을 지지했다.[103] 두 진영 사이의 득표 차이가 1퍼센트 정도에 불과했다.

하지만 선거법 규정에 따라 양 진영이 차지한 의석수의 차이는 매우 컸다. 인민전선 측이 271석을 차지했고 우익 진영이 142석을 차지했으며, 중도파가 39석을 차지했다. 좀 더 구체적으로는 사회노동당이

99석을 차지했고, 에스파냐자치우익연합이 88석, 공화좌익이 87석, 공화연합이 39석, 카탈루냐에스케라가 36석, 포르텔라 바야다레스의 중도당이 16석, 국민블록이 13석, 공산당이 17석, 카탈루냐연맹이 12석, 농민당이 11석, 전통파가 9석, 바스크민족당이 10석을 차지했다.[104] 이러한 결과는 중도파의 세력 규합이 실패로 돌아간 점과 우익 진영이 전국적 선거연합을 결성하지 못한 점, 인민전선이 인민전선 협정을 통해 대동 연합을 꾀할 수 있었던 점, 아나키스트들이 투표에 참여한 점 등의 요인에서 비롯되었다.

에스파냐 의회는 이제 양대 진영으로 나뉘게 되었다. 중도 세력이 약화되고, 1933년 총선 이후보다 좌파나 우파로 쏠리는 현상이 더욱 심화되었다. 그 결과, 계급 갈등이 첨예화될 가능성이 더욱 높아졌다. 인민전선의 승리는 이런 점에서 1931년의 승리와도 달랐다.[105]

인민전선이 승리한 것으로 나타나자 포르텔라 바야다레스 내각이 물러났다. 2월 19일에는 마누엘 아사냐를 수반으로 하는 새로운 정부가 들어섰다. 아사냐는 외무부 장관에 아우구스토 바르시아, 전쟁부 장관에 카를로스 마스켈레트 장군, 해군부 장관에 호세 히랄, 재정부 장관에 가브리엘 프랑코, 내무부 장관에 아모스 살바도르 카레라스, 공공사업부 장관에 산티아고 카사레스 키로가, 교육부 장관에 마르셀리노 도밍고, 노동부 장관에 엔리케 라모스, 산업부 장관에 플라시도 알바레스 부이야, 농업부 장관에 마리아노 루이스 푸네스, 법무부 장관에 안토니오 라라, 통신부 장관에 마누엘 플라스코 가르손을 기용했다. 이렇게 구성된 인민전선 정부는 순수한 공화 정부였다. 소속 정당이 없던 카를로스 마스켈레트 장군을 제외하면 모두 공화좌익이나 공화연합 소속이었다.[106] 하지만 양측에 버티고 서 있는 양대 정당, 곧 사회노동당과 에스파냐자치우익연합의 동향에 촉각을 곤두세워야 하는 처지였다.[107]

3. 정부의 개혁 추진

총선 이후 출범한 인민전선 정부는 협정 당시에 마련한 정책 강령을 이행하기 위해 노력했다. 2월 20일에 각료회의를 열고 공약을 실현해 나가기 시작했다. 농업부 장관에 임명된 마리아노 루이스 푸네스는 토지개혁과 관련한 주요 조치를 단행하면서 개혁을 추진하기 시작했다.

엑스트레마두라 지방의 상황이 무엇보다 가장 절박했다. 지주들의 소작농 추방 작업이 1935년에 최고조에 달했다. 이에 마리아노 루이스 푸네스는 1936년 3월 3일에 추방된 소작농, 곧 윤테로들에 관한 법령을 공포하여 그들이 이전에 경작해 온 토지에 대한 용익권을 회복시켜 주었다.[108] 윤테로 문제와 관련하여 신임 토지개혁청장 아돌포 바스케스 우마스케는 "8일이 지나면 토지 없는 윤테로는 한 명도 없을 것"이라고 장담하기도 했다.[109] 카세레스 주에서는 실제로 윤테로 문제가 해결되었다. 마을 67곳의 토지 6만7천 헥타르에 윤테로 13,554명을 정착시켰다.[110]

3월 18일에 마누엘 아사냐 총리는 토지개혁과 관련하여 4만~5만 명에 이르는 농민을 정착시킬 예정이라는 성명을 냈다.[111] 농업부 장관은 이 성명을 실천하기 위한 준비 작업에 들어갔고, 3월 20일에는 1935년 11월의 '토지개혁의 개혁'법 27조에서 규정하고 있는 '사회적 유용성' 조항에 근거하여 법령을 공포했다.[112] 토지 소유가 과도하게 집중되어 있고 농업 노동력이 풍부하며 대규모 경작이 지배적인 자치 단체에 위치한 농장의 경우는 유상 수용이 가능하다는 내용과, 토지에 대한 소유권이 토지 소유주에게 있지만 농민에게 임시 점유를 허용해 준다는 내용의 법령이었다. 이 밖에도 토지개혁청장에게 전권을 부여하고 수치의 상한선을 설정하지도 않았기 때문에 지주들에게 이 법령은 '무서운 철퇴'나 다름없었다.[113]

법령이 공포되고 닷새가 지난 3월 25일에 바다호스와 카세레스 주에서는 8만 명에 달하는 농민들이 라티푼디움을 점령하고 경작할 채비를 했다. 하엔과 코르도바, 세비야, 톨레도, 마드리드, 살라망카에서도 노조 단체들이 토지 점거를 주도하고 농업부 장관에게 관련 사실을 알렸다. 농업부 장관은 토지 점거를 합법화하고 관련 전문가를 파견하여 경작을 지원해 주었다.[114] 장관은 또한 남부와 서부의 주들을 수시로 순방하면서 소작인들의 농장 점거를 현지에서 직접 정당한 것으로 인정해 주고 농민과 치안대의 충돌을 사전에 방지했다.[115]

　이러한 조치들은 의회가 제 기능을 하기 전에 취한 응급조치였다. 관련 법규를 제정하는 일은 의회의 몫이었다. 마누엘 아사냐는 4월 15일에 의회연설을 통해 인민전선이 내건 선거공약을 이행하겠다고 약속했다. 특히 토지개혁과 관련하여 2~3일 안에 1935년의 반토지개혁법을 폐지하는 법안과 공유지 회복과 재취득을 위한 법안, 소작농 추방을 방지하는 법안들의 윤곽이 드러날 것이라고 언급했다.

　의회에서 다룰 (……) 시급한 개혁의 주제는 토지 정책입니다. 인민전선의 선거 강령 가운데 법안으로 구체화되지 않을 조항은 하나도 없다고 말씀드릴 수 있습니다. 앞으로 2~3일 안에 법안을 제출하겠습니다. 1935년의 반토지개혁법 폐지 법안, (……) 공유지 회복과 재취득 법안, 현행 소작법에 명시되어 있는 추방 규정을 개정하거나 수정하는 법안, 오늘 아침 각료회의에서 검토를 마치고 마지막 수정을 하고 있는 새로운 소작법안, 새로운 토지법안, 소작인의 소유권을 강화하는 법안 (……) 등이 그것입니다.

　그다음에는 농업금융을 조직하고 농업은행을 설치하겠습니다. 이런 기관이 없다면 장차 추진할 개혁의 경제적 기초가 부실하게 됩니다. 모두 6개 법안, 제가 보기에는 6개입니다. 선거 강령에 모두 들어 있는 내용들입니다.[116]

이틀 뒤 4월 17일에 농업부 장관 루이스 푸네스는 1932년 토지개혁법의 부활, 소작인 및 분익소작인의 소유권 획득, 소작인 추방에 대한 개정, 공유지 회복과 재취득 등에 관한 법안들을 의회에 제출했다.[117] 이들 법안 가운데 소작인 추방 방지 법안과 1932년 토지개혁법 부활 법안이 5월과 6월에 각각 의회를 통과했다. 5월 21일에 심의가 시작된 소작인추방방지법안은 5월 28일에 최종 승인되었다.[118] 1932년 토지개혁법 부활 법안은 1935년 8월 1일자 토지개혁법을 폐지하고 1932년 9월 15일자 토지개혁법을 부활시킨다는 내용이다. 법안의 전문을 심의하는 자리에서 루이스 푸네스는 법안을 제출하게 된 사유를 두 가지로 얘기했다. 첫째로, 1935년 법이 자신들의 그것과는 다른 정치 신념에 어울리는 반면에 1932년 법은 자신들의 정치 신념과 인민전선 강령에 가깝다. 둘째로, 상당한 노고가 필요한 토지개혁 기본법을 심의하느라 "개혁의 리듬이 깨지지 않기를" 바란다.[119] 이 법안은 6월 11일에 큰 논란이 없이 의회의 승인을 받았다.

공유지 회복 및 재취득에 관한 법안은 의회 내 위원회의 검토를 거쳐 6월 26일에 본회의에 상정되었다. 이어서 법안의 전문에 대한 길고 긴 심의가 시작되었다. 내전이 발발하는 7월까지도 심의가 끝나지 않았다.

그런 와중에 의회에서는 '농촌의 상황'을 주제로 임시회의가 열렸다.[120] 토지개혁을 둘러싸고 찬반양론으로 갈려 격론이 벌어진 이 회의에서 농촌의 상황뿐만 아니라 정당과 사회단체들의 토지 정책을 알려 주는 내용들이 오갔다.

에스파냐자치우익연합 의원들은 무엇보다도 농촌의 무정부 상황을 신랄하게 비판했다. 그들은 이러한 무정부 상태가 경작을 불가능하게 만들어 결국에는 농업 경제에 큰 해악을 끼칠 것이라고 주장했다. 마다리아가 의원은 농촌의 무정부 상황을 이렇게 설명했다.

에스파냐 농촌에서는 인간의 자유를 지켜 주는 가장 중요한 권리를 존중하지 않습니다. 하루도 빠짐없이 대규모 전선에서 잔인한 복수와 보복, 앙갚음이 일어나고 있습니다. 소유권이 박탈되고 강탈과 신성모독이 법이 되고 있습니다. 가족의 도덕이 무시되고 있고 교육의 자유가 무너지고 있습니다. 주민들이 어떤 권리도 존중하지 않는 무시무시한 독재에 시달리고 있습니다. 요컨대 우리 농촌 어디에서나 실책과 폭력, 살인이 자행되고 있습니다.[121]

국민블록에 속한 군주제파 의원들은 아예 개혁에 정면 반대를 하고 나섰다. 농촌 문제의 해결책은 현 의회나 현 정부에도 없고, 인민전선이 구성해 내는 그 어떤 정부에도, 심지어는 인민전선 자체에도, 정당 시스템에도 없으며, 오직 조합국가에만 있다고 주장했다.[122] 파시즘이 그 대안이라는 얘기였다. 다른 우파 의원들도 토지개혁의 문제점을 지적하면서 인민전선 정부에 비난을 퍼부었다. 이를테면 전통파 의원 도밍게스 아레발로는 토지개혁이 세 가지 잘못된 개념에 바탕을 둔 것이라고 비판했다.

첫째로, 실제로는 국토 면적 5천만 헥타르 가운데 10분의 1이 농사를 지을 수 없는 황무지이고, 나머지 가운데서도 경작을 하고 있는 토지가 3천750만 헥타르 이상이나 된다. 그런데 에스파냐가 토지 소유주의 과실로 경작을 하지 않는 토지가 상당 면적에 이르고, 그나마 경작도 제대로 하지 않는 매우 후진적 농업 국가라고 생각하는 데 문제가 있습니다.

둘째로, 통계를 보면 토지 조사를 실시한 주들의 토지대장에 올라 있는 토지 소유자들 150만 명 가운데 40퍼센트가 1헥타르 미만의 토지 소유자이고, 36퍼센트가 5헥타르 미만의 토지 소유자들입니다. 다시 말하면 에스파냐 토지 소유자의 3분의 2가 5헥타르 미만의 토지를 소유하고 있는 사람들입니다. 이렇듯 토지 분배가 매우 잘 된 나라에 속하는데도 에스파냐를 토지가 소수의 수중에 집중되어 있고, 분배도 잘 이루어지지 않은 나라라고 생각하는 데 문제가 있습니다.

셋째로, 아마도 세 가지 가운데 가장 근본적인 잘못일 수도 있는데, (……) 소토지 소유자 창출을 위한 노력에 조직적으로 반대해야 한다고 생각하는 데 문제가 있습니다.[123]

이처럼 정부를 상대로 우파 의원들이 질의와 비판을 쏟아냈다. 사회노동당 의원 리카르도 사발사는 우파 의원들이 "인민전선 정부에 폭격을 퍼부었다"고 표현했다.[124]

농업부 장관 루이스 푸네스는 개혁 정책이 농업경제를 무너뜨리고 있다는 지적에 소유권에는 권리 이상의 기능과 의무가 있다고 답했다. 헌법 44조를 근거로 전통적 소유권 개념이 사회적 유용성 개념에 의해 제한을 받을 수도 있다고 강조했다. 아울러 자신이 추진하고 있는 다양한 개혁안의 목적은 "소토지 소유자를 보호하고 소토지 소유자를 창출해 내려는 것"이라고 밝혔다.[125]

사회노동당을 대표하여 연설한 리카르도 사발사 의원은 우파 의원들을 상대로 무정부 상태를 운운하는데 그 씨앗을 누가 뿌렸는지, 농민들이 과격하다고 말하는데 그들을 그렇게 만든 사람이 누구인지를 되물었다. 그리고 인민전선 정부를 상대로 경작을 하지 않아 버려진 농장과 토지는 모두 노동자들과 노동자 단체들에게 양도해 주고 농업 금융도 늘려 달라고 요청했다.[126] 공산당 의원들도 사발사 의원과 마찬가지로 농촌의 심각한 사태에 대한 책임은 대지주들에게 있는데, 그들은 선량한 사람들로 회자되고 있다며 개탄을 금치 못했다. 공산당 의원 미혜 가르시아는 인민정부 편에 서서 인민전선 협정에 조인된 내용을 성취해 나갈 것이고, 가난한 농민들에게 먹을 것을 주며 대지주들에게

서 토지를 빼앗아 소농들에게 주겠다고 말했다. 그는 이어서 "이를 두고 에스파냐가 무질서하다고 주장한다면 그것은 착각이다. 왜냐하면 인민전선과 조국을 더욱 튼튼하게 하고 조국에 추진력을 제공하며 나라 경제에 새로운 전기를 이룩해 나가고 있기 때문"이라고 변호했다.[127]

의회에서 이러한 논의가 진행되는 동안에도 토지개혁은 계속 실시되어 내전이 발발하기 전까지, 곧 인민전선 정부가 집권한 1936년 2월에서 7월까지 다섯 달 동안 572,055헥타르에 농민 110,921명이 정착했다.[128] 1931년부터 1934년까지 4년 동안에 116,837헥타르에 14,760명이 정착한 것과 견주어 보면 이 기간에 토지개혁이 매우 활발하게 진행되었음을 알 수 있다.

그러나 정부가 보여 준 노력과 성과에도 불구하고 에스파냐는 사상 최대의 파업 물결 속으로 빠져들어 갔다. 노동부 집계에 따르면 5월 1일부터 내전이 발발한 7월 18일까지 농촌에서 파업이 192건이나 발생했다. 1932년 한 해에 발생한 파업과 맞먹는 수치이고 1933년에 발생한 파업의 절반에 해당하는 수치이다.[129] 다른 한편으로 정부가 인민전선 강령을 추진해 나갈 것을 두려워한 극우 세력은 그들 나름대로 예방 조처들을 취하기 시작했다.[130]

4. 정당과 사회단체의 활동

이러한 1936년 봄에 나타난 정국 변화에 주요 정당과 사회단체들은 어떤 반응을 보였으며 어떤 대응을 해나갔을까?

먼저 사회노동당의 내분이 심화되고 전국농업노동자연맹의 노선이 과격해졌다. 사회주의자들 사이에 인민전선을 바라보는 시각차가 존재했다. 그런데 시간이 지날수록 시각차가 좁혀지기는커녕 오히려 당을 쪼개는 것이 나을 정도로 골이 더욱 깊어졌다. 내분을 낳은 요인들 가운데 토지 문제도 들어 있었다.

1934년 10월의 아스투리아스 봉기 이후 극심한 탄압을 받아 오던 전국농업노동자연맹의 조합원 수가 1936년 들어 급속도로 증가하기 시작했다. 규모가 커지면서 전국농업노동자연맹의 입장도 과격해지기 시작했다. 정부와 토지개혁청이 '부르주아적' 개혁을 지향하고 있다고 비난했다.[131] 그리고 토지 문제는 농민들이 직접 해결해야 할 일이고, 정부는 다만 농민들의 행위에 합법성을 부여해 주면 된다고 주장했다.[132] 어떤 토지를 경작하고, 어떻게 경작해야 하며, 언제 경작해야 하는지를 농민보다 더 잘 아는 사람은 없다고 강조했다.[133]

전국농업노동자연맹은 또한 개혁에 착수할 의회의 활동이나 새로운 법적 기초를 기다리려고 하지 않았다. '해석만 잘 하면' 반개혁법으로도 '당장에 농장을 점거'할 수 있고, "인민이 주도권을 쥐고 적절하게 해석할 수 있다면 악법이란 존재하지 않는다"고 주장했다.[134] 연맹의 서기 리카르도 사발사는 선거 직후 농업부 장관에게 1935년에 농지에서 추방된 소작인들을 서둘러 복귀시켜 달라고 요청했다.[135] 3월 중순에는 토지 재분배를 즉각 실시하라는 시위를 벌이기도 했다.[136] 3월 25일에는 바다호스 지부가 주도하여 농민들 6만 명가량이 "공화국 만세!"를 외치며 사전에 선정한 농장 3천 곳을 점거했다. 마누엘 아사냐 총리는 이러한 점거를 합법화시켜 주는 수밖에 없었다.[137]

한편 라르고 카바예로가 발행하는 일간지 《클라리닷》은 3월 26일자에 실은 〈토지개혁과 집단화〉라는 기사에서, 토지 재분배와 토지개혁이 민주주의 혁명의 과업이라면 집단화는 사회주의와 관련된 과업이라고 소개했다. 다시 말해 봉건 체제를 종식시키기 위해서는 진보적 소부르주아 세력과 연대할 필요가 있지만, 집단화된 공동체를 창설하는 작업은 사회주의자들이 수행해야 할 과업이라는 것이다. 4월 12일과 13일에는 전국농업노동자연맹 전국위원회가 열렸다. 대회 참석자들은 진행 중인 토지개혁에 드러난 개인주의 방침에 대해 심각한 우려를 표명하고, 연맹 지부에 토지를 점거하여 공동 경작을 희망하는 농민들에게 농장을 우선 양도해 주라고 권고하기로 결론을 내렸다.[138]

4월에 사회주의자들의 노선에 중대한 영향을 미칠 변화가 또 하나 일어났다. 사회주의자들이 새로운 방향을 모색하던 마드리드사회주의연맹 임시총회에서 훌리안 베스테이로의 반대를 물리치고 라르고 카바예로 노선이 승리를 거두었다. 이 임시총회에서는 토지 문제와 관련하여 귀족과 성직자, 종교 단체가 소유한 모든 토지와 농장을 무상으로 수용하고, 라티푼디움을 폐지하며, 토지와 가축, 농기구, 농기계를 농민들에게 즉각 양도하고 소토지 소유 농민에게 지워진 모든 부담을 없애야 한다는 결론을 내렸다.[139] 토지의 전면 국유화와 노동자 조합을 위한 토지 양도를 주장하던 기존의 입장을 수정했다. 임시총회에서 내린 결론과 동일한 내용이 5월 1일에는 사회노동당의 농업 강령으로 제시되었다. 같은 날에 노동자총연맹은 집단화가 연맹의 기본 강령임을 천명하고 토지개혁이 농촌의 집단화로 나아가야 한다고 주장했다.[140] 농업노동자연맹 대표도 이 점을 강조했다.

대지주가 토지를 소유하는 이유는 무위도식하기 위해서이거나 아니면 농촌 노동자를 노예로 삼기 위해서이다. (……) 따라서 농업 경제가 압도적인 우리나라에서는 농민들을 정치적으로 지배하는 수단이자 그들을 비참하게 만드는 요인인 엄청난 규모의 대토지 소유를 해체하지 않는다면 정치사회적으로 어떤 개혁을 시도한다 해도 그 개혁이 성공을 거둘 수 없다.

시장으로 흘러들지 않도록 토지를 사회화하고 농업 경작을 위해 집단화하는 방식만이 복잡한 토지 문제를 해결하는 길이다. 농민들이 보여 주는

협동정신의 정도에 따라 집단농장의 규모를 늘리고 그 내용을 강화해 나가야 한다.[141]

한편 인달레시오 프리에토를 중심으로 한 사회노동당 내의 중도파는 전국농업노동자연맹의 급진적 움직임과 좌파 사회주의자들의 새로운 방향 모색을 탐탁지 않아 하면서 더욱 신중한 전략을 고수했다. 인달레시오 프리에토의 논리는 "비록 사회주의자들이 제안한 토지 국유화를 실현하지는 못한다고 하더라도 선거 협정에서 약속한 새로운 소작법 제정, 공유지 반환, 신속한 정착 추진과 같은 조치들은 신속하게 이행해 나가야 한다"는 것이었다.[142] 인달레시오 프리에토와 라르고 카바예로 사이에 벌어진 갈등과 분열은 시간이 흐를수록 더욱 심각해졌다.[143]

공산당은 라르고 카바예로와 달리 선거가 끝난 후 인민전선 협정을 준수하는 정책을 견지했다. 이 정책을 통해 파시즘을 결정적으로 타도하고 민주혁명을 이룩할 수 있으리라고 내다봤다. 공산당에게 인민전선의 승리는 다름 아니라 파시즘을 타도하는 첫걸음이었다. 공산당은 3월 28일에서 30일까지 당 중앙위원회 확대총회를 열고 '공화 좌파 정부에 대한 입장' 문제를 다루었다. 공산당은 이 회의에서 인민전선 협정에 반동적·파시즘적 단체 해체를 비롯하여 파시즘을 철저히 타도할 구체적 수단이 결여되어 있고, 따라서 인민전선 정부가 협정 내용을 모두 이행한다고 하더라도 민주 혁명을 완수하지는 못할 것이라고 지적했다. 하지만 그렇다고 하더라도 인민전선 정부가 협정을 완수할 수 있도록 정부를 지원해야 한다는 결론을 내렸다.[144]

토지 문제와 관련하여 공산당은 정부를 향해 진정한 토지개혁에 착수하라고 요청하기 시작했고 "미경작지도 없애고 굶주린 농민도 없애자"는 구호를 내걸고 대중 동원에 나섰다.[145] 하지만 이 무렵에 정부와 갈등을 빚지 않기 위해 공산당은 토지 정책의 전술적 측면을 다소 수정했다. '혁명적 토지 탈취'라는 전통적 구호를 버리고 토지개혁의 시행을 강화하라고 주문했다. 그 이유는 지주들에 맞선 투쟁을 잘 수행한다고 하더라도 격렬한 투쟁으로 정부를 궁지에 빠뜨린다면 결국에 파시즘만 이롭게 될 것이라고 보았기 때문이다.[146]

하지만 공산당이 수정한 것은 당의 일반 전략이 아니라 전술이었다. 이 점을 잊어서는 안 된다. 공산당 기관지 《문도 오브레로》는 1936년 2월 25일에 이미 농민의 수중에 있지 않는 모든 토지를 몰수하고 몰수된 토지를 농민들이 개별적으로나 집단적으로 경작하게 해야 한다는 방침을 정하고, 이를 실현하기 위해서 노동연대의 필요성을 제기하기도 했다. 이틀 뒤인 2월 27일에는 코민테른이 에스파냐를 위해 마련한 활동 수칙 〈에스파냐에서의 10대 활동 수칙〉을 게재했다. 토지 문제와 관련해서는 "은행 및 경제 단체의 국유화와 농장 수용" 조항이 들어 있었다.

공산당 총서기 호세 디아스는 사회노동당 집행위원회에 보낸 3월 4일자 문서[147]를 통해 인민블록[148] 협정을 신속하게 이행하고 노동자·농민 정부의 정책 강령을 위해 사회노동당과 공산당이 공동행동과 공동투쟁을 벌이자고 요청했다. 아울러 노동자·농민 연대에 각별한 관심을 기울여야 한다고 촉구했다. 그는 노동자·농민 연대가 반파시즘 투쟁을 위한 인민블록 활동의 중심축이 되어야 하고, 그렇게 할 때만이 부르주아 민주혁명의 최종 과업을 성취할 수 있으며, 이 부르주아 민주주의혁명이 프롤레타리아혁명으로 전이될 수 있다고 말했다. 공산당 원내총무를 맡은 비센테 우리베는, 농민들이 즉시 토지를 획득할 수 있도록 투쟁해야 하며 토지를 위한 투쟁으로 농촌 주민들을 일깨워 일체의 봉건적 속박을 깨뜨리고 보수반동의 물적 토대를 혁파하며 민주혁명을 사회주의혁명으로 전환시킬 조건을 만들어 나가야 한다고

말했다.[149]

이상에서 언급된 원칙들이 4월 22일자 노동자를 위한 공산당 성명에 고스란히 반영되었다.[150] 공산당 지도자들은 이러한 원칙에 입각하여 의회 활동을 펼쳐 나갔으며 대중 동원을 위한 거리 투쟁에도 관심을 쏟았다. 그 결과 선거 전에 2만여 명으로 추정되던 당원 수가 6만 명으로 불어났다. 두 달 사이에 당의 규모가 엄청나게 커진 것이다.

자신들이 내세운 기준이 토지개혁법에서 지향하는 바와 전혀 달랐던 아나키스트들은 1936년 봄에 인민전선 정부의 활동을 집중 공격했다. 아나키스트들이 제기한 주요 비판 가운데 하나는 소토지 소유와 관련된 것이었다. 당시 정부는 민주 공화정을 유지할 기반으로 소토지 소유자로 구성되는 중간계급을 창출하고자 했다. 하지만 아나키스트들은 소토지 소유자들이 반경제적이고 반사회적이라고 비판했다.[151] 호세 마테오는 그 이유를 이렇게 설명했다.

(소토지 소유자들은) 과거에 집착하고 전통을 고수한다. 그들의 머리에서는 20세기에 걸맞은 혁신적 사고가 싹트지 않는다. 부유한 지주가 되는 것이 그들의 장밋빛 꿈이다. 그들의 부모도 이 꿈을 꾸었고 그들의 조부모도 마찬가지였다. 그들은 자신들이 노동자보다 낫다고 생각하고 자신들보다는 대지주가 낫다고 생각한다. 그 이유는 대지주가 화려한 의복을 걸치고 금반지를 끼고서 자신들을 위해 일하는 노동자들의 노동으로 살아가기 때문이다.[152]

따라서 현행 토지개혁이 창출하고자 하는 수천 명의 소토지 소유자들은 도시와 농촌의 나머지 노동자들을 해방시키는 사회운동에 역행하는 보수적 군단이 될 것이다. 에스파냐의 토지개혁은 결국 유럽 여러 나라에서 실패한 것처럼 실패하고 말 것이다. 정당들도 어느 정당이든 매한가지이다. 모든 정당이 토지 소유를 존중하고 있기 때문이다. 토지 소유를 존중한다면 진정한 농촌 개혁을 이룰 수 없다. 진정한 토지개혁은 오직 인민이 토지를 몰수하는 혁명적 방식으로만 가능하다. 가장 공정한 방식은 무상으로 몰수한 토지를 자치단체에 양도하는 길이다. 소토지 소유에서는 개인 이기주의가 길러지는 반면에 집단 작업에서는 자유지상 사회의 초석이 되는 상호부조와 연대감이 개발된다. 이러한 주장들이 당시 발행한 아나키즘 기관지 《캄포 리브레》를 통해 선전한 주요 내용들이다.[153]

아나키스트들은 1936년 5월 1일 사라고사에서 전국노동연합 임시 전당대회를 열고 이러한 원칙들을 재확인했다. 전당대회에는 982개 조합의 55만여 조합원을 대표하는 대의원 649명이 참여했다.[154] 이 대회에서 이삭 푸엔테 등이 주장해 온 자유지상 코뮌주의를 공식 목표로 확인했다. 자유지상 코뮌주의에서는 인간을 노예화하는 소유가 존재하지 않는다. 토지나 토지와 관련된 모든 것은 어느 누군가의 소유가 아니라 모두의 소유가 된다. 공동체(코뮌)를 단위로 조직을 갖추고 공동으로 경작하고 공동으로 탈곡하며 만사를 공동으로 함께한다. 이러한 자유지상 코뮌주의는 위에서 아래로 건설되거나 권력에 의해 건설되지 않는다. 성문 규정에 의해 건설되지도 않는다. 반대로 바닥으로부터, 곧 자치단체와 조합의 생활과 활동으로부터 건설된다.[155] 이러한 자유지상 코뮌주의가 1936년 여름에 사회혁명으로 가시화되게 된다.

우파 진영 가운데 에스파냐자치우익연합 지도부는 총선에 패배하면서 혼란에 빠졌다. 당의 정책 방향을 수정할 필요성마저 제기되었다. 이때 농업부 장관을 지낸 히메네스 페르난데스가 주도권을 잡았다. 총선 패배 요인이 모호한 선거 정책에 있다고 생각한 히메네스 페르난데스는 에스파냐자치우익연합이 입장을 명확히 해야 한다고 주장했다.[156] 민주주의와 파시즘 둘 가운데 하나를 선택하라는 요청을 받은 에스파냐자치우익연합 의원들은 민주주의를 택했다. 그러면서도 만일에 민주주의의 실현이 불가능할 경우, 당을 해체하고 자신들은 저마다의 이념에 따라 흩어지겠다고 으름장을 놓았다.[157] 인민전선이 주도하는 의회에서 에스파냐자치우익연합이 맹목적 반대를 하지 않은 이유가 여기에 있다. 히메네스 페르난데스는 의회에서 토지 문제가 거론될 때마다 당의 유일한 대변자 구실을 했다.[158] 중도우파 정부에서 농업부 장관을 지내며 가톨릭교적 토지개혁을 추진하다가 우익 세력의 등쌀에 떠밀려 중도 하차한 그가 이제 당의 실세로 떠올랐다.

규모가 가장 큰 사용자 단체인 전국경제연맹은 총선이 끝나자마자 목소리를 냈다. 1936년 2월 22일에 향후 나라 경제가 우려된다는 성명을 발표했다. 그들은 이 성명에서 총선에서 나라가 두 진영으로 대치하고 있음이 드러났는데, 두 진영 사이에 상호 공존의 영역을 만들지 않는다면 경제가 무너지고 말 것이라고 지적했다. 여기서 상호 공존의 영역이란 상호 신뢰의 접촉점을 의미하는 것으로 보인다.[159] 축산업자총연합회도 전국경제연맹과 함께 정부가 제출한 갖가지 법안에 대해 자신들의 입장과 견해를 밝혔다. 이를테면 정부가 제출한 토지개혁 기본법안에 대해 전국경제연맹은 그것이 에스파냐 농업의 법률 제도와 경제 제도를 계속 불안정하게 만드는 법안이라며 유감을 표시했고, 축산업자총연합회는 모든 규정이 축산업자의 이해관계에 정면으로 배치된다고 지적했다. 공유지 회복 법안에 대해서도 전국경제연맹은 공유지를 자치단체 자산으로 회복하여 지역 단체들이 그것을 임의로 사용하게 되면 공유지 회복은 무용지물이 될 것이라고 비판했고, 축산업자총연합회는 법안이 효과를 내려면 유용성을 보장하는 형태로 공유지를 운영하고 공유지 회복으로 개인 소유권을 훼손하지 말아야 한다는 두 가지 조건을 지켜야 한다고 지적했다.[160] 이러한 노력에도 자신들의 견해가 받아들여지지 않자 농업 단체와 목축업 단체들은 사회경제적 힘을 결집하기 위한 긴밀한 연합이 필요하다면서 농목단체연합위원회(Comité de Enlace de Entidades Agropecuarias)를 부활시켰다. 1933년에 대지주들의 대표단과 함께할 수 없다고 참여를 거부했던 단체들도 이번에는 "농부들이여 연합하자! 연합하지 않을 이유가 없다!"고 외치며 연합위원회에 동참하였다.[161] 농업 노동자들이 토지 분배를 외치며 농장을 점거하는 상황에서 토지 소유자들이 팔짱을 끼고 가만히 앉아 있지는 않았다. 그들도 할 수 있는 최상의 방법을 동원해서 자신들의 이익을 지켜 내고자 했다.

6장

내전과 사회혁명

고용주의 부인은 마음껏 자녀들을 먹일 수 있지만, 노동자의 부인은 사실 그렇게 하기가 상당히 어렵습니다. 의사께서도 부유한 환자와 영세농 환자 조합원들을 방문하시면서 두 부류 시민들의 생활 방식에 커다란 차이가 있음을 발견하셨을 거라고 생각합니다. 우리는 착취를 영원히 종식시키고 모두가 능력에 따라 일하고 필요에 따라 소비하기를, 모두가 일을 하고 모두가 빵을 먹기를 바랍니다.

— 몬손 군 알캄펠 주민총회 의장

1. 내전의 발발

1936년 2월과 7월 사이에 에스파냐에는 암살 기도가 213건, 지역 총파업이 113건, 부분 폐업이 228건 발생했다. 그 결과 사망자가 269명, 부상자가 1,287명에 달했다.[1] 이렇듯 파업과 폭동, 방화, 재산 몰수, 가두 난동, 살인이 엄습하던 7월 12일 밤에 사건이 하나 발생했다. 좌파 경찰관이 사회주의 무장 강도와 공모하여 극우 세력 지도자 칼보 소텔로를 체포하고 이튿날에 그를 살해했다.[2] 이 사건의 도화선이 된 것은 전날 저녁에 벌어진 돌격대 중위 호세 카스티요 살해 사건이었다. 호세 카스티요가 살해된 것은 좌파 성향이 강한 그가 팔랑헤 당원을 죽였다는 이유 때문이었다.

군사쿠데타로 이어지는 첫 단추가 될 반정부 음모는 1936년 2월 16일 총선에서 인민전선이 승리를 거두면서 그 윤곽을 드러내기 시작했다. 에스파냐자치우익연합의 힐 로블레스를 비롯한 일부 우익 정치인들과 육군 참모총장 프랑코를 비롯한 주요 장군들이 선거 결과를 무효화하고 국가비상 사태를 선포하라고 촉구했다.

2개월 뒤 4월에는 반정부 음모가 여기저기서 진행되었다. 육군 장교단 내 비밀조직인 에스파냐군사연맹이 에스파냐 전역에서 음모를 꾸미고 있었다. 마드리드에서는 우익 장군들 모임인 장군회가 기회를 엿보고 있었고, 지방에서는 개별 장군과 장교들이 모종의 움직임을 보이기 시작했다. 전 국왕 알폰소 13세를 옹호하는 군주제 정당인 에스파냐쇄신 지도자들은 군부가 나서라고 촉구했다. 전통주의 정치 운동을 펴는 반자유주의 정당 카를로스전통회(Comunión Tradicionalista Carlista)도 카를로스최고군사위원회를 발족시켰다.

개별적으로 진행된 이런 움직임들을 조직하고 나선 주동자는 새 정부가 단행한 전보 조치에 따라 에스파냐 북동부의 팜플로나 수비대장으로 좌천된 에밀리오 몰라 장군이었다. 몰라는 쿠데타가 성공하려면 무장 병력과 비무장 단체를 하나로 통합할 필요가 있다고 생각했다. 문제는 그 병력을 이끌어나갈 지도자였다. 고위급 장성들 가운데 아무도 앞장서려고 하지 않자 몰라는 모로코 작전의 영웅이자 전 치안대장인 호세 산후르호 장군에게 편지를 내, 전국 규모의 반란을 계획하고 있고 쿠데타가 성공할 경우 산후르호 장군을 과도위원회 위원장으로 옹립하고 싶다는 뜻을 밝혔다. 이 제안을 수용한 산후르호가 몰라에게 반란 기획 업무를 맡겼다.[3]

그해 5월 말 들어 몰라는 마드리드 권력 장악을 위한 반란군의 집결 계획과 일정표를 짜기 시작했다. 그리고 혁명 집단들을 탄압하고 기존 정부를 대체할 과도군정을 계획했다. 이 군정은 전권을 지닌 군정이었다. 몰라가 전권을 지닌 군정을 바란 이유는 무정부 상태와 같은 당시 상황을 통제하기 위해서였다. 당시 인민전선 정부는 정국을 장악하지 못하고 있었다.

몰라가 음모를 조직하면서 부딪친 가장 큰 문제는 군부 자체에 있었다. 장교들 다수가 실패할지도 모를 모의에 연루되고 싶어 하지 않았다. 혁명 세력이 체제 전복을 시도한 것도 아니었고 정부가 건재한 데다 헌법이 여전히 국법이었던 것이다.

하지만 이런 불안과 갈등 속에서도 반란을 일으키지 않으면 더 큰 위험에 빠질지 모른다고 생각한 장교들도 더러 있었다. 그 대표적 인물이 프란시스코 프랑코였다. 하지만 일찍부터 이러저러한 반정부 음모에 가담해 온 그마저도 구체적인 무장 반란에 뛰어드는 데는 주저하고 있었다.

그런가 하면 당시 우익 정치 세력들도 별다른 대책을 세우지 못하고 군부의 이러한 움직임을 지켜보거나 그것에 기대를 걸 수밖에 없었다. 힐 로블레스가 선거 이후 야당 대표 역할을 맡았지만 온건한 보수 성향 때문에 차츰 세력을 잃었다. 그 대신에 극우파의 칼보 소텔로가 우익 진영의 최고 지도자로 떠올랐다. 그는 의회 임시회의에서 그를 죽여 버리겠다는 공산당 의원들의 협박을 받으면서도 에스파냐 민족주의와 보수주의를 대표하는 정치 지도자 역할을 떠맡았다.[4] 몰라의 계획을 어렴풋하게나마 알게 된 칼보 소텔로는 그 계획을 전면 지원할 생각이었다.

몰라는 점차 세력을 모으는 데 관심을 기울였다. 군사 음모자들만으로는 불충분하다는 생각에서였다. 지원을 약속한 정치 세력은 팔랑헤당이 유일했다. 하지만 세력이 약하고 분열되어 있어서 거사를 도모하는 데 별 도움이 되지 않았다. 카를로스회 지도부에도 손을 내밀었으나 나바라 주 카를로스 의용군 지도자들을 제외하고는 반응이 시큰둥했다.[5]

이러한 반란군 지도부의 주저와 우익 정치 세력의 미온적 태도를 일시에 반전시킨 사건이 바로 앞서 얘기한 칼보 소텔로 암살 사건이었다. 1936년 2월 총선 무렵부터 반정부 쿠데타를 모색해 온 일부 군인들이 이 암살 사건을 접하고 마음을 결정했다. 7월 18일에 아프리카 주둔군이 먼저 움직이고, 이어서 이베리아반도 군대가 거사를 일으킨다는 결정이었다.[6] 반란은 실제로 7월 17일 북아프리카의 멜리야에서 점화되었다. 반도 수비대들은 7월 18일부터 시차를 두고 반란을 일으켰다. 팔랑헤와 군주제 정당들, 국민행동청년단 같은 극우 단체들이 반란을 지원했다.

반도 수비대들이 반란에 성공한 지역은 주로 반도의 북부와 북서부 일대였다. 이곳은 혁명 세력이 약한 반면에 반좌파 운동 지지 세력이 강한 지역이었다.

하지만 쿠데타의 성공 여부는 대도시에서 결판나기 마련이다. 행정부가 있고 통신과 자원이 밀집해 있기 때문이다. 세비야와 사라고사에서는 반란군이 승리를 거두었지만 마드리드와 바르셀로나, 발렌시아, 빌바오에서는 실패했다. 그 결과, 반란군이 반도 북부와 남부, 서부에 무장 세력의 거점을 마련하기는 했지만 쿠데타에 성공하지는 못했다.

한편 공화국 정부 관계자들은 7월 18~19일 밤에야 사태를 파악했다. 아사냐 정부에 뒤이어 들어선 카사레스 키로가의 공화좌익 내각도 사임하고 디에고 마르티네스 바리오가 임시 내각을 구성했다. 마르티네스 바리오는 타협안을 제시하며 반란군과 협상을 시도했다. 반란군 주동자 가운데 한 명을 내각에 영입하고 국내 정책을 획기적으로 전환하며 좌파 민병대를 해체한다는 내용이었다. 하지만 이런 미끼에 타협할 반란군이 아니었다. 결국 7월 20일에 마르티네스 바리오도 사임했다. 그의 뒤를 이어 총리가 된 공화좌익의 호세 히랄은 반란군과의 타협을 중단하고 혁명적 좌파를 지원하기 시작했다. 마침내 혁명 세력이 무장을 갖출 길이 열린 것이다. 그리고 분쟁이 전면적인 내전으로 확산되었다. 군사쿠데타가 내전으로 비화된 것이다.

처음에는 군사쿠데타가 단기간에 끝나리라고 생각되었다. 하지만 전선이 구축되고 전쟁이 3년이나 지속되었다. 내전에 돌입한 에스파냐는 공화 진영과 국민 진영으로 나뉘어 싸웠다.

2. 공화 진영: 사회혁명

반란군과 협상을 벌였지만 아무런 소득을 거두지 못한 공화국 정부는 시민들에게 무기를 제공하고 민병대를 조직하여 반란군에 맞서 싸웠다. 이 조치는 양날의 칼과 같았다. 한편으로는 반란군을 물리치는 데 노동자들의 참여를 이끌어 냈고, 다른 한편으로는 노동자 단체들에게 사회변혁의 기회를 마련해 주었다.

공화 진영의 일부 지역에서는 공권력이 약화된 상황에서 노동자 단체들이 지방정부의 대안으로 혁명위원회(Comité Revolucinario)와 시위원회(Consejo Municipal)를 구성했다. 1936년 5월 대통령에 취임한 아사냐가 지적한 대로 이러한 기구들이 "와해되어 무방비 상태인 정부의 기능을 대신했다."[7] 통치 권력이 미치지 않는 곳에서는 노조와 노동자 정당들이 조직한 여러 형태의 위원회가 정치·사회·경제 활동을 주도해 나갔다. 중앙정부의 권력이 회복세를 보인 것은 1936년 가을부터였다.

1936년 여름, 농촌에서는 사회적 격변이 일어났다. 일부 기업가와 지주들에 대한 박해와 암살이 자행되었고, 이러한 폭력에 신변의 위협을 느낀 일부 지주들이 토지를 버리고 도주했다. 이런 상황이 진정되기 시작한 것은 정부가 법질서를 수립해 나간 1936년 11월 이후였다.

이 시기에 카탈루냐에서는 여러 지역위원회가 들어섰다. 이를테면 바르셀로나 동북부 지로나 주에서는 오리올스 마을의 이름을 따 오리올스위원회가 구성되었다. 이와 더불어 민병대도 조직되기 시작했다.

이를테면 아나키즘 지도자 조안 가르시아 올리베르가 2천여 명을 규합하여 아길루초스 부대를 만들었다. 부에나벤투라 두루티 부대는 국민군의 수중에 들어간 사라고사를 정복하기 위해 바르셀로나를 떠난 최초의 민병대였다.[8] 7월 25일과 26일 사이에 사라고사 주의 도시 카스페를 점령한 두루티 부대는 그곳에서 아라곤위원회를 구성했다. 아라곤위원회는 아나키스트들이 꿈꾸는 자유지상 사회를 아라곤 지방에 실현해 나갈 혁명 기구였다.

하엔, 알메리아, 코르도바, 그라나다를 비롯한 안달루시아 몇몇 지역에서는 혁명 활동이 전개되었다. 노동자 단체들이 정치적 숙청 작업을 주도했다.[9] 노동자들은 이른바 전통 세력인 지주와 귀족, 성직자의 저택을 약탈했고, 자신들의 고장에서 내로라하는 우익들을 색출하여 투옥시키고 처형했다.[10]

이런 가운데 프랑코 군이 마드리드로 진격해 왔다. 이에 공화국은 조직을 재정비하지 않을 수 없었다. 공화 진영의 정당들은 정치군사적 지도력을 통합하기로 결정했다. 1936년 9월 4일에 사회주의자 프란시스코 라르고 카바예로를 총리 겸 전쟁부 장관에 임명했다. 새로 구성된 내각에 공산주의자 두 명이 참여했다. 농업부 장관을 맡은 비센테 우리베 갈데아노와 교육부 장관을 맡은 헤수스 페르난데스였다. 라르고 카바예로는 혁명 기구를 정규 기구로 대체하는 작업에 착수했다. 민병대를 정규군으로 전환하는 작업이 여기에 포함되었다.[11] 라르고 카바예로가 11월 4일에 다시 구성한 정부에는 전국노동연합 조합원 네 사람, 곧 조안 가르시아 올리베르, 페데리카 몬체니, 조안 페이로, 후안 로페스가 참여했다. 아나키스트가 내각에 참여한 것은 아나키즘 역사상 처음 있는 일이었다.

공화주의 정당들과 공산당, 사회노동당의 온건파는 혁명 수행이 아니라 전쟁에 더 큰 관심을 기울여야 할 때라고 생각했다.[12] 특히 사회적 기반이 약한 공산당과 카탈루냐통합사회당(Partido Socialista Unificado de Cataluña)은 사회혁명이 그다지 성공을 거두지 못할 거라고 내다봤다. 이들은 공화국을 수호하고 혁명 활동을 배격해야 유럽 민주주의 국가들의 반대를 피할 수 있을 것이라고 생각했다. 결국 공화주의 정당들과 공화좌익, 공산당-카탈루냐통합사회당, 통합사회주의청년단(Juventudes Socialistas Unificadas)은 위원회들로 분권화된 공화국이 아니라 통합된 공화국을 수호하는 일에 나섰다.

이렇듯 중앙정부의 정치권력이 회복될수록 노동자 단체들의 혁명 활동은 약화되어 갔다. 카탈루냐에서는 1936년 10월 1일에 아나키스트들과 공산주의자들이 반파시즘중앙위원회를 자발적으로 해체하고 카탈루냐 정부에 입각했다. 같은 달 9일에는 정치 세력들이 참여하는 시위원회가 혁명위원회를 대체했다.

내전이 시작되면서 공화국에 충성하는 에스파냐에서는 토지 분배와 농민들의 토지 점령이 속도를 냈다. 다시 말해 내전의 시작이 토지개혁을 가속화하고 심화시켰다고 말할 수 있다. 이러한 혁명적 움직임과 더불어 공화 진영에서는 심대한 사회경제적 변화가 일어났다. 노조와 지역위원회들은 우선 공화제에 반대하는 지주들의 토지를 몰수했다. 다른 지방으로 도망간 지주의 토지나 경작이 제대로 이루어지지 않은 토지, 반란군에게 협력한 지주의 토지도 몰수했다. 초기 몇 달 동안에는 어느 정도 폭력을 동원한 경우도 있었지만 대부분의 경우 순조롭게 몰수가 진행되었다. 한편 소작인들은 수확물을 양도하기는커녕 소작료도 지불하지 않았다. 중소 지주들이 자발적으로 토지를 기부하기도 했지만 노조의 강요에 못 이겨 내놓는 경우도 있었다.

당시 토지의 사회화를 두고 두 가지 개념이 크게 대립하고 있었다. 아나키즘 노조는 자치단체가 운영하는 집산화를 주장했고, 사회노동당과 공산당, 카탈루냐통합사회당은 토지의 국유화를 주장했다. 내전이 끝날 때까지 농업부 장관은 공산주의자들이 맡았다. 공산주의자들은 토지 문제에 관해 자신들의 주장을 관철하고자 노력했다. 아나키스트들은 집산화를 유지하고자 투쟁했고, 농업부 장관 우리베는 강하게 반발했다. 우리베는 1936년 10월 7일 토지법을 공포하여 공화국을 반대하는 데 직간접적으로 관여한 지주와 소작농 농지의 무상 수용을 합법화하고 그 농지를 국유화했다. 이와 더불어 농민들의 농장 점거 활동에 제동을 걸기 시작했다.

이런 가운데 1936년 여름부터 1937년 여름까지 농촌에서는 집산화와 사회혁명이 절정에 달했다. 아나키스트들은 전시 상황을 이용해 자신들의 이념을 실현할 기회를 갖게 되었다. 총회를 열어 주민들의 결정을 반영하고 공동 경작을 조직하며 민간 교역과 화폐를 폐지했다. 부르주아 사회의 대안을 마련하고 사회생활 전반을 관리해 나갔다.[13] 이러한 실험을 한 농업집단(Colectividad agraria)들이 이 시기 공화 진영에서 1,475곳에나 등장했고 40만 가구가 이 농업집단에 참여했다.[14]

집산화 작업에 전국노동연합만 참여한 것은 아니었다. 사회주의 노조 노동자총연맹이 이 작업에 협력하기도 했다. 말하자면, 지역에 따라 앞서거니 뒤서거니 하면서 전국노동연합과 노동자총연맹이 집산화 과정에 참여했다. 또한 농업집단을 구성하는 데 강압과 폭력이 전혀 없었던 것도 아니다. 농민들의 자발적 지원이 없이 구성된 경우도 많았다.

농업집단 문제는 그 수와 기능, 정치적 연계, 경제적 지속 가능성을 놓고 아직도 논란이 되고 있다. 여기서는 어렴풋하게나마 당시 사회혁명의 실상을 이해하기 위해 아라곤 지방의 사례를 농업집단의 설립과 해체, 농업집단의 운영을 중심으로 살펴보자.[15]

아라곤 지방의 농업집단들은 1936년 7월에 설립되기 시작해 프랑코군이 아라곤 전역을 점령한 1938년까지 존속했다.[16] 1년 8개월 정도

되는 이 기간을 행정 조직의 성격에 따라 세 단계로 구분할 수 있다. 첫째 단계는 집단 설립에서부터 아라곤위원회가 합법화되는 1936년 12월까지이다. 이 시기에는 혁명위원회가 새로운 정치경제적 질서를 수립했다. 둘째 단계는 아라곤위원회가 구성되어 존속한 1937년 8월까지이다. 이 시기에는 시위원회가 혁명위원회를 대신해 활동했고 집단의 수가 최대로 늘어났다. 셋째 단계는 아라곤위원회가 해체되고 결국에는 집단들마저 해체되는 시기이다. 이 시기에는 아라곤 지방에 지방총리가 임명되고 상당수의 마을에서는 시위원회를 대신해 관리위원회가 들어섰다.

첫째 단계에는 1936년 7월 19일 이후 아라곤 지방 곳곳에 혁명위원회가 구성되었고 농업집단이 설립되었다. 혁명위원회가 구성되는 과정은 몬손 군(郡) 알캄펠의 사례에 매우 잘 드러난다. 한 조합원의 증언에 따르면, 아나키즘 노조인 전국노동연합이 7월 18일 반란 소식을 듣고 그 이튿날 곧바로 혁명위원회를 구성했다.

내 기억으로는 18일 저녁을 먹은 뒤 뭔가 마시기 위해 이웃들과 거리로 나갔다. 밤 11시 무렵이 되자 모로코에서 군대가 반란을 일으켰다는 소문이 돌았다.

마을에는 라디오가 다섯 대 뿐이었다. 농업노조에 한 대가 있었고 마르칼로 커피숍에 한 대가 있었다. 신부와 의사, 또 한 사람 집에 한 대씩 더 있었다. 다음 날 19일 우리 조합원들은 (……) 소식이 궁금해 라디오를 들으러 커피숍으로 갔다. 커피숍에는 제법 많은 사람들이 모여 사태에 대해 나름대로 생각들을 늘어놓으면서 라디오에서 흘러나오는 소식에 귀를 기울이고 있었다.

(토요일) 10시 무렵 '라디오 바르셀로나'가 모로코에서 군대가 반란을 일으켰다고 보도했다. (……) 라디오 바르셀로나는 낮 1시에 그 소식을 다

시 확인하면서 자세한 전투 상황을 전했다. (……) 반란은 기정 사실이 되었고 거기에 의문을 제기하는 사람은 아무도 없었다.

우리들은 노조 사무실로 모였다. (……) 누군가가 사태의 심각성을 깨닫고 (……) 네 명으로 이루어진 혁명위원회를 구성하자는 얘기를 꺼냈다. 그 자리에 있던 정치인 대다수는 이 제안에 떨떠름한 반응을 보였다. 그러자 그들을 설득했다. 만일 파시즘이 승리한다면 우리에게 아무것도 남지 않을 것이고 좋을 일이 하나도 없을 것이라고. 마침내 그 제안이 받아들여졌고 혁명위원회가 구성되었다.[17]

이렇게 출범한 혁명위원회는 전국노동연합 노조원 두 명과 공화 좌파 두 명으로 구성되었다. 혁명위원회는 건물 출입을 통제하는 등 치안 유지와 경계 활동을 벌이다가, 7월 27일 위험이 사라지자 아나키즘 원리에 입각한 농업집단 설립 작업에 착수했다. 우선 집산화를 위한 주민들의 지지를 얻기 위해 주민총회를 소집했다.[18]

소집 시각인 7월 27일 밤 9시 마요르 광장에 사람들이 몰려들었고, 한 조합원이 "사회혁명을 통해 인간에 의한 인간의 착취를 종식시켜야" 하고 "오직 노동자와 소비자들로만 구성된 새로운 사회를 만들어야 한다"며 총회의 취지를 밝히고 나섰다. 이어서 총회를 진행할 의장단이 구성되었다.[19]

갓 선출된 의장은 총회로 모인 목적이 농업집단을 설립하는 것인데, 이 집단은 아나키즘의 자유지상주의를 따라 "주민들 모두가 동일한 의무를 지고 동일한 권리와 혜택을 누리는" 집단이 될 것이라고 설명했다. 아울러 집단의 주민들이 모든 소유를 양도하게 될 것이고, "네 것, 내 것" 구분이 사라지게 될 것이며 "모든 것이 모든 사람들을 위한 것이 될 것"이라고 덧붙였다.[20]

집단을 설립하자는 취지는 이어진 질의응답을 통해 더욱 명확해졌다. 마르크스주의통일노동자당 당원인 노조 전속 의사가, 의장이 얘기한 집단이 새로운 게 아니고 노조 안에서 이미 실현하고 있는 것이라고 했다. 노조원들이 필요에 따라 노조가 운영하는 빵집에서 빵을 구한다는 것이다. 이에 대해 의장은 다음과 같이 대답했다.

농업노조에는 대지주와 중지주, 그리고 조그만 땅뙈기밖에 없는 영세농들이 있습니다. 첫 번째와 두 번째 부류의 사람들은 9월이 되면 노조 창고에 밀을 갖고 옵니다. 그러면 1년 내내 빵을 제공받습니다. 반면에 영세농은 12월이나 1월이 되면 비축한 식량이 동이 납니다. 그러면 빚을 내서 빵을 사고, 여력이 생기면 그것을 갚아야 합니다. 세 부류의 조합원들이 일요일이면 같은 테이블에 앉아 커피를 마시는 건 사실입니다. 노동자들 가운데 일부가 고용주와 대등하게 카드놀이를 하는 것도 사실입니다. 하지만 주중에는 고용주한테 착취를 당합니다.

고용주의 부인은 마음껏 자녀들을 먹일 수 있지만, 노동자의 부인은 사실 그렇게 하기가 상당히 어렵습니다. 의사께서도 부유한 환자와 영세농 환자 조합원들을 방문하시면서 두 부류 시민들의 생활 방식에 커다란 차이가 있음을 발견하셨을 거라고 생각합니다. 우리는 착취를 영원히 종식시키고 모두가 능력에 따라 일하고 필요에 따라 소비하기를, 모두가 일하고 모두가 빵을 먹기를 바랍니다.

이것이 우리가 설립하고자 하는 집단의 기본 원칙입니다.[21]

의장은 이렇듯 기존의 농업노조와 앞으로 설립하고자 하는 집단 사이에 뚜렷한 차이가 있음을 밝혔다. 착취가 사라지고 필요에 따라 소비할 수 있다는 점이 달랐다. 이것이 집단의 기본 원칙이었다.

이러한 질의응답 순서를 이어 간 다음에 의장은 "새로운 조직에 가입하기를 바라는 주민들은 누구든 오늘 당장이나 내일 또는 원할 경우 언제나 자유롭게" 집단에 가입할 수 있다며, 주민들에게 협력을 요청하면서 회의를 마무리했다.

그날 밤 상당수의 주민들이 집단에 가입했고 2~3일이 지나면서 그 수는 250가구로 늘었다. 전체 주민의 절반에 해당하는 수였다.[22] 가입자들 가운데는 대지주도 일부 있었고, 석공 3명, 마구장이 1명, 대장장이 1명, 이발사 1명, 재봉사 1명 등 다양한 장인들도 있었다. 며칠 뒤에는 앞서 이의를 제기한 적이 있는 노조 전속 의사도 가입했다.[23] 집단은 이미 7월 29일부터 활동에 들어갔다.

아라곤 지방에서는 이런 방식과 절차를 거쳐 1936년 7월이나 8월에 여러 곳에 집단들이 설립되었다. 이때 설립을 주도한 노동자들의 성향에 따라 전국노동연합이 단독으로 주도한 집단과 사회주의 노조인 노동자총연맹이 단독으로 주도한 집단, 전국노동연합과 노동자총연맹 양대 노조가 공동으로 주도한 집단, 세 종류의 집단이 생겨났다.[24]

몬손 군에는 전국노동연합 노조가 존재한 마을들이 많았다. 따라서 아나키즘 노조원들이 혁명위원회를 선점하고 나섰다. 알칼펠의 경우가 그러했다. 기존 체제를 유지하는 게 불가능하다는 현실을 파악한 일부 공화주의자들이 혁명위원회에 참여하기는 했지만, 새로운 정국을 주도한 자들은 전국노동연합 노조 지도자들과 베테랑 아나키스트들이었다. 전국노동연합 노조가 없는 지역에서는 민병대가 주도적 역할을 담당했다.[25]

지역에 따라 편차가 있기는 하지만, 혁명위원회는 1936년 7월이나 8월에 구성되어 1937년 1월 아라곤위원회가 그것을 평상시의 시위원회로 대체할 때까지 존속했다. 집단의 설립은 이 혁명위원회와 밀접한 관련이 있었다. 토지와 공공건물, 가옥, 재산 등을 혁명위원회가 접수했던 것이다.

한편 전국노동연합 아라곤 지부는 1936년 8월 29일 카스페에서 제

1차 총회를 개최하고 집단을 설립하는 데 기여한 전국노동연합의 역할을 평가했다. 그리고 "농업경제와 교역"에 관한 내용을 의결했다. 이는 농업집단 문제를 다룬 전국노동연합의 첫 공식 문서이다.[26] 주요 골자는 생산수단의 사적 소유와 임금노동을 폐지한다는 내용이었다.

1936년 10월 6일에는 부하랄로스에서 전국노동연합 아라곤 지부의 임시총회가 열렸다. 상당수의 주민들과 민병대 대표들이 참석한 이 대회에서는 지역방어위원회[27]를 구성하는 문제가 핵심 쟁점으로 떠올랐다. 참석자들 모두가 아라곤 지방을 관리할 위원회를 구성해야 한다는 필요성에는 공감했지만, 위원회 업무의 범위와 성격에 대해서는 생각이 달랐다. 대개는 이 위원회가 경제와 문화와 전쟁 분야에 절대적인 통제력을 행사해야 한다고 생각했다.[28] 하지만 민병대 대표들은 위원회에 전쟁 관련 사안에 대한 결정권을 부여하는 것에 반대했다.[29] 이들은 수가 적었음에도 자신들의 견해를 관철시켰다. 결국 위원회에 전쟁국을 두지 않기로 하고, 카탈루냐 지방정부의 전쟁국에 대표 두 명을 파견한 다음 당국의 작전 지휘를 받는 것으로 결론을 내렸다.

위원회의 조직과 기능 문제는 며칠 뒤 알카니스에서 열린 전국노동연합 지방위원회에서 다루었다. 위원회 본부를 프라가에 임시 설치하기로 하고 사법과 공공질서, 농업, 정보와 선전, 수송과 교역, 교육, 경제와 식량, 노동의 7개 부서를 신설하기로 했으며 호아킨 아스카소를 위원장으로 선출했다. 위원들은 모두가 아나키스트 투사들이었다.[30] 1936년 12월 12일 발렌시아에서 열린 전국노동연합 지방총회에서는 공화국 정부에 아라곤위원회의 공식 승인을 요청하자는 안이 제기되었고 며칠 뒤 정부는 이를 공식 승인했다.[31] 이로써 아라곤위원회가 종전의 아라곤 지방정부를 대신하게 되었다. 아라곤위원회는 정부의 공식 승인이 있기 직전에 다시 구성되었고 전국노동연합을 비롯해 공화 좌파와 노동총연맹, 공산당, 조합당이 여기에 참여했다.[32] 아라곤위원회의 구성이 전국노동연합 일색에서 다양한 세력들이 참여하는 모양새로 바뀌었다. 이제 둘째 단계가 시작되었다.

아라곤위원회는 1937년 1월 12일 첫 회의를 열고 호세 루이스 보라오와 미겔 추에카를 부위원장에 선출했다. 그리고 아라곤 주민 전체를 대상으로 성명을 발표했다. 그 핵심은 "자유와 사회정의의 민주 원리를 기반으로 생활을 정상화"하고 "전 주민이 대동단결할 기초"를 마련해 공동의 적과 싸우겠다는 내용이었다.[33] 이 성명은 반파시즘 세력들이 공동으로 발표한 유일한 정치 선언이었다.

성명서에는 물론 집산화에 관한 내용이 들어 있었다. 이들의 입장은 기본적으로 그간의 집산주의 노력을 승인한다는 것이었다. 하지만 앞으로는 그것을 강제하지 않을 것이고 소기업이나 소농의 개별 경제활동이 일반적인 이해관계를 해치지 않는 한 그 활동들을 존중하겠다고 했다.[34] 이는 집산주의를 받아들이되 일반 이익을 해치지 않는 범위 내에서 소농이나 소기업의 개별 경제활동을 허용하겠다는 뜻이다.

한편 공화국 정부가 아라곤위원회를 공식 승인하면서 혁명위원회를 대신할 시위원회의 구성과 관련한 규정을 발표한 적이 있는데, 아라곤위원회는 이 규정에 따라 1937년 1월 19일 조례를 제정하고 시위원회를 구성하는 작업에 착수했다. 이 작업은 그해 2월과 3월에 걸쳐 진행되었고 아라곤위원회 관할 구역 안에 400곳에 달하는 시위원회가 구성되었다. 이들 가운데 375곳의 시위원회 구성을 분석한 결과, 그 주도 세력에 따라 전국노동연합, 노동총연맹, 공화 좌파, 인민전선, 공산당, 혼합세력(전국노동연합과 노동총연맹) 등 여섯 부류의 시위원회가 존재한 것으로 나타났다.[35] 신설된 시위원회는 혁명위원회로부터 각종 서류와 자금을 양도받고 그 역할을 대신했다.

하지만 시위원회가 아라곤에 설립된 집단들을 지휘하고 조정하는 기구는 아니었다. 나중에 정리되는 내용이기는 하지만 아라곤위원회 농업국의 전국노동연합 프로그램에 따르면 시위원회는 집단이 구성되지 않은 마을의 토지를 관리했다.[36] 그러니까 집단들이 설립된 지 6개월가량이 지난 시점에도 이들을 지휘하고 조정할 기구가 여태 존재하지 않았던 것이다.

이 문제를 다루기 위한 대회가 1937년 2월 14일과 15일 카스페에서 열렸다. 제1차 아라곤집단대회인 셈이다. 대회에는 275개 집단의 141,430명을 대표하여 456명이 참여했다.[37] 회의에서 소토지 소유자 문제나 집단 내 화폐 유통 문제, 수입 산물 보급을 위한 지역금고 설립 문제 등을 다루기도 했지만 가장 중요한 안건은 아라곤집단연맹(Federación Regional de Colectividades)을 결성하는 문제였다.

회의 끝에 연맹을 결성하는 것으로 결론이 났다. 연맹의 주요 임무는 "연맹에 가입한 노동자 집단의 이해관계를 옹호"하고 "상호부조에 입각한 집산주의의 이로움을 널리 선전"하는 것이었다. 연맹 위원회는 바르바스트로 군과 앙구에스 군, 마스델라스마타스 군, 알코리사 군의 대표들로 구성되었고, 아라곤위원회 농업국 위원이자 바르바스트로 군 집단의 선전 위원인 호세 마비야가 사무국장으로 선출되었다.[38]

그해 6월에는 발렌시아에서 지방농민전국총회(Pleno Nacional de Regionales Campesinas)가 열렸다. 레반테와 중앙[39], 아라곤, 엑스트레마두라, 안달루시아, 카탈루냐 지방의 대표들이 참석했다. 이 총회를 통해 전국농민연맹(Federación Nacional Campesina)이 결성되었다.[40] 전국농민연맹의 기능은 관련 자료가 없어 구체적으로 알 수는 없지만 지방 연맹들 간의 정보 교류와 이해관계 조정을 주요 기능으로 삼지 않았을까 추측한다. 이로써 기초집단(Colectividad Local)에서 지방집단연맹(여기서는 아라곤집단연맹)을 거쳐 전국집단연맹(전국농민연맹)으로 이어지는 농업 집단들의 조직이 완성되었다.

한편 1937년 6월 8일 농업부 장관이자 공산당 중앙위원회 위원인

비센테 우리베가 군사쿠데타 이후 추진해 온 공동경작을 모두 승인한다는 규정을 발표했다.[41] 이는 그동안 추진해 온 집단들을 합법화한다는 내용이었다. 이에 대해 전국노동연합은 일관되지 않은 반응을 보였다. 아라곤의 알카니스에서 발행하는 아나키즘 간행물 《쿨투라 이 악시온》은 6월 16일 사설에서 "정부가 농촌과 집단들을 끊임없이 공격하더니 이제는 오직 집단에만 에스파냐 경제의 미래가 있다고 얘기하고 있다. (……) 이게 사실일까? 단순히 새로운 정치적 책략을 펴는 것은 아닐까?"라며 강한 의구심을 표명했다. 반면에 훌리안 플로리스탄은 바르셀로나에서 발행하는 아나키즘 일간지 《솔리다리닷 오브레라》에 기고한 글에서 집단을 비난해 온 공산당이 이를 합법화한 이유는 다름 아니라 노동자들을 장악하기 위한 필요 때문이라고 했다. 노조의 활동이 적극적이어서 양보가 불가피했다는 것이다.[42]

농업부가 집단을 합법화한 이유가 곧 드러났다. 집단들을 억압하기 시작하더니 두 달 뒤인 8월 11일에는 아라곤위원회 해산령을 발표했다. 이로 말미암아 아라곤위원회 위원장 호아킨 아스카소를 비롯한 위원들은 업무를 중단해야 했다. 그 대신 공화주의자 호세 이그나시오 만테콘이 아라곤 지방총리로 임명되었다. 공화국 진영에 속한 아라곤 지역은 이제 그의 통치를 받게 되었다. 셋째 단계에 돌입한 것이다.

아나키스트들은 이러한 조처가 너무 잔인한 처사라고 비난했다. 정부는 이에 아나키스트들을 감옥에 구금하고 노조를 폐쇄하는 것으로 대응했다. 해산령이 발표되고 한 달이 지난 뒤 작성된 전국노동연합 지방위원회의 보고서에 따르면, "400명이 넘는 사람들이 감옥에 구금되었고 상당수의 센터가 폐쇄되었으며 시위원회 위원 대부분이 면직되었다."[43]

아나키즘 간행물을 제외한 다른 언론들은 정부의 아라곤위원회 해산 조처를 크게 환영한다는 반응을 보였다. 그들은 이를 정치적 주도권 쟁탈을 위한 싸움이라고 보았다. 전국노동연합이 자신의 주도권을 보여 주기 위해 아라곤위원회를 창설했는데, 이제 그것이 해체되어 그 주도권을 상실하게 됐다는 것이다. 영국 역사가 로널드 프레이저는 이에 대해 "1937년 정부 법령으로 자유지상주의 아라곤 전역에 집산화가 폐지된 것은 아니다. 농민들이 원할 경우에 집단 공동체를 탈퇴할수 있게 된 것이다. 집단 공동체들 상당수는 자발적인 차원에서 여전히 존속하고 있었다. 자유지상주의자들 상당수는 오히려 그 기능이 더 나아졌다고 생각했다. 폐지된 것은 아라곤위원회였고 그와 더불어 자유지상주의의 아라곤 통제가 폐지되었다"[44]라고 결론을 내렸다. 아라곤위원회가 해체되면서 아나키즘의 지배력이 종식되었다는 의미이다.

아라곤위원회가 해체된 다음 시위원회도 관리위원회로 대체되었다. 지방총리 만테콘이 각 지역에 행정관(delegado gubernativo)을 임명했고 이어서 행정관들이 시위원회를 대신할 관리위원회 위원들을 임명했다. 관리위원들은 곧 시위원회 해체 작업에 착수했다. 그 결과 전국노동연합은 아라곤 대부분의 지역에서 주도권을 상실하게 되었다.[45]

이러한 조치에 대해 아나키스트들은 어떤 반응을 보였을까? 아나키스트들은 아라곤위원회 해산령이 발표되고 한 달 뒤에 아라곤지방총회를 열어 집산주의 운동에 대한 탄압 문제를 제기했다. 그리고 1937년 10월 16일에는 전국노동연합의 이름으로 아라곤 지방총리에게 서신을 보내 우파 성향의 종전 소유자들에게 토지를 반환해 준 것과 집단을 유린한 것에 대한 문제를 제기하고 "마을을 혼란스럽게 하고 주민들을 격노케 하며 주민들을 집산주의자와 비집산주의자 두 부류로 구분했다"며 행정관들의 활동을 비난했다.[46] 같은 달 발렌시아에서 열린 전국농민연맹총회에서는 관리위원회가 공권력의 지원을 받아 집단들을 해체하고 창고를 압수한 다음, 그 재고품을 불법적으로 무원칙하게 분배했다고 성토했다. 반란자들한테서 몰수해 집단에 양도한 토지, 농기구, 말, 가축을 원소유자나 그 가족들에게 돌려주었고, 집단의 주민들이 농사를 지어 거두어들인 수확물도 원소유자들에게 양도했다는 것이다. 이 모든 일을 주도한 것이 바로 행정관이 임명한 관리위원회였다고 했다.[47]

하지만 이러한 반응은 아나키스트들이 보여 준 일면에 불과하다. 정부의 토지개혁 주무부처인 토지개혁청 아라곤 지부가 1937년 9월 29일 농촌 생활 정상화 프로젝트를 모든 정치 단체들에게 발송한 적이 있다. 그 핵심 내용은 기존 집단들을 다시 정리하고 전투여단을 구성하겠다는 것과 이러한 토지개혁청의 작업에 협조해 달라는 것이었다. 기존 집단들은 새로운 규약을 만들어 토지개혁청 아라곤 지부의 승인을 받도록 규정했다.[48] 그런데 문제는 아나키즘 단체들도 이 프로젝트에 서명했다는 사실이다. 그 결과 1938년 1월 현재 노동부의 승인을 받은 집단들이 300곳이 넘었으며, 집산주의자들의 수가 그렇지 않은 자들의 수보다 훨씬 많은 것으로 나타났다.[49]

아라곤위원회와 시위원회는 물론이고 집단마저 해체되는 위기에 직면한 아나키스트들이 왜 이렇듯 '유순한' 반응을 보였을까? 그들이 이런 반응을 보일 수밖에 없었던 고민을 1937년 9월 11일 열린 아라곤 지방총회의 논의에서 엿볼 수 있다. "아직도 많은 사람들이 아라곤위원회가 추진한 거대한 사업이 무너지고 있는데 어째서 우리 노조가 저항을 하지 않았는지 묻는다. 대답은 간단하다. 우리는 전쟁에 이기기를 간절히 바랐다. 그래서 가능한 한 반파시즘 진영의 내분과 갈등을 피하고자 했다." 전쟁의 승리를 위해 반파시즘 진영의 내분을 피하고자 했다는 것이다. 당시 전국노동연합 안에는 정부의 개입 문제와 관련해 두 가지 입장이 있었다. 하나는 새로운 조처에 협력하자는 입장이었고, 다른 하나는 그것을 거부하는 입장이었다. 하지만 결국에는 수감자를 석방하고 집단을 존중한다는 내용을 조건으로 협력 방안을 수용하기로 결정했다.[50] 이것은 바로 내전 당시 가장 큰 논란을 불러일으킨 "전쟁이냐, 혁명이냐!"라는 논쟁과 관련된 문제였다. 공산주의자들과 공화주의자들, 인달레시오 프리에토계 사회주의자들은 전쟁의 승리를 우선시했고, 마르크스주의통일노동자당 당원들과 라르고 카바예로계 사회주의자들, 아나키스트들은 혁명의 성취를 더 중요하게 생각했다. 그런데 아나키스트들이 왜 종전의 입장과 다른 결정을 내렸을까? 이 문제에 대해서는 실증적인 분석이 필요하다. 여기서는 다만 상황의 변화가 그들의 입장 변화에 중요한 영향을 미친 것이 아닐까 추측할 뿐이다.

1938년 2월 22일에는 프랑코 부대가 테루엘을 다시 점령했고, 3월 9일 나머지 아라곤 지역에 대한 공세를 강화했다. 프랑코 군의 진입과 더불어 집산주의 실험은 막을 내리게 되었다.

이제 집산주의 실험의 내용을 살펴볼 때가 되었다. 집단이 어떻게 운영되었을까? 이 문제를 풀어 갈 기본 자료는 집단 규약일 것이다. 각 집단은 운영 문제와 관련한 집단 규약을 지니고 있었다. 집단의 주민들 모두가 참여해 집단의 규약을 만들고 총회의 승인으로 그것을 확정한다. 참고로 현재 유일하게 남아 있는 몬손 군 비네파르집단의 규약[51]을 보면 다음과 같다.

제1조 노동은 10명으로 이루어진 작업반을 편성해서 실시하고, 각 작업반은 반장을 임명한다. 작업반장은 작업을 관리하고 일꾼들 사이에 화합을 북돋우며 총회에서 의결한 사항들을 잘 지킨다.

제2조 작업반장은 농업위원회에 날마다 작업 상황을 보고해야 한다.

제3조 작업 시간은 필요에 따라 조정한다.

제4조 총회는 생산 분야마다 1명씩 선발해 중앙위원회를 구성한다. 이 위원회는 다달이 열리는 총회에 소비와 생산, 대외 관계 등 상황을 보고

한다.

제5조 총회는 집단을 관리할 위원들을 임명한다.

제6조 집단의 주민 모두에게, 가입 때 양도한 재산의 목록을 제공한다.

제7조 집단 주민들은 모두 똑같은 권리와 의무를 지니고, 총회의 결의를 받아들일 경우 다른 노조에 가입할 수도 있다.

제8조 수익은 분배하지 않는다. 모든 주민들이 이용할 수 있도록 집단 소유로 한다. 흉년을 대비해 필요할 경우 식료품을 배급할 수 있다.

제9조 필요할 경우 적절한 수의 여성들을 농업 노동에 종사하게 할 수 있다. 여성들이 생산 활동을 하도록 관리하는 것이 필요하다.

제10조 11세 미만의 어린이가 일을 해서는 안 되고 16세까지는 힘든 일을 해서도 안 된다.

규약의 내용이 집단마다 다소 다를 수 있겠지만, 비네파르집단 규약의 경우 전체 10개조로 구성되어 있고 노동 문제를 상대적으로 매우 중요하게 다루고 있다. 그 밖에 총회의 기능과 주민들의 권리와 의무, 수익 문제, 여성 문제 등을 다루고 있다. 여기서는 이러한 내용들을 고려해 가입 탈퇴와 재산, 노동과 보수, 화폐와 소비, 여성과 어린이 등의 주요 관심 사안들을 중심으로 집단 운영 문제를 살펴본다.

집단의 운영은 비네파르집단 규약 제5조에 나온 것처럼 총회가 임명하는 행정위원회(Junta administrativa)를 통해 이루어진다. 구체적인 자료는 없지만 아마도 집단의 가입과 탈퇴 문제를 이 행정위원회가 관리하지 않았을까 생각한다.

규정에 따르면 집단의 가입과 탈퇴는 자유의사에 따라 이루어진다. 하지만 두려움 때문에 가입하는 경우도 있었다. 우에스카 주의 남동쪽에 위치한 알캄펠의 경우 대지주들 몇 명이 집단에 가입했는데, 이들은 도망치지 않고 마을에 머물러 있다가 하는 수 없이 그렇게 했다. 집단에 가입하는 것 말고는 다른 뾰족한 방도가 없었던 것이다. 하인과 노동자들을 강제로 빼앗아가는 것을 보면서 두려움에 떨며 집단 가입을 결정한 것이다. 노사 체제가 종식되었기 때문에 아무도 경작을 위해 하인이나 노동자를 고용할 수 없었던 것이다.[52]

집단에 가입할 때는 소유한 재산들을 전부 집단에 양도해야 한다. 그러면 집단 관계자는 그 가입자에게 그가 양도한 재산의 목록을 작성해 제공했다(제7조).[53] 이 목록은 집단을 탈퇴할 때 그 재산을 되돌려주기 위한 자료로 사용된다. 양도한 재산의 많고 적음에 따라 권리와 의무에 차등을 두려고 그렇게 한 것은 아니었던 것 같다. 주민들은 모두 "경제적 조건에 상관없이" 똑같은 권리와 의무를 지녔다(제7조).[54] 집단은 이른바 '계급 없는 사회'였다. 이 점이 집산주의 체제를 규정짓는 가장 중요한 특징이었다.[55]

같은 마을에 살면서 집단에 가입하지 않을 경우, 소토지 소유자는 관계없지만 그 이상의 토지 소유자는 자신과 가족을 위해 필요한 토지만 소유할 수 있었고 나머지는 집단에 귀속시켜야 했다.[56] 알캄펠에서는 알파라스 후작이 소유하고 있던 관개지를 징발하기도 했다.[57] 이 점은 당사자에게 일종의 강압으로 여겨졌을 게 틀림없다. 집단에 가입하는 것은 물론 자발적이었지만, 그것이 전적으로 자발적인 것이었다고 말할 수 없는 이유가 바로 여기에 있다.

집단의 주민들 가운데 집단의 발전을 도모하지 않고 불화를 일으키는 자들이 있을 수도 있다. 이 경우 그가 잘못을 계속 되풀이하고도 자발적으로 탈퇴하지 않는다면 그를 제적할 수 있었다. 이때 제적 여부의 결정은 총회에서 이루어졌다.[58]

집단에 가입한 사람들은 모두 사회적 생산 목표를 달성하기 위해 노동의 의무를 지고 있었다. 11세 미만이나 60세 이상의 주민, 임산부 또는 가사와 육아에 전념하는 여성들은 노동의 의무를 면제받았다. 노동 시간을 규정해 둔 경우도 있지만 대개는 해가 떠서 해질 무렵까지 일을 했다(제3조 참고).

노동은 작업반별로 수행했다. 작업반은 대개 5~10명으로 구성되었고 매일 또는 주별로 새롭게 구성했다. 특권이나 손실을 방지하기 위해 일정한 시간이 지나면 정기적으로 새로운 지역에 배치하거나 새로운 작업을 할당하기도 했다.[59] 각 작업반은 작업을 관리하고 일꾼들 간의 화합을 북돋울 반장을 선출했다(제1조). 반장은 농민들이 갖고 있는 생산자증(carné de productor)에 날마다 출결 여부를 기재했으며, 밤에는 농업위원회에 그날 수행한 작업을 보고하고 이튿날 할 작업을 의논했다(제2조).[60]

보수 체계는 지방이나 군 또는 마을에 따라 다양했다. 보수는 "능력에 따라 일하고 필요에 따라 쓴다"는 원칙에 기초하여 수행한 노동과 관계없이 책정되었다.[61] 전국노동연합이 주도하는 집단에서는 일반적으로 '가족급여' 체계를 도입했나. 이를 위해 집단마다 급여 일람표를 만들었다. 비네파르집단은 가구의 하루 일당을 1인일 경우 2페세타, 2인일 경우 3.5페세타, 3인일 경우 4.5페세타, 4인일 경우 6.5페세타로 규정했다. 몬손집단은 일급을 독신 남자나 여자의 경우 5페세타, 부부나 2인일 경우 9페세타, 14세 미만의 자녀나 노인 1인당 3.5페세타 추가, 14세 이상의 자녀 1인당 4페세타 추가로 규정했다.[62] 이처럼 가족급여의 내용은 같은 몬손 군 안에서도 집단의 사정에 따라 다소 차이가 난다. 하지만 동일 집단 내에서는 모든 가구가 가족 수에 따라 일정한 급여를 받았다.

이 급여는 물품인수증(vale)으로 지불되었다. 물품인수증은 소비재 구입에만 사용할 수 있었고 정해진 기간 안에 사용해야 했다. 그 기간이 지나면 아무짝에도 쓸모없게 된다. 이는 부를 축적하는 것을 방지하기 위함이었다.[63]

그렇다면 이 급여로 생활이 가능했을까? 아나키스트들은 가능했다고 본다. 왜냐면 주택과 의료, 의약품을 무료로 제공하고 빵과 올리브유를 자유롭게 소비할 수 있게 했기 때문이다.[64] 심지어는 채소와 장작, 전기 등을 무료로 제공하기도 했다.[65] 하지만 생활이 가능했을지는 몰라도 사치를 즐기지는 못했을 것이다.

아나키스트들은 화폐를 "전통적인 부패와 사회적 불평등, 부자에 의한 빈자의 억압, 다수의 고통을 담보로 한 소수의 풍요"를 상징하는 것으로 보았다.[66] 따라서 아라곤 지방에서는 지불수단으로서 국가화폐를 폐지했다.[67]

노동 생산물을 분배하는 방식에는 대체로 수첩(libreta), 물품인수증, 화폐 세 종류가 있었다. 수첩에는 성인과 미성년자의 수와 이름이 기록되어 있었다. 물자가 부족할 경우에는 이 수첩을 근거로 식료품과 의복을 제공했다. 그 내용은 물론 집단별로 다양했다. 이 수첩은 조작할 위험이 있기는 했지만 축재가 불가능하다는 장점을 지니고 있었다. 수첩은 물자가 부족할 때 자주 사용했다. 물품인수증은 현지 시장에서 소비재로 바꿀 수 있는 유가증권이었다. 이것을 식료품이나 의복과 교환할 수 있었다. 화폐는 폐지되었지만 경우에 따라 지역화폐를 사용하기도 했다. 물자가 풍부할 경우에는 지역화폐로 원하는 것을 구매할 수 있었다.[68]

몬손집단의 주민들은 시내에 있는 한 영화관에서 지역화폐를 내고 영화를 관람하곤 했다. 그러면 영화관 주인은 돌아오는 월요일에 집단에 들러 그 지역화폐를 국가화폐로 환전해 갔다.[69] 집단의 주민이 아닌 다른 주민들은 이렇듯 종전의 화폐를 여전히 사용했다. 집단에서는 집단 소속이 아닌 일반 주민들에게 포도주 같은 일부 품목을 팔기도 했다. 이를 위해 집단 내에서는 모든 종류의 물품에 일정한 가치를 부여했다.[70]

아나키스트들이 이처럼 화폐를 폐지하고자 한 것은 경제적 이유 때문만이 아니라 윤리적 이유 때문이기도 했다. 프란츠 보르케나우는 심지어 주민들이 상층 계급을 증오한 이유가 "경제적인 데 있는 것보다 훨씬 더 도덕적인 데" 있다고 보았다. 그는 주민들이 "상층 계급이 일삼는 사치로부터 벗어나고자" 했으며 "그들이 수립하고자 한 새로운 질서는 전적으로 금욕적인 개념이었다"고 강조했다.[71] 이베리아아나키스트연맹의 기관지도 "우리는 에스파냐를 물질적·도덕적으로 쇄신하고 싶다. 우리의 혁명은 경제적·윤리적 혁명이다"라며 윤리적인 성격을 강조했다.[72]

아나키스트들이 이렇듯 화폐 문제는 확실하게 다룬 반면에 여성 문제는 철저하게 인식하지 않았던 것으로 보인다. 그들은 아라곤의 여성들을 반파시즘 운동의 투사로 여겼다. 하지만 그 역할을 전선에서 싸우는 남성 전사들의 보조역 정도로 생각했다. 1937년 2월 《누에보 아라곤》에 실린 반파시즘 여성 가정 프로젝트에 관한 성명서[73]의 내용이 이를 잘 보여 준다. 성명서는 아라곤의 여성들이 반파시즘 운동과 진보 운동, 문화 운동의 투사들임을 강조했지만, 여성들을 향해 전선에서 싸우는 투사들에게 부족함이 없도록 후방에서 열심히 일하라고 촉구했다. 아나키스트 남성들은 여성들에게 위원회 활동을 포함한 공적 활동이나 생산 활동을 맡기지 않았다. 이런 일을 여성들에게 맡기는 경우는 다만 일손이 부족할 경우였다(제9조 참고). 1937년 2월 아라곤 집단연맹이 남성들 상당수가 전선으로 나가 올리브를 수확할 인력이 부족하다며 여성들의 지원을 호소한 바 있다.[74]

전국노동연합 조합원의 가정에서 자란 필라르 비방코스는 로널드 프레이저에게 남성들의 이런 태도에 대한 불만을 털어놓았다.

남성들은 혁명을 수행할 임무를 맡았다. 하지만 그들은 혁명을 모든 면에서 철저하게 수행해야 한다는 사실을 이해하지 못했다. 혁명은 가정에서 시작되어야 한다. 내가 알기로는 여성 해방의 문제가 혁명의 내용으로 올라 있지 않았다. 카탈루냐에서는 아마도 사정이 달랐을 것이다. 하지만 아라곤에서는 부엌일을 하고 농사짓는 것이 여성의 일이었다.[75)

이 말에는 성역할(젠더) 차별에 대한 불만이 드러나 있다. 일부 아나키스트 여성들은 이런 불만 때문에 '자유여성'이란 단체를 설립해 계급이 없는 사회를 건설하고 동시에 여성 해방을 실현하기 위한 활동을 펼쳐 나가기도 했다.[76)

성역할 면에서 남성 아나키스트들이 여성을 평등하게 대우하지는 않았지만 그래도 여성에게 생계에 필요한 수단을 제공했다. 이는 종전과 다른 중대한 변화라고 할 수 있다. 자녀가 있지만 남편이 없고 일할 수도 없는 여성의 경우 가족급여를 받거나 집과 식료품, 의복 등을 제공받았다.[77)

어린이들 또한 생존권을 인정받았다. 이들은 태어나면서부터 가족급여를 받았다. 11세 미만의 어린이는 일할 필요가 없었다(제10조). 어린이가 특정한 가족의 일원이기는 하지만, 그 아이를 부양하는 것은 가족이 아니라 사회라는 인식이 존재했다.[78) 이런 점에서 집단을 공동체라고 부를 수 있을 것이다.

농업집단 건설로 나타난 이러한 혁명은 산토스 홀리아의 말마따나 중앙 권력을 장악하지 않은 혁명이었다.[79) 경제 부문에서 책임과 권한을 떠맡고 봉기를 일으키는 데 주연으로 활동한 전국노동연합이 더러는 지방의 정치권력도 장악했다. 하지만 아나키스트들이 중앙의 정치권력을 장악하는 데까지 나아가지는 않았다. 그들이 그렇게 하지 않은 이유는 간단하다. 아나키스트들은 그렇게 할 능력도 없었고 관심도 없었다. 아나키스트들은 자치와 자영의 소규모 공동체를 바랐던 것이다.

3. 국민 진영: 토지 반환

한편 국민 진영에서는 1936년 2월에 취한 조처들을 폐지한다는 것 말고는 애초에 별다른 정치경제적 프로그램이 없었다. 토지개혁의 경우도 일단 중단 조치를 취하고 나중에 폐지 작업에 착수했다. 지주와 기업가들이 반란군이 추진한 '새로운 국가'의 정책을 지지하고 나섰다.

국민 진영에서는 반란 직후 창설한 국방위원회가 초기에 통치기구 구실을 했다. 국방위원회가 처리해야 할 주요 임무 가운데 하나는 반란 지역이나 점령 지역의 토지 소유권을 명확히 하는 작업이었다. 이 작업은 1936년 8월과 9월에 일련의 법률을 제정하여 점진적으로 추진되었다. 전쟁이 시작되고 한 달이 조금 지난 8월 28일에 국방위원회는 엑스트레마두라 지방의 윤테로들을 겨냥한 법령을 공포했다.[80] 윤테로를 분익소작농으로 전환하고 농업 생산 활동을 이어 갈 수 있게 한다는 내용이 법령의 주된 목표였다.

9월 24일에는 또 다른 법령을 공포하여 농장을 종전 소유자에게 반환하게 하였다.[81] 아울러 소작인들에 대해서도 토지개혁청이 개입하기 이전 상태와 조건으로 종전 소작인들을 다시 불러들였다. 요컨대 토지개혁 이전의 소유 구조를 복원하기로 한 것이다. 이러한 반개혁 작업은 1936년 2월 16일 이후 농촌 주민들이 점거한 농장을 비롯하여 아직 소유자들에게 반환되지 않은 모든 토지를 원소유자에게 반환 조치한다는 9월 25일자 법령으로 일단락되었다.[82]

국방위원회는 또한 엑스트레마두라 지방 카세레스 주의 토지개혁위원장에 레온 바란디아란을 임명했다. 군주제 시절부터 농업부의 농업국장을 지내 온 바란디아란은 지주들 편에 서서 사유재산을 옹호한 인물이었다. 바란디아란은 나중에 토지개혁 지방위원회들이 군부가 단

행한 선행 조치들을 받아들이고 농업국의 지시를 따라야 한다고 주장
했다.[83] 농업국은 국가기술위원회 산하 기구였다. 국방위원회를 대신
한 국가기술위원회는 1938년 1월 정규 정부가 출범할 때까지 16개월
동안 국민 진영의 임시정부 역할을 했다.[84]

국민 진영에서는 얄궂게도 토지개혁 지방위원회들이 토지개혁을
청산하고 반혁명을 펼치는 기구로 변했다. 엑스트레마두라에서는
1937년 9월 30일까지 정착 사업이 계속되었다. 이미 정착을 한 윤테
로들을 추방하고 그들 대신에 1936년 3월 말 농장 점거 때 점거에 참
여하지 않은 사람들을 정착시켰다. 지주들은 나아가 추방당한 윤테로
들에게 농장 점거 기간에 입힌 피해를 보상하라고 요구했다.

농업부가 창설된 것은 프랑코의 초대 정부가 구성되던 1938년 1월
말이었다.[85] 그해 4월 6일에는 토지 분할과 집중, 가족 자산, 소유권,
경작체계의 합리화 등을 관장하는 사회경제토지개혁청(Servicio de
Reforma Económica y Social de la Tierra)이 신설되었다.[86] 사회경제토
지개혁청의 첫 번째 목적은 사실 공화국 시기에 수용된 토지를 원소유
자에게 돌려주는 토지 반환에 있었다. 이 사업을 구체적으로 추진하기
위해 한 달 뒤인 1938년 5월 3일에는 농업회복법을 공포하고, 사회경
제토지개혁청 산하에 농업회복국(Servicio de Recuperación Agrícola)
을 신설했다.[87] 농업회복국의 임무 가운데 하나는 프랑코 군이 점령한
지역의 농업경제를 회복하는 데 있었다. 다시 말해 전쟁으로 황폐화된
지역의 농업 활동을 신속하게 재건하는 데 목표를 두었다.

농업회복국이 전쟁 기간에 처리한 토지 면적은 10만 헥타르에 이르
렀다. 엑스트레마두라 지방의 주들과 안달루시아 지방의 일부 주들(카
디스, 코르도바, 그라나다, 말라가, 세비야), 살라망카와 톨레도에 분포된
이 토지에 6천 농가 이상을 정착시켰다.[88] 국민 진영에서는 초기에 농
민 사회를 그대로 유지하는 정책을 폈다. 이것은 어느 정도 생산 규모

를 유지하기 위해 선택한 방안이었다. 그러나 전쟁이 계속되고 프랑코 군이 승리를 거두면서 종전 소유자에게 토지를 돌려주는 토지 반환 정책으로 돌아섰다. 그것은 곧 1931년 이전의 토지경제 질서로 돌아간다는 것을 의미했다.

결론

일하고 싶어도 부쳐 먹을 땅이 없거나 부쳐 먹을 땅뙈기가 있어도 입에 풀칠하기 어렵다면 어떻게 될까? 도회지로 나가 다른 출구를 찾을 수도 있겠다. 하지만 그럴 여건이나 용기가 없다면 하루살이 처지에 안주하거나 불만에 사로잡히게 될 것이다. 미래도 없이. 1930년 에스파냐 농촌 주민들 대다수의 처지가 그러했다. 극소수에게 토지 소유가 집중된 대토지 소유 지역에서는 쥐꼬리만 한 임금에 품을 팔아야 하는 노동자들로 넘쳐나고 실업과 가난, 폭력이 만연했다. 대다수에게 토지 소유가 분산된 미니푼디움 지역에서는 생산성이 낮은데다가 주민들 사이에 분쟁이 그칠 날이 없었다.

1931년 4월 지자체 선거에서 승리를 거둔 공화·사회 연합 세력이 공화제를 선포했다. 영국 자유당 정치가 로이드 조지가 강조한 토지 경제와 민주주의의 상관관계를 군이 떠올리지 않더라도, 새로 출범한 공화제의 앞날은 토지 문제를 어떻게 풀어 나가는가에 달려 있다는 사실을 누구나 다 알고 있었다. 공화파 정치인들과 사회주의자들이 한때 토지개혁을 새 정치의 근간으로 삼아야 한다고 이해한 까닭이 여기에 있다. 제2공화국의 정당들과 사회단체들은 원하든 원하지 않든 간에 토지 문제에 대한 자신들의 입장을 밝혀야 했다.

토지의 상당수가 매매되지도 않고 소수의 수중에 집중되어 있던 1931년에 주요 정당과 사회단체들이 내건 토지개혁의 기치는 '분배' 였다. 이른바 고전적 또는 전통적 의미의 토지개혁이었다. 그러나 같은 기치를 내걸고도 개혁의 근거와 이념은 정치 세력마다 천차만별이었다.

농업기술위원회가 제시한 개혁 이념은 에스파냐 쇄신 운동의 선구자 호아킨 코스타가 제시한 이념과 같았다. 다름 아니라 토지 소유권이 토지의 사회적 기능을 따라야 한다는 내용이었다. 호아킨 코스타는 가톨릭의 사회 회칙 〈레룸 노바룸〉(1891년)의 영향을 받은 것으로 보인다. 교황 레오 13세는 이 회칙에서 분배의 정의를 강조했다. 20세기 초에 일부 정치인들이 호아킨 코스타의 이념을 구체화하고자 노력했다. 호세 카날레하스가 1911년 6월에, 산티아고 알바가 1916년 9월에, 리사라가 백작이 1921년 5월에 각각 시도했다. 농업기술위원회의 개혁 이념은 20세기 초에 제기된 이러한 개혁주의 정책들을 한층 더 강화한 내용이었다.

공화 좌파들은 개혁의 목표를 농촌의 중간 계층 육성에 두었다. 중간 계층이 체제를 지지하게 된다는 생각에서였다. 중간 계층을 육성하기 위해서는 토지 분배가 필요했다. 공화 좌파들은 프랑스 제3공화국의 영향을 받았다. 프랑스에서는 중간 계층이 두텁게 형성되어 있었다. 19세기 에스파냐의 한정상속 폐지론자들, 특히 자유주의자 후안 알바레스 멘디사발의 머릿속을 가득 메운 것도 이런 부류의 생각이었다.

사회주의자들은 공화 좌파들과 달리 토지 분배가 필요하다고 생각하지 않았다. 사회주의자들은 토지 분배가 아니라 토지의 사회화를 모색했다. 토지를 국유화하여 그 용익권을 노동조합에 우선적으로 제공하고자 했다. 노동자총연맹의 농민 단체인 농업노동자연맹은 이런 전략을 따랐고 극단적 노선을 피했다. 농업노동자연맹은 단기간에 모든 것을 해결할 수 있으리라고 생각하지 않았다.

아나키스트들과 공산주의자들도 토지개혁을 구상했다. 그러나 이들이 구상한 토지개혁은 기술적이고 경제적인 개혁이 아니라 정치적 개혁이었다. 대공 귀족이 소유한 토지를 몰수해야 한다고 주장한 것이 대표적이다. 아나키스트들과 공산주의자들은 지주계급과 대토지 소유를 무너뜨리는 데 일차적 목표를 두었다.

사회주의자들이 광범한 사회개혁을 도모할 수 없다고 본 아나키스트들은 집산주의를 부르짖었다. 전국노동연합의 아나키스트들은 사회주의자들과 달리 정부가 추진하는 토지의 사회화를 지지하지 않았다. 아나키스트들은 '군주제파와 동일한 방식으로' 지배하려 든다고 사회주의자들을 비난했다. 아나키스트들은 토지 문제의 대안으로 자유지상 코뮌주의를 주창했다. 단 몇 시간밖에 안 되는 짧은 기간 동안이기는 했지만, 아나키스트들은 1933년에 카디스 주에 위치한 카사스비에하스에서 자유지상 코뮌주의를 선포했다. 한걸음 더 나아가 1936년 여름에는 사적 소유가 없이 능력에 따라 일하고 필요에 따라 쓰는 농업 집단을 이베리아반도 여기저기에 건설해 나갔다. 이른바 1936년 여름의 사회혁명이었다.

공산주의자들의 선전과 선동은 매우 구체적이었다. '자본가와 지주들'의 정부를 전복하고 노동자·농민의 정부를 수립해야 한다는 내용이었다. 공산주의자들은 얄궂게도 '공산주의'라는 의미와 달리 국유지의 개인 보유를 강조했다.

이들 공산주의자와 아나키스트, 곧 극좌파 정치 세력과 노조가 보기에 공화정 처음 2년에 아사냐 정부가 추진한 토지개혁은 진정한 농민

혁명을 방지하는 법률적 제방에 지나지 않았다. 따라서 그들은 집권한 소부르주아 정치인들이 토지 문제와 관련해서 반혁명 분자 구실을 하고 있다고 비난했다.

이렇듯 정당들과 사회단체들이 주장한 토지개혁의 근거와 이념은 저마다 다 달랐다. 토지개혁을 앞두고 정부가 우유부단한 태도를 보인 까닭을 이런 상황 속에서 이해할 만하다. 다양한 개혁안들이 쏟아져 나온 것도, 개혁 법안을 둘러싸고 갑론을박이 벌어진 것도 이러한 입장 차이에서 비롯된 것이다.

토지개혁 작업은 이처럼 매우 복잡했기에 더디게 진행되었다. 종전 안들보다 더욱 급진적인 1931년 11월 26일의 네 번째 안과 마찬가지로 일부 안들은 심의의 대상도 되지 못했다. 1931년 여름과 가을, 겨울이 지나도 개혁에 별다른 진전이 없었다. 농업부 장관 마르셀리노 도밍고가 1932년 1월에 제시한 안이 농업기술위원회에 회부된 것은 그해 3월이 되어서였다. 공화 좌파들을 일깨워 논의를 진전시킨 것은 다름 아니라 산후르호 장군의 반란이었다.

개혁 작업은 또한 농민당을 비롯한 우파 정당들의 방해 공작이 성공을 거두었기에 지체되기도 했다. 이들은 소토지 소유자의 수를 늘리는 데 개혁의 관심을 기울여야 한다고 생각했다. 우파 정당들은 토지개혁이 에스파냐 농촌에서 아나키즘과 사회주의의 '해충'을 제거하는 치료 수단이어야 한다고 보았다. 사용자 단체들의 입장도 다를 바 없었다. 전국가톨릭농민연합, 전국농민연맹, 전국농장주연합회, 농업부문고용주연합회 같은 사용자 단체들이 단체들 고유의 사회적 기반 차이를 넘어서 하나로 뭉쳤다. 그들의 목표는 소유권 수호였다. 사용자 단체들은 토지개혁을 적극 반대했고 가능한 모든 수단을 동원해 개혁을 방해하고 나섰다.

1933년 11월 총선으로 공화 좌파와 사회주의 세력이 약화되었다.

총선의 결과로 구성된 두 번째 의회는 사회학적으로 볼 때 지주 부르주아지와 금융 부르주아지의 이해관계를 대변하는 것으로 나타났다. 이러한 의회의 성격 변화가 토지 정책에 중대한 변화를 가져오게 된다. 급진공화당의 알레한드로 레룩스와 에스파냐자치우익연합의 호세 마리아 힐 로블레스가 공화정 처음 2년의 개혁을 수정할 필요가 있다는 데 인식을 같이했다. 그러나 얼마나 수정해야 하는지를 놓고는 의견이 갈렸다.

급진공화당과 에스파냐자치우익연합 연립정부는 종전의 토지 관련 입법을 수정하기로 합의하고서도 수정의 범위를 놓고 서로 다른 시각을 보였다. 급진공화당은 '온건한' 수정을 모색했고, 에스파냐자치우익연합은 종전의 입법에서 사회주의적 요소를 제거하고 가톨릭 개념을 삽입하고자 했다. 에스파냐자치우익연합이 주장하는 소토지 소유자 중심의 가톨릭교적 개념은 언제나 소유권 수호의 의미로 활용되었다. 에스파냐자치우익연합은 사용자들의 요구에 귀 기울이는 정치를 폈다. 에스파냐자치우익연합은 에스파냐 대다수 지역의 농업적 이해관계를 대변하는 정치적 대변 기구 역할을 맡았고, 농업 관련 단체들의 압력을 이끌어 내는 정치적 매개체 구실을 하기도 했다.

1934년에는 사회주의자들이 과격해지기 시작했다. 과격화를 주도한 인물은 라르고 카바예로였다. 의회의 협상 작업을 내팽개치고 대중 활동에 호소하기 시작했다. 농업노동자연맹이 공권력의 보수화에 맞서 1934년 곡물 수확을 보이콧하고 총파업을 시도했다. 그러나 파업이 실패로 돌아가면서 연맹은 급속도로 약화되었다. 1934년 10월 혁명마저 진압되고 사회주의 지도자들 다수가 투옥되거나 망명을 떠났다.

에스파냐자치우익연합이 내각에 들어가면서 권력의 균형추가 확실히 우파 쪽으로 기울었고, 지주들에게 유리한 입법 활동에 걸림돌이 되는 장해물도 제거되기 시작했다. 이런 상황에서 히메네스 페르난데스는 소작농을 위한 정책을 추진했다. 엑스트레마두라의 윤테로를 비롯한 소작농의 처지 개선과 소토지 소유자 육성을 골자로 하는 법률을 제정하고자 했다. 대지주들의 이해관계와 충돌한 히메네스 페르난데스의 입법 시도는 결국 좌절되었다. 가톨릭교의 사회교리에 따른 개혁 시도가 좌절된 것이었다.

세 명의 의원을, 그것도 히메네스 페르난데스가 속한 에스파냐자치우익연합의 의원을 배출한 전국농장주연합회는 토지개혁법 폐지 투쟁을 벌이면서 히메네스 페르난데스의 시정(時政)을 비판했다. 이 단체의 활동은 히메네스 페르난데스가 장관에서 물러나고 토지개혁 반대법안이 통과될 때까지 이어졌다. 그 배후에는 에스파냐 대공 귀족의 지원이 있었다.

1932년 토지개혁법의 개정 작업은 히메네스 페르난데스 후임으로 토지개혁 반대론자이자 농민당 의원인 니카시오 벨라요스가 농업부 장관에 취임하면서 속도를 더 높였다. 그렇게 해서 제정된 1935년의 '반토지개혁법'은 앞선 개혁법에서 개혁의 뇌관을 제거한 법이었다.

이러한 상황에 반전을 일으킨 것은 1936년 2월의 총선이었다. 총선 결과 좌파가 승리를 거두었다. 정치판의 변화를 의미하는 좌파의 승리는 토지 정책의 변화를 예고한 것이기도 했다. 새로 구성된 인민전선 정부의 농업부 장관 마리아노 루이스 푸네스는 취임하자마자 주요 조처를 취하면서 토지개혁에 박차를 가했다. 토지 문제를 다루는 시각과 방법이 종전과 많이 달라졌다.

인민전선 정부는 인민전선의 선거 강령을 실현하는 차원에서 토지 정책을 추진했고 1932년 토지개혁법을 부활시켰다. 군사쿠데타가 일어나기 전까지 몇 달 사이에 1931년 이래 정착시켜 온 농민의 수보다 훨씬 더 많은 농민들에게 농지를 마련해 주었다.

인민전선 정부 초기에 에스파냐 사회주의자들 사이에 내분이 심화되었다. 좌파 사회주의자들이 노조 단체에 커다란 영향을 미쳤다. 1936년 들어 빠른 회복세를 보이던 농업노동자연맹이 '부르주아적' 개혁을 하고 있다고 정부를 비난하면서, 수용 대상 토지 결정을 토지개혁청 관료가 아니라 농민들에게 맡겨야 한다고 제안한 것은 바로 이런 맥락에서였다. 인민전선 정부에 협력하지 않겠다고 선언한 라르고 카바예로계 사회주의자들이 훌리안 베스테이로계를 물리치고 노선 투쟁에서 승리를 거두었다.

한편 공산주의자들은 인민전선 협정을 준수하는 정책을 견지했다. 인민전선 협정을 지키는 길이 파시즘을 타도하고 민주 혁명을 수립하는 길이라고 생각했다. 인민전선 승리의 분위기를 틈타 규모가 급속도로 불어나고 있기는 했지만 에스파냐 공산당은 여전히 소규모 정당에 지나지 않았다.

인민전선 정부 시기에 토지개혁에 대한 아나키스트들의 입장은 단호했다. 토지개혁법 반대였다. 1936년 봄에 정부의 토지개혁 노력을 비판하고 전국노동연합 임시총회를 열어 토지 문제에 관한 원칙을 재확인했다. 아나키스트들의 입장은 분명했다. 농민들의 열망을 만족시켜 줄 수 없는 토지개혁에 매달릴 게 아니라 급진적 대안을 제시할 때가 되었다는 것이다. 아나키스트들이 말한 대안의 윤곽이 1936년 여름에 곧 드러나게 된다.

이 시기에 에스파냐자치우익연합 내에서는 사회적 가톨릭교계가 약진을 보였다. 당 정책, 특히 토지 정책의 노선을 수정해야 한다고 주장한 사회적 가톨릭교계의 맨 앞자리에는 히메네스 페르난데스가 있었다. 히메네스 페르난데스가 의회 내에서 당의 실질적 대변자 구실을 하면서부터는 에스파냐자치우익연합이 정부의 토지 정책에 더 이상 맹목적 반대를 하지는 않았다.

이런 분위기 속에서 인민전선 정부는 1936년 2월에서 7월까지 다섯 달 동안 농민 11만여 명에게 57만여 헥타르의 농지를 제공했다. 농민 1만5천여 명에게 11만여 헥타르의 농지를 제공한 앞선 기간 (1931~1935년)의 수치와 비교해 볼 때 인민전선 정부가 괄목할 만한 성과를 보여 주었다. 그러나 부쳐 먹을 땅뙈기가 없는 농촌 주민들은 여전히 부지기수였다. 제2공화국 전체를 놓고 볼 때 토지개혁은 지지부진했다.

그렇다면 토지개혁이 왜 이렇게 지지부진하게 되었을까? 그 이유로 여러 가지 요인을 들 수 있겠다. 첫째로, 토지개혁법이 타협의 산물이었다. 이것은 알칼라 사모라 같은 지주를 공화국 대통령으로 선출한 의회에 걸맞은 결과물이다. 의회를 구성한 정치 세력들은 원칙을 도외시했다. 심지어 사회주의자들도 개혁의 의미가 별로 없는 법안을 받아들였다.

둘째로, 공화주의자들은 물론이고 사회주의자들도 토지개혁에 큰 관심을 보이지 않았다. 공화정 처음 2년에 총리를 지낸 마누엘 아사냐도 개혁을 소홀히 했다. 마누엘 아사냐는 토지개혁을 연구하지도 않았고 개혁안을 내놓지도 않았다. 연설에서 이따금 토지개혁을 언급했을 뿐이다. 사회주의자 인달레시오 프리에토도 관심을 보이지 않았다. 그는 사실 토지개혁을 고려하지도 않았다. 토지개혁법에 대한 사회주의자들의 태도는 토지 정책에 대한 그것과 마찬가지로 모순투성이였다. 의회의 개혁법안 심의에서 당의 토지 정책을 명확하게 밝힌 사회노동당 의원은 한 명도 없었다. 카스티야 지방에서 생산성을 떨어뜨리는 주범 구실을 하는 토지를 수용해야 한다는 방안에 다른 의원들도 아닌 사회노동당 의원들이 반대하고 나섰다.

토지개혁에 애매모호한 태도를 보인 것은 비단 사회주의자들만이 아니었다. 일부 사회주의자들은 토지개혁 실패의 책임을 마누엘 아사냐와 공화 좌파에게 돌렸다. 마누엘 아사냐는 1932년 7월 19일 의회 연설 때 사회주의자들의 얼굴을 바라보면서 사회주의자들이 토지개혁을 방해하고 있다고 일침을 놓았다. 흥미로운 대목이다. 우리는 여기서 레닌이 남긴 말을 음미해 볼 필요가 있다. "농민들이여, 토지개혁을 받아들이지 마십시오. 혁명에 방해가 될 것입니다."

셋째로, 토지개혁법이 기술적이고 경제적인 면만 따졌지, 노동자 단체들이 요구한 정치적 측면은 배제했다. 이를테면 공유지가 과거에 농촌의 대중 경제를 지탱한 기둥이었다는 사실을 인정하면서도 정작 공유지 회복 문제는 회피한 채 미래로 떠넘겼다.

넷째로, 토지개혁에는 막대한 자금을 투입해야 한다. 자금 문제는 18세기의 캄포마네스 백작 시절 이래로 개혁에 제동을 걸어온 문제였고 제2공화국의 개혁 의지에 제동을 건 문제였다. 토지개혁을 시행할 재원이 부족했다.

다섯째로, 토지개혁을 추진할 주무 기구인 토지개혁청에는 한계가 분명했다. 관료제 성격이 짙은 토지개혁청은 당시 의회의 축소 모형이나 다를 바 없었다.

마지막으로, 토지 문제와 정치는 떼려야 뗄 수 없는 관계에 있다. 토지 문제가 1931년에 봇물 터지듯 쏟아져 나온 것은 군주제에서 공화제로의 체제 변화 덕분이었다. 마찬가지로 토지개혁이 지지부진했던 것은, 한편으로는 개혁 세력의 미온적 태도와 다른 한편으로는 개혁 저지 세력의 적극적 태도 때문이었다.

우리는 토지와 정치의 깊은 상관관계를 제2공화국의 짧은 역사에서 확인할 수 있다. 공화·사회 연립 세력으로 구성된 임시정부에서는 개혁의 바람이 불었고, 마찬가지로 공화·사회 연합 세력으로 이루어진 아사냐 정부에서는 개혁의 몸부림이 있었다. 하지만 급진공화당과 에스파냐자치우익연합의 연립정부, 곧 중도우파 정부에서는 토지개혁이 공화제 이전 상태로 다시 회귀했다. 마지막에 들어선 인민전선 정부에서는 변혁의 물결이 일었다.

여기서 눈여겨보아야 할 것이 하나 있다. 임시정부 시기와 공화정 처음 2년, 공화정 나중 2년, 인민전선 시기가 저절로 이어지지 않았다. 1931년 지자체 선거와 제헌의회 선거, 1933년 총선, 1936년 총선이라는 과정을 거쳐 이루어졌다. 선거를 통해 정치판이 짜인 것이다. 아니, 선거를 통해 정치판을 새로 짠 것이라고 보는 것이 더 적절할 것 같다. 선거전의 단골 메뉴 가운데 으뜸은 역시 토지 문제였다. 다시 말해 토지 정책이 명확하든 명확하지 않든 정당들은 정당들 나름대로, 사회단체들은 사회단체들 나름대로 자신들의 토지 정책을 펴기에 유리한 정치판을 짜려고 애썼다. 짜여 있는 정치판에서도 자신들의 이해관계를 관철시키려고 동분서주했다.

민주적 선거 절차를 무시한 1936년 7월의 군사쿠데타와 내전이 만들어 낸 새로운 정치 공간에서는 에스파냐의 토지와 정치가 공화군 진영과 국민군 진영이라는 양 진영으로 나뉘어 전개되었다. 한쪽에서는 사회혁명의 꿈을 실현해 나갔고, 다른 쪽에서는 역사의 시계 바늘을 1931년 이전으로 되돌리고 있었다. 사회혁명의 꿈은 농업집단을 창설하는 것으로 구체화되었다. 짧게는 1년, 길게는 1년 반 정도 지속된 농업 집단들은 "능력에 따라 일하고 필요에 따라 쓴다"는 아나키즘의 대원칙을 실현하고자 한 일종의 혁명적 실험 운동이었다. 이는 전통적인 토지 소유 구조를 파괴한 토지혁명이자 모든 종속 관계를 해체한 사회혁명이었다. 자본주의 질서 속에서 외부와 단절하면서 아나키즘 사회의 세포(집단)를 구성하려는 대안 운동이기도 했다.

세계사에서는 러시아의 10월혁명과 중국혁명, 쿠바혁명을 3대 사회주의혁명으로 꼽으면서 에스파냐에서 일어난 이 혁명은 별로 언급하지 않는다. 그 이유는 아마도 에스파냐 아나키스트들이 중앙의 정치

권력을 장악하지 않았기 때문일 것이다. 과연 당시 에스파냐 아나키스트들이 정치권력을 장악할 수 있었을지 여부에 의문이 들기도 하지만, 만에 하나 그들에게 그럴 능력이 있었다 하더라도 그렇게 하지는 않았을 것 같다. 그들은 기본적으로 자치와 자영을 중시하는 소규모 공동체에 관심을 두고 있었을 따름이다.

갈리시아자치조직 Organización Regional Gallega Autonomista

경작자연대 Alianza de Labradores

공화국봉사회 Agrupación al Servicio de la República

공화에스케라 Esquerra Republicana

공화연합 Unión Republicana

공화우익 Derecha Republicana

공화좌익 Izquierda Republicana

공화행동 Acción Republicana

국가조합주의운동연합 Juntas de Ofensiva Nacional Sindicalista

국가조합주의운동연합팔랑헤에스파뇰라 Falange Española de las Juntas de
   Ofensiva Nacional Sindicalista

국민블록 Bloque Nacional

국민행동 Acción Nacional

국민행동청년단 Juventudes de Acción Popular

급진공화당 Partido Republicano Radical

급진민주 Radical Demócrata

급진사회공화당 Partido Republicano Radical Socialista

노동자농민블록 Bloque Obrero y Campesino

노동자동맹 Alianza Obrera

노동자총연맹 Unión General de Trabajadores

농목단체연합위원회 Comité de Enlace de Entidades Agropecuarias

농민당 Partido Agrario

농업행동 Acción Agraria

독립급진사회공화당 Partido Republicano Radical Socialista Independiente

마르크스주의통일노동자당 Partido Obrero de Unificación Marxista

바스크민족당 Partido Nacionalista Vasco

반파시즘인민집중 Concentración Popular Antifascista

사회주의청년단 Juventudes Socialistas

에스파냐공산당 Partido Comunista de España

에스파냐농업고용주연합 Confederación Española Patronal Agraria

에스파냐사회노동당 Partido Socialista Obrero Español

에스파냐쇄신 Renovación Española

에스파냐자치우익연합 Confederación Española de Derechas Autónomas

올리브재배농연합회 Asociación Nacional de Olivareros

이베리아아나키스트연맹 Federación Anarquista Ibérica

자유공화우익 Derecha Liberal Republicana

전국가톨릭농민연합 Confederación Nacional Católico-Agraria

전국가톨릭전도자협회 Asociación Católica Nacional de Propagandistas

전국경작자연합 Asamblea Nacional de Labradores

전국경제연맹 Unión Nacional Económica

전국노동연합 Confederación Nacional del Trabajo

전국농민연맹 Liga Nacional de Campesinos

전국농업노동자연맹 Federación Nacional de Trabajadores de la Tierra

전국농장주연합회 Agrupación Nacional de Propietarios de Fincas Rústicas

조합당 Partido Sindicalista

축산업자연합회 Asociación General de Ganaderos

카스티야행동 Acción Castellana

카탈루냐민주연합 Unió Democrática de Catalunya

카탈루냐사회주의연합 Unió Socialista de Catalunya

카탈루냐에스케라 Esquerra Catalana

카탈루냐연맹 Lliga Catalana

카탈루냐통합사회당 Partido Socialista Unificado de Cataluña

통일노동총연합 Confederación General del Trabajo Unitaria

팔랑헤에스파뇰라 Falange Española

포도재배농연합회 Unió de Rabassaires

| 참고문헌 |

1. 문서보관소

Archivo de Fundación Pablo Iglesias.
Archivo de Giménez Fernández.
Archivo del Ministerio de Agricultura.
Archivo del Partido Comunista de España.
Archivo General de la Administración, Alcalá de Henares: Sección de Gobernación, Orden Público.
Archivo Histórico Nacional, Madrid: Sección del Ministerio de Gobernación, Serie A.
Archivo Histórico Nacional, Salamanca: Sección de la Guerra Civil, Político-Social.

2. 1차 자료

1) 의회 의사록

Diario de Sesiones de las Cortes Constituyentes de la República española, comenzaron el 14 de julio de 1931, 25 vols.
Diario de Sesiones de las Cortes, Congreso de los Diputados, comenzaron el 8 de diciembre de 1933, 17 vols.
Diario de Sesiones de las Cortes, Congreso de los Diputados, comenzaron el 16 de marzo de 1936, 3 vols.

2) 정부 보고서

Dirección General de Agricultura, *Censo de Sindicatos y otras entidades agrícolas*, Servicio de Publicaciones Agrícolas, Madrid, 1934.
Instituto de Estudios Agro-Sociales, *La población de España (Documentación Estadística)*, Archivo del Ministerio de Agricultura, Madrid, 1950.
_____, *Informe sobre precios y salarios en la agricultura*, Archivo de Ministerio de Agricultura, 28/8.

Instituto de Reforma Agraria (IRA), *La reforma agraria en España. Sus motivos, su esencia, su acción*, Valencia, 1937.

_____, *Datos recopilados sobre las provincias de Ciudad Real, Toledo, Córdoba, Jaén y Sevilla*, Suplemento del Boletín del Instituto de Reforma Agraria, Madrid, 1934.

Instituto de Reformas Sociales, *Subarriendos y arrendamientos colectivos de fincas rústicas*, Autor, Madrid, 1921.

_____, *El problema de los foros en el Noroeste de España*, Madrid, 1923.

_____, *La <rabassamorta> y su reforma*, 1923.

_____, *Estadística de las huelgas, Memorias anuales*, 1907-1922.

Instituto Geográfico, Catastral y de Estadística, *Anuario Estadístico de España*, 1932-1933, Madrid, 1934.

Ministerio de Agricultura, *Anuario de la legislación agrícola*, vols. para 1932-1936, Madrid, 1933-1936.

Ministerio de Hacienda, Dirección General de Propiedades y Contribución Territorial, *El catastro de rústica: Su iniciación y desarrollo*, Madrid, 1955.

Ministerio de Trabajo y Previsión Social, *Labor realizada desde la proclamación de la República hasta el 8 de septiembre de 1932*, Madrid, sin fecha.

Real Decreto del 22 de marzo de 1907 sobre concentración parcelaria y Memoria sintética explicativa del mismo, publicación oficial de la Dirección General de Agricultura, Madrid, 1907.

3) 정기간행물(신문, 잡지)

ABC (Madrid, diario).

Acción Española (Madrid, mensual).

Agricultura (Madrid, mensual).

Ahora (Madrid, diario).

La Antorcha (Madrid, semanario).

Arriba (Madrid, semanal).

La Bandera Roja (Madrid, semanario)

Boletín de Agricultura técnica y económica (Madrid).

Boletín de la Agrupación de Propietarios de Fincas Rústicas (Madrid).

Boletín de la Asociación de Agricultores de España (Madrid).

Boletín de la C.N.T. (Barcelona).

Boletín de la UGT (Madrid).

El Campesino (Madrid).

¡Campo libre¡ (Madrid).

C.E.D.A. (Madrid).

Claridad (Madrid, semanal; a partir de abril de 1936, diario).

CNT (Madrid).

La Conquista del Estado (Madrid).

El Correo de Andalucía (Sevilla).

El Debate (Madrid, diario).

Diario Liberal (Córdoba).

Economía Española (Madrid).

La Época (Madrid, diario).

Estudios Geográficos (Madrid).

FE (Madrid, semanal).

El Financiero (Madrid).

Gaceta de Madrid.

La Gaceta de la Revolución.

The Geographical Review of the American Geographical Society (Nueva York).

Heraldo de Madrid (Madrid, diario).

La Internacional Comunista (Barcelona).

J.A.P. (Madrid).

Leviatán (Madrid, mensual).

El Liberal (Madrid, diario).

El Liberal (Bilbao, diario).

La Libertad (Madrid, diario).

El Libertario (Madrid, semanario).

Luz (Madrid, diario).

Mundo Obrero (Madrid, diario).

Mundo Proletariado (Madrid, semanario).

Noticiero Sevillano (Sevilla).

El Obrero de la Tierra (Madrid, semanal).

El Progreso (Barcelona, diario).

El Progreso Agrícola y Pecuario (Madrid).

Radical Socialista (Madrid, semanario).

Renovación (Barcelona).

La Revista Blanca (Barcelona).

Revista de Derecho Público (Madrid).

Revista de Estudios Agro-Sociales (Madrid).

Revista de los Servicios Social-Agrarios y de Estadística Agrícola Social (Madrid, mensual)

Revista Nacional de Economía (Madrid).

Revista Social y Agraria (Madrid).

El Socialista (Madrid, diario).

El Sol (Madrid, diario).

Solidaridad Obrera (Barcelona, diario).

La Tierra (Madrid).

Tierra y Libertad (Barcelona).

Vanguardia (Badajoz).

La Voz (Córdoba).

La Voz (Madrid, diario).

La Voz del Campo (Madrid, semanario).

4) 팸플릿과 성명서

A los electores de Madrid (HMM, A. 1637).

Al pueblo de Madrid (HMM, A. 1679).

Ante las elecciones de 1931, el Partido Comunista presenta su Programa (Archivo del PCE, Documentos: carpeta 12).

Ante las elecciones legislativas de 1931: El Partido Comunista presenta su programa (Archivo del PCE, Film IV, apartado 61).

¡Contra el nuevo gobierno de la reacción y del fascismo!: ¡Por los soviets, por el Gobierno Obrero y Campesino! (IV-1935) (Archivo del PCE, Documentos: carpeta 16).

El Partido Comunista ante las elecciones (Archivo del PCE, Film V, apartado 66).

El Partido Comunista de España ante las Constituyentes: Programa electoral (Archivo del PCE, Film IV, apartado 61).

El Partido Comunista de España ante las elecciones municipales (HMM, A. 1677).

Manifiesto publicado en el libro <Alianza Republicana> (HMM, A. 1690).

¡Obreros y campesinos!: El Partido Comunista ante las Cortes Constituyentes (Archivo del PCE, Documentos: carpeta 12).

¡Obreros, Campesinos! ¡Pueblos laborioso! ¡Alerta! (Mayo 1935) (Archivo del PCE, Documentos: carpeta 16).

Por qué hay que votar contra los revolucionarios (HMM, A. 762).

¿Por qué lucha el PC? Por el Gobierno Obrero y Campesino. Por el pan, la tierra y la libertad (s.f., Biblioteca Nacional de Madrid).

Propaganda electoral de la candidatura monárquica (HMM, A. 1691).

Propaganda electoral monárquica ante las elecciones municipales en Madrid (HMM, A. 1700).

Resultado de las proclamaciones de concejales por el artículo 29 de la ley electoral, según los datos recibidos hasta las 12 horas del día once de abril de 1931 (HMM, A. 1721).

¡Viva la República de los Consejos Obreros, Soldados y Campesinos! (Archivo del PCE, Documentos: carpeta 12).

5) 1차 저작물

Adame, M., *Qué es el Bloque Obrero y Campesino*, Ediciones "Mundo Obrero," febrero 1932 (Archivo del PCE, Documentos: carpeta 13).

Aláiz, Felipe, *El problema de la tierra. Reforma agraria y expropiación social*, Ediciones de la ⟨Revista Blanca⟩, Barcelona, 1935.

Alcalá Zamora, *Los defectos de la Constitución de 1931*, Madrid, 1936.

_____, *Memorias (Segundo texto de mis memorias)*, Barcelona: Editorial Planeta, 1977.

Álvarez Jusué, Aurelio, *Los jurados mixtos de la propiedad rústica*, Madrid: Góngora, 1933.

_____, *Arrendamientos rústicos*, Madrid: Góngora, 1935.

Álvarez Robles, Antonio, *La reforma agraria española*, Palencia: Imp. De la Federación

Católica Agraria, 1932.

_____, *Política y políticos*, Palencia, 1930.

ANPFR, *Informe sobre el proyecto de ley de reforma agraria*, Madrid, 1931.

_____, *A las Cortes Constituyentes*, Madrid, 1931.

_____, *El credo de la Agrupación Nacional de Propietarios*, Madrid, 1931.

_____, *Proyecto de ley sobre la Reforma Agraria*, Madrid, 1931.

Araquistáin, Luis, *El ocaso de un régimen*, Madrid, 1930.

_____, *El derrumbamiento del socialismo alemán*, Madrid, 1933.

Argente, Baldomero, *La reforma agraria*, Barcelona: Cuadernos Georgistas, 1931.

ARVICTO, "La huelga general de los obreros agrícolas de España," *La Internacional Comunista*, núm. 11, 1934.

Asociación de Olivareros de España, *Ley de Reforma Agraria*, Madrid: Talleres Poligráficos, S. A., 1932.

Asociación Nacional de Ingenieros Agrónomos, *I Congreso Nacional de Ingeniería Agronómica* (1950), Madrid, 1950.

Aunós Pérez, Eduardo, *Itinerario histórico de la España contemporánea* (1808-1936), Barcelona, 1940.

Ayllón, José María, "La cuestión de los foros," *Agricultura*, Madrid, núm. 18, junio 1930.

Azaña, Manuel, *Obras Completas*, 4vols., México: EdicionesOasis, S. A., 1966-1968.

_____, *Causas de la guerra de España*, Barcelona, 1986.

_____, *Memorias políticas 1931-1933*, Barcelona: Grijalbo Mondadori, 1978.

_____, *Diarios, 1932-1933. <Loscuadernosrobados>*, Barcelona: Crítica, 1997.

_____, *Memorias íntimas de Azaña* (Joaquín Arrarás, ed.), Madrid, 1939.

_____, *La velada en Benicarló: diálogo de la guerra de España*, Madrid: Castalia, 2005.

Aznar, S., *Despoblación y colonización*, Barcelona: Labor, 1930.

Azpeitia, Mateo, *La reforma agraria en España*, Madrid, 1932.

Ballester, Antonio, "Acerca de la reforma agraria. Concentración parcelaria," *Agricultura*, núm. 39, marzo 1932.

_____, "El crédito Agrícola para España," *Revista de los Servicios Social-Agrarios*, núms. 2, 3, 4 y 5, junio, julio, agosto y septiembre 1932.

_____, "Sobre crédito agrícola," *Agricultura*, núm. 35, noviembre 1931.

_____, "Memoria del Servicio de Pósitos," *Revista de los Servicios Social-Agrarios*, núm. 5, septiembre 1932.

Baraíbar, Carlos de, *Las falsas "posiciones socialistas" de Indalecio Prieto*, Madrid: Yunque, 1935.

Belausteguigoitia, Ramón de, *Reparto de tierras y producción nacional*, Madrid:Espasa-Calpe, S. A., 1931.

Bernaldo de Quirós, Constancio, El *"Espartaquismo Agrario" y otros ensayos sobre la estructura económica y social de Andalucía*, Ediciones de la Revista de Trabajo, Madrid, 1973.

_____, *Los derechos sociales de los campesinos*, Madrid, 1928.

Besteiro, Julián, *Marxismo y antimarxismo*, Madrid, 1935.

Brones, A., *La acentuación de la crisis reolucionaria en España y las tareas del Partido Comunista*, Ediciones "Mundo Obrero" (Archivo del PCE, 77/5).

Cabezas Díaz, Antonio, *El agro y el municipio. La reforma agraria*, Editorial La Medicina Ibera, 1932.

Cámara Agrícola Oficial de la provincia de Zaragoza, *Legislación agrícola de la República*. Abril-Noviembre 1931, recogida y anotada por José Mª Hueso Ballester, Zaragoza, 1931.

Campuzano y Horma, Fernando, *La contratación sobre fincas rústicas y la Reforma agraria*, Revista General de Legislación y Jurisprudencia, Madrid: Editorial Reus, S. A., 1933.

Caño, Rafael del, *La reforma agraria. Cómo está parcelado, física, jurídica y agrícolamente el suelo español*, Madrid: Editorial del Norte, 1931.

Carrasco i Formiguera, Manuel, *El Pacto de San Sebastián*, Barcelona, 1931.

Carrión, Pascual, *Tierra y trabajo. Estudios sobre la agricultura española y su reforma*, Centro de Publicaciones, Ministro de Trabajo y Seguridad Social, Segunda Edición, 1990.

_____, *La reforma agraria de la II República y la situación actual de la agricultura española*, Barcelona: Ediciones Ariel, 1973.

_____, *Los latifundios en España. Su importancia, origen, consecuencias y solución*, Barcelona: Edicionesl Ariel, 1975.

_____, *Medidas fundamentales de índole económico-social que deben adoptarse para intensificar la explotación del suelo*, Ponencia presentada al Congreso Nacional de Ingeniería, Madrid, 1919.

_____, *Estudios sobre la agricultura española* (1919-1971), Madrid: Ediciones de la Revista de Trabajo, 1974.

_____, "La distribución de la propiedad rústica y sus consecuencias económico-sociales," Ateneo de Madrid, *Algunos aspectos de la Reforma Agraria*, Madrid, 1934.

_____, *Consideraciones sobre la reforma agraria*, Conferenciada el 10 de junio de 1969, Madrid: Casa de Velázquez, 1969.

Casares, Francisco, *La C.E.D.A. va a gobernar (Notas y glosas de un año de la vida política nacional)*, Madrid, 1934.

Castro, Cristóbal de, *Al servicio de los campesinos. Hombres sin tierra. Tierra sin hombres. La nueva política agraria*, Madrid, 1931.

Cavestany, Rafael, "Los Pósitos," *Revista de los Servicios Social-Agrarios*, núm. 6, octubre 1932.

CEDA, *Programa aprobado en el Congreso de Acción Popular y entidades adheridas y afines convocado para constituir la C.E.D.A.-febrero-marzo 1933*, Madrid, 1933.

CNT, *Memoria del Congreso Extraordinario de la CNT celebrado en Madrid del 11 al 16 de junio de 1931*, Barcelona: Cosmos, 1931.

_____, *El Congreso Confederal de Zaragoza (Mayo, 1936)*, Ediciones C.N.T., 1955.

_____, *Realizaciones revolucionarias y estructuras colectivistas de la Comarcal de Monzón (Huesca)*, Ediciones Cultura y Acción, 1977.

Coloma, "Instrumentos de Crédito," *Revista de los Servicios Social-Agrarios*, núm. 1, mayo 1932.

Colomer, Vicente, "La revolución y la contrarrevolución frente a frente en España," *La Internacional Comunista*, núm. 13, 1934.

Conferencia Nacional de Unidad Sindical, *Plataforma de lucha para la realización de la Unidad Sindical de lucha de clases (Madrid, 30 de junio-2 de julio 1932)*, Archivo del PCE, 77/8.

Chapaprieta, Joaquín, *La paz fue posible. Memorias de un político*, Barcelona: Ediciones Ariel, 1971.

Chavaroche, "¡Comités de fábrica! ¡Comités de campesinos!," Ediciones "Mundo Obreros," 1932 (Archivo del PCE, Documentos: carpeta 13).

Díaz, José, "Las luchas del proletariado español y las tareas del Partido Comunista," *Internacional Comunista*, Revista mensual del PCE, Valencia, núm. 1, 1 diciembre 1935.

_____, *Por el bloque popular antifascista*, Sevilla, 1935.

_____, *El VII Congreso de la Internacional Comunista y su repercusión en España*, Madrid, 1935.

_____, *Tres años de lucha*, París, 1939.

Díaz de Arcaya, Francisco, *La reforma agraria de 15 de septiembre de 1932*, Madrid: Editorial Reus, S. A., 1933.

Díaz del Moral, Juan, *Historia de las agitaciones campesinas andaluzas*, Madrid: Alianza Editorial, 1973.

Díaz del Moral, Juan, y Ortega y Gasset, José, *La Reforma agraria y el Estatuto catalán*, Madrid: Revista de Occidente, 1932.

Dobby, E. H. G., "Agrarian problems in Spain," *The Geographical Review of the American Geographical Society of New York*, vol. XXVI, núm. 2, abril 1936.

Domingo, Marcelino, *La experiencia del poder*, Madrid, 1934.

E. de P., L., *El crédito agrícola y los Pósitos*, Madrid, 1923.

El Consultor de los Ayuntamientos y de los Juzgados municipales, *Manual de la Reforma agraria*, Madrid, 1932.

Falcón, César, *Crítica de la Revolución española*, Madrid, 1931.

Federación de Trabajadores Agrícolas de la Comarca de Cádiz, *Memoria del Congreso celebrado en enero de 1932*.

Federación Nacional de Ingenieros, *Anteproyecto de Reforma Agraria*, Madrid, 1931.

Federación Nacional de Juventudes Socialistas, *Octubre: segunda etapa*, Madrid, 1935.

Fernández Almagro, Melchor, *Historia de la República española (1931-1936)*, Madrid: Biblioteca Nueva, 1940.

Fernández Cuervo, Andrés, *El Proyecto de Reforma Agraria*, Madrid, octubre 1931.

FNTT, *Memoria que presenta el Comité nacional al Congreso ordinario que ha de celebrarse en septiembre de 1932*, Madrid, 1932.

Fuentes Martiáñez, M., "La distribución de la propiedad territorial," *Revista Nacional de Economía*, núm. 77, enero-febrero 1928.

Fundación de Pablo Iglesias, *Actas de la Comisión Ejecutiva de la UGT*, 1934.

García de la Barga, Pedro, *Reforma agraria y la ley de 13 de abril de 1932 sobre riegos. Antecedentes para su estudio*, Madrid, 1932.

García de Oteyza, Luis, "Los regímenes de explotación del suelo nacional," *Revista de Estudios Agro-Sociales*, núm. 1, 1952.

García Isidro, Mauricio, *Historia de los Pósitos españoles*, Madrid: Imprenta Helénica, 1929.

García Palacios, Luis, *El comunismo y la revolución agraria*, Madrid: Ediciones Comunismo, ?

_____, "Comentarios al proyecto de Reforma Agraria" (Comunismo, núm. 4, septiembre 1931), *Revista Comunismo* (1931-1934). *La herencia teórica del marxismo español*, Barcelona: Editorial Fontamara, 1978.

_____, *El Segundo Bienio (España en escombros) 1933-1935*, Barcelona: Ediciones Bancario, 1936.

_____, "La Reforma agraria y el Bloque Popular" (núm. 3, marzo-abril 1936), VictorAlba, *La nueva Era: Antología de unna revista revolucionaria 1931-1936*, Madrid: Ediciones Júcar, 1977.

García-Badell Abadía, Gabriel, *El catastro de la riqueza en España*, Madrid: Ministerio de Agricultura, 1944.

_____, "La distribución de la propiedad agrícola de España en las diferentes categorías de fincas," *Revista de Estudios Agro-Sociales*, enero-marzo 1960.

_____, "Estudio sobre la distribución de la extensión superficial y de la riqueza de la propiedad agrícola de España, agrupando las fincas en diferentes categorías," *Estudios Geográficos*, Año VII, núm. 23, 1946.

_____, *El régimen de la propiedad de nuestro suelo agrícola y el problema de los minifundios*, Madrid: Publicaciones de la Real Sociedad Geográfica, Serie B, 1941.

_____, *El problema de la modificación de las estructuras de las explotaciones agrícolas españolas*, Madrid: Instituto de Estudios Fiscales, 1969.

_____, "El régimen de la propiedad en España," *Boletín de Agricultura técnica y económica: Sección doctrinal*, 1929.

García-Menéndez, Bonifacio, *La España rural (Hombre de tierra y sed de justicia)*, Madrid: J. M. Yagües Editor, 1931.

Gil Robles, José María, *No fue posible la paz*, Barcelona: Ariel, 1968.

_____, *Discursos parlamentarios*, Madrid: Taurus, 1971.

Giménez Fernández, Manuel, "Prólogo," Aurelio Álvarez Jusué, *Arrendamientos rústicos*, Madrid: Góngora, 1935.

_____, *Manuel Giménez Fernández (1896-1968). Epistolario político*, Sevilla: Servicio de Publicaciones Ayuntamiento de Sevilla, 2000.

Giménez Valdivieso, Tomás, *La República. Su organización y principales problemas que ha de resolver*, Valencia, 1931.

Góngora, Francisco, *Legislación social agraria*, Madrid, 1931.

González Rothvoss, Mariano, *Anuario Español de Política Social*, Madrid, 1935.

Gordón Ordás, Félix, *Mi política en España*, 3 tomos, México: Imprenta Fígaro, 1961-1963.

Gorkín, Julián G., "Los problemas de la Revolución española" (2.ª época, núm. 3, marzo-abril 1936), Víctor Alba, *La nueva Era: Antología de una revista revolucionaria 1930-1936*, Madrid: Ediciones Júcar, 1977.

Granados, Mariano, *La reforma agraria en Europa y el Proyecto Español. Los métodos y los resultados*, Madrid, 1932.

Guzmán, Eduardo de, *La España trágica*, Madrid, 1932.

Hernández, Jesús, "El P.C. de E. y la lucha por el gobierno obrero y campesino: Informe al XIII pleno del C.E. de la I. C.," *La Internacional Comunista*, Barcelona, núms. 1-2, enero-febrero 1934.

_____, "Por el Frente Único Popular Antifascista en España (Informe de la delegación española sobre el segundo punto el Orden del día)," *Internacional Comunista*, Revista mensual del PCE, Valencia, núm. 1, 1 diciembre 1935.

Hidalgo y Durán, Diego, *La Reforma Agraria. Documentos políticos*, Madrid, 1931.

Hoyois, Giovanni, *L'Espagne contemporaine. Le probléme social-agraire (copiado por Instituto de Estudios Agro-Sociales)*, Archivo del Ministerio de Agricultura, 28/2.

Hoyos y Vinent, José María de, *Mi testimonio*, Madrid, 1962.

Huesca y Rubio, José, *Reforma agraria. Voto particular*, Sevilla, 1931.

Hurtado, "El Partido Comunista de España en la revolución española (Discurso del delegado español en el XII Pleno de la I. C.)," *La Internacional Comunista*, Barcelona, núm. 7, 1932.

Ibárruri, Dolores, *El único camino*, París: Editions Sociales, 1962.

Ibárruri, Dolores, y otros, *Guerra y Revolución en España 1936-1939*, tomo I, Moscú, 1965 (Archivo del PCE, Manuscritos: Carpeta 13).

Informe que emite la Cámara Agrícola Provincial de Córdoba y eleva a la Comisión Parlamentaria del proyecto de Reforma Agraria (8 de septiembre de 1931), Córdoba, 16 octubre 1931.

Informes que la Asociación General de Ganaderos eleva a la Comisión de Agricultura del Congreso de los Diputados sobre los Proyectos de ley de Bases para la Reforma agraria, Rescate de Bienes comunales y adquisición de la propiedad por arrendatarios y aparceros, Madrid, 9 de mayo de 1936, Ateneo de Madrid.

Jordana de Pozas, Luis, "Los funcionarios públicos en la nueva Constitución Española," *Revista de Derecho Público*, núm. 4, abril 1932.

Kautsky, Karl, *Socialización de la agricultura*, Madrid, 1932.

Kriessmann, Ferdinand, *Das spanishe Agrarproblem und die Versuche zu seiner Lösung*, Stuttgart: Verlag von W. Kohlhammer, 1934.

Largo Caballero, Francisco, *Discursos a los trabajadores. Una crítica de la República, una doctrina socialista, un programa de acción*, Madrid, 1934.

_____, *Escritos de la República. Notas históricas de la guerra de España, 1917-1940*, Madrid: FPI, 1985.

_____, *Notas históricas de la guerra civil en España*, 1940, 1.541 folios mecanografiados custodiados en la Fundación Pablo Iglesias.

_____, *Discursos en la campaña de las elecciones del 16 de febrero de 1936 que dieran el triunfo al Frente Popular*, Itália, junio 1936.

Leal Ramos, León, "Factores jurídicos y sociales del problema agrario," *Problemas agrarios de España*, VIII Curso de las "Semanas Sociales de España"(30 septiembre–7 octubre 1934), Madrid, 1936.

Lera de Isla, Ángel, *La revolución campesina (Hambres y miserias del proletariado rural)*, Madrid, 1931.

_____, *El fracaso de la Reforma agraria*, Madrid, 1934.

Lerroux, Alejandro, *La pequeña Historia de España*, 1930–1936, Barcelona: Editorial Mitre, 1985.

Libro de oro del Partido Republicano Radical, 1864-1934, Madrid: Biblioteca Nacional, ?.

López, Juan, *El sindicato y la colectividad*, Valencia, 1938.

Los problemas de la revolución española: el Partido Comunista y la revolución española, Publicaciones Edeya, 1932 (Archivo del PCE, Documentos: carpeta 13).

Los problemas de la revolución española: Los renegados del comunismo en España, Publicaciones Edeya, 1932 (Archivo del PCE, Documentos: carpeta 13).

Madariaga, Salvador de, *España. Ensayo de historia contemporánea*, Madrid: Espasa–Calpe, S. A., 1979.

Madrid, Alfonso, *Constitución agraria de España*, Madrid: Nuevas Gráficas, 1933.

Mañueco, Gabriel, "El crédito agrícola," *Revista Nacional de Economía*, núm. 78, marzo-abril 1928.

Marichalar, Luis, Vizconde de Eza, *La reforma agraria en España*, Madrid, 1931.

_____, *De mis carpetas. La reforma agraria y el crédito*, Madrid, 1933.

_____, *Agrarismo*, Madrid: C. Bermejo Impresor, 1936.

Mariner, Roberto, "Proyecto de tesis agraria" (Comunismo, núm. 2, junio 1931), *Revista Comunismo (1931-1934). La herencia teórica del marxismo español*, Barcelona: Editorial Fontamara, 1978.

Martín Sanz, Dionisio, y otros, *El paro estacional campesino*, Madrid, 1946.

Martínez Barrio, Diego, *Memorias*, Barcelona: Planeta, 1983.

_____, *Orígenes del Frente Popular español*, Buenos Aires, 1943.

_____, *Páginas para la historia del Frente Popular*, Valencia, 1937.

Martín-Sánchez Juliá, Fernando, "La legislación agraria de la República en 1931," *Agricultura*, Madrid, núm. 37, enero 1932.

Matas, F. S., "Ante la Reforma agraria: El huevo de Colón," *Revista Social y Agraria*, núm. 146, 30 junio 1931.

Matorras, Enrique, *El comunismo en España*, Madrid, 1935.

Maura, Miguel, *Así cayó Alfonso XIII ...*, Barcelona: Editorial Ariel, 1995.

Maurín, Joaquín, "La marcha de nuestra revolución," Víctor Alba, *La Nueva Era: Antología de una revista revolucionaria*, 1930–1936, Madrid: Ediciones Júcar, 1977.

_____, "El problema agrario en Cataluña" (Leviatán, núm. 4, agosto 1934), Paul Preston, *Leviatán (Antología)*, Madrid: Ediciones Turner, 1976.

_____, _Revolución y contrarrevolución en España_, Ruedo Ibérico, 1966 (primera edición, 1935).

_____, "La Revolución democrática," Víctor Alba, _La Nueva Era: Antología de una revista revolucionaria. 1930-1936_, Madrid: Ediciones Júcar, 1977.

_____, _De la monarquía absoluta a la revolución socialista_, Madrid: Cenit, 1932.

Medina y Togores, José de, _Un año de Cortes Constituyentes_, Madrid: Editorial Ibérica, 1932.

Mengual y Mengual, José María, _El crédito agrícola_, Valencia: Imprenta de José Olmos, 1926.

Miguel, Antonio de, _El potencial económico de España_, Madrid, 1934.

Miranda, Jesús, "Imperiosa necesidad de una Ley de Concentración Parcelaria," _Revista de los Servicios Social-Agrarios_, núm. 2, junio 1932.

Monedero, Antonio, _Los principios básicos de la Confederación Nacional Católico Agraria_, Madrid, 1920.

Monge y Bernal, José, _Acción Popular (Estudios de Biología política)_, Madrid, 1936.

Mont-Fort, _Alianza Obrera_, Barcelona: Imprenta Cervantes, 1935.

Mori, Arturo, _Crónica de las Cortes Constituyentes de la Segunda República española_, 13 vols., Madrid: Aguilar, 1932.

Munis, G., _Jalones de derrota: Promesa de victoria (España 1930-1939)_, México D. F.: Editorial "Lucha Obrera," 1948.

Pabón, Jesús, _Cambó, II, Parte Segunda: 1930-1947_, Barcelona: Editorial AIPHA, 1969.

Pajarón, Jerónimo, _La mejora del obrero campesino_, Premio Guad-El-GELÚ, Madrid, 1932.

Palacín, Santiago, _La revolución y el campo_, Barcelona: Editorial Marxista, 1937.

PCE, _Historia del Partido Comunista de España (versión abreviada)_, París: Éditions Sociales, 1960.

_____, _La lucha por la bolchevización del partido_, Madrid, 1932 (Archivo del PCE, Documentos: carpeta 13).

_____, _Del IV Congreso del Partido Comunista de España (abril 1932)_, Archivo del PCE, Documentos: carpeta 13.

_____, _Elecciones legislativas de 1933: Plataforma de lucha del Partido Comunista_, Archivo del PCE, Film IX, apartado 120.

_____, _A los campesinos trabajadores (27 febrero 1935)_, Archivo del PCE, Film XI, apartado 140.

_____, _A los trabajadores del campo_, Archivo del PCE, Film XIII, apartado 164.

_____, _Una proposición importante del Comité Central del Partido Comunista (10 enero 1934)_, Archivo del PCE, Documentos: carpeta 15.

_____, _¿Alianza Obrera? ¡No! ¡Frente Único! Ésta es la salida_, Barcelona: Ediciones Mundo Obrero, 1934?

_____, _Plataforma de lucha de la Concentración popular antifascista_, Archivo del PCE, Film X, apartado 133.

_____, _A los Comités Provinciales del Partido. A las Comisiones y Secretarios Agrarios_

(Madrid, 26-VII-1935), Archivo del PCE, Documentos: carpeta 16.

_____, *Carta abierta al Partido Socialista y U.G.T., C.N.T. y F.A.I., a la C.G.T.U.*, ··· (Mayo 1935), Archivo del PCE, Film XIII, apartado 164.

_____, *Historia del PCE desde su fundación hasta 1936*, Archivo del PCE, 77/10.

_____, *Programas electorales del PCE y del PSOE*, Archivo del PCE, R-XIV.

_____, *A todos los Comités Provinciales y Regionales, 4-II-35*, AHN de Salamanca, PS Madrid, 2128.

_____, *A todos los Comités Provinciales del Partido* (Madrid, 3 marzo 1936), Archivo del PCE, R-XIV.

_____, *¡Obreros agrícolas, pequeños arrendatarios, aparceros, medieros, rabassaires! ¡A todos los trabajadores del campo en general!* (8 marzo 1936), AHN de Salamanca, PS, Madrid, 2128.

_____, *A todos los Comités Provinciales del partido* (23 abril 1936), Archivo del PCE, R-XIV.

_____, *Al Comité Provincial del Partido* (21 marzo 1936), Archivo del PCE, R-XIV.

_____, *Carta del Partido Comunista a la C.E. del Partido Socialista* (4 marzo 1936), Archivo del PCE, Documentos: carpeta 17.

_____, *Manifiesto del Partido Comunista de España a los trabajadores*, Madrid, 22 de abril de 1936, Archivo del PCE, Documentos: carpeta 17.

Peces-Barba, Gregorio, *Ley de Reforma Agraria*, Madrid: Imprenta José Murillo, 1932.

Pestaña, Angel, El Sindicalismo. *Qué quiere y adonde va*, Barcelona, 1933.

Prieto, Indalecio, *Discursos fundamentales* (recopilados por E. E. Malefakis), Madrid, 1975.

_____, *Posiciones socialistas*, Madrid, 1935.

_____, *Documentos socialistas*, Madrid, s. f.

Primo de Rivera, José Antonio, *Obras Completas*, Madrid: Publicaciones Españolas, 1950.

"Problema de la Revolución Española," Trabajo colectivo, Moscú, septiembre 1932 (Archivo del PCE, Film XXII, apartado 272).

"Problemas de la revolución española: El problema agrario y el movimiento campesino en España," Trabajo colectivo, Moscú, agosto 1932 (Archivo del PCE, Film XXII, apartado 272).

PSOE, *Actas de las sesiones del XIII Congreso del PSOE, 1932*.

_____, *XIII Congreso del Partido Socialista Obrero Español que se celebrará en Madrid los días 6 y siguientes de Octubre de 1932*, Madrid, 1932.

_____, *Memoria y convocatoria del Comité Nacional que se convoca el 17 de septiembre de 1934*, Archivo de FPI, AH-24-6.

_____, *Comisión Ejecutiva. Actas: 3 de enero 1934-19 diciembre 1935*.

_____, *Comisión Ejecutiva, Correspondencia interna*, III-1935-VIII-1938.

_____, *Frente Popular: documentación sobre el pacto electoral de febrero de 1936*, Archivo de FPI, AH-25-29.

_____, *Circulares y Manifiestos del Comité Nacional del Partido Socialista Obrero Español*

(1935/1938), Archivo de FPI, AH-62-6.

Ramos Oliveira, Antonio, *Historia de España*, III, México,?

____, "El socialismo español de 1909-1934," *Leviatán*, Revista mensual de hechos e ideas, Madrid, núm. 1, 1934.

____, *Politics, Economics and Men of Modern Spain 1808-1946*, London, 1946.

____, *El capitalismo español al desnudo*, Madrid, 1935.

Rapp Lautaron, Eloina, "El problema agrario en España y la Reforma de 1936-1939," Moscú, 1949 (Archivo del PCE, Tesis, Manuscritos y Memorias, 54/1).

Redonet y López Dóriga, Luis, *Crédito agrícola: Historia, Bases y Organización*, Madrid: Calpe, 1924.

República española. Cortes Constituyentes 1931, Madrid: Editorial Rivas, 1932.

"Resolución del Bureau Político del Comité Central del Partido Comunista de España (Sección Española de la I.C.)" (1933), Archivo del PCE, Documentos: carpeta 14.

Resoluciones aprobadas por la Conferencia de Madrid de Unidad Sindical, 1932, Archivo del PCE, 77/7.

Ríos, Fernando de los, "El problema agrario en España," Juan Velarde Fuertes, *Lecturas de Economía Española*, Madrid: Editorial Gredos, S. A., 1969.

Roda y Jiménez, Rafael de, *El crédito agrícola cooperativo*, Barcelona: Salvat Editores, S. A.,?

Rodríguez Revilla, Vicente, *El agro español y sus moradores*, Madrid: Ediciones Ulises, 1931.

Rof Codina, Juan, *Reformas que se pueden implantar en Galicia para el progreso de la agricultura*, Coruña, 1912.

Romanones, Conde de, *Las últimas horas de una monarquía*, Madrid, 1931.

Romero Cuesta, J., *El Congreso de los Diputados (Breve historia, anécdota y reportaje de la Cámara popular)*, Madrid, 1931.

Ruiz-Castillo Basala, José, *Funcionario republicano de reforma agraria y otros testimonios*, Madrid: Biblioteca Nueva, 1983.

S. Requena, Pedro, *Comentarios a la ley de reforma agraria*, Barcelona: Librería Bosch, 1933.

Salazar, Zacarias, "Arrendamientos y aparcerías," *Revista de los Servicios Social-Agrarios y de Estadística Agrícola Social*, núm. 7, noviembre 1932.

Sánchez-Albornoz, Claudio, *La reforma agraria y la experiencia histórica*, Madrid: Intervención parlamentaria, 1932.

____, *La reforma agraria ante la Historia*, Madrid, 1932.

____, *De mi anecdotario político*, Buenos Aires: Editorial Losada, S. A., 1972.

Santiago, Enrique, "El paro forzoso en España," *Boletín de la UGT*, núm. 36, diciembre 1931.

Sanz, Gonzálo, *Nacimiento y desarrollo del P.C.E. hasta 1932*, Conferencia dada en Santo Domingo en el año 1944 (Archivo del PCE, Tesis, Manuscritos y Memorias, 77/3 y 4).

Sardá, Rafael, *Las colectividades agrícolas*, Barcelona: Editorial Marxista, 1937.

Teodoro Rodríguez, P., *El problema social y las Derechas*. Nuevas orientaciones, El Escorial, 1935.

Torrejón y Boneta, Angel de, *Contratos de aparcería agrícola y "rabassa morta*," Madrid, 1942.

Torrejón y Boneta, Angel de; Vázquez, Abraham, y García Herrero, Julio, *Leyes reguladores de la Propiedad rústica y urbana y de las Explotaciones agrícolas, pecuarias y forestales. Vol. II: Reforma agraria. Legislación completa con notas, concordancias, aclaraciones, índices, etc.*, Madrid: Publicaciones de "Agro Español," 1935.

Toryho, Jacinto, *La independencia de España. Tres etapas de nuestra Historia*, Barcelona: Ediciones Tierra y Libertad, 1938.

UGT, *Memoria y Orden del día. Del XVII Congreso ordinario que se celebrará en Madrid los días 14 y siguientes de octubre de 1932*, Madrid, 1932.

____, *Actas de las sesiones del XVII Congreso Ordinario UGT*, 1932.

____, *Actas de las reuniones extraordinarias celebradas en Madrid el día 14 de octubre de 1933*, Archivo de FPI, AARD XLIII.

____, *A los trabajadores de la tierra (Reivindicaciones para la huelga del 5 de junio de 1934)*, Archivo del PCE, Film X, apartado 131.

Unión Económica, *La reforma agraria, Ciclo de Conferencias acerca del Proyecto presentado por el excelentísimo Sr. Ministro de Agricultura, Industria y Comercio, D. Marcelino Domingo*, Madrid: Publicaciones de la Unión Económica, 1932.

____, *Estatutos*, Madrid, 1931.

____, *Asamblea Económico-Agraria, celebrada en Madrid los días 26 y 27 de abril de 1932*, Madrid, 1932.

____, *Ante la reforma agraria. ¿Qué piensan las fuerzas económicas?*, Madrid, 1932.

Uribe, Vicente, *Memorias (septiembre 1959)*, Archivo del PCE, 60/5.

____, *Los campesinos y la República*, Conferencia pronunciada el día 22 de enero en el Teatro Apolo, de Valencia, Valencia, ?

Valera Aparicio, Fernando, *Fundamentos del Partido Republicano Radical Socialista*, Conferencia pronunciada en (···) Cartagena el 20 de diciembre de 1931, Madrid, 1933.

Valiente, Santiago, "Transformación y mejora de la vida rural. El Banco Nacional Agrario," *Revista de los Servicios Social-Agrarios*, núm. 6, octubre 1932.

Vázquez Humasqué, Adolfo, *Mi proyecto de reforma agraria*, Madrid, 1941.

Vela, Marino, "Fuerzas democráticas y fuerzas socialistas en el campo" (*Comunismo*, núm. 12, mayo 1932), Revista Comunismo (1931–1934). La herencia teórica del marxismo español, Barcelona: Editorial Fontamara, 1978.

Vidarte, Juan Simeón, *Las Cortes Constituyentes de 1931-1933*, Barcelona: Ediciones Grijalbo, 1976.

____, *El bienio negro y la insurrección de Asturias*, Barcelona: Grijalbo, 1978.

____, *Todos fuimos culpables. Testimonio de un socialista español*, México: Tezontle, 1973.

Wauters, Arthur, *La reforma agraria en Europa*, Madrid: Editorial España, 1931.

Zancada, Práxedes, *El problema de los salarios reales y una política de altos salarios*, Madrid, 1930.

3. 단행본과 논문

Abad de Santillán, Diego, *El anarquismo y la revolución en España. Escritos 1930/38*, Madrid: Editorial Ayuso, 1976.

_____, *De Alfonso XIII a Franco*, Buenos Aires, 1974.

Alba, Víctor, *Historia de la Segunda República, 1931-1939*, México, 1960.

_____, *El Frente Popular*, Barcelona: Editorial Planeta, 1976.

_____, *La nueva Era: Antología de una revista revolucionaria 1931-1936*, Madrid: Ediciones Júcar, 1977.

_____, *La revolución española en la práctica. Documentos del POUM*, Madrid: Ediciones Júcar, 1977.

Amaro, C., y otros, *Gran propiedad y política agraria en la península ibérica*, Granada: Universidad de Granada, 1992.

Aróstegui, Julio, "Largo Caballero, Ministro de Trabajo," J. L. García Delgado (ed.), *La Segunda República española: el primer bienio*, III Coloquio de Segovia sobre Historia contemporánea de España dirigido por Manuel Tuñón de Lara, Madrid: Siglo XXI, 1987.

Arranz Notario, Luis, "Modelos de partido," Santos Juliá (ed.), *Política en la Segunda República*, Madrid: Ayer, 1995.

Arrarás, Joaquín, *Historia de la Segunda República española*, 4 vols., Madrid: Editora Nacional, 1970.

Artola, Miguel, *Partidos y programas políticos, 1808-1936, I y II*, Madrid: Alianza Editorial, 1991.

Artola, Miguel, y otros, *El latifundio-Propiedad y explotación, ss. XVIII-XX*, Madrid: Ministerio de Agricultura, Secretaria General Técnica (serie estudios), 1978.

Avilés Farré, J., *La izquierda burguesa en la II República*, Madrid: Espasa-Calpe, S. A., 1985.

_____, "Los partidos republicanos de izquierda, 1933-1936," J. L. García Delgado (ed.), *La II República española. Bienio rectificador y Frente Popular, 1934-1936*, IV Coloquio de Segovia sobre Historia Contemporánea de España, dirigido por M. Tuñón de Lara, Madrid: Siglo XXI, 1988.

Balcells, Albert, *Crisis económica y agitación social en Cataluña, 1930-1936*, Barcelona: Ediciones Ariel, 1971.

_____, *El problema agrario en Cataluña. La cuestión rabassaire (1890-1936)*, Madrid: Ministerio de Agricultura, 1980.

_____, "La conflictividad social agraria en Cataluña y la Unió de Rabassaires hasta 1939," *Agricultura y Sociedad*, núm. 2, enero-marzo 1977.

Ballarín Marcial, A., *Derecho Agrario*, Madrid: Editorial Revista de Derecho Privado, 1965.

Bar Cendon, Antonio, "La 'Confederación Nacional del Trabajo' frente a la II República," Manuel Ramírez, *Estudios sobre la II República española*, Madrid: Editorial Tecnos, 1975.

Barberis, Corrado, *Teoría e Historia de la Reforma Agraria en Europa*, México: Instituto de Investigaciones Sociales, Universidad Nacional Autónoma de México, 1965.

Barciela, C., "Franquismo y política agraria: Aspectos económicos y sociales," C. Amaro y otros, *Gran propiedad y política agraria en la península ibérica*, Granada: Universidad de Granada, 1992.

Bécarud, Jean, *La Segunda República española, 1931-1936*, Madrid: Taurus, 1967.

Bécarud, Jean, y Lapouge, Gilles, *Los anarquistas españoles*, Barcelona: Anagrama/ Laia, 1972.

Bécarud, Jean, y López Campillo, E., *Los intelectuales españoles durante la II República*, Madrid: Siglo XXI, 1978.

Ben-Ami, Shlomo, *Los orígenes de la Segunda República española: Anatomía de una transición*, Madrid: Alianza Editorial, 1990.

Benavides, Leandro, *La política económica de la Segunda República*, Madrid: Edit. Guadiana, 1972.

Bernecker, Walther L., *Colectividades y revolución social. El anarquismo en la guerra civil española, 1936-1939*, Barcelona: Crítica, 1982.

Biglino Campos, Paloma, *El socialismo español y la cuestión agraria (1890-1936)*, Madrid: Centro de Publicaciones, Ministerio de Trabajo y Seguridad Social, 1986.

Birot, P., y Brunet, P., "Notas sobre las estructuras agrarias del NO. De la península ibérica," *Estudios Geográficos*, núm. 54, febrero 1954.

Bizcarrondo, Marta, "Democracia y revolución en la estrategia socialista de la II República," *Estudios de Historia Social*, núms. 16-17, 1981.

_____, *Araquistáin y la crisis socialista de la II República. Leviatán* (1934-1936), Madrid: Siglo XXI, 1975.

_____, "La crisis del Partido Socialista en la II República," *Revista del Instituto de Ciencias Sociales de la Diputación*, Barcelona, 1973.

_____, "La crisis socialista: de la República a la guerra civil," Josep Fontana y otros, *La Segunda República. Una esperanza frustrada*, Actas del congreso Valencia Capital de la República (Abril 1986), Valencia: Edicions Alfons el Magnánim, 1987.

Blas Guerrero, Andrés de, "El Partido Radical en la política española de la Segunda República," *Revista de Estudios Políticos*, núms. 31-32, enero-abril 1983.

_____, *El socialismo radical en la II República*, Madrid: Júcar, 1978.

_____, "La radicalización de Francisco Largo Caballero: 1933-1934," *Sistema*, Madrid, núm. 8, 1975.

Borkenau, Franz, *El reñidero español*, París, 1971.

Bravo Morata, Federico, *La reforma agraria de la República*, Fenicia, 1978.

_____, *Historia de la República*, 2 vols., Madrid: Daimon, 1977.

Brenan, Gerald, *El laberinto español. Antecedentes sociales y políticos de la guerra civil*, Barcelona: Plaza & Janés, 1996.

Brey, Gerard, y Maurice, Jacques, "Casas Viejas: Reformismo y anarquismo en Andalucía (1870-1933)," Suplemento de Cuadernos de Ruedo Ibérico: *El movimiento libertario español*, Ruedo Ibérico, 1974.

_____, *Historia y leyenda de Casas Viejas*, Madrid, 1976.

Broué, Pierre, et. als., *Metodológica histórica de la guerra y la revolución española*, Barcelona: Fontamara, 1980.

Bullejos, José, *España en la II República*, Madrid: Júcar, 1979.

_____, *Europa entre dos guerras, 1918-1938*, México: Ediciones Castilla, 1945.

Cabrera Calvo-Sotelo, Mercedes, "La estrategia patronal en la Segunda República," *Estudios de Historia Social*, núm. 7, 1978.

_____, "La estrategia patronal en la Segunda República (II): El bienio negro," *Estudios de Historia Social*, núms. 10-11, 1979.

_____, *La patronal ante la II República. Organizaciones y estrategia 1931-1936*, Madrid: Siglo XXI, 1983.

_____, "Las organizaciones patronales ante la conflictividad y los Jurados Mixtos," Josep Fontana y otros, *La II República: Una Esperanza frustrada*. Actas del Congreso. Valencia, capital de la República, Abril 1986, Edicions Alfons el Magnánim, Valencia, 1987.

_____, "Organizaciones patronales y cuestión agraria en España (1931-1936)," J. L. García Delgado (ed.), *La cuestión agraria en la España contemporánea*. VI Coloquio del Seminario de Estudios de los siglos XIX y XX, Madrid: EDICUSA, 1976.

_____, "Crisis económica, organizaciones patronales y luchas sociales en la II República," *Claridad*, núm. 16, noviembre-diciembre 1986.

_____, "Las Cortes republicanas," Santos Juliá (ed.), *Política en la Segunda República*, Madrid: Ayer, 1995.

_____, "Las organizaciones patronales ante la República," *Arbor*, núms. 426-427, junio-julio 1981.

Calero, Antonio María, *Movimientos sociales en Andalucía (1820-1936)*, Madrid: Siglo XXI, 1975.

Calvo González, José, "Política legislativa agraria en España, 1934-1935 (Planes, iniciativas y acción ministerial de M. Giménez Fernández)," *Homenaje a Juan Berchmans Vallet de Goytisolo*, Vol. VII, Junta de Decanos de los Colegios Notariales de España, Madrid, 1988.

Camilleri Lapeyre, Arturo, "La diversidad regional y la reforma agraria," Instituto de Estudios Sindicales, Sociales y Cooperativas, *Estudios sobre reforma de estructuras*, Centro de Formación Empresarial, Ediciones y Publicaciones Populares, Madrid, 1969.

Camps y Arboix, Joaquín de, *La propiedad de la tierra y su función social*, Barcelona: Editorial Bosch, 1953.

Carr, Edward H., *The Comintern and the Spanish Civil War*, New York, 1984.

Carreras, Albert, "La industrialización española en el marco de la historia económica europea: ritmos y carácteres comparados," J. L. García Delgado (ed.), *España, economía*, Madrid: Espasa Calpe, S. A., 1989.

Casanova, Julián, *De la calle al frente. El anarcosindicalismo en España (1931-1939)*, Barcelona: Crítica, 1997.

_____, "Rebelión y revolución," Santos Juliá (Coord.), *Víctimas de la guerra civil*, Madrid: Temas de Hoy, 1999.

_____, *Anarquismo y revolución en la sociedad rural aragonesa, 1936-1938*, Barcelona: Crítica, 2006.

_____(comp.), *El sueño igualitario. Campesinado y colectivizaciones en la España republicana, 1936-1939*, Zaragoza: Institución Fernando el Católico, 1988.

Casas-Mercade, F., *Las aparcerías y sus problemas*, Barcelona: BOSCH, 1956.

Castelló Muñoz, Enrique, *El papel del crédito en el desarrollo agrario*, Madrid: Confederación Española de Cajas de Ahorros, 1970.

Castillo, Juan José, *Propietarios muy pobres. Sobre la subordinación política del pequeño campesino. La Confederación Nacional Católico Agraria, 1917-1942*, Madrid: Servicio de Publicaciones Agrarias, 1979.

_____, "〈Propietarios muy pobres〉: Planteamientos básicos para el estudio de la Confederación Nacional Católico-Agraria (1917-1942)," *Agricultura y Sociedad*, núm. 6, 1978.

Castillo, Santiago, y otros (coord.), *Estudios de Historia de España. Homenaje a Manuel Tuñón de Lara*, Madrid: Universidad de Internacional 〈M. Pelayo〉, 1981.

Centro de Investigación y Estudios Republicanos, *Catálogo Biblioteca CIERE*, Madrid: CIERE, 1995.

Cierva y Hoces, Ricardo de la, *Monarquía y República: Jaque al rey*, Madrid: ARC editores, 1996.

_____, *El Frente Popular: Origen y mito*, Madrid: EUDEMA, S. A., 1997.

CNT, "Memoria del Congreso del Conservatorio (1931)," *Revista de Trabajo*, núm. 53, 1976.

Cobo Romero, Francisco, *Revolución campesina y contrarrevolución franquista en Andalucía*, Granada: Universidad de Granada, 2004.

Comín Colomer, E., *Historia del Partido Comunista de España*, 3 vols., Madrid: Editora Nacional, 1967.

_____, *Historia del anarquismo español, 1836-1948*, 2 vols., Barcelona: AHR, 1956.

_____, *Historia secreta de la Segunda República*, 2 vols., Madrid: Editorial 〈NOS〉, 1954.

Comin Comin, F., *Hacienda y economía en la España contemporánea (1800-1936)*, Madrid: Minist. Economía y Hacienda, Instituto de Estudios Fiscales, 1988.

Contreras Casado, Manuel, "El PSOE y la II República española: Reforma y revolución," VIII Coloquio de Pau, *La crisis del Estado español 1898-1936*, EDICUSA, Madrid, 1978.

_____, "El Partido Socialista: La trayectoria de un conflicto interno," Manuel Ramírez, *Estudios sobre la II República española*, Madrid: Editorial Tecnos, 1975.

Cruz, Rafael, *El Partido Comunista de España en la II República*, Madrid: Alianza Editorial, 1987.

Díaz, José, *Tres años de lucha*, París, 1970.

Díaz-Plaja, Fernando, *La Segunda República. Primeros pasos*, Barcelona: Planeta, 1995.

_____, *La historia de España en sus documentos: El siglo XX. Dictadura ... República (1923-1936)*, Madrid: Instituto de Estudios Políticos, 1964.

Dorner, Peter, *Reforma agraria y desarrollo económico*, Madrid: Alianza Editorial, 1974.

Durán, J. A., *Agrarismo y movilización campesina en el país gallego (1875-1912)*, Madrid: Siglo XXI, 1977.

Duverger, M., *Los partidos políticos*, México: FCE, 1974.

Elorza, A. y Bizcarrondo, M., *Queridas camaradas: la Internacional Comunista y España, 1919-1939*, Barcelona: Planeta, 1999.

Espín, Eduardo, *Azaña en el poder. El Partido de Acción Republicana*, Madrid: Centro de Investigaciones Sociológicas, 1980.

FAO, *Conferencia Mundial sobre reforma agraria y desarrollo rural. Borrador revisado: Declaración de principios y programa de acción*, Roma, 1979.

Fernández García, Antonio, y otros, *Documentos de Historia Contemporánea de España*, Madrid: ACTAS, 1996.

Florensa Palau, Senén V., "Economía y política económica de la II República. Una nota de síntesis," *Arbor*, núms. 426-427, junio-julio 1981.

Fontana, Josep, "La Segunda República: una esperanza frustrada," Josep Fontana, y otros, *La II República: Una Esperanza frustrada*. Actas del Congreso. Valencia, capital de la República, Abril 1986, Valencia: Edicions Alfons el Magnánim, 1987.

Fraser, Ronald, *Recuérdalo tú y recuérdalo a otros. Historia oral de la guerra civil española*, 2 vols., Barcelona: Editorial Crítica, 1979.

_____, "La experiencia popular de la guerra y la revolución: 1936-39," Paul Preston, et. al., *Revolución y guerra en España, 1931-1939*, Madrid: Alianza, 1986.

Galindo Herrero, Santiago, *Historia de los partidos monárquicos bajo la Segunda República*, Madrid, 1954.

García de Blas, Antonio, "Don Antonio Flores de Lemus y la Comisión Técnica Agraria," *Hacienda Pública Española*, núms. 42-43, 1976.

García de la Serrana, José L., "Los intelectuales en la II República," Manuel Ramírez, *Estudios sobre la II República española*, Madrid: Editorial Tecnos, 1975.

García Delgado, José Luis, "Epilogo: 'Los latifundios en España' y 'el Modelo Carrión'," Pascual Carrión, *Tierra y trabajo. Estudios sobre la agricultura española y su reforma*, Madrid: Centro de Publicaciones, Ministerio de Trabajo y Seguridad Social, Segunda Edición, 1990.

García Martín, José Aurelio, y María Jesús Fernández-Muro Ortiz, "Historia del régimen tributario de la Agricultura en España," *Anales de Economía*, núm. 12, octubre-diciembre 1971.

García Venero, Maximiano, *Historia de las Internacionales en España (1914-1936)*, Madrid: Ediciones del Movimiento, 1957.

Garrabou, Ramón; Barciela López, Carlos, y Jiménez Blanco, José (eds.), *Historia agraria de la España contemoránea. 3. El fin de la agricultura tradicional (1900-1960)*, Barcelona: Editorial Crítica, 1986.

Garrido González, Luis, *Colectividades agrarias en Andalucía: Jaén* (1931–1939), Madrid: Siglo XXI, 1979.

Germán, Luis G., "Zaragoza 1933: De la abstención a la insurrección," *Historia 16*, extra II, abril 1977.

Gibaja Velázquez, José Carlos, *Indalecio Prieto y el Socialismo español*, Madrid: Editorial Pablo Iglesias, 1995.

Gibson, Ian, *La noche en que mataron a Calvo Sotelo*, Barcelona, 1982.

Gil Pecharromán, Julio, *La Segunda República*, Historia 16, Madrid, 1989.

_____. *José Antonio Primo de Rivera*, Madrid: Temas de hoy, 1996.

Giralt i Raventos, E., *El conflicto rabassaire y la cuestión agraria hasta 1936*, Madrid: Revista Trabajo, 1958.

_____, "El conflicto ⟨rabassaire⟩ y la cuestión agraria en Cataluña hasta 1936," *Revista de Trabajo*, núm. 7, 1965.

Gómez Casas, Juan, *Historia del anarcosindicalismo español*, Madrid, 1969.

González Múñiz, Miguel A., *Problemas de la Segunda República*, Madrid: Edic. Júcar, 1974.

González Urien, M., y Revilla González, Fidel, La C.N.T. *a través de sus Congresos*, México, D. F., 1981.

Grupo de Estudios Agrarios (GEA), "Transformaciones agrarias y cambios en la funcionalidad de los poderes locales en la Alta Andalucía, 1750–1950," *Noticiario de Historia Agraria*, núm. 10, 1995.

Gutiérrez-Ravé, José, *Las Cortes errantes del Frente Popular*, Madrid: Editora Nacional, 1954.

Hernández Lafuente, Adolfo, "El sufragio en la II República," *Historia 16*, extra II, abril 1977.

Hwangbo, Yeongjo, "Una Nueva Aproximación al Sentido de la Política Agraria de M. Giménez Fernández," *Iberoamérica*, Vol. 13, núm. 2, 2011.

Jackson, Gabriel, *La República española y la guerra civil, 1931–1939*, versión española de Enrique de Obregón, México, D. F.: Princeton University Press, 1967.

_____, *Costa, Azaña, el Frente Popular y otros ensayos*, Madrid: Ediciones Turner, 1976.

_____, "El régimen de Azaña en perspectiva (1931–1933)," Stanley G. Payne (ed.), *Política y sociedad en la España del siglo XX*, Madrid: Akal Editor, 1978.

Jiménez Blanco, José Ignacio, "Introducción," en Garrabou, Ramón, y otros (eds.), *Historia agraria de la España contemporánea. 3. El fin de la agricultura tradicional (1900-1960)*, Barcelona: Editorial Crítica, 1986.

Juana, Jesús de, *La posición centrista durante la Segunda República española*, Universidad de Santiago de Compostela, 1988.

Juliá, Santos, "Segunda República: Por otro objeto de investigación," Manuel Tuñón de Lara (ed.), *Historiografía española contemporánea*, Madrid: Siglo XXI, 1980.

_____, "Sistema de partidos y problemas de consolidación de la democracia," Santos Juliá (ed.), *Política en la Segunda República*, Madrid: Ayer, 1995.

_____, "Liberalismo temprano, democracia tardía: el caso de España," John Dunn(dir.), *Democracia. El viraje inacabado (508 a. C. - 1993 d. C.)*, Barcelona: Tusquets, 1995.

_____, "El fracaso de la República," *Revista de Occidente*, núms. 7-8, noviembre 1981.

_____, "Objetivos políticos de la legislación laboral," J. L. García Delgado (ed.), *La Segunda República española: El primer bienio*, III Coloquio de Segovia sobre Historia Contemporánea de España dirigido por M. Tuñón de Lara, Madrid: Siglo XXI, 1987.

_____, "Gobernar, ¿para quién? Debilidad de partidos y representación de intereses en la II República," *Revista de Derecho Político*, Madrid, núm. 12, invierno 1981-1982.

_____, "Introducción," Manuel Azaña, *Diarios, 1932-1933. <Los cuadernos robados>*, Barcelona: Crítica, 1997.

_____, "Los socialistas y el escenario de la futura revolución," *Octubre 1934. Cincuenta años para la reflexión*, Madrid: Siglo XXI, 1985.

_____, *Orígenes del Frente Popular en España (1934-1936)*, Madrid: Siglo XXI, 1979.

_____, "Sobre la formación del Frente Popular en España," *Sistema*, 73, julio 1986.

_____, "The Origins and Nature of the Spanish Popular Front," Martin S. Alexander & Helen Graham, *The French and Spanish Popular Fronts: Comparative Perspectives*, Cambridge, 1989.

_____, *Manuel Azaña. Una biografía política*, Madrid: Alianza, 1990.

Jutglar, Antoni, "Reflexiones en torno a la realidad de las ideas, de los grupos y de los movimientos sociales en la II República entre 1931-1936," *La 2ª República*, Ponencias del 2.º Coloquio Internacional sobre la 2ª República Española (1981), Barcelona, 1983.

Ladejinsky, Wolf I., "Land reform," David Hapgood (ed.), *Policies for promoting agricultural development*, Cambridge, Mass., 1965.

Ladrón de Guevara, María Paz, *La Esperanza Republicana. Reforma agraria y conflicto campesino en la provincia de Ciudad Real (1931-1939)*, Diputación de Ciudad Real-Área de Cultura, Biblioteca de Autores y Temas Manchegos, 1993.

Lamberet, Renée, *L'Espagne (1750-1936). Mouvements ouvriers et socialistes (Chronologie et bibliographie)*, París: Les Editions Ouvriers, 1953.

Linz, Juan J., "Continuidad y discontinuidad en la élite política española, de la Restauración al Régimen actual," *Estudios de ciencia política y sociología: Homenaje al profesor Carlos Ollero*, Guadalajara: Gráficas Carlavilla, 1972.

_____, *El sistema de partidos en España*, Madrid: Narcea S. A. de Ediciones, 1979.

_____, "From great Hopes to Civil War: the breakdown of democracy in Spain," Juan José Linz y Alfred Stepan (comps.), *The breakdown of democratic regimes in Europe*, Baltimore; London: Johns Hopkins University Press, 1978.

_____, "The Party system of Spain: Past and Future," Seymour M. Lipset y Stein Rokkan, *Party systems and Voter Alignments: Cross-National Perspectives*, New York: The

Free Press, 1967.

Linz, Juan J., y Jesús M. de Miguel, "Hacia un análisis regional de las elecciones de 1936 en España," *Revista Española de Opinión Pública*, núm. 48, abril-junio 1977.

López López, Alejandro, *El boicot de la Derecha a los reformas de la Segunda República. La minoría agraria, el rechazo constitucional y la cuestión de la tierra*, Madrid: Instituto de Estudios Agrarios, Pesqueros y Alimentarios, 1984.

López Muñoz, Arturo, "Pascual Carrión: Aquella Reforma Agraria, una oportunidad perdida," *Triunfo*, Madrid, núm. 466, 8 mayo 1971.

López Sevilla, Enrique (rep.), *El Partido Socialista Obrero Español en las Cortes Constituyentes de la Segunda República (Repertorio cronológico de las intervenciones parlamentarias. 14 de julio de 1931- 9 de diciembre de 1931)*, México: Ediciones Pablo Iglesias, 1969.

Lorenzo, César M., *Los anarquistas españoles y el poder, 1868-1969*, Ruedo Ibérico, 1972.

Macarro, José Manuel, "Sindicalismo y política," Santos Juliá (ed.), *Política en la Segunda República*, Madrid: Ayer, 1995.

_____, "Causas de la radicalización socialista en la II República," *Revista de Historia Contemporánea*, 1, diciembre 1982.

Malefakis, Edward. E., *Reforma agraria y revolución campesina en la España del siglo XX*, Barcelona: Ediciones Ariel, 1971.

_____, "El problema agrario y la República," Josep Fontana y otros, *La II República: Una Esperanza frustrada. Actas del Congreso. Valencia, capital de la República, Abril 1986*, Valencia: Edicions Alfons el Magnánim, 1987.

_____, "Análisis de la reforma agraria durante la II República," *Agricultura y Sociedad*, núm. 7, 1978.

_____, "Peculiaridad de la República española," *Revista de Occidente*, núms. 7-8, noviembre 1981.

María Calero, Antonio, *Movimientos sociales en Andalucía (1820-1936)*, Madrid: Siglo XXI, 1976.

Martín Aceña, Pablo, "Problemas económicos y reformas estructurales," Santos Juliá (ed.), *Política en la Segunda República*, Madrid: Ayer, 1995.

Martín Valverde, Antonio, "Colocación y regulación del mercado de trabajo agrícola," *Agricultura y Sociedad*, núm. 3, 1977.

Martínez Alier, Juan, *La estabilidad del latifundismo*, París: Ediciones Ruedo Ibérico, 1968.

Martínez Cuadrado, Miguel, *Elecciones y Partidos políticos en España (1868-1931)*, Madrid: Ediciones Taurus, 1969.

Martínez Soto, Angel Pascual, "El papel del crédito y la financiación en la agricultura capitalista (1850-1970). Una primera aproximación a un campo multifactorial," *Noticiario de Historia Agraria*, núm. 7, 1994.

_____, "Síntesis bibliográfica sobre el 'crédito agrícola' en España (1850-1934)," *Noticiario de Historia Agraria*, núm. 2, julio-diciembre 1991.

Marvaud, Angel, *La cuestión social en España*, Madrid: Ediciones de la Revista de Trabajo, 1976.

Maurice, Jacques, *La reforma agraria en España en el siglo XX (1900-1936)*, Madrid: Siglo XXI, 1975.

_____, "Reforma agraria y conflictividad campesina en la II República," C. Amaro y otros, *Gran propiedad y política agraria en la península ibérica*, Granada: Universidad de Granada, 1992.

_____, *El anarquismo andaluz: Campesinos y sindicalistas*, 1868-1936, Barcelona: Editorial Crítica, 1990.

_____, "Problemas de la reforma agraria en la Segunda República," IV Coloquio de Pau, *Movimiento obrero, política, literatura en la España contemporánea*, Madrid: Edicusa, 1974.

_____, "Problemática de las colectividades agrarias en la guerra civil," *Agricultura y Sociedad*, núm. 7, abril-junio 1978.

Mazuecos Jiménez, A., "La política socialista durante el primer bienio republicano: trabajo, previsión y sanidad," *Estudios de Historia Social*, núm. 4, julio-septiembre 1980.

McDermott, Kevin & Agnew, Jeremy, *The Comintern: A History of International Communism from Lenin to Stalin*, Houndsmill & London, 1996.

Mellor, J. W., *Economía del desarrollo agrícola*, México: Fondo de Cultura Económica, 1966.

Miguel Bernal, Antonio, "La cuestión agraria," *Historia 16*, abril 1981.

_____, *La propiedad de la tierra y las luchas agrarias andaluzas*, Barcelona: Editorial Ariel, 1974.

_____, "Desde la beligerencia," J. L. García Delgado (ed.), *La II República española. Bienio rectificador y Frente Popular*, 1934-1936. IV Coloquio de Segovia sobre Historia Contemporánea de España, dirigido por M. Tuñón de Lara, Madrid: Siglo XXI, 1988.

_____, *Economía e historia de los latifundios*, Madrid: Espasa-Calpe, S. A., 1988.

Mintz, Frank, *La autogestión en la España revolucionaria*, Madrid: La Piqueta, D. L., 1977.

Molina Navarro, Manuel González de, y Sevilla Gúzman, Eduardo, "Minifundio y gran propiedad agraria: estabilidad y cambio en la alta Andalucía, 1758-1930," Pegerto Saavedra y Ramón Villares (eds.), *Señores y campesinos en la península ibérica, siglos XVIII-XX. 2. Campesinado y pequeña explotación*, Barcelona: Editorial Crítica, 1991.

Montero Gibert, José R., *La CEDA: El catolicismo social y político en la II República*, 2 vols., Madrid: Ediciones de la Revista de Trabajo, 1977.

_____, "Las derechas en el sistema de partidos del segundo bienio," J. L. García Delgado (ed.), *La II República española. Bienio rectificador y Frente Popular, 1934-1936*, IV Coloquio de Segovia sobre Historia Contemporánea de España, dirigido por M. Tuñón de Lara, Madrid: Siglo XXI, 1988.

_____, "La CEDA y la Iglesia en la Segunda República española," *Revista de Estudios Políticos*, Madrid, núms. 31-32, enero-abril 1983.

_____, "La articulación ideológica de los supuestos contrarrevolucionarios de la CEDA," VIII Coloquio de Pau, *La crisis del Estado español 1898-1936*, Madrid: Edicusa, 1978.

Munis, G., *Jalones de derrota: Promesa de victoria. Crítica y teoría de la Revolución española* (1930-1939), Madrid, 1977.

Myrdal, G. M., "Land Reform in its Broader Economic and Social Setting," United Nations, *Report of the World Land Reform Conference*, 1966, New York, 1968.

Nash, Mary, *Mujeres Libres: España, 1936-1939*, Barcelona: Tusquets, 1977.

Oficina Informativa Española, *El orden en la República española*, Madrid, 1948.

_____, *El Frente Popular en España*, Madrid, 1948.

Ontiveros, López, *Emigración, propiedad y paisaje agrario en la campiña de Córdoba*, Barcelona, 1973.

Orella, J. L., *La formación del Estado nacional durante la Guerra Civil española*, Madrid: Actas, 2001.

Otero Ochaíta, Josefa, *Modernización e inmovilismo en la Mancha de Ciudad Real (1931-1936)*, Diputación de Ciudad Real-Área de Cultura, Biblioteca de Autores y Temas Manchegos, 1993.

Palafox, Jordi, *Atras oeconómico y democracia. La Segunda República y la economía española, 1892-1936*, Barcelona: Editorial Crítica, 1991.

Paniagua, Xavier, "La CNT en la II República," *Claridad*, núm. 16, noviembre-diciembre 1986.

_____, *La sociedad libertaria. Agrarismo e industrialización en el anarquismo español 1930-1939*, Barcelona: Crítica, 1982.

Payne, Stanley G., *La primera democracia española. La Segunda República, 1931-1936*, Barcelona: Ediciones Paidós, 1995.

_____, *Falange. Historia del fascismo español*, París: Ediciones Ruedo Ibérico, 1965.

_____, *Política y sociedad en la España del siglo XX*, Madrid: AKAL Editor, 1978.

_____, *El colapso de la República*, Madrid: La Esfera de los Libros, 2005.

_____, "Lad colectividades agrícolas anarquistas en la guerra civil española," Raymond Carr (ed.), *Estudios sobre la República y la guerra civil española*, Barcelona: Sarpe, 1985.

Peirats, José, *La CNT en la revolución española*, 3 vols., París: Ruedo Ibérico, 1971.

Pérez Yruela, Manuel, *La conflictividad campesina en la provinca de Córdoba (1931-1936)*, Madrid: Servicios de Publicaciones Agrarias, 1979.

Pérez Yruela, Manuel, y Sevilla Guzmán, Eduardo, "La dimensión política de la Reforma agraria -Reflexiones en torno al caso andaluz," *Revista Axerquia*, núm. 1, Córdoba, 1980.

Pi i Sunyer, Carles, *La República y la guerra. Memorias de un político catalán*, México: Oasis, 1975.

Pinilla, Vicente, "Viejas instituciones en una nueva economía: Los pósitos y el crédito rural en la agricultura capitalista," VI Seminario de Historia Agraria, Cabezón de la Sal, 1993.

Plá, Josep, *Historia de la Segunda República española*, 4 vols., Barcelona: Destino, 1940-1941.

Preston, Paul, *La destrucción de la democracia en España. Reacción, reforma y revolución en la Segunda República*, Madrid: Ediciones Turner, 1978.

____, "El accidentalismo de la CEDA, ¿aceptación o sabotaje de la República?," *Cuadernos de Ruedo Ibérico*, núms. 41-42, febrero-mayo 1973.

____, "The Creation of the Popular Front in Spain," Helen Graham and Paul Preston (eds.), *The Popular Front in Europe*, London, 1987.

Rama, Carlos M., *La crisis española del sigloXX*, México D. F.: Fondo de Cultura Económica, 1960.

Ramírez Jiménez, Manuel, "La II República: una visión de su régimen político," *Arbor*, núms. 426-427, junio-julio 1981.

____, "Los partidos políticos durante la Segunda República," VIII Coloquio de Pau, *La crisis del Estado Español 1898-1936*, Madrid: EDICUSA, 1978.

____, "La agregación de intereses en la II República: Partidos y Grupos," Manuel Ramírez, *Estudios sobre la II República Española*, Madrid: Editorial Tecnos, 1975.

____, "El sistema de partidos al instaurarse la República," J. L. García Delgado (ed.), *La Segunda República española: El Primer Bienio*, III Coloquio de Segovia sobre la Historia contemporánea de España dirigida por Manuel Tuñón de Lara, Madrid: Siglo XXI, 1987.

____, *Las reformas de la IIª República*, Madrid: Túcar Ediciones, 1977.

____, *Sistema de partidos en España (1931-1990)*, Madrid: Centro de Estudios Constitucionales, 1991.

____, *Los grupos de presión en la Segunda República española*, Madrid: Editorial Tecnos, 1969.

____, "Las huelgas durante la II República," *Anales de Sociología*, Barcelona, núm. 1, 1966.

Ramos Espejo, Antonio, *Después de Casas Viejas*, Barcelona: Editorial Argos Vergara, S. A., 1984.

Reglá, Juan; Jover, José María, y Seco Serrano, Carlos, *España moderna y contemporánea*, Barcelona: Editorial Teide, S. A., 1967.

Rivas, Fernando, *El Frente Popular (Antecedentes de un alzamiento)*, Madrid: Librería Editorial San Martín, 1976.

Robinson, R. A. H., *Los orígenes de la España de Franco. Derecha, república y revolución, 1931-1936*, Barcelona: Grijalbo, 1974.

Robledo Hernández, Ricardo, *Economistas y reformadores españoles: La cuestión agraria (1760-1935)*, Madrid: Ministerio de Agricultura, Pesca y Alimentación, 1993.

Rodríguez Labandeira, José, *El trabajo rural en España (1876-1936)*, Barcelona: Editorial Anthropos, 1991.

Román, Cándido, "La incidencia del crédito hipotecario oficial en la modernización de las explotaciones agrarias: la Comarca del campo de Cartagena (1901-1970)," VI Seminario de Historia Agraria, Cabezón de la Sal, 1993.

Romero, Luis, *Por qué y cómo mataron a Calvo Sotelo*, Barcelona, 1982.

Romero Maura, Joaquín, "El debate historiográfico acerca de la IIª República," *Revista Internacional de Sociología*, núms. 3-4, Madrid, julio-diciembre 1972.

Rosado, Antonio, Tierra y Libertad. *Memorias de un campesino anarcosindicalista andaluz*, Barcelona: Crítica, 1979.

Ruiz Manjón, Octavio, *El Partido Republicano Radical 1908-1936*, Madrid: TEBAS, 1976.

Samaniego Boneu, M., *La unificación de los seguros sociales a debate. La Segunda República*, Madrid: Ministerio de Trabajo, 1988.

Sánchez Jiménez, José, "Política y agrarismo durante la Segunda República," *Cuadernos de historia moderna y contemporánea*, núm. 8, 1987.

Sartori, Giovanni, *Partidos y sistemas de partidos*, Madrid: Alianza Editorial, 1994.

Seco Serrano, Carlos, *Historia de España*. VI: *Época contemporánea*, Barcelona: Ediciones Océano, S. A., 1982.

_____, *Alfonso XIII y la crisis de la restauración*, Madrid: Ediciones Rialp, S.A., 1992.

_____, "Estudio preliminar: La experiencia de la derecha posibilista en la Segunda República española," J. Mª Gil Robles, *Discursos parlamentarios*, Madrid: Taurus, 1971.

Sevilla Guzmán, Eduardo, *La evolución del campesinado en España. Elementos para una sociología política del campesinado*, Ediciones Península, 1979.

Sobhan, Rehman, *Agrarian Reform and Social Transformation. Precondition for Development*, London & New Jersey: Zed Books, 1993.

Suárez Cortina, Manuel, *El reformismo en España*, Madrid: Siglo XXI, 1986.

Sumpsi, José María, "El contexto político-económico de la reforma agraria andaluza," C. Amaro, C. Barciela y otros, *Gran propiedad y política agraria en la península ibérica*, Granada: Universidad de Granada, 1992.

Tai, Hung Chao, *Land Reform and Politics: a Comparative Analysis*, London: University of California Press, 1974.

Tamames, Ramón, *La República. La era de Franco*, Madrid: Alianza Editorial, 1988.

_____, *Estructura económica de España*, 22ª edición, Madrid: Alianza Editorial, 1993.

Tamés, Cayetano, "Bosquejo del clima de España peninsular," *Boletín del Inst. de Invest. Agronómicas*, Madrid, junio 1949.

Tébar Hurtado, Javier, *Reforma, revolución y contrarrevolución agraria*, Barcelona: Flor del Viento Ediciones, 2006.

Thomas, Hugh, *The Spanish Civil War*, Harmondsworth, 1977.

Torres, Manuel de, *Teoría de la política social*, Madrid: M. Aguilar, 1949.

Townson, Nigel, "Algunas consideraciones sobre el proyecto ⟨republicano⟩ del Partido Radical," J. L. García Delgado (ed.), *La II República española. Bienio rectificador y Frente Popular, 1934-1936*, IV Coloquio de Segovia sobre Historia Contemporánea de España, dirigido por M. Tuñón de Lara, Madrid: Siglo XXI,

1988.

Tuñón de Lara, Manuel, "Historiografía de la II República: Un estado de la cuestión," *Arbor*, núm. 426-427, junio-julio 1981.

___ (ed.), *Historiografía española contemporánea*. X Coloquio del Centro de Investigaciones Hispánicas de la Universidad de Pau, Madrid: Siglo XXI, 1980.

___, "¿Crisis de la Segunda República?," Josep Fontana y otros, *La II República: Una Esperanza frustrada*. Actas del Congreso. Valencia, capital de la República, Abril 1986, Valencia: Edicions Alfons el Magnánim, 1987.

___, *Tres claves de la Segunda República*, Madrid: Alianza Editorial, 1985.

___, "Rasgos de crisis estructural a partir de 1917," VIII Coloquio de Pau, *La crisis del Estado español 1898-1936*, Madrid: Edicusa, 1978.

___, "Poder político y aparatos de Estado (1931-1936)," *La 2ª República*, Ponencias del 2.º Coloquio Internacional sobre la 2ª República española (1981), Barcelona, 1983.

___, *La II República*, 2 vols., Madrid: Siglo XXI, 1976.

Tusell, Javier, *La Segunda República en Madrid: Elecciones y partidos políticos*, Madrid: Editorial Tecnos, 1970.

___, *La crisis del caciquismo andaluz (1923-1931)*, Madrid: CUPSA Editorial, 1977.

___, *Historia de la Democracia cristiana en España*, 2 vols., Madrid: Sarpe, 1986.

___, *Las Constituyentes de 1931: Unas elecciones de transición*, Madrid: CIS, 1982.

___, *Las elecciones del Frente Popular en España*, 2 vols., Madrid: Edicusa, 1971.

___, "Las elecciones del Frente Popular en España, 1936," Stanley G. Payne (ed.), *Política y sociedad en la España del siglo XX*, Madrid: AKAL, 1978.

Tusell, Javier y Calvo, José, *Giménez Fernández, precursor de la democracia española*, Sevilla: Mondadori, 1990.

Tusell, Javier; Ruiz Manjón, Octavio, y García Queipo de Llano, Genoveva, "Las Constituyentes de 1931: Unas elecciones de transición (I, II)," *Revista de Derecho Político*, Madrid, núms. 12 y 13, invierno 1981-1982 y primavera 1982.

United Nations, *Progress in Land Reform. Third Report*, New York, 1962.

Varela Díaz, Santiago, *Partidos y parlamento en la II República española*, Madrid: Editorial Ariel, 1978.

Velarde Fuertes, Juan, *Introducción a la historia del pensamiento económico español en el siglo XX*, Madrid: Editora Nacional, 1974.

___, "Talantes de políticos republicanos, clave ante la Reforma agraria," *Anales de Economía*, núm. 14, abril-junio 1972.

Venegas, José, *Las elecciones del Frente Popular*, Buenos Aires, 1942.

Vicens Vives, J. (dir.), *Historia social y económica de España y América*, Tomo V, Barcelona: Editorial Vicens-Vives, 1985.

Vilar, Pierre, *La Guerra Civil española*, Barcelona: Crítica, 1992.

___, *Historia de España*, Barcelona: Grijalbo Mondadori, 1995.

Warriner, D., "Reforma agraria y desarrollo económico," C. K. Eicher y L. W. Witt, *La agricultura en el desarrollo económico*, México: Limusa-Wiley, 1968.

황보영조, 〈스페인 제2공화국 인민전선기의 토지개혁〉, 《서양사론》, 71호, 2001.

____, 〈'자유여성'의 설립과 성문제〉, 《서양사론》, 97호, 2008.

____, 〈에스파냐 인민전선의 성립과정〉, 《서양사론》, 109호, 2011.

____, 〈프랑코의 집권 과정을 통해 본 프랑코 정권의 성격〉, 《서양사연구》, 제45집, 2011.

| 주석 |

서장 | 20세기 토지개혁의 흐름과 에스파냐

1) Corrado Barberis, *Teoría e Historia de la Reforma Agraria en Europa*, Traducción de Ada d'Aloja, México: Instituto de Investigaciones Sociales, Universidad Nacional Autónoma de México, 1965.

2) José María Sumpsi, "El contexto político-económico de la reforma agraria andaluza," C. Amaro, C. Barciela y otros, *Gran propiedad y política agraria en la península ibérica*, Granada: Universidad de Granada, 1992, pp. 170-171.

3) D. Warriner, "Reforma agraria y desarrollo económico," C. K. Eicher y L. W. Witt, *La agricultura en el desarrollo económico*, México: Limusa-Wiley, 1968, p. 311; J. W. Mellor, *Economía del desarrollo agrícola*, México: Fondo de Cultura Económica, 1966, pp. 244 y ss.

4) Juan Díaz del Moral, *Las reformas agrarias europeas de la posguerra 1918~1929*, Madrid: Revista de Derecho Privado, 1967, p. 4; M. Pérez Yruela y E. Sevilla-Guzmán, La dimensión política en la reforma agraria: reflexiones en torno al caso andaluz, *Axerquia*, núm. 1, 1980, pp. 197-198.

5) 이러한 토지 소유 구조의 왜곡과 사회적 불평등 문제를 해결하기 위해 두 가지 방식의 토지개혁이 진행되었다. 혁명적 성격의 토지개혁과 자유민주주의 토지개혁이 그것이다. 전자는 1917년 러시아에서 진행되었고, 후자는 전간기 중유럽과 제2공화정기 에스파냐에서 추진되었다.

6) 제2차 세계대전의 종전은 새로운 시대의 도래를 의미했다. 대전 이후 20여 년에 걸쳐 많은 국가들이 정치적 독립을 획득했다. 각국 정부는 이러한 가운데 대량 빈곤과 실업, 불평등을 감소시키기 위한 경제 발전 정책을 추진했다. G. M. Myrdal, "Land Reform in its Broader Economic and Social Setting," United Nations, *Report of the World Land Reform Conference, 1966*, New York, 1968, p. 65; Rehman Sobhan, *Agrarian Reform and Social Transformation. Precondition for Development*, London & New Jersey: Zed Books, 1993, p. 1; Peter Dorner, *Reforma agraria y desarrollo económico*, Versión castellano de Joaquín Ortiz Casas, Madrid: Alianza Editorial, 1974, p. 28.

7) 토지개혁의 의미가 이렇게 확대되다 보니 이제는 이러한 일련의 변혁을 토지개혁이라기보다는 차라리 농업개혁이라고 부르는 것이 더 적절할 수도 있겠다.

8) FAO, Conferencia Mundial sobre reforma agraria y desarrollo rural. Borrador

revisado: Declaración de principios y programa de acción, Roma, 1979, p. 5.

9) United Nations, *Progress in Land Reform. Third Report*, New York, 1962, p. 6. 또한 Alberto Ballarín Marcial, "Principios generales de la Reforma Agraria Integral," *Revista de Estudios Agro-Sociales*, núm. 52, julio-septiembre 1965를 보라. 이밖에도 Hung Chao Tai, *Land reform and politics: a Comparative Analysis*, London: University of California Press, 1974, pp. 11-12와 Wolf I. Ladejinsky, "Land reform," David Hapgood (ed.), *Policies for promoting agricultural Development*, Cambridge, Mass., 1965, p. 298을 참고하라.

10) Arthur Wauters, *La reforma agraria en Europa*, Madrid: Editorial España, 1931, p. 10. 한편 아일랜드나 영국과 같은 지역을 제외한다면 유럽 토지개혁의 영향이 전체 인구의 60퍼센트 이상과 전체 면적의 46퍼센트 이상에 미쳤다고 보는 주장도 있다(Ramón de Belausteguigoitia, *Reparto de tierras y producción nacional*, Madrid: Espasa-Calpe, S. A., 1932, p. 190). 각 국가별로 토지개혁이 시작된 연도를 연대순으로 정리하면 다음과 같다. 러시아는 1917년 10월에, 루마니아는 1918년 12월에, 체코슬로바키아는 1919년 4월에, 오스트리아는 1919년 5월에, 폴란드는 1919년 7월에, 독일은 1919년 8월에, 에스토니아는 1919년 10월에, 세르비아는 1919년 12월에, 그리스는 1920년 2월에, 라트비아는 1920년 9월에, 헝가리는 1920년 11월에, 불가리아는 1921년 4월에, 리투아니아는 1922년 2월에, 핀란드는 1922년 11월에 각각 토지개혁법을 공포했다.

11) Arthur Wauters, *La reforma agraria*, pp. 16-30.

12) Ramón de Belausteguigoitia, *Reparte de tierras*, p. 19.

13) Mariano Granados, *La reforma agraria en Europa y el Proyecto Español. Los métodos y los resultados*, Madrid, 1932, pp. 15-16.

14) Claudio Sánchez-Albornoz, *La reforma agraria ante la Historia*, Madrid, 1932, p. 20.

15) Mariano Granados, *La reforma agraria*, pp. 13-15.

16) 물론 이 시기에 다음과 같은 몇몇 우수한 저작들이 출판되기도 했다. Gabriel García-Badell Abadía, *El catastro de la riqueza en España*(1944) *y La distribución de la propiedad agrícola*(1960); E. Giralt i Raventos, "El conflicto 〈rabassaire〉 y la cuestión agraria en Cataluña hasta 1936"(1965); Juan Martínez Alier, *La estabilidad del latifundismo*(1968). 에스파냐 외부에서는 제럴드 브레넌의 명저가 출판되었다(*The Spanish Labyrinth: An account of the Social and Political Background of the Civil War*, London: Cambridge University Press, 1943(First Edition)).

17) 심지어 호아킨 로메로 마우라는 말레파키스 교수의 책이 출간되기 전까지 우리는 스페인 제2공화국의 토지개혁에 대해 거의 아무것도 모르고 있었다고 얘기하고 있다(Joaquín Romero Maura, "El debate histriográfico acerca de la IIª República," *Revista Internacional de Sociología*, núm.3-4, 1972, p. 235.)

18) Edward E. Malefakis, *Reforma agraria y revolución campesina en la España del siglo XX*, Barcelona: Ediciones Ariel, 1971.

19) Joaquín Romero Maura, "El debate historiográfico," p. 236.

20) Jacques Maurice, *La reforma agraria en Espaa en el siglo XX* (1900-1936), Madrid: Siglo XXI, 1975, p. 71. 자크 모리스는 또한 이 저서가 최근 자료를 통해 파스쿠알 카리온의 연구를 보충하고 있으며, 토지개혁청(Instituto de Reforma Agraria) 사료를 일부 활용하고 있다고 지적했다.

21) Manuel Tuñón de Lara, "Historiografía de la IIª República: Un estado de la cuestión," *Arbor*, núm. 426-427, p. 19.

22) Antonio Miguel Bernal, "La cuestión agraria," *Historia 16*, abril 1981, p. 63.

23) Santos Juliá, "Segunda Repblica: Por otro objeto de investigación," Manuel Tuñón de Lara (ed.), *Historiografía Española Contemporánea. X Coloquio del Centro de Investigaciones Hispánicas de la Universidad de Pau*, Madrid: Siglo XXI, 1980, p. 297.

24) Juan Velarde Fuertes, *Introducción a la historia del pensamiento económico español en el siglo XX*, Madrid: Editora Nacional, 1974, pp. 20-21. 이밖에 투논 델 라라와 자크 모리스의 비판을 보려면 Manuel Tuñón de Lara, "Historiografía," p. 19; Jacques Maurice, "Reforma agraria y conflictividad campesina en la II República," C. Amaro y otros, *Gran propiedad y política agraria en la península ibérica*, Universidad de Granada, 1992, p. 113을 참고하라.

25) *La reforma agraria en España en el siglo XX (1900-1936)*. Madrid: Siglo XXI, 1975.

26) Jacques Maurice, "Reforma agraria y conflictividad," p. 114.

27) Manuel Tuñón de Lara, "Historiografía," p. 19.

28) López Ontiveros, *Emigración, propiedad y paisaje agrario en la Campiña de Córdoba*, Barcelona, 1973, p. 437; José Luis García Delgado, "Epilogo: Los latifundios en España" y "el Modelo Carrión," Pascual Carrión, *Tierra y trabajo. Estudios sobre la agricultura española y su reforma*, Centro de Publicaciones, Ministro de Trabajo y Seguridad Social, Segunda Edición, 1990, p. 496.

29) *La reforma agraria de la II República y la situación actual de la agricultura española* (Barcelona: Ediciones Ariel, 1973) y *Estudios sobre la agricultura española* (Madrid, 1974.)

30) *Los latifundios en España* (Madrid, 1932).

31) Juan Díaz del Moral, *Historia de las agitaciones campesinas andaluzas*, Madrid, 1973.

32) Manuel Tuñón de Lara, "Un adelantado de la historia social: Juan Díaz del Moral," *El País*, 13 abril 1980. 더 자세한 내용을 위해서는 Jacques Maurice, *El anarquismo andaluz: Campesinos y sindicalistas, 1868-1936*, Barcelona: Editorial Crítica, 1990, pp. 7-19를 보라.

33) Juan Díaz del Moral, *Historia de las agitaciones*, pp. 17 y 269; Jacques Maurice, *El anarquismo andaluz*, p. 11.

34) 이들이 쓴 주요 저작을 열거하면 다음과 같다. Albert Balcells, *Crisis económica y agitación social en Cataluña, 1930-1936* (1971) y *El problema agrario en Cataluña. La cuestión rabassaire(1890-1936)* (Madrid: Ministerio de Agricultura, 1980); Antonio Miguel Bernal, *La propiedad de la tierra y las luchas agrarias andaluzas* (Barcelona: Ariel, 1974); Mercedes Cabrera, "La estrategia patronal en la Segunda República," *Estudios de Historia Social* (núm. 7, 1978); *La patronal ante la II República. Organizaciones y estrategia 1931-1936* (Madrid: Siglo XXI, 1983) y "Las organizaciones patronales ante la conflictividad y los Jurados Mixtos," *La II República: una Esperanza frustrada*. Actas del Congreso. Valencia, capital de la República, Abril 1986 (Valencia: Edicions Alfons el Magnánim, 1987); Antonio María

Calero, *Movimientos sociales en Andalucía* (1820-1936) (Madrid: Siglo XXI, 1976);
Angel Marvaud, *La cuestión social en España* (Madrid: Ediciones de la Revista de
Trabajo, 1976); Jacques Maurice, *El anarquismo andaluz*; Manuel Pérez Yruela, *La
conflictividad campesina en la provincia de Córdoba(1931-36)* (Madrid: Servicios de
Publicaciones Agrarias, 1979); Eduardo Sevilla-Guzmán, *La evolución del
campesinado en España* (Ediciones Pennsula, 1979).

35) 투논 델 라라는 메르세데스 카브레라의 이러한 관점이 당시 에스파냐 부르주아의 '농업주
의'적 관점과 일치한다고 보았다. 그 근거로 지배 블록 내부의 헤게모니적 입장뿐 아니라
무엇보다도 자신들의 이해관계에 극심한 우려를 나타낸 지배 블록 전체의 이념적 이유를
들고 있다(Manuel Tuñón de Lara, "Historiografía," p. 16).

36) 정당사에 관한 참고문헌은 Manuel Tuñón de Lara, "Historiografía," pp. 14-17과 Centro
de Investigación y Estudios Republicanos(CIERE), *Catálogo Biblioteca CIERE,
CIERE*, 1995, pp. 33-45를 참고하라.

37) Paloma Biglino Campos, *El Socialismo Español y la Cuestión Agraria (1890-1936)*,
Madrid: Centro de Publicaciones, Ministerio de Trabajo y Seguridad Social, 1986.

38) Alejandro López y López, *El boicot de la Derecha a los reformas de la Segunda
República. La minoría agraria, el rechazo constitucional y la cuestión de la tierra*,
Madrid: Instituto de Estudios Agrarios, Pesqueros y Alimentarios, 1984, p. 14.

39) Rafael Cruz, *El Partido Comunista de España en la II República*, Madrid: Alianza
Editorial, 1987.

40) 1993년에 다음 두 권의 연구서가 출간되었다. María Paz Ladrón de Guevara, *La
Esperanza Republicana. Reforma agraria y conflicto campesino en la provincia de
Ciudad Real(1931-1939)*, Diputación de Ciudad Real-Área de Cultura, Biblioteca de
Autores y Temas Manchegos; Josefa Otero Ochata, *Modernización e inmovilismo en
la Mancha de Ciudad Real (1931-1936)*, Diputación de Ciudad Real-Área de Cultura,
Biblioteca de Autores y Temas Manchegos.

41) 카탈루냐의 토지 문제를 잘 분석한 연구로는 다음 두 논문을 들 수 있다. Albert Balcells, "El
Problema agrario en Cataluña (1968) y E. Giralt i Raventos, El conflicto 〈rabassaire〉y
la cuestión agraria en Cataluña hasta 1936" (*Revista de Trabajo*, núm. 7, 1965).

42) 더 자세한 내용은 Albert Carreras, La industrialización española en el marco de la
historia económica europea: ritmos y carácteres comparados, José Luis García
Delgado (ed.), *España, economía*, Madrid: Espasa-Calpe, S. A., 1989, pp. 81-83,
105-114를 참고하라.

43) Carlos Barciela, "Franquismo y política agraria: Aspectos económicos y sociales," C.
Amaro y otros, *Gran propiedad y política agraria en la península ibérica*, Granada:
Universidad de Granada, 1992, pp. 74-75.

44) C. Barciela, "Franquismo y política agraria," p. 76.

45) Josep Fontana, "La Segunda República: una esperanza frustrada," Josep Fontana
y otros, La II Repblica: *una esperanza frustrada, Actas del congreso Valencia
Capital de la República (Abril 1986)*, Valencia: Edicions Alfons El Magnánim,
1987, pp. 9 y ss.

46) Edward E. Malefakis, "El problema agrario y la República," Josep Fontana y otros, *La

II Repblica, p. 48. 또한 말레파키스의 저서(*Reforma agraria y revolucin campesina en la Espaa del siglo XX*) 제15장을 보라. 이 밖에도 Edward E. Malefakis, "Análisis de la reforma agraria durante la II República," en *Agricultura y Sociedad*, núm. 7, 1978, p. 51을 참고하라.

47) Josep Fontana, "La Segunda República," p. 11.

48) Josep Fontana, "La Segunda República," pp. 12 y 13.

49) Manuel Tuñón de Lara, "¿Crisis de la Segunda República?," Josep Fontana y otros, *La II República*, p. 28.

50) Manuel Tuñón de Lara, "¿Crisis de la Segunda República?," p. 30.

51) Manuel Tuñón de Lara, "¿Crisis de la Segunda República?," pp. 23 y ss.

52) Manuel Tuñón de Lara, "¿Crisis de la Segunda República?," p. 30.

53) Jacques Maurice, "Reforma agraria y conflictividad campesina en la II República," C. Amaro y otros, *Gran propiedad*, p. 117.

54) Jacques Maurice, "Reforma agraria," p. 119.

55) Josep Fontana, "La Segunda República," pp. 14-16.

56) Manuel Tuñón de Lara, "¿Crisis de la Segunda República?," p. 27.

57) Josep Fontana, "La Segunda República," p. 18-19.

58) 여기서 '정치경제적 위기'란 통화위기와 결부된 세계불황 혹은 경제위기와 일련의 국가에서 진행된 민주적이고 의회적인 방식의 거부, 특히 무솔리니의 등장과 히틀러의 집권, 오스트리아 우파의 사회적 포퓰리즘을 특징으로 하는 정치위기를 의미한다(Manuel Tuñón de Lara, "¿Crisis de la Segunda República?," pp. 23-24.).

59) 이 점을 위해서는 Manuel Tuñón de Lara, "Historiografía," pp. 13, 25 y 26을 보라.

60) Manuel Tuñón de Lara, "Historiografía," p. 13.

61) Santos Juliá, "Segunda República: Por otro objeto de investigación," Manuel Tuñón de Lara (ed.), *Historiografía Española Contemporánea. X Coloquio del Centro de Investigaciones Hispánicas de la Universidad de Pau*, Madrid: Siglo XXI, 1980.

62) Antonio Miguel Bernal, "Desde la beligerancia," José Luis García Delgado (ed.), *La II República española. Bienio rectificador y Frente Popular, 1934-1936. IV Coloquio de Segovia sobre Historia Contemporánea de España, dirigido por M. Tuñón de Lara*, Madrid: Siglo XXI, 1988, p. 256.

63) 예를 들어 Antonio Ramos Oliveira, *Historia de España*, III, México, ?, p. 93을 보라.

64) Pascual Carrión, *Los latifundios en España. Su importancia, origen, consecuencias y solución*, Barcelona: Editorial Ariel, 1975, p. 74.

65) Antonio Ramos Oliveira, *Historia de España*, III, pp. 96-97.

66) Manuel Tuñón de Lara, *Tres claves de la Segunda República*, Madrid: Alianza Editorial, 1985, pp. 188 y ss.

67) Juan Velarde Fuertes, "Talantes de políticos republicanos, clave ante la Reforma Agraria," *Anales de Economía*, núm. 14, abril-junio 1972, p. 5.

68) José Sánchez-Rivera, "La tierra y la democracia," *El Socialista*, 23 mayo 1930. 호세 히메네스 블랑코(Jos Ignacio Jimnez Blanco)도 소유와 '자유'가 새로운 자본주의적 생산관계를 지탱하는 두 기둥이라고 지적했다(José Ignacio Jimenez Blanco, "Introduccin," Ramón Garrabou, Carlos Barciela y José Ignacio Jimnez Blanco (eds), *Historia*

agraria de la España contemporánea. 3. El fin de la agricultura tradicional (1900-1960), Barcelona: Editorial Crítica, 1986, p. 10).

로이드 조지는 또 다른 곳에서 사회개혁과 국민생활의 실제적 개선을 위한 제일의 필수 조건은 토지제도의 철저한 변혁이며, 토지 문제가 사회경제적인 모든 문제의 근원이라고 말했다(*Angel Lera de Isla, La revolución campesina (Hambres y miserias del proletariado rural)*, Madrid, 1931, p. 139).

69) Manuel Ramírez, "La II República: una visión de su régimen político," *ARBOR*, núms. 426-427, junio-julio 1981, p. 27.

70) Carlos Seco Serrano, *Historia de España, VI: Epoca contemporánea*, Barcelona: Editorial Gallach, 1978, p. 10.

71) Santos Juliá, "Sistema de partidos y problemas de consolidación de la democracia," Santos Juliá (ed.), *Política en la Segunda República*, Madrid: Ayer, 1995, pp. 111-112. 또한 같은 논문의 각주 2번과 3번, 4번, 5번을 참고하라.

72) Pablo Martín Aceña, "Problemas económicos y reformas estructurales," Santos Juliá (ed.), *Política en la Segunda Repblica*, p. 192.

73) Paul Preston, *La destrucción de la democracia en España. Reacción, reforma y revolución en la Segunda República*. Madrid: Ediciones Turner, 1978, p. 10.

74) Juan Reglá, José María Jover y Carlos Seco Serrano, *España moderna y contemporánea*, Barcelona: Editorial Teide, S. A., 1967, p. 420.

75) Georgui Arbatov, *El aparato de propaganda político e ideológico del imperialismo*, Buenos Aires, Cartago, 1974, p. 45. Jesús de Juana, *La posición centrista durante la Segunda República española*, Universidad de Santiago de Compostela, 1988, p. 101에서 인용.

76) 이 주제에 관한 마누엘 라미레스의 연구로는 다음과 같은 것들이 있다. "Los partidos políticos durante la Segunda República," VIII Coloquio de Pau: *La crisis del Estado Español 1898-1936*, Madrid: EDICUSA, 1978, pp. 427-440; "La agregación de intereses en la II República: Partidos y Grupos," *Estudios sobre la II República Española*, Madrid: Editorial Tecnos, 1975; "La II República: una visión de su régimen político," *ARBOR*, núms. 426-427, junio-julio 1981, pp. 27-36; "El sistema de partidos al instaurarse la República," José Luis García Delgado (ed.), *La Segunda República Española: El Primer Bienio*, III Coloquio de Segovia sobre la Historia Contemporánea de España dirigida por Manuel Tuñón de Lara, Madrid: Siglo XXI, 1987; *Las reformas de la II República*, Madrid: Túcar Ediciones, 1977; *Sistema de partidos en España (1931-1990)*, Madrid: Centro de Estudios Constitucionales, 1991; *Los grupos de presión en la Segunda República española*, Madrid: Editorial Tecnos, 1969.

77) M. Duverger, *Los partidos polticos*, México: FCE, 1974, p. 31.

78) Antonio Ramos Oliveira, "El socialismo espaol de 1909-1934," *Leviatán*, Revista mensual de hechos e ideas, Madrid, núm. 1, 1934, p. 33.

79) 이 점은 산토스 훌리아도 지적하고 있는 바이다. Santos Juliá, "Liberalismo temprano, democracia tarda: el caso de España," John Dunn (dir.), *Democracia. El viraje inacabado (508 a.C. - 1993 d.C.)*, Barcelona: Tusquets, 1995를 참고하라.

80) 극단적인 다원정당 시스템에서 생겨나기 쉬운 폐해들에 대해서는 Manuel Ramírez, *Sistema de partidos en España (1931-1990)*, pp. 60-63을 참고하라.

81) Santiago Varela Díaz, *Partidos y parlamento en la II República española*, Madrid: Editorial Ariel, 1978, pp. 47 y ss.

82) Santiago Varela Díaz, *Partidos y parlamento*, pp. 48-49. 이 점에 대해서는 후안 린츠 (Juan J. Linz, *El sistema de partidos en España*, Madrid: Narcea, 1967)와 미겔 아르톨 라(Miguel Artola, *Partidos y programas políticos 1808-1936*, Madrid: Alianza Editorial, 1991), 산토스 훌리아(Santos Juliá, "El fracaso de la República," *Revista de Occidente*, núms. 7-8, noviembre 1981)도 강조한 바 있다.

83) Juan J. Linz, "Continuidad y discontinuidad en la elite política española, de la Restauración al Régimen actual," *Estudios de ciencia política y sociología: Homenaje al profesor Carlos Ollero*, Guadalajara: Grficas Carlavilla, 1972, pp. 361-423; "From great Hopes to Civil War: the breakdown of democracy in Spain," Juan Linz y Alfred Stepan (comps), *The breakdown of democratic regimes in Europe*, Baltimore, London: Johns Hopkins University Press, 1978, p. 170 y *El sistema de partidos en España*, Madrid: Narcea S. A. de Ediciones, 1979, pp. 112-114. 또한 Santiago Castillo y et als. coord., *Estudios de Historia de España. Homenaje a Manuel Tuñón de Lara*, Madrid: Universidad de Internacional ⟨M. Pelayo⟩, 1981, p. 203 이하를 보라.

84) Santiago Varela Díaz, *Partidos y parlamento*, p. 92.

85) Mercedes Cabrera, "Organizaciones patronales y cuestión agraria en España (1931-1936)." José Luis García Delgado (ed.), *La cuestión agraria en la España contemporánea*, VI Coloquio del Seminario de Estudios de los siglos XIX y XX, Madrid: EDICUSA, 1976, p. 103; Juan J. Linz, *El sistema de partidos*, p. 127, y J. Avilés Farré, *La izquierda burguesa en la II República*, Madrid: Espasa-Calpe, 1985, pp. 354-355.

86) Ramón Tamames, *La República. La era de Franco*, Madrid: Alianza Editorial, 1988, pp. 23-24.

87) 이하에서는 에스파냐사회노동당을 사회노동당으로 약칭한다.

88) Manuel Ramírez, "La agregación de intereses," pp. 33-35.

89) 이에 대해서는 Mercedes Cabrera, "La estrategia patronal," p. 137 이하를 보라.

90) Gerald Brenan, *El laberinto español. Antecedentes sociales y políticos de la guerra civil*, Barcelona: Plaza & Janés, 1996, pp. 285-286.

91) Ramón Tamames, *La República*, p. 32.

92) Carlos M. Rama, *La crise espagnole du XX sicle*, Paris: Fischbacher, 1962, p. 68. Jean Bécarud, *La Segunda República española, 1931-1936*, Madrid: Taurus, 1967, p. 82에서 인용.

93) Xavier Paniagua, "La CNT en la II República," *Claridad*, núm. 16, noviembre-diciembre 1986; Antoni Jutglar, "Reflexiones en torno a la realidad de las ideas, de los grupos y de los movimientos sociales en la II República entre 1931-1936," *La 2 República*, Ponencias del 2 Coloquio Internacional sobre la 2 República Española (1981), Barcelona, 1983, p. 84; Luis Arranz Notario, "Modelos de partido," Santos Juliá (ed.), *Política en la Segunda República*, Madrid: Ayer, 1995, pp. 90-91; Gerald

Brenan, El laberinto espaol, pp. 282 y ss.

94) 이러한 시기 구분에 대해서는 다음을 참고하라: Salvador de Madariaga, *España*, pp. 323-324; José Bullejos, *España en la II República*, p. 66; Víctor Alba, *Historia de la Segunda República*, 1931-1939, México, 1960, p. 128; Manuel Ramírez Jiménez, *Los grupos de presión*, p. 43; Manuel Tuñón de Lara, "Rasgos de crisis estructurales," p. 40; Ramón Tamames, *La República*, p. 14 y Mercedes Cabrera, "Crisis económica, organizaciones patronales y luchas sociales en la II República," *Claridad*, núm. 16, noviembre-diciembre 1986, p. 17, etc.

95) Octavio Ruiz Manjón, *El Partido Republicano Radical 1908-1936*, Madrid: TEBAS, 1976, p. 657.

96) Antonio Ramos Oliveira, *Politics, Economics and Men of Modern Spain 1808-1946*, London, 1946, pp. 285-286; *Historia de España*, tomo III, pp. 33-35.

1장 | 1930년 무렵의 토지 문제

1) Pascual Carrión, *La reforma agraria de la Segunda República y la situación actual de la agricultura española*, Barcelona: Ediciones Ariel, 1973, p. 34.

2) Pierre Jousse, *Les tendences des réformes agraires*, Paris, 1930.

3) 이 내용은 여러 사람들이 인용했다. S. Aznar, *Despoblación y colonización*, Barcelona: Labor, 1930, p. 82; Cristóbal de Castro, *Al Servicio de los Campesinos. Hombres sin tierra. Tierra sin hombres. La nueva política agraria*, Madrid, 1931, p. 137; Ricardo Robledo Hernández, *Economistas y reformadores españoles: La cuestión agraria (1760-1935)*, Madrid: Ministerio de Agricultura, Pesca y Alimentación, 1993, p. 110.

4) Earnest Henry George Dobby, "Agrarian problems in Spain," *The Geographical Review of the American Geographical Society of New York*, vol. XXVI, no. 2, April 1936, p. 177.

5) Vicente Rodríguez Revilla, *El agro español y sus moradores. La política agraria y la economía rural en la República*, Madrid: Ediciones Ulises, 1931, p. 14.

6) Antonio Miguel Bernal, *La propiedad de la tierra y las luchas agrarias andaluzas*, Barcelona: Editorial Ariel, 1974, pp. 60-61.

7) Rafael del Caño, *La reforma agraria*, Madrid, 1931, p. 30.

8) Manuel Azaña, *Causas de la guerra de España*, Barcelona, 1986, pp. 26-27.

9) Antonio Miguel Bernal, *Economía e historia de los latifundios*, Madrid: Espasa-Calpe, S. A., 1988, p. 198.

10) Pascual Carrión, *Medidas fundamentales de índole económco-social que deben adoptarse para intensificar la explotación del suelo*, Ponencia presentada al Congreso Nacional de Ingeniería, Madrid, 1919, pp. 12-13.

11) Gabriel García-Badell, *El régimen de la propiedad de nuestro suelo agrícola y el problema de los minifundios*, Madrid: Publicaciones de la Real Sociedad Geográfica, Serie B, 1941, pp. 5-16.

12) Gaspar Melchor de Jovellanos, "Cartas," tomo L de la *Biblioteca de Autores Españoles*,

Madrid: Rivadeneyra, 1952, p. 293(Ramón Tamames, *Estructura económica de España, 22ª* edición, Madrid: Alianza Editorial, 1993, p. 55에서 재인용).

13) 1866년 7월 11일 법령과 1868년 6월 3일 법령. 민법 1056조가 이에 해당한다. Ángel Marvaud, *La cuestión social en España*, Madrid: Ediciones de la Revista de Trabajo, 1975, p. 184.

14) Dirección General de Agricultura, *Real Decreto del 22 de marzo de 1907 sobre concentración parcelaria y Memoria sintética explicativa del mismo*, Madrid, 1907.

15) Vicente Rodríguez Revilla, *El agro español*, pp. 83 y 149; Antonio Ballester, "Acerca de la reforma agraria. Concentración parcelaria," *Agricultura*, núm. 39, marzo 1932; Jesús Miranda, "Imperiosa necesidad de una Ley de Concentración Parcelaria," *Revista de los Servicios Social-Agrarios*, núm. 2, junio 1932, pp. 92-94; Luis Marichalar, El Vizconde de Eza, *La reforma agraria en España*, Madrid, 1931, p. 58.

16) Edward E. Malefakis, *Reforma agraria y revolución campesina*, pp. 27-28, Apéndice I, II y III.

17) Pascual Carrión, *Los latifundios en España*, Madrid: [s.n.], 1932.

18) Gabriel García-Badell, "La distribución de la propiedad agrícola de España en las diferentes categorías de fincas," *Revista de Estudios Agro-Sociales*, núm. 30, enero-marzo 1960.

19) Edward E. Malefakis, *Reforma agraria y revolución campesina*, pp. 41-45.

20) M. Fuentes Martiáñez, "La distribución de la propiedad territorial," *Revista Nacional de Economía*, núm. 77, enero-febrero 1928, p. 69.

21) Gabriel García-Badell y Abadía, "La distribución de la propiedad agrícola," Estado núm. 2-5.

22) Gabriel García-Badell, *El régimen de la propiedad de nuestro suelo agrícola y el problema de los minifundios*, Madrid: Publicaciones de la Real Sociedad Geográfica, Serie B, 1941; Antonio Ballester, "Acerca de la reforma agraria. Concentración parcelaria," *Agricultura*, núm. 39, marzo 1932, pp. 145-146; Luis Marichalar, El Vizconde de Eza, *La reforma agraria en España*, Madrid, 1931, p. 58; Vicente Rodríguez Revilla, *El agro español*, pp. 14 y 83; Jesús Miranda, "Imperiosa necesidad de una Ley de Concentración parcelaria," *Revista de los Servicios Social-Agrarios*, núm. 2, junio 1932, pp. 92-94; Ramón de Belausteguigoitia, *Reparto de tierras y producción nacional*, Madrid: Espasa-Calpe, S. A., 1931, pp. 33-40.

23) 안토니오 바예스테르는 50개 필지에 분산된 토지를 경작하는 농부는 한 필지로 통합된 같은 면적의 토지를 경작하는 농부보다 7배나 더 많은 땅을 경계를 표시하는 데 사용하게 된다고 지적했다(Antonio Ballester, "Acerca de la reforma agraria," pp. 145-146).

24) 특히 갈리시아 지방에서는 미니푼디움이 끊임없는 소송과 분쟁을 낳는 불씨가 되었다(P. Birot y P. Brunet, "Notas sobre las estructuras agrarias del No. de la península ibérica," *Estudios Geográficos*, núm. 54, febrero 1954, pp. 131-132).

25) 다른 자료(*Datos recopilados sobre las provincias de Ciudad Real, Toledo, Córdoba, Jaén y Sevilla*, Suplemento del Boletín del Instituto de Reforma Agraria, Madrid, 1934)가 제시한 통계도 이와 유사하다. 직접 경작지가 65.6퍼센트이고 소작지와 분익소작지가 각각 32.6퍼센트, 1.8퍼센트였다.

26) Luis García de Oteyza, "Los regímenes de explotación del suelo nacional," *Revista de Estudios Agro-Sociales*, núm. 1, 1952.

27) Manuel de Torres, *Teoría de la política social*, Madrid: M. Aguilar, 1949, pp. 249 y ss; Cayetano Tamés, "Bosquejo del clima de España peinsular," *Boletín del Invest. Agronómicas*, Madrid, junio 1949.

28) Eduardo Sevilla Guzmán, *La evolución del campesinado en España*, Ediciones Península, 1979, pp. 87-89; Gerald Brenan, *El laberinto español*, pp. 133-134. 심지어 안달루시아에는 중간 계층이 거의 부재했다고 지적한 사람도 있었다(Constancio Bernaldo de Quirós, El *"Espartaquismo Agrario" y otros ensayos sobre la estructura económica y social de Andalucía*, Madrid: Ediciones de la Revista de Trabajo, 1973, pp. 140-141).

29) J. Vicens Vives (dir.), *Historia de España y América social y económica*, vol. V, Editorial Vicens-Vives, 1985, p. 114.

30) Edward E. Malefakis, *Reforma agraria y revolución campesina*, p. 92.

31) Federico Bravo Morata, *La reforma agraria de la República*, Fenicia, 1978, p. 116.

32) 이를테면 대공 귀족 262명 거의 대부분 농촌이 아니라 대도시에 거주했다.

33) Instituto de Reforma Agraria, *La reforma agraria en España*, p. 31; Pascual Carrión, *Los latifundios en España. Su importancia, Origen, Consecuencias y solución*, Barcelona: Editorial Ariel, 1975, p. 343.

34) Gerald Brenan, *El laberinto español*, p. 170.

35) Constancio de Bernaldo de Quirós, *Los derechos sociales de los campesinos*, Madrid, 1928, pp. 64-65.

36) Pascual Carrión, *Los latifundios en España*, p. 344.

37) Jerónimo Pajarón, *La mejora del obrero campesino*, Madrid: Premio Guad-El-GELÚ, 1932, pp. 47-48.

38) Instituto de Reformas Sociales, *El problema de los foros en el Noroeste de España*, Madrid, 1923, pp. 41-42.

39) Juan Rof Codina, *Reformas que se pueden implantar en Galicia para el progreso de la agricultura*, Coruña, 1912, pp. 12-13; J. A. Durán, *Agrarismo y movilización campesina en el país gallego (1875-1912)*, Madrid: Siglo XXI, 1977, pp. 13-15 y 20-22.

40) José María Ayllon, "La cuestión de los foros," *Agricultura*, Madrid, núm. 18, junio 1930, pp. 373-374.

41) Luis Marichalar el Vizconde de Eza, *La reforma agraria*, p. 58.

42) Angel Marvaud, *La cuestión social en España*, Madrid: Ediciones de la Revista de Trabajo, 1976, p. 371.

43) *Boletín del Ministerio de Trabajo. Revista de Política Social*, abril 1928, pp. 87-88.

44) Angel de Torrejón y Boneta, *Contratos de aparcería agrícola y "rabassa morta,"* Madrid: 1942, p. 49; F. Casas-Mercade, *Las aparcerías y sus problemas*, Barcelona: BOSCH, 1956, p. 45.

45) 기존 묘목이 포도뿌리 진디로 알려진 해충 피해를 입어서 아메리카에서 새로운 묘목을 들여왔다.

46) Albert Balcells, *El problema agrario en Cataluña*, pp. 85-89; Instituto de Reformas

Sociales, *La <rabassa morta> y su reforma*, 1923, pp. 30-31.

47) Pascual Carrión, *Estudios sobre la agricultura española* (1919-1971), Madrid: Ediciones de la Revista de Trabajo, 1974, pp. 98-99.

48) Pascual Carrión, "La distribución de la propiedad rústica y sus consecuencias económico-sociales," Ateneo Científico Literario y Artístico de Madrid, *Algunos aspectos de la Reforma Agraria*, Madrid, 1934, pp. 21-22; Estudios, p. 244.

49) Juan Rof Codina, *Reformas*, p. 17.

50) Pascual Carrión, *Los latifundios*, pp. 342-343.

51) Pascual Carrión, *Estudios*, pp. 119-120.

52) Fernando de los Ríos, "El problema agrario en España," Juan Velarde Fuertes, *Lecturas de Economía Española*, Madrid: Editorial Gredos, S. A., 1969, p. 299.

53) 베르날도 데 키로스의 보고서에 따르면 10만 명(Dirección General de Acción Social, 31-12-1930)이고, 파스쿠알 카리온에 따르면 20만 명에 이르렀다(Pascual Carrión, *Los latifundios*, p. 342).

54) Archivo Histórico Nacional, Gobernación, Serie A, Leg. 6A, 1. Cuestiones Sociales. Provincias (1931); Leg. 7A, 1. Cuestiones sociales. Provincias (1932-1933).

55) Enrique Santiago, "El paro forzoso en España," *Boletín de la UGT*, núm. 36, diciembre 1931.

56) Manuel Tuñón de Lara, *Tres claves*, p. 55.

57) Dionisio Martín Sanz y otros, *El paro estacional campesino*, Madrid, 1946, pp. 3-5 y 165-177.

58) 안달루시아에서는 농촌 파업이 1930년에 15차례, 1931년에 12차례, 1932년에 84차례, 1933년에 178차례, 1934년에 26차례, 1935년에 5차례, 1936년에 51차례 발생했다. Antonio María Calero, *Movimientos sociales en Andalucía (1820-1936)*, Madrid: Siglo XXI, 1975, p. 86.

59) Antonio Ballestar, "El Crédito agrícola para España," *Revista de los Servicios Social-Agrarios*, núm. 2, junio 1932, p. 89; Coloma, "Instrumentos de Crédito," *Revista de los Servicios Social-Agrarios*, núm. 1, mayo 1932, p. 22.

60) Luis Redonet y López Dóriga, *Crédito agrícola: Historia, Base y Organización*, Madrid: Calpe, 1924, pp. 201-236.

61) José Rodríguez Labandeira, *El trabajo rural en España (1876-1936)*, Barcelona: Editorial Anthropos, 1991, pp. 135-136, 383.

62) Rafael de RODA Y JIMÉNEZ, *El crédito agrícola cooperativo*, Barcelona: Salvat Editores S. A., 1932, p. 21.

63) Pascual Carrión, *Consideraciones sobre la reforma agraria, Conferencia dada el 10 de junio de 1969*, Madrid: Casa de Velázquez, 1969, p. 9; Angel Marvaud, *La cuestión social*, pp. 321-322.

64) Enrique Castelló Muñoz, *El papel del crédito en el desarrollo agrario*, Madrid: Confederación Española de Cajas de Ahorros, 1970, pp. 41-42.

65) Angel Pascual Martínez Soto, "El papel del crédito y la financiación en la agricultura capitalista (1850-1970). Una primera aproximación a un campo multifactorial," *Noticiario de Historia Agraria*, núm. 7, 1994, p. 53.

66) Antonio Ramos-Oliveira, *Historia de España*, III, p. 165.

67) Gabriel Muñeco, "El crédito agrícola," *Revista Nacional de Economía*, núm. 78, marzo-abril 1928, p. 307; Antonio Ballester, "El crédito agrícola para España. III: Instituciones privadas y públicas," *Revista de los Servicios Social-Agrarios*, núm. 4, agosto 1932; "El crédito agrícola para España. IV: Características de sus instituciones y mutua relación o dependencia entre ellas," *Revista de los Servicios Social-Agrarios*, núm. 5, septiembre 1932

68) Antonio Ballester, "Sobre crédito agrícola," *Agricultura*, núm. 35, noviembre 1931, p. 772.

69) Gabriel Muñeco, "El crédito agrícola," p. 312.

70) Antonio Ballester, "Memoria del Servicio de Pósitos," *Revista de los Servicios Social-Agrarios y de Estadística Agrícola Social*, núm. 5, septiembre 1932, pp. 470-471.

71) Angel Pascual Martínez Soto, "El papel del crédito," pp. 61-62.

72) Francisco Góngora, *Legislación Social Agraria*, Madrid, 1931, pp. 105-127.

73) *Boletín del Instituto de Reforma Agraria*, III, núm. 22, abril 1934.

74) *Revista de los Servicios Social-Agrarios*, núm. 4, agosto 1932, pp. 340-353.

75) José María Mengual y Mengual, *El crédito agrícola*, Valencia: Imprenta de José Olmos, 1926, p. 57; Rafael de Roda y Jiménez, *El crédito agrícola cooperativo*, pp. 30-31; Angel Pascual Martínez Soto, "El papel del crédito," p. 54.

76) Luis Redonet y López Dóriga, *Crédito agrícola*, pp. 238-239.

77) Antonio Ballester, "El Crédito Agrícola para España. II: Capital necesario," *Revista de los Servicios Social-Agrarios*, núm. 3, julio 1932, p. 185.

78) Antonio Ballester, "El Crédito Agrícola para España. II: Capital necesario," p. 187.

79) Pascual Carrión, *La reforma agraria*, p. 35.

80) Santiago Valiente, "Transformación y mejora de la vida rural. El Banco Nacional Agrario," *Revista de los Servicios Social-Agrarios y de Estadística Agrícola Social*, núm. 6, octubre 1932, p. 660.

2장 l 개혁의 서막

1) 이 시기를 다룬 연구서들 가운데 제일 훌륭한 연구서는 슐로모 벤아미의 저서(Shlomo Ben-Ami, *Los orígenes de la Segunda República española: Anatomía de una transición*, Madrid: Alianza Editorial, 1990)이다.

2) Manuel Tuñón de Lara, *La II República*, vol. 1, Madrid: Siglo XXI, 1976, p. 25. y Manuel Suárez Cortina, *El reformismo en España*, Madrid: Siglo XXI, 1986, p. 308.

3) Fernando Díaz-Plaja, *La Segunda República. Primeros pasos*, Barcelona: Planeta, 1995, p. 13.

4) Miguel Maura, *Así cayó Alfonso XIII……*, Barcelona: Editorial Ariel, 1995, p. 48.

5) Miguel Maura, *Así cayó Alfonso XIII*, p. 71.

6) 공화주의자들을 대표해서 니세토 알칼라 사모라, 미겔 마우라, 알레한드로 레루, 디에고 마르티네스 바리오, 마누엘 아사냐, 마르셀리노 도밍고, 알바로 데 알보르노스, 산티아고 카

사레스 키로가, 루이스 니콜라우 돌워가 위촉되었고, 사회주의자들을 대표해서는 인달레시오 프리에토, 페르난도 데 로스 리오스, 프란시스코 라르고 카바에로가 위촉되었다(Santos Juliá, *La Constitución de 1931*, Madrid: Iustel, 2009, p. 26).

7) Marcelino Domingo, *La experienca del poder*, Madrid, 1934, pp. 19-21, 217.

8) Miguel Maura, *Así cayó Alfonso XIII*, pp. 97-98.

9) 사회주의자들이 이렇게 공화주의자들과 손을 맞잡기로 한 것은 공화정과 공화정 하에서 제정될 헌법이 자신들이 꿈꾸는 사회변혁을 이룩하는 데 유리하리라고 보았기 때문이다. Paul Preston, *La destrucción de la democracia en España. Reacción, reforma y revolución en la Segunda República*, Madrid: Ediciones Turner, 1978, pp. 46-52; José Carlos Gibaja Velázquez, *Indalecio Prieto y el Socialismo español*, Madrid: Editorial Pablo Iglesias, 1995, p. 29, y Francisco Largo Caballero, *Discursos a los trabajadores. Una crítica de la República, una doctrina socialista, un programa de acción*, Madrid, 1934, pp. 8-11 y 20.

10) Manuel Ramírez, *Estudios sobre la II República española*, Madrid: Editorial Tecnos, 1975, p. 228.

11) Santos Juliá, *La Constitución de 1931*, pp. 27-28.

12) José María de Hoyos y Vinet, *Mi testimonio*, Madrid, 1962, p. 68.

13) Santos Juliá, *La Constitución de 1931*, p. 28.

14) Niceto Alcalá Zamora, *Memorias (Segundo texto de mis memorias)*, Barcelona: Editorial Planeta, 1977, p. 160.

15) "Propaganda electoral monárquica ante las elecciones municipales en Madrid," HMM, A. 1700; "Propaganda electoral de la candidatura monárquica," HMM, A. 1691; "Por qué hay que votar contra los revolucionarios," HMM, A. 762.

16) Javier Tusell, *La crisis del caciquismo andaluz (1923-1931)*, Madrid: CUPSA Editorial, 1977, pp. 310 이하.

17) "A los electores de Madrid," HMM, A. 1637; "Al pueblo de Madrid," HMM, A. 1679; "Importancia de unas elecciones," UGT de España, Memoria y Orden del día, Del XVII Congreso Ordinario que se celebrará en Madrid los días 14 y siguientes de octubre de 1932, Madrid, 1932, p. 39. 아나키스트들은 여느 때와 마찬가지로 선거에 참여하지 않았다. 하지만 전국노동연합은 투표 여부를 조합원들의 자유의사에 맡겼다 (Stanley G. Payne, *La primera democracia española. La Segunda República, 1931-1936*, Barcelona: Ediciones Paidós, 1995, p. 47, y José Manuel Macarro, "Sindicalismo y política," Santos Juliá (ed.), *Política en la Segunda República*, Madrid: Ayer, 1995, p. 141). 공산당은 "알폰소 13세의 군주제 반대"와 "노동자·농민 공화국" 수립을 골자로 하는 혁명 프로그램을 제시했다("El Partido Comunista de España ante las elecciones municipales," HMM, A. 1677; Dolores Ibárruri, et als., *Guerra y Revolución en España 1936-1939*, tomo I, Moscú, 1965, p. 32). 하지만 그 세력은 아직 보잘것없었다.

18) Carlos Seco Serrano, *Alfonso XIII y la crisis de la restauración*, Madrid: Ediciones Rialp, 1992, p. 223, nota 19.

19) Conde de Romanones, *Las últimas horas de una monarquía*, Madrid, 1931, p. 8.

20) Miguel Maura, *Así cayó Alfonso XIII*, p. 175, y Fernando Díaz-Plaja, *La historia de*

España en sus documentos: El siglo XX. Dictadura ⋯ República (1923-1936), Madrid : Instituto de Estudios Políticos, 1964, p. 213.

21) Jesús Pabón, *Cambó*, II, Parte Segunda, Barcelona : Editorial AIPHA, 1969, p. 103.

22) Tomás Giménez Valdivieso, *La República. Su organización y principales problemas que ha de resolver*, Valencia, 1931, p. 215. 알칼라 사모라 총리도 나중에 열린 제헌의회 에서 이 점을 지적했다(Diario de Sesiones de las Cortes Constituyentes, núm. 10, 28 julio 1931, p. 168).

23) Bonifacio García-Menéndez, *La España rural (Hombre de tierra) y sed de justicia)*, Madrid : J. Mª Yagües Editor, 1931, p. 60.

24) Mercedes Cabrera, "Organizaciones patronales y cuestión agraria en España (1931-1936)," J. L. García Delgado (ed.), *La cuestión agraria en la España contemporánea*, Madrid : EDICUSA, 1976, p. 106.

25) "El poder constituido," *El Debate*, 15 abril 1931.

26) *Ahora*, 15 abril 1931.

27) *El Socialista*, 4 febrero 1932.

28) Julián Casanova, *De la calle al frente. El anarcosindicalismo en España (1931-1939)*, Barcelona : Crítica, 1997, p. 14.

29) *Solidaridad Obrera*, 14 abril 1931.

30) *Santos Juliá, La Constitución de 1931*, pp. 30 ; 140-141.

31) A. Ballarín Marcial, *Derecho agrario*, Madrid : Editorial Revista de Derecho Privado, 1965, p. 130.

32) "토지개혁은 있을 수 없는 횡포"라고 지적한《엘 데바테》도 그것이 토지개혁을 염두에 둔 것 임을 부지불식간에 인정했다("La misión del Gobierno," *El Debate*, 16 abril 1931).

33) "La tragedia del campo : Hombres sin tierra, tierra sin hombres," *El Socialista*, 10 enero 1931.

34) Edward E. Malefakis, "El problema agrario y la República," Josep Fontana, et. als., *La II República. Una esperanza frustrada*, Actas del Congreso Valencia Capital de la República (Abril 1986), Valencia : Edicions Alfons el Magnànim, 1987, p. 37.

35) *El Debate*, 22 abril 1931.

36) 1931년 12월까지 법률 5건, 명령 71건, 규칙 81건 등 157건을 공포했다. Fernando Martín-Sánchez Juliá, "La legislación agraria de la República en 1931," *Agricultura*, Revista Agropecuaria, Madrid, núm. 37, enero 1932.

37) Instituto de Reforma Agraria(IRA), *La reforma agraria en España. Sus motivos, su esencia, su acción, Valencia*, 1937, p. 31.

38) Conferencia pronunciada el 13 de abril de 1932, en Madrid, en el salón de actos de "La Unica," organizada por la Agrupación Nacional de Propietarios de Fincas Rústicas, en Unión Nacional Económica, *La reforma agraria*, Ciclo de conferencias acerca del proyecto presentado al Parlamento por el ministro de Agricultura, Industria y Comercio, D. Marcelino Domingo, Madrid, 1932, pp. 154-155 y ss.

39) Luis Garrido González, *Colectividades agrarias en Andalucía : Jaén (1931-1939)*, Madrid : Siglo XXI, 1979, p. 10.

40) Andrés Gana, "Importantísimas declaraciones de Largo Caballero : El ministro de

Trabajo aborda aspectos fundamentales del problema agrario en España," *El Socialista*, 16 mayo 1931.

41) Aurelio Álvarez Jusué, *Los Jurados Mixtos de la propiedad rústica*, Madrid: Góngora, 1933, pp. 41-52.

42) Julio Aróstegui, "Largo Caballero, Ministro de Trabajo," J. L. García Delgado (ed.), *La Segunda República española: el primer bienio*, III Coloquio de Segovia sobre Historia Contemporánea de España dirigido por Manuel Tuñón de Lara, Madrid: Siglo XXI, 1987, pp. 71-72.

43) Pascual Carrión, *La reforma agraria de la Segunda República y la situación actual de la agricultura española*, Barcelona: Ediciones Ariel, 1973, p. 114; Francisco Largo Caballero, *Discursos a los trabajadores*, pp. 28-31.

44) Angel Lera de Isla, *La revolución campesina (Hambres y miserias del proletariado rural)*, Madrid, 1931, pp. 118 y ss; Edward E. Malefakis, *Reforma agraria y revolución campesina en la España del siglo XX*, Barcelona: Ediciones Ariel, 1971, p. 202; R.A.H. Robinson, *Los orígenes de la España de Franco. Derecha, república y revolución, 1931-1936*, Barcelona: Grijalbo, 1974, p. 133.

45) Mercedes Cabrera, "La estrategia patronal en la Segunda República," *Estudios de Historia Social*, núm. 7, 1978, p. 21.

46) "Aclaraciones al decreto sobre laboreo," *El Debate*, 10 mayo 1931; Paloma Biglino, *El socialismo español y la cuestión agraria 1890-1936*, Madrid: Centro de Publicaciones Ministro de Trabajo y Seguridad Social, 1986, p. 327.

47) Mercedes Cabrera, "Organizaciones patronales y cuestión agraria," p. 127.

48) 세비야 사회노동당 지부가 1931년 8월 22일자 전보로 이 규정을 따르지 않는 지주들을 투옥하는 강력한 조처를 취해 달라고 내무부 장관에게 요청했다. AHN, Leg. 7A, Exp. 12: Cuestiones sociales, Sevilla, 1931.

49) Paloma Biglino, El socialismo español, p. 323; Mercedes Cabrera, "Crisis económica, organizaciones patronales y luchas sociales en la II República," *Claridad*, núm. 16, noviembre-diciembre 1986, p. 20; Manuel Tuñón de Lara, *Tres claves de la Segunda República*, Madrid: Alianza Editorial, 1985, p. 43.

50) 지주들은 전국농장주연합회, 농업부문고용주연합회, 축산업자연합회, 올리브재배농연합회 등과 같은 사용자 단체들을 창설했다. Manuel Ramírez Jiménez, *Los grupos de presión en la II República española*, Madrid: Editorial Tecnos, 1969, pp. 118-124.

51) Paul Preston, *La destrucción de la democracia en España. Reacción, Reforma y Revolución en la Segunda República*, Madrid: Ediciones Turner, 1978, pp. 104-105.

52) Edward E. Malefakis, *Reforma agraria y revolución campesina*, p. 205.

53) El Comité, "Por el pan y la libertad de los campesinos andalucesÑ La Confederación Regional del Trabajo de Andalucía y Extremadura, al proletariado español y a la opinión pública en general," *Solidaridad Obrera*, 17 mayo 1932; "El grave y hondo problema agrario español: Un importante manifiesto de la Confederación Regional del Trabajo de Andalucía y Extremadura," *La Tierra*, 16 mayo 1932; Santos Juliá, "Objetivos políticos de la legislación laboral," J. L. García Delgado (ed.), *La Segunda República Española: El primer bienio*. III Coloquio de Segovia sobre Historia

Contemporánea de España dirigido por M. Tuñón de Lara, Madrid: Siglo XXI, 1987, pp. 29, 33–35 y 37.

54) Rafael Cruz, *El Partido Comunista Español en la Segunda República*, Madrid: Alianza Editorial, 1987, p. 131.

55) Manuel Tuñón de Lara, "Rasgos de crisis estructural a partir de 1917," VIII Coloquio de Pau, *La crisis del Estado español 1898-1936*, Madrid: EDICUSA, 1978, p. 36.

56) José Bullejos, *España en la II República*, Madrid: Júcar, 1979, p. 45에서 인용.

57) 선거제도와 관련해서는 Gabriel Jackson, *La República española y la guerra civil, 1931-1939*, México, D. F.: Princeton University Press, 1967, p. 430; Javier Tusell, Octavio Ruiz Manjón y Genoveva García Queipo de Llano, "Las Constituyentes de 1931: Unas elecciones de transición (I)," *Revista de Derecho Político*, Madrid, núm. 12, Invierno 1981-1982, pp. 194-195; Juan J. Linz, "The Party System of Spain: Past and Future," Segmour M. Lipset and Stein Rokkan, *Party systems and Voter Alignments: Cross-National Perspectives*, New York: The Free Press, 1967, pp. 238-239를 참고하라.

58) 이 밖에 선거 연령을 25세에서 23세로 낮추고 여성과 사제에게도 피선거권을 부여했다. Juan J. Linz, "The Party System of Spain," p. 238.

59) AHN, Gobernación, leg. 30A, núms. 16 y 17.

60) Javier Tusell, Octavio Ruiz Manjón y Genoveva García Queipo de Llano, "Las Constituyentes de 1931," pp. 195-200.

61) Javier Tusell, Octavio Ruiz Manjón y Genoveva García Queipo de Llano, "Las Constituyentes de 1931," p. 201.

62) "Un solo objetivo: las Cortes," *El Debate*, 21 abril 1931.

63) "El grupo de Acción Nacional ha publicado un Manifiesto," *Ahora*, 7 mayo 1931.

64) *El Debate*, 2 junio 1931.

65) Javier Tusell Gómez, *La Segunda República en Madrid: Elecciones y Partidos políticos*, Madrid: Editorial Tecnos, 1970, p. 36.

66) José María Gil Robles, *No fue posible la paz*, Barcelona: Ediciones Ariel, 1968, p. 37.

67) *El Debate*, 11 y 28 junio 1931.

68) "Candidatura de Acción Nacional: a los electores de Madrid," José Monge y Bernal, *Acción Popular*, Madrid, 1936, pp. 163-164.

69) *El Debate*, 9 y 13 junio 1931.

70) Javier Tusell, Octavio Ruiz Manjón y Genoveva García Queipo de Llano, "Las Constituyentes de 1931," pp. 224-225.

71) "Cortes Constituyentes: Candidatura jaimista por Madrid, de Don Luis Hernando de Larramendi," HMM, A. 1448.

72) 공화우익을 자유공화우익으로 부르기도 하고 급진공화당을 급진당으로 부르기도 한다. Javier Tusell, Octavio Ruiz Manjón y Genoveva García Queipo de Llano, "Las Constituyentes de 1931," pp. 208-209.

73) *El Socialista*, 26 junio 1931.

74) Joaquín Chapaprieta, *La paz fue posible. Memorias de un político*, Barcelona: Ediciones Ariel, 1972, pp. 150-156. 사회주의자들은 사회주의의 궁극적 목적과 양립이 불가능한 반동적 부르주아 공화주의를 대표한다며 공화우익을 비판하고, 뿔뿔이 흩어진 군

주제 세력, 곧 자유주의자들과 보수주의자들, 하이메파와 예수회 수도사들에게 공화국의
문호를 개방했다고 미겔 마우라와 알칼라 사모라를 비난했다(El Socialista, 7, 9, 11, 19
junio 1931).

75) Joaquín Chapaprieta, *La paz fue posible*, p. 151.

76) Octavio Ruiz Manjón, *El Partido Republicano Radical 1908-1936*, Madrid: TEBAS,
1976, p. 187.

77) *El Sol*, 26 junio 1931.

78) Shlomo Ben-Ami, *Los orígenes de la Segunda República española*, p. 392.

79) "Alejandro Lerroux pronunció un gran discurso en Burgos," *El Progreso*, 16 junio
1931.

80) "El memorable acto republicano de la Plaza monumental," *El Progreso*, 23 junio
1931.

81) Shlomo Ben-Ami, *Los orígenes de la Segunda República española*, p. 395.

82) Juan Avilés Farré, *La izquierda burguesa en la II República*, Madrid: Espasa-Calpe,
1985, p. 75.

83) "Importantes actos de propaganda política," *El Sol*, 16 junio 1931; Eduardo Espín,
Azaña en el Poder. El partido de Acción Republicana, Madrid: Centro de
Investigaciones, 1980, p. 61.

84) PSOE, *XIII Congreso del Partido Socialista Obrero Español que se celebrará en Madrid
los días 6 y siguientes de Octubre de 1932*, Madrid, 1932, pp. 120 y ss.

85) *El Socialista*, 10 junio 1931.

86) *El Socialista*, 29 mayo 1931.

87) Angel Pestaña, "La democracia burguesa está agotada: los sindicatos serán los
órganos de la revolución social," *El Sol*, 31 mayo 1931.

88) "Memoria del Congreso del Conservatorio(1931)," Revista de Trabajo, núm. 53, 1976,
pp. 374-381; M. González Urien y Fidel Revilla González, *La C.N.T. a través de sus
Congresos*, México, D. F., 1981, pp. 159-165.

89) "El Partido Comunista de España ante las Constituyentes: Programa electoral"
(Madrid, 1931), Archivo del PCE, Film IV, apartado 61.

90) 공산당 기관지 《라 반데라 로하》도 부르주아 공화국이 노동자 대중을 잔인하게 짓밟고 있다
고 서술했고, 《라 안토르차》도 작금의 공화국은 노동자 공화국이 아니라고 했다. Javier
Tusell, *La Segunda República en Madrid: Elecciones y Partidos políticos*, Madrid:
Editorial Tecnos, 1970, p. 43.

91) "El Partido Comunista de España ante las Constituyentes: Programa electoral."

92) "El Partido Comunista de España ante las Constituyentes: Programa electoral."

93) *Anuario Estadístico de España*, 1932-1933, Madrid: Instituto Geográfico, Catastral y de
Estadística, 1934, p. 551.

94) Shlomo Ben-Ami, *Los orígenes de la Segunda República española*, pp. 382-402.

95) 이 원내단체를 정당으로서의 농업당과 구별하기 위해 농업회라고 옮긴다. 농업회에는 농업
당을 비롯한 여러 정당 소속 의원들이 참여했다.

96) *El Debate*, 16 julio 1931.

97) José María Gil Robles, *No fue posible la paz*, Barcelona: Ariel, 1968, pp. 50-51. 리처

드 로빈슨은 이들을 정치적으로는 자유주의적이지만 토지 문제와 관련해서는 보수적인 자유주의 성향과 교회 옹호에 우선권을 두면서도, 토지 문제에 관심을 두는 가톨릭 성향의 두 유형으로 구분한다. 로요 비야노바, 마르티네스 데 벨라스코, 시드가 전자를 대표하고 젊은 의원들은 후자에 속했다. Richard A.H. Robinson, *Los orígenes de la España de Franco. Derecha, República y Revolución, 1931-1936*, Barcelona: Ediciones Grijalbo, 1974, p. 86.

98) Miguel Artola, *Partidos y programas políticos*, 1808-1936, Madrid: Alianza Editorial, 1991, I, p. 575.

99) José María Gil Robles, *Discursos parlamentarios*, Madrid: Taurus, 1971, p. 792.

100) J. Romero Cuesta, *El Congreso de los Diputados (Breve historia, anécdota y reportaje de la Cámara popular)*, Madrid, 1931, p. 107.

101) Salvador de Madariaga, *España*, Madrid: Espasa-Calpe, 1979, p. 320.

102) Cortes Constituyentes, *República española. Cortes Constituyentes 1931*, Madrid: Editorial Rivas, 1932.

103) Enrique López Sevilla (recop.), *El Partido Socialista Obrero Español en las Cortes Constituyentes de la Segunda República (Repertorio cronológico de las intervenciones parlamentarias. 14 de julio de 1931-9 de diciembre de 1931)*, México: Ediciones Pablo Iglesias, 1969, p. 39; Jean Bécarud y E. López Campillo, *Los intelectuales españoles durante la II República*, Madrid: Siglo XXI, 1978, p. 33.

104) Gabriel Jackson, "El régimen de Azaña en perspectiva (1931-1933)," Stanley G. Payne (ed.), *Política y sociedad en la España del siglo XX*, Madrid: Akal Editor, 1978, p. 128.

105) Juan J. Linz, "Continuidad y discontinuidad en la élite política española: de la restauración al régimen actual," *Estudios de ciencia política y sociología: Homenaje al profesor Carlos Ollero*, Madrid, 1972.

106) Salvador de Madariaga, *España*, pp. 320-321.

107) Manuel Ramírez, "El sistema de Partidos al instaurarse la República," José Luis García Delgado (ed.), *La Segunda República española: El Primer Bienio*, III Coloquio de Segovia sobre Historia Contemporánea de España dirigido por Manuel Tuñón de Lara, Madrid: Siglo XXI, 1987, pp. 19-21.

108) 임시정부도 의회에 제출할 정부안 마련을 위해 5월 6일에 이미 법률자문위원회를 꾸렸다. 보수파 각료들은 법률자문위원회가 마련한 초안을 환영하고 나섰지만 좌파 각료, 특히 사회노동당 각료들은 그것을 거부했다. 임시정부는 결국 정부안을 의회에 송부하지 않기로 했다.

109) Julio Gil Pecharromán, La Segunda República, Historia 16, Madrid, 1989, p. 44.

110) *Diario de Sesiones de las Cortes Constituyentes*, núm. 9, 27 julio 1931, p. 158.

111) *Diario de Sesiones de las Cortes Constituyentes*, núm. 8, 24 julio 1931, p. 114.

112) *Diario de Sesiones de las Cortes Constituyentes*, núm. 12, 30 julio 1931, p. 241.

113) *Diario de Sesiones de las Cortes Constituyentes*, apéndice al núm. 22, 18 agosto 1931.

114) 일부 수정안들을 열거하면 이렇다. "Voto particular del Sr. Ruiz-Funes," apéndice 11 al núm. 24, 20 agosto 1931; "Voto particular de los Sres. Samper y Villanueva (D. Justo),"

apéndice 12 al núm. 24; "Voto particular del Sr. Castrillo," apéndice 10 al núm. 26, 25 agosto 1931; "Enmiendas del Sr. Cornide y otros," apéndice 8 al núm. 43, 23 septiembre 1931; "Enmiendas del Sr. Franco (D. Ramón) y otros," apéndice 12 al núm. 46; "Enmienda del Sr. Martín (D. Pedro) y otros," apéndice 6 al núm. 48, 1 octubre 1931; "Enmiendas del Sr. Ayuso y otros," apéndice 13 al núm. 48; "Enmiendas del Sr. González Uña y otros," apéndice 5 al núm. 49, 2 octubre 1931, etc.

115) *Diario de Sesiones de las Cortes Constituyentes*, núm. 50, 6 octubre 1931, pp. 1444-1445.

116) *Diario de Sesiones de las Cortes Constituyentes*, núm. 50, pp. 1433, 1434, y 1436.

117) "Dice Largo Caballero: El problema agrario se resolverá nacionalizando la tierra," *El Socialista*, 9 julio 1931.

118) "La Asamblea del P.R.R.S.: Examen del programa que se popone llevar a las Cortes," *El Sol*, 31 mayo 1931.

119) *Diario de Sesiones de las Cortes Constituyentes*, núm. 30, 1 septiembre 1931, pp. 708 y 710.

120) *Diario de Sesiones de las Cortes Constituyentes*, núm. 35, 9 septiembre 1931, p. 825.

121) Fernando Valera Aparicio, *Fundamentos del Partido Republicano Radical Socialista*, Conferencia pronunciada en (······) Cartagena el 20 de diciembre de 1931, Madrid, 1933.

122) Juan Avilés Farré, *La izquierda burguesa en la II República*, p. 130.

123) *Diario de Sesiones de las Cortes Constituyentes*, núm. 31, 2 septiembre 1931, p. 730.

124) *Diario de Sesiones de las Cortes Constituyentes*, núm. 50, 6 octubre 1931, p. 1452.

125) *Diario de Sesiones de las Cortes Constituyentes*, núm. 50, 6 octubre 1931, pp. 1452-1453.

126) *Diario de Sesiones de las Cortes Constituyentes*, núm. 50, 6 octubre 1931, p. 1432.

127) "Contra las normas del Derecho Internacional," *El Debate*, 23 agosto 1931.

128) "Casi tanto, como en Rusia," *El Debate*, 28 agosto 1931.

129) *Diario de Sesiones de las Cortes Constituyentes*, núm. 33, 4 septiembre 1931, p. 767.

130) "Voto particular de los Sres. Gil Robles y Leizaola al art. 42 del proyecto de Constitución," *Diario de Sesiones de las Cortes Constituyentes*, apéndice 4 al núm. 24, 20 agosto 1931.

131) *Diario de Sesiones de las Cortes Constituyentes*, núm. 50, 6 octubre 1931, p. 1441.

132) "La encíclica de su Santidad el Papa acerca de la cuestión social," *ABC*, 5 junio 1931.

133) José María Taboada, *La Acción Católica en España*, Barcelona, 1934, pp. 166-167.

134) León Leal Ramos, "Factores jurídicos y sociales del problema agrario," *Problemas agrarios de España*, VIII Curso de las "Semanas Sociales de España"(30 septiembre-7 octubre 1934), Madrid, 1936, p. 105.

135) Jerónimo Pajarón, *La memora del obrero campesino*, Premio Guad-El-Gelú (Ateneo de Sevilla, 1931), Madrid, 1932, p. 29.

136) Severino Aznar, *Impresiones de un demócrata cristiano*, Madrid, 1931, p. 63.

137) "Proyecto de Constitución de la República española, aprobado definitivamente," *Diario de Sesiones de las Cortes Constituyentes*, apéndice 1 al núm. 88, 9 diciembre 1931.

138) Juan Velarde Fuertes, "Talantes de políticos republicanos, clave ante la Reforma Agraria," *Anales de Economía*, núm. 14, abril-junio 1972, p. 11.

139) Antonio Cabezas Díaz, *El agro y el municipio. La reforma agraria*, Editorial La Medicina Ibera, 1932, pp. 687-689.

140) *Exposición de Motivos del Decreto por el que se crea la Comisión Técnica Agraria*, *Gaceta de Madrid*, 22 mayo 1931.

141) Decreto Presidencia, 21 mayo 1931, nombrando los componentes, en la *Gaceta de Madrid*, 22 mayo 1931; "Las disposiciones del Gobierno de la República," *Boletín de la U.G.T.*, núm. 29, mayo 1931, p. 163.

142) 농업기술위원회의 활동에 대해서는 J. M. Simal, "Los trabajos de la Comisión Agraria," *La Voz*, 23 junio 1931; "Comisión de Reforma Agraria," *El Sol*, 17 junio 1931; "Se nombra la Comisión Técnica Agraria," *El Debate*, 23 mayo 1931; "Se reune por primera vez la Comisión para la reforma agraria," El Debate, 31 mayo 1931. 라티푼 디움소위를 제외한 다른 소위들의 활동은 상대적으로 더디게 진행되었다. 다룰 내용이 덜 시급했을 뿐 아니라 방대하고 복잡했기 때문이었다(J. M. Simal, "Hacia la ley agraria," *La Voz*, 23 julio 1931).

143) Marcelino Domingo, *La experiencia del poder*, Madrid, 1934, pp. 219-220.

144) Pascual Carrión, *Los latifundios en España. Su importancia, Origen, Consecuencias y solución*, Barcelona: Editorial Ariel, 1975, pp. 383-393.

145) Pascual Carrión, *La reforma agraria*, p. 117.

146) Juan Velarde Fuertes, "Talantes de políticos republicanos," p. 18.

147) Edward E. Malefakis, *Reforma agraria y revolución campesina*, pp. 212-213.

148) José Sánchez Jiménez, "Política y agrarismo durante la Segunda República," *Cuadernos de historia moderna y contemporánea*, núm. 8, 1987, p. 225.

149) José Sánchez Jiménez, "Política y agrarismo," p. 225.

150) Manuel Azaña, *Obras Completas*, México: Ediciones Oasis S. A., 1966-1968, IV, pp. 75-77.

151) *El Debate* y El Sol, 24 julio 1931; Marcelino Domingo, *La experiencia del poder*, p. 222.

152) Ramón Tamames, *La República. La era de Franco*, Madrid: Alianza Editorial, 1988, p. 49.

153) El Socialista, 22 y 23 julio 1931; FNTT, *Memoria que presenta el Comité nacional al Congreso ordinario que ha de celebrarse en septiembre de 1932*, Madrid, 1932, pp. 260-262.

154) "El Congreso Extraordinario del Partido," *El Socialista*, 14 julio 1931.

155) "Problemas inaplazables: Proyecto de reforma agraria," *El Socialista*, 22 julio 1931; "Nuestro voto en contra: El proyecto de reforma agraria," *El Socialista*, 23 julio 1931.

156) Manuel Azaña, *Obras Completas*, IV, p. 77.

157) "Asamblea del P.R.R.S.: Examen del programa que se propone llevar a las Cortes," *El Sol*, 31 mayo 1931; Partido Republicano Radical Socialista, *Ideario*, AHN de la Sección Guerra Civil, P. S. Madrid, c. 2613; Partido Republicano Radical Socialista, *Actitud del partido en las Cortes Constituyentes* (Ponencia redactada por la Comisión nombrada al efecto por el Congreso Nacional, enmiendas presentadas a la misma, con la resolución adoptada), AHN de la Sección Guerra Civil, P. S. Madrid, c. 2613.

158) *El Sol*, 6 agosto 1931.

159) Eduardo Espín, *Azaña en el poder*, p. 214.

160) "Texto taquigráfico del discurso del señor Azaña," *El Sol*, 18 julio 1931; Manuel Azaña, *Obras Completas*, II, p. 24.

161) Manuel Azaña, *Obras Completas*, IV, p. 75 y ss: p. 322.

162) "La aventura de la reforma agraria," *Ahora*, 22 julio 1931.

163) Nigel Townson, "Algunas consideraciones sobre el proyecto ⟨republicano⟩ del Partido Radical," J. L. Delgado (ed.), *La II República española*.

164) *El Progreso*, 5 junio 1931.

165) *El Progreso*, 13 agosto 1931.

166) Ramón Tamames, *La República. La era de Franco*, p. 49.

167) "El debate agrario," *El Debate*, 7 agosto 1931.

168) "Expropiación inmediata de latifundios," *El Debate*, 21 julio 1931.

169) Gonzalo Martín, "Orientaciones agrarias," *Boletín de la Asociación de Agricultores de España(BAAE)*, núm. 246, julio 1931.

170) José Huesca y Rubio, "Voto particular de la Ponencia, formulado por la Comisión Asesora Agraria," *BAAE*, núm. 247, agosto 1931.

171) "Breves comentarios al Proyecto de reforma agraria de la Sociedad de Labradores de Jaén," *BAAE*, núm. 247, agosto 1931.

172) *El Debate*, 22 y 23 julio 1931; Mercedes Cabrera, "La estrategia patronal en la Segunda República," *Estudios de Historia Social*, núm. 7, 1978, pp. 32–33.

173) "Una Asociación de propietarios," El Debate, 25 julio 1931; "Ante la proyectada reforma agraria: Una nota de la Agrupación Nacional de Propietarios de Fincas Rústicas," ABC, 30 julio 1931; Mercedes Cabrera, "Oranizaciones patronales," pp. 120–121.

174) *El Debate*, 25 julio 1931; La Agrupación Nacional de Propietarios, *El credo de la Agrupación Nacional de Propietarios*, Madrid, 1931, pp. 5 y 14.

175) Juan José Castillo, "El sindicalismo confesional," *Claridad*, núm. 16, noviembre-diciembre 1986, p. 45.

176) F. S. Matas, "Ante la Reforma Agraria: El huevo de Colón," *Revista Social y Agraria*, núm. 146, 30 junio 1931.

177) Antonio García de Blas, "Don Antonio Flores de Lemus y la Comisión Técnica Agraria," *Hacienda Pública Española*, núms. 42–43, 1976, p. 304.

178) "Reforma agraria por decreto," ABC, 22 julio 1931.

179) "Memoria del Congreso del Conservatorio(1931)," *Revista de Trabajo*, núm. 53, pp.

310-313; M. González Urién y Fidel Revilla González, *La C.N.T. a través de sus Congresos*, México, D.F., 1981, pp. 240-243.

180) César M. Lorenzo, *Los anarquistas españoles y el poder*, 1868-1969, Ruedo Ibérico, 1972, pp. 53-54.

181) 앙헬 페스타냐는 토지 문제와 관련해서 공동 경작을 강조했다. 이를 위해서 각 지역마다 경작과 개발을 위한 단체를 창설하기를 바랐다. 그가 보기에 제일 현실적인 단체가 노동조합이었다. Angel Pestaña, "La democracia burguesa está agotada; los sindicatos serán los órganos de la revolución social," *El Sol*, 31 mayo 1931.

182) Jean Bécarud y Gilles Lapouge, *Los anarquistas españoles*, Barcelona: Anagrama/ Laia, 1972, pp. 109-113.

183) Anteo, "Notas del campo: La reforma agraria," *Solidaridad Obrera*, 26 junio 1931; Editorial, "¡La tierra a los que la trabajan!," *Solidaridad Obrera*, 28 junio 1931; Anteo, "Notas del campo: Hacia la solución del problema agrario," *Solidaridad Obrera*, 22 julio 1931.

184) Anteo, "Notas del campo: En torno a la ley Agraria," *Solidaridad Obrera*, 2 y 26 agosto 1931.

185) Víctor Alba, *La nueva Era: Antología de una revista revolucionaria 1930-1936*, Madrid: Ediciones Júcar, 1977, pp. 106-107.

186) Roberto Mariner, "Proyecto de tesis agraria," (*Comunismo, núm. 2*, junio 1931), *Revista Comunismo (1931-1934)*, p. 49; "Al Comité Central del Partido Comunista de España (Carta abierta de la I.C. -Mayo 1931)," *La lucha por la bolchevización del partido* (Madrid, 1932), Archivo del PCE, Documentos: carpeta 13.

187) 각료들 가운데 알레한드로 레룩스와 마누엘 아사냐, 마르셀리노 도밍고는 서명하지 않았다. "El Proyecto de ley de Bases para la reforma agraria, presentado por el señor Presidente del Gobierno," *Diario de Sesiones de las Cortes Constituyentes*, apéndice 9 al núm. 26, 25 agosto 1931.

188) *Diario de Sesiones de las Cortes Constituyentes*, núm. 26, 25 agosto 1931, pp. 572-573.

189) 중앙위원회는 1931년 10월 31일에 구성되었다(*Gaceta de Madrid*, 31 octubre 1931). 위원장은 총리 알칼라 사모라가 맡았고, 대법원 재판관 헤로니모 곤살레스가 부위원장을, 파스쿠알 카리온이 서기를 맡았다. Pascual Carrión, *La reforma agraria*, p. 120.

190) *Diario de Sesiones de las Cortes Constituyentes*, núm. 28, 27 agosto 1931, p. 657.

191) Ramón Tamames, *La República. La era de Franco*, p. 50; Mercedes Cabrera, "La estrategia patronal," p. 33.

192) Mateo Azpeitia, "Ante el proyecto de reforma agraria," ABC, 13 septiembre 1931.

193) Informe de la Agrupación Nacional de Propietarios de Fincas Rústicas, *Proyecto de ley sobre la Reforma Agraria*, Madrid, 8 septiembre 1931, pp. 5-17.

194) "Sr. Presidente de la Comisión de Sres. Diputados de las Cortes Constituyentes, dictaminadora del proyecto de ley de Reforma Agraria," *BAAE*, núm. 248, septiembre 1931.

195) "El porvenir técnico y económico de la reforma agraria," *BAAE*, núm. 249, octubre 1931.

196) "Asociación Nacional de Olivareros: Informe presentado a la Comisión parlamentaria dictaminadora del proyecto de Ley de Reforma Agraria (9 septiembre 1931)," *BAAE*, núm. 249, octubre 1931; Antonio Santa Cruz, el presidente interino de la Asociación General de Ganaderos, "A la Comisión parlamentaria dictaminadora del proyecto de ley sobre reforma agraria (8 septiembre 1931)," *BAAE*, núm. 250, noviembre 1931.

197) *Diario de Sesiones de las Cortes Constituyentes*, núm. 51, 7 octubre 1931, Apéndice 2. 일부 위원들(디아스 델 모랄, 모란, 디에고 이달고 등)은 개인 의견을 제출했다. *Diario de Sesiones de las Cortes Constituyentes*, núm. 51, 7 octubre 1931, apéndices 3, 4, 5, respectivamente.

198) 위원회 소속 의원 2명은 새로 제출한 위원회안과 별도로 개인 의견을 제출했다. 급진공화당 의원 디에고 이달고와 공화국봉사회 의원 후안 디아스 델 모랄이 그들이었다. 이들의 개인 의견은 귀족과 부재지주를 겨냥한 점에서 알칼라 사모라안과 공통점을 지니고 있었다. 이런 점에서 가톨릭계와 지주들은 이들의 개인 의견에 적극적인 호응을 보였다. Edward E. Malefakis, *Reforma agraria y revolución campesina*, p. 223.

199) Edward E. Malefakis, *Reforma agraria y revolución campesina*, p. 221.

200) Muro, "Opiniones: La reforma agraria y las Constituyentes," *El Socialista*, 5 noviembre 1931.

201) "Los F.N.T.T. y la reforma agraria," *La Voz*, 28 octubre 1931.

202) "El Congreso de la U.G.T. en Granada," *El Socialista*, 29 noviembre 1931.

203) *El Socialista*, 29 noviembre 1931.

204) Partido Republicano Radical Socialista, Ideario, AHN de la Sección Guerra Civil, P.S. Madrid, c. 2613; Partido Republicano Radical Socialista, *Actitud del partido en las Cortes Constituyentes* (Ponencia redactada por la Comisión nombrada al efecto por el Congreso Nacional, enmiendas presentadas a la misma, con la resolución adoptada), AHN de la Sección Guerra Civil, P.S. Madrid, c. 2613.

205) "Los partidos políticos ante la Reforma agraria," *El Debate*, 5 diciembre 1931.

206) "Temas políticos: El problema de la tierra," *Heraldo de Madrid*, 3 octubre 1931.

207) "Se presenta a la Cámara el proyecto definitivo de reforma agraria," *El Sol*, 27 noviembre 1931; 2 diciembre 1931.

208) 급진공화당 대표 레룩스가 마누엘 아사냐에게 정부 내에서 사회주의 세력을 축소해 달라고 요청한 적도 있었다. "El Sr. Azaña pronunció el domingo el discurso más importante de su vida política," *El Sol*, 15 septiembre 1931.

209) "Los partidos políticos ante la Reforma agraria," *El Debate*, 5 diciembre 1931.

210) Mercedes Cabrera, "Organizaciones patronales," p. 107; Manuel Ramírez, *Los grupos de presión*, pp. 114-116.

211) Unión Nacional Económica, *Estatutos*, Madrid, 1931.

212) Melchor Fernández Almagro, *Historia de la República española* (1931-1936), Madrid: Biblioteca Nueva, 1940, p. 33.

213) *Boletín de la C.N.T.*, enero 1932.

214) "Un proyecto contra los trabajadores del campo: Análisis y comentario de la reforma agraria," *Mundo Obrero*, 26, 28, 30 noviembre y 1 diciembre 1931.

215) "Llamamiento del Partido Comunista de España: ¡A todos los trabajadores! ¡A todos los oprimidos!," *Mundo Proletariado*, Semanario Comunista, Madrid, 29 noviembre 1931.

216) "Tierra, trabajo y libertad: A los obreros agrícolas y campesinos trabajadores," AHN, Ministerio de la Gobernación - Serie A, Legajo 3A, Exp. 17: Anarquismo, comunismo, etc., Año 1931.

3장 | 개혁의 몸부림

1) 사회주의자들과 공화 좌파가 알칼라 사모라를 단독후보로 추천해 그를 대통령으로 선출했다. 종교 문제로 소원해진 알칼라 사모라를 다독인 정치적 조치로 보인다.

2) "Asamblea Nacional del Partido Republicano Radical, 15 de octubre 1932: Discurso de D. Alejandro Lerroux en la sesión inaugural," *Libro de oro del Partido Republicano Radical 1864-1934*, Madrid: Biblioteca Nacional, ?, p. 230. 사회주의자들과 급진공화주의자들의 이러한 갈등이 제2공화국 에스파냐 정치의 주조를 이루었다.

3) Antonio Ramos Oliveira, *Politics, Economics and Men of Modern Spain 1808-1946*, London, 1946, p. 474; *Historia de España*, III, p. 170.

4) Santos Juliá, "Sistema de partidos y problemas de consolidación de la democracia," Santos Juliá (ed.), *Política en la Segunda República*, Madrid: Ayer, 1995, p. 124.

5) Octavio Ruiz Manjón, *El Partido Republicano Radical 1908-1936*, p. 285.

6) Octavio Ruiz Manjón, *El Partido Republicano Radical 1908-1936*, pp. 316-317.

7) Salvador de Madariaga, *España. Ensayo de historia contemporánea*, Madrid: Espasa-Calpe, S. A., 1979, p. 344.

8) José Bullejos, *España en la II República*, Madrid: Júcar, 1979, pp. 56-57.

9) 인달레시오 프리에토가 공공사업부 장관, 프란시스코 라르고 카바예로가 노동부 장관을 맡고 있었다. Diego Martinez Barrio, *Memorias*, Barcelona: Planeta, 1983, pp. 115-116.

10) Marcelino Domingo, *La experiencia del poder*, Madrid, 1934, p. 222. 공화행동 소속 농학자 아돌포 바스케스 후마스케가 작업을 주도했다(Manuel Tuñón de Lara, *Tres claves de la Segunda República*, Madrid: Alianza Editorial, 1985, p. 61).

11) Marcelino Domingo, *La experiencia del poder*, pp. 222-223.

12) "Ante un gran problema nacional: Marcelino Domingo habla de la reforma agraria a los lectores de 〈Luz〉," *Luz*, 30 enero 1932; "Marcelino Domingo anticipa las bases del proyecto de reforma agraria," *El Liberal*, 31 enero 1932.

13) "Ante un gran problema nacional," *Luz*, 30 enero 1932.

14) "Constitución del nuevo Gobierno: Declaración ministerial (Sesión de Cortes del 17 de diciembre de 1931)," Manuel Azaña, Obras Completas, II, p. 119; "Ayer, en las Cortes: Discurso del Presidente de Gobierno," *El Socialista*, 18 diciembre 1931.

15) "Importantes manifestaciones sobre la reforma agraria," *El Progreso Agrícola y Pecuario*, 7 enero 1932.

16) "La República española: El Consejo de ministros estudia detenidamente el proyecto de reforma agraria," *La Libertad*, 13 enero 1932.

17) Manuel Azaña, *Memorías políticas* 1931-1933, Barcelona: Grijalbo Mondadori, 1978, pp. 397-398.

18) Manuel Azaña, *Memorías políticas 1931-1933*, pp. 421-422, 432.

19) J. G. de M., "Conversaciones del momento: Lo que dice a "La Voz" del proyecto de reforma agraria don Marcelino Domingo," *La Voz*, 23 marzo 1932.

20) Marcelino Domingo, *Ahora*, 16 marzo 1932.

21) Edward E. Malefakis, *Reforma agraria y revolución campesina*, p. 233; Mercedes Cabrera, "La estrategia patronal," p. 37.

22) "Federación Nacional de Trabajadores de la Tierra: Un interesante escrito al ministro de Agricultura sobre el proyecto de Reforma agraria," *El Socialista*, 2 enero 1932; "Puntualizando," *El Obrero de la Tierra*, 16 enero 1932.

23) "Los trabajadores de la Tierra: En el Congreso interregional de Andalucía y Extremadura se señala la posición obrera ante el proyecto de Reforma agraria," *El Socialista*, 10 febrero 1932; "Ponencias: Reforma agraria," *El Obrero de la Tierra*, 13 febrero 1932.

24) "El Congreso de Trabajadores de la Tierra: Se aprueban interesantes ponencias sobre Reforma agraria, Crisis de trabajo y Contratos y arrendamientos," *El Socialista*, 12 abril 1932.

25) "La inauguración de la casa del pueblo de Calatayud: Fernando de los Ríos, en un magnífico discurso, dicta una clara lección de humanidad," *El Socialista*, 12 abril 1932.

26) "El proyecto de reforma agraria," *El Obrero de la Tierra*, 26 marzo 1932.

27) Edward E. Malefakis, *Reforma agraria y revolución campesina*, pp. 370-372.

28) *El Obrero de la Tierra*, 21 mayo 1932.

29) *El Obrero de la Tierra*, 18 junio 1932.

30) *El Obrero de la Tierra*, 18 junio 1932.

31) 그의 연설을 듣기 위해 몰려든 청중이 무려 4만 명에 이르렀다. 전무후무한 수였다. "El acto radical del domingo en Madrid: El señor Lerroux, en su discurso, abogó por una política de tolerancia, de respeto y de pacificación espiritual," *El Sol*, 23 febrero 1932; "El importante acto político celebrado el domingo en la plaza de toros monumental: Don Alejandro Lerroux pronuncia su discurso ant una masa de 40,000 espectadores," *El Liberal*, 23 febrero 1932; "¡Jornada hostórica!: Lerroux ha tenido sabias advertencias ante todas las preocupaciones nacionales," *El Progreso*, 23 febrero 1932.

32) 이것은 자신의 주장을 펼치기 위한 정치적 수사로 보인다.

33) "Juicios y actitudes ante la reforma agraria," *ABC*, 13 abril 1932; *El Progreso*, 12 abril 1932.

34) José de Medina y Togores, *Un año de Cortes Constituyentes*, Madrid: Editorial Ibérica, 1932, p. 253.

35) Juan Avilés Farré, *La izquierda burguesa en la II República*, p. 141.

36) José L. García de la Serrana, "Los intelectuales en la II República," M. Ramírez, *Estudios sobre la II República española*, Madrid: Editorial Tecnos, 1975, p. 138.

37) "La reforma agraria: Sistema coherente y realista," *El Sol*, 18 mayo 1932.

38) 전국경제연맹은 강연 내용을 《토지개혁》이란 책자(Unión Nacional Económica, *La Reforma Agraria*, Ciclo de Conferencias acerca del proyecto presentado al Parlamento por el ministro de Agricultura, Industria y Comercio, D. Marcelino Domingo, Madrid, 1932)로 묶어 냈다.

39) Unión Nacional Económica, *La Reforma Agraria*, pp. 9, 15-16.

40) Unión Nacional Económica, *La Reforma Agraria*, pp. 39-40.

41) Unión Nacional Económica, *La Reforma Agraria*, pp. 95-96.

42) Unión Nacional Económica, *La Reforma Agraria*, pp. 143-147.

43) Unión Nacional Económica, *La Reforma Agraria*, pp. 185-186, 211.

44) 전국경제연맹이 대회 내용에 관한 자료집을 묶어 냈다. Unión Económica, *Asamblea Económico-Agraria, celebrada en Madrid los días 26 y 27 de abril de 1932*, Madrid, 1932.

45) "Una importante asamblea de fuerzas económicas para definir la actitud de éstas respecto a la reforma agraria," *ABC*, 27 abril 1932.

46) Unión Económica, *Asamblea Económico-Agraria*, p. 7.

47) Manuel Tuñón de Lara, "Poder político y aparatos de Estado (1931-1936)," *La II República*, Ponencias del 2.º Coloquio Internacional sobre la 2.ª República española (1981), Barcelona, 1983, p. 130.

48) 카를로스 마르틴 알베레스와 니콜라스 에스피노사, 마르케스 데 프론테라 등의 연설을 보라. Unión Económica, *Asamblea Económico-Agraria*, pp. 14, 32, 39.

49) Manuel Tuñón de Lara, *Tres claves de la Segunda República*, p. 74.

50) 같은 달 29일에 전국경제연맹이 제출한 결론이 의회의 토지개혁위원회에 전달된 것으로 확인됐다(*Diario de Sesiones de las Cortes Constituyentes*, núm. 157, 29 abril 1932).

51) "Actividad de la 〈Unión Económica〉: ¿Cómo y para qué nació Unión Económica?," *Economía Española*, núm. 1, enero 1933, p. 176.

52) "La Asociación de Agricultores y la reforma agraria," *El Debate*, 26 abril 1932.

53) "Exposición elevada a las Cortes por la Federación de Círculos Mercantiles y Asociaciones Libres de Comerciantes e Industriales sobre el Proyecto de Ley de Reforma Agraria ante la Economía y el Derecho," *BAAE*, núm. 256, mayo 1932.

54) "XVI Asamblea de la Confederación Católico-Agraria," *RSA*, núm. 156, 30 abril 1932.

55) "La reforma agraria," *RSA*, núm. 156, 30 abril 1932.

56) CNT, "A la opinión pública y en particular a la clase trabajadora: Nuestra actitud en relación con el problema de la tierra y la Reforma agraria que ha de someterse a las Cortes Constituyentes," *Boletín de la C.N.T. de España*, núm. 4, Barcelona, enero 1932 (AHN de la Sección Guerra Civil, B. 44/1).

57) "La reforma agraria: El proyecto del Sr. Domingo es un proyecto al servicio de la propiedad privada," *La Tierra*, Madrid, 18 marzo 1932.

58) Anteo, "Notas del campo: Otro proyecto de reforma agraria," *Solidaridad Obrera*, 26 marzo 1932.

59) "Los problemas del campo y la reforma agraria," *Tierra y Libertad*, Barcelona, 15 abril 1932.

60) Anteo, "Notas del campo: Otro proyecto de reforma agraria," *Solidaridad Obrera*, 26

marzo 1932.

61) *La lucha por la bolchevización del Partido*, Madrid, 1932, Archivo del PCE, Documentos: Carpeta 13; Eduardo Comín Colomer, *Historia del Partido Comunista de España*, I, Madrid: Editora Nacional, 1967, pp. 370-374.

62) Chavaroche, "¡Comités de fábrica! ¡Comités de campesinos!" (Ediciones "Mundo Obrero," 1932), Archivo del PCE, Documentos: Carpeta 13, pp. 12-13; Editorial, "Las tareas que debe resolver la revolución española," *La Internacional Comunista*, núm. 1, abril 1932.

63) A. Brones, *La acentuación de la crisis revolucionaria en España y las tareas del Partido Comunista* (Ediciones "Mundo Obrero"), Archivo del PCE, 77/5, pp. 31-33.

64) PCE, *Historia del Partido Comunista de España*, Editions Sociales, 1960, p. 77.

65) *Diario de Sesiones de las Cortes*, núm. 167, 18 mayo 1932, p. 5635.

66) "En las Cortes: Continúa la discusión del proyecto de reforma agraria," *El Obrero de la Tierra*, 21 mayo 1932. 개인의견서와 수정안은 대부분 농업회 소속 의원들이 제기했다. 그들이 개인의견서와 수정안을 무더기로 제출한 것은 법안을 무력화시키려는 법안 반대 공작의 일환이라고 볼 수 있다(Alejándro López López, *El boicot de la derecha a las reformas de la Segunda República*, Madrid: Instituto de Estudios Agrarios, Pesqueros y Alimentos, 1984, pp. 284-289를 보라).

67) *Diario de Sesiones de las Cortes*, núm. 233, 9 septiembre 1932, pp. 8716-8719.

68) "Contra la reforma agraria," *El Obrero de la Tierra*, 25 junio 1932.

69) Manuel Ramírez Jiménez, *Los grupos de presión*, p. 174.

70) "La reforma agraria: Dos concepciones de la organización," *El Sol*, 19 junio 1932. 디에고 이달고도 의회 연설에서 이 점을 지적했다(*Diario de Sesiones de las Cortes*, núm. 196, 7 julio 1932, pp. 6812-6813). 농업회 의원들은 자신들이 방해할 일은 하지 않았다고 했다(*Diario de Sesiones de las Cortes*, núm. 187, 22 junio 1932, p. 6380). 심지어는 법안 내용을 좋게 다듬기 위해서 한 일이라고 했다. 이런 의도가 토지개혁위원회의 사회주의 세력과 극단주의 세력의 조직적 비타협 탓에 좌절되고 있다고 했다. "Los proyectos de reforma agraria y de Estatuto catalán ante la Cámara," *ABC*, 1 julio 1932.

71) Edward E. Malefakis, *Reforma agraria y revolución campesina*, p. 237.

72) Octavio Ruiz Manjón, *El Partido Republicano Radical 1908-1936*, p. 309. 급진공화당 소속 의원 이달고는 예외였다. 그는 파종기가 오기 전에 개혁안을 승인해야 한다고 지적했다(*Diario de Sesiones de las Cortes*, núm. 196, 7 julio 1932, pp. 6812-6813).

73) *El Obrero de la Tierra*, 11 junio, 25 junio, 23 julio y 6 agosto 1932; *El Socialista*, 7 agosto 1932.

74) Edward E. Malefakis, *Reforma agraria y revolución campesina*, pp. 236-237. 이와 달리 후안 벨라르데 푸에르테스는 마누엘 아사냐의 일기(Manuel Azaña, Diarios, 1932-1933. <*Los cuadernos robados*>, Barcelona: Crítica, 1997, p. 22)를 근거로 알칼라 사모라가 적극적인 관심을 보인 것으로 주장했다(Juan Velarde Fuertes, "Talantes de políticos republicanos, clave ante la Reforma Agraria," *Anales de Economía*, núm. 14, abril-junio 1972, p. 16).

75) Manuel Azaña, *Memorias políticas 1931-1933*, Barcelona: Grijalbo Mondadori, 1978, pp. 524, 526.

76) Edward E. Malefakis, *Reforma agraria y revolución campesina*, p. 241.

77) "Los proyectos de Reforma agraria y de Estatuto catalán ante la Cámara," *ABC*, 1 julio 1932.

78) Manuel Azaña, *Diarios, 1932-1933*, pp. 61-62.

79) "Ayer prosiguió la discusión de la Reforma agraria, con la Cámara poco concurrida," *El Debate*, 25 mayo 1932.

80) *Diario de Sesiones de las Cortes*, núm. 163, 11 mayo 1932, p. 5518.

81) *Diario de Sesiones de las Cortes*, núm. 170, 24 mayo 1932, pp. 5746-5747.

82) *Diario de Sesiones de las Cortes*, núm. 178, 7 junio 1932, p. 6049.

83) *Diario de Sesiones de las Cortes*, núm. 183, 15 junio 1932, pp. 6215-6218; "Don Marcelino Domingo resume el debate de totalidad sobre el proyecto de Reforma agraria," El Sol, 16 junio 1932; "La sesión de Cortes de hoy: Discurso de D. Marcelino Domingo sobre la reforma agraria," *Luz*, 15 junio 1932.

84) *Diario de Sesiones de las Cortes*, núm. 174, 31 mayo 1932, pp. 5905-5906.

85) "La reforma agraria, adelante: ¡Si el proyecto fuera socialista···," *El Socialista*, 18 junio 1932.

86) *Diario de Sesiones de las Cortes*, núm. 170, 24 mayo 1932, p. 5757.

87) "Por los ministros: El señor Domingo expresa su actitud ante la Reforma agraria," *El Socialista*, 22 mayo 1932.

88) *Diario de Sesiones de las Cortes*, núm. 183, 15 junio 1932, pp. 6218-6219.

89) *Diario de Sesiones de las Cortes*, núm. 162, 10 mayo 1932, p. 5486. 디아스 델 모랄의 의회 연설은 그와 오르테가 이 가세트가 저술한 책(Juan Díaz del Moral y José Ortega y Gasset, *La Reforma Agraria y El Estatuto Catalán*, Madrid: Revista de Occidente, 1932, pp. 9 y ss.)에서도 찾아볼 수 있다.

90) *Diario de Sesiones de las Cortes*, núm. 162, 10 mayo 1932, p. 5496.

91) *Diario de Sesiones de las Cortes*, núm. 163, 11 mayo 1932, p. 5520.

92) *Diario de Sesiones de las Cortes*, núm. 167, 18 mayo 1932, p. 5645.

93) *Diario de Sesiones de las Cortes*, núm. 170, 24 mayo 1932, p. 5748.

94) *Diario de Sesiones de las Cortes*, núm. 171, 25 mayo 1932, p. 5780.

95) *Diario de Sesiones de las Cortes*, núm. 179, 8 junio 1932, pp. 6085-6086.

96) *Diario de Sesiones de las Cortes*, núm. 179, 8 junio 1932, p. 6086.

97) *Diario de Sesiones de las Cortes*, núm. 167, 18 mayo 1932, pp. 5640-5641.

98) *Diario de Sesiones de las Cortes*, núm. 163, 11 mayo 1932, p. 5524.

99) "Por los ministerios: Interesantes manifestaciones de don Marcelino Domingo sobre la reorganización del Crédito agrícola," *El Socialista*, 26 mayo 1932.

100) *Diario de Sesiones de las Cortes*, núm. 167, 18 mayo 1932, pp. 5655-5657.

101) *Diario de Sesiones de las Cortes*, núm. 170, 24 mayo 1932, p. 5756; núm. 174, 31 mayo 1932, p. 5908.

102) *Diario de Sesiones de las Cortes*, núm. 170, 24 mayo 1932, p. 5739.

103) "Los proyectos de Reforma agraria y de Estatuto catalán ante la Cámara," *ABC*, 1

julio 1932.

104) *Diario de Sesiones de las Cortes*, núm. 190, 28 junio 1932, p. 6493.

105) *Diario de Sesiones de las Cortes*, núm. 195, 6 julio 1932, p. 6787.

106) *Diario de Sesiones de las Cortes*, núm. 201, 15 julio 1932, pp. 7101 y 7114.

107) *Diario de Sesiones de las Cortes*, núm. 202, 19 julio 1932, p. 7166.

108) 촌락이나 도시에서 멀리 떨어진 토지를 경작하려면 경작지에 농업용 건물을 건축해야 하
는 등 비용이 많이 들었기에 농민들은 루에도를 선호했다.

109) *Diario de Sesiones de las Cortes*, núm. 206, 26 julio 1932, p. 7326.

110) Francisco Díaz de Arcaya, *La reforma agraria de 15 de septiembre de 1932*, Reus,
1933, p. 95.

111) *Diario de Sesiones de las Cortes*, núm. 233, 9 septiembre 1932, pp. 8716-8719.

112) Edward E. Malefakis, *Reforma agraria y revolución campesina*, p. 249, Cuadro 25.

113) Edward E. Malefakis, *Reforma agraria y revolución campesina*, pp. 253-257.

114) Edward E. Malefakis, *Reforma agraria y revolución campesina*, pp. 262-263.

115) "La República y la tierra: Don Marcelino Domingo, ministro de Agricultura, explica
a los lectores de *LA VOZ* el sentido y alcance de la reforma agraria," *La Voz*, 10
septiembre 1932; El Consultor de los Ayuntamientos y de los Juzgados
municipales, *Manual de la Reforma Agraria*, Madrid, 1932, pp. 5-6; "Dice el
ministro de Agricultura: Con la aprobación del Estatuto y la Reforma agraria, la
República habrá rearalizado una obra sin par," *El Socialista*, 6 septiembre 1932.

116) *Diario de Sesiones de las Cortes*, núm. 232, 8 septiembre 1932, p. 8674.

117) "Discurso en Santander, el 30 de septiembre de 1932," Manuel Azaña, *Obras
Completas*, II, pp. 437-438.

118) "Después de aprobada la reforma agraria: Defensores e impugnadores de la nueva
ley hacen manifestaciones para los lectores de *El Sol*," *El Sol*, 9 septiembre 1932.

119) Diego Martínez Barrio, *Memorias*, p. 120.

120) "La aplicación de la Reforma Agraria," *Ahora*, 16 septiembre 1932.

121) "Después de aprobada la reforma agraria: Defensores e impugnadores de la nueva
ley hacen manifestaciones para los lectores de *El Sol*," El Sol, 9 septiembre 1932.

122) "La reforma agraria," *El Obrero de la Tierra*, 3 septiembre 1932.

123) "Después de aprobada la reforma agraria: Defensores e impugnadores de la nueva
ley hacen manifestaciones para los lectores de El Sol," *El Sol*, 9 septiembre 1932.

124) Pierre Vilar, *La Guerra Civil española*, Barcelona: Crítica, 1992, p. 13.

125) José Bullejos, *España en la II República*, Madrid: Júcar, 1979, p. 89.

126) Eloina Rapp Lautaron, *El problema agrario en España y la Reforma de 1936-1939*
(Moscú, 1949), Archivo del PCE, 54/1. pp. 94-99.

127) Antonio Ramos Oliveira, *Historia de España*, III, p. 99.

128) Gerald Brenan, *El laberinto español*, p. 299.

129) Ramón Tamames, *Estructura económica de España*, Madrid: Alianza Editorial,
1993, p. 5; *La República*, Madrid: Alianza Editorial, 1988, p. 54.

130) Edward E. Malefakis, *Reforma agraria y revolución campesina*, p. 243.

131) "Sobre el mismo tema: El desarrollo de las dos leyes fundamentales," *El Liberal*, 11

septiembre 1932; "Manos a la obra: La implantación de las dos grandes leyes de la República," *Luz*, 12 septiembre 1932.

132) "Consejo en el palacio nacional: Queda aprobado el reglamento del I.R.A.," *Luz*, 23 septiembre 1932.

133) Enrique Muñoz, "El Instituto de Reforma Agraria: un organismo antirevolucionario," *El Socialista*, 4 octubre 1932.

134) *El Socialista*, 29 septiembre 1932; *El Obrero de la Tierra*, 1 y 15 octubre 1932.

135) UGT, *Actas de las sesiones del XVII Congreso ordinario de la U.G.T.*, 1932, p. 307; PSOE, *Actas del XIII Congreso del P.S.O.E.*, 1932, p. 530.

136) Edward E. Malefakis, *Reforma agraria y revolución campesina*, p. 289.

137) Manuel Azaña, *Memorias íntimas de Azaña*, Madrid, 1939, p. 92.

138) Marcelino Domingo, *La experiencia del poder*, p. 224.

139) "De reforma agraria: Las plantillas del Insittuto: Los 'Asentamientos' en la burocracia," *El Liberal*, 14 febrero 1933; "La reforma agraria: El inconveniente de la burocracia centralista," *El Liberal*, 18 junio 1933.

140) Juan S. Vidarte, *Las Cortes Constituyentes de 1931-1933*, Barcelona: Ediciones Grijalbo, 1976, pp. 537-538. 사회주의자들은 심지어 토지개혁청을 '반개혁청'이라고 불렀다.("La Ley de reforma agraria," *El Obrero de la Tierra*, 26 agosto 1933)

141) Manuel Azaña, *Diarios*, pp. 382-383; *Memorias*, p. 93.

142) Edward E. Malefakis, *Reforma agraria y revolución campesina*, pp. 316-318.

143) Daniel Riu, "Temas económicos: La ley de Reforma agraria y el presupuesto de la República," *La Libertad*, 21 abril 1933.

144) Manuel Tuñón de Lara, *Tres claves*, p. 82.

145) *BIRA*, núm. 31, enero 1935.

146) Manuel Azaña, *Diarios*, pp. 382-383.

147) 남은 금액이 이렇게 많은 이유는 전년도에서 이월된 금액 때문일 것이다.

148) Joaquín Maurín, *Revolución y contrarrevolución en España*, Paris: Ruedo Ibérico, 1966, p. 58.

149) *Acta del Consejo Ejecutivo del IRA*, 12 julio 1933, AHN de la SGC, P. S. Madrid.

150) 농업은행 창설에 대해서는 잠시 뒤로 다루겠다.

151) Eloina Rapp Lautaron, "El problema agrario en España y la Reforma de 1936-1939," Moscú, 1949 (Archivo del PCE, Tesis, Manuscritos y Memorias, 54/1), p. 102.

152) Manuel Tuñón de Lara, *Tres claves*, p. 86.

153) 농업회 소속 의원들이 의회에서 지주들의 파종 거부 움직임을 합법화하려는 운동을 벌였다. 이 문제와 관련한 의회 토론이 1932년 10월 18일자에서 22일자에 이르는《엘 소시알리스타》와《라 루스》에 잘 나타나 있다.

154) *El Socialista*, 22 octubre 1932.

155) Alfonso Madrid, *Constitución Agraria de España*, Madrid, 1933, pp. 365-379.

156) "La Reforma agraria: Manifestaciones de D. Marcelino Domingo," *El Liberal*, 5 noviembre 1932.

157) "Dice el ministro de Agricultura: Función social política y económica del Instituto de Reforma Agraria," *El Sol*, 6 diciembre 1932.

158) Paloma Biglino, *El socialismo español y la cuestión agraria (1890-1936)*, Madrid: Centro de Publicaciones, Ministerio de Trabajo y Seguridad Social, 1986, p. 327.

159) *BIRA*, núms. 3, 4 y 5; E. de la Villa, "El derecho de Trabajo en España durante la 2ª República," *Revista de Facultad de Derecho*, núms. 35-36, p. 295.

160) Manuel Tuñón de Lara, *Tres claves*, p. 88; "Los obreros y campesinos pobres hacen su reforma agraria," *Mundo Obrero, 19* febrero 1933.

161) *El Debate*, 2 febrero 1933; Edward E. Malefakis, *Reforma agraria y revolución campesina*, p. 283.

162) Joaquín Arrarás, *Historia de la Segunda República española*, II, Madrid: Editora Nacional, 1970, p. 50.

163) "Roturaciones con violencia," *El Sol, 7* marzo 1933.

164) T.O., 15 marzo 1933, núm. 15/316, AHN, Gobernación, Serie A, Leg. 7A, Exp. 37: Cuestiones sociales: Badajoz, 1933.

165) T.O., 16 marzo 1933, núm. 499, AHN, Gobernación, Serie A, Leg. 7A, Exp. 37: Cuestiones sociales: Badajoz, 1933.

166) T.O., 14 marzo 1933, núm. 305; T.O., 24 marzo 1933, núm. 15/548, AHN, Gobernación, Serie A, Leg. 7A, Exp. 37: Cuestiones sociales: Badajoz, 1933.

167) AHN, Gobernación, Serie A, Leg. 7A, Exp. 37: Cuestiones sociales: Badajoz, 1933.

168) Edward E. Malefakis, *Reforma agraria y revolución campesina*, pp. 325-326.

169) "La reforma agraria: Los pesimismos del señor Vázquez Humasqué," *Renovación*, Barcelona, 1 diciembre 1933.

170) Jesús de Juana, *La posición centrista durante la Segunda República española*, Universidad de Santiago de Compostela, 1988, p. 190.

171) "Instituto de Reforma Agraria," *Ahora*, 25 enero 1933.

172) "En espera de un ministro," *Ahora*, 19 febrero 1933.

173) Manuel Azaña, *Diarios*, p. 337.

174) Manuel Azaña, *Diarios*, p. 407.

175) Manuel Azaña, *Memorias*, p. 89.

176) 마르티네스 바리오는 마르셀리노 도밍고를 정치적 이유로 기용했다고 본다. 급진공화당이 연립정부 구성을 거부한 상황에서 사회주의자들이 경제 관련 부처를 독점하지 못하도록 마르셀리노 도밍고를 그를 농업부 장관에 임명했다는 얘기이다. Diego Martínez Barrio, *Memorias*, Barcelona: Planeta: 1983, pp. 115-116.

177) Juan Simeón Vidarte, *Las Cortes Constituyentes*, p. 473.

178) Marcelino Domingo, *La experiencia del poder*, Madrid, 1934, pp. 179-180.

179) Marcelino Domingo, *La experiencia del poder*, p. 231.

180) "Declaraciones de D. Marcelino Domingo: El fascismo, la obstrucción, la violencia en la lucha social y la reforma agraria," *Luz*, 27 marzo 1933; "La reforma agraria: Todos los asentamientos, en el otoño," *El Socialista*, 29 marzo 1933.

181) Adolfo Vázquez Humasqué, "Cómo empezará a cumplirse la ley agraria: Su aplicación revolucionará el agro español por vía legal," *Luz, 4* octubre 1932.

182) Adolfo Vázquez Humasqué, "De reforma agraria: confusionismo, no," *Luz, 17* febrero 1933.

183) José Ruiz-Castillo Basala, *Funcionario republicano de reforma agraria y otros testimonios*, Madrid: Biblioteca Nueva, 1983, p. 132; Mercedes Cabrera, *La patronal ante la República. Organizaciones y estrategia 1931-1936*, Madrid: Siglo XXI, 1983, p. 13.

184) José Ruiz-Castillo Basala, *Funcionario republicano*, p. 132.

185) Antonio Ramos Oliveira, *Historia de España*, III, p. 67; *Politics, economics and Men of Modern Spain 1808-1946*, London, 1946, pp. 313-314. 또한 Santos Juliá, "Introducción," Manuel Azaña, *Diarios*, p. xiii를 보라.

186) Gabriel Jackson, *La República española y la guerra civil*, 1931-1939, México D. F.: Princeton University Press, 1967, pp. 429-433.

187) Edward E. Malefakis, *Reforma agraria y revolución campesina*, p. 318.

188) "De reforma agraria: ¿Un alto en el camino?," *Luz*, 27 febrero 1933; "La obstrucción debe terminar," *El Obrero de la Tierra*, 13 mayo 1933.

189) "Manifestaciones del ministro: La reforma agraria," *El Liberal*, 17 marzo 1932.

190) Edward E. Malefakis, *Reforma agraria y revolución campesina*, p. 292.

191) *El Socialista*, 22 septiembre 1932.

192) "Tres leyes que urgen," *El Obrero de la Tierra*, 31 diciembre 1932; "Las leyes complementarias," *El Obrero de la Tierra*, 11 febrero 1933; "Problemas urgentes: Se precisa la ley de Arrendamientos," *El Socialista*, 26 febrero 1933; "La obstrucción debe terminar," *El Obrero de la Tierra*, 13 mayo 1933, etc.

193) "De reforma agraria: ¿Un alto en el camino?," *Luz*, 27 febrero 1933.

194) Pedro Sánchez Marquez, "En marcha: La nueva ley de arrendamientos," *La Voz del Campo*, 15 diciembre 1932; Ignacio M. Margalet, "Editorial," *La Voz del Campo*, 7 marzo 1933; "Editorial," *La Voz del Campo*, 2 y 16 febrero 1933.

195) "Notas políticas: El proyecto de ley de arrendamiento de fincas rústicas resuelve uno de los aspectos fundamentales de la reforma agraria," *El Sol, 19* marzo 1933.

196) "Proyecto de ley leído por el Sr. Ministro de Agricultura, Industria y Comercio sobre arrendamiento de fincas rústicas," *Diario de Sesiones de las Cortes*, Apéndice 3.° al núm. 324, 6 abril 1933; A. Álvarez Jusué, *Arrendamientos rústicos*, Madrid: Góngora, 1935, pp. 5-8; "Texto íntegro del nuevo proyecto de ley de Arrendamientos rústicos," *El Debate*, 11 abril 1933; "La ley de Arrendamientos: Declaraciones de Marcelino Domingo," *El Liberal*, 8 abril 1933.

197) *Diario de Sesiones de las Cortes*, núm. 378, 27 julio, 1933, p. 14459.

198) *Diario de Sesiones de las Cortes*, núm. 378, 27 julio, 1933, p. 14467.

199) *Diario de Sesiones de las Cortes*, núm. 379, 28 julio, 1933, pp. 14490, 14495.

200) "Los arrendatarios de Córdoba protestan contra la obstrucción y dicen que no habrá paz en el campo hasta que sea aprobada la ley de Arrendamientos," *El Liberal*, 31 mayo 1933.

201) "Nota política: Los acuerdos del Consejo sobre reforma agraria," *Luz*, 6 julio 1933.

202) A. Ávarez Jusué, *Arrendamientos rústicos*, p. 14; "Arrendatarios de fincas rústicas, leed," *El Obrero de la Tierra*, 8 julio 1933.

203) *Diario de Sesiones de las Cortes*, núm. 378, 27 julio, 1933, p. 14443.

204) *Diario de Sesiones de las Cortes*, núm. 381, 2 agosto, 1933, pp. 14562-14563.

205) "Información política: Los agrarios anuncian una oposición violenta al proyecto de Arrendamientos rústicos," *El Socialista*, 15 julio 1933.

206) "Crónica-Económicas," *Economía Española*, núm. 7 y 8, julio-agosto 1933, p. 13.

207) *Diario de Sesiones de las Cortes*, núm. 378, 27 julio 1933, p. 14444.

208) "Del momento político: Del pleito radical socialista a la vacación parlamentaria," *El Socialista*, 5 agosto 1933; "Negociaciones para ultimar la ley de Arrendamientos," *El Debate*, 5 agosto 1933; "La labor de las Cortes: Parece haberse iniciado la colaboración entre la mayoría y los agrarios en la discusión de la ley de Arrendamientos," *El Sol*, 5 agosto 1933.

209) "Del momento político: Del pleito radical socialista a la vacación parlamentaria," *El Socialista*, 5 agosto 1933.

210) "La situación política," *La Libertad*, 9 agosto 1933; "La propiedad de la tierra: La verdadera reforma agraria," *El Sol*, 8 agosto 1933.

211) "La ley de Arrendamientos: El tópico de la intransigencia," *El Socialista*, 11 agosto 1933; "La obstrucción de los agrarios," *El Obrero de la Tierra*, 12 agosto 1933.

212) "Tema agrario: El discurso del señor Sánchez Román," *Luz*, 11 agosto 1933; "La labor de las Cortes: El señor Sánchez Román rebate de manera concluyente la posición socialista en la ley de Arrendamientos rústicos," *El Sol*, 11 agosto 1933.

213) 이 점은 당시 일간지에서 이구동성으로 지적한 내용이다. "El Parlamento: En la discusión del proyecto sobre Arrendamientos no se avanzó un paso," *La Libertad*, 16 agosto 1933; "Sólo unos 50 diputados asistieron ayer a la Cámara," *El Debate*, 23 agosto 1933; "La labor de las Cortes, completamente paralizada," *El Debate*, 25 agosto 1933; "Para aprobar la ley de Arrendamientos rústicos," *El Debate*, 26 agosto 1933; "La mayoría, ausente: Cortes que no funcionan," *El Sol*, 26 agosto 1933; *El Socialista*, 25 agosto 1933.

214) "Notas del día: Los agrarios han triunfado doblemente," *Luz*, 1 septiembre 1933; "En las Cortes: El debate sobre Arrendamientos," *El Liberal*, 1 septiembre 1933; "Nose avanzó en la ley de Arrendamientos," *El Debate*, 30 agosto 1933; "Los agrarios, decididos a la resistencia," *El Debate*, 30 agosto 1933.

215) "Las fuerzas gubernamentales se someten a los agrarios," *La Tierra*, 1 septiembre 1933.

216) José Aragón y Montejo, "Crédito agrícola y Reforma agraria," *BAAE*, núms. 259 y 260, agosto y septiembre 1932; "Hacia una mejor España agrícola (Interviú de D. Ramón Feced)," *El Sol*, 7 mayo 1933; Luis Marichalar, vizconde de Eza, *De mis carpetas. La Reforma agraria y el crédito*, Madrid, 1933, p. 5.

217) Santiago Valiente, "Transformación y mejora de la vida rural. El Banco Nacional Agrario," *Revista de los Servicios Sociales Agrarios y de Estadística Agrícola Social*, núm. 6, octubre 1932, p. 660.

218) "Hacia una mejor España agrícola," *El Sol*, 7 mayo 1933.

219) E. Cantabrana, "El Banco Nacional Agrario," *El Obrero de la Tierra*, 1 julio 1933.

220) El discurso del Sr. Ortega y Gasset (D. Eduardo), *Diario de Sesiones de las Cortes*,

núm. 110, 3 febrero 1932.

221) Juan del Pueblo, "¿Cuándo va a funcionar el Banco Nacional Agrario?," *La Región*, Cáceres, 27 marzo 1933.

222) 농학자 파스쿠알 카리온이 법안 작성에 참여했다. Pascual Carrión, *Consideraciones sobre la reforma agraria*, Conferencia dada el 10 de junio de 1969, Casa de Velázquez, Madrid, 1969, p. 10.

223) Manuel Tuñón de Lara, *Tres claves*, p. 83. 에스파냐 경작자연대의 페드로 산체스 마르케스는 "농업은행이 개인은행의 수중에서 놀아난다면 토지개혁은 실패하게 될 것"이라고 반박했다(Pedro Sánchez Marquez, "Banco Nacional Agrario: Comienza el 'paqueo'," *La Voz del Campo*, 29 diciembre 1932).

224) "Hacia una mejor España agrícola," *El Sol*, 7 mayo 1933; "La reforma agraria, en marcha: Creación del Banco Nacional Agrario, principando con un capital inicial del Estado de cincuenta millones de pesetas," *El Liberal*, 28 junio 1933.

225) "Crónicas: Financieras," *Economía Española*, núms. 7 y 8, julio-agosto 1933, p. 31.

226) "Reunión del Comité Nacional de la Federación Española de Trabajadores de la Tierra," *El Obrero de la Tierra*, 16 septiembre 1933.

227) Manuel Tuñón de Lara, *Tres claves*, p. 83.

228) 1932년 10월 11일에 행한 루이스 히메네스 아수아의 인터뷰를 보라. Santiago Varela Díaz, *Partidos y parlamento en la II República española*, Madrid: Editorial Ariel, 1978, pp. 239-240.

229) Unión General de Trabajadores de España, *Memoria y orden del Día. Del XVII Congreso ordinario que se celebrará en Madrid los días 14 y siguientes de octubre de 1932*, Madrid, 1932; *Actas del XVII Congreso ordinario, celebrado en Madrid durante los días 14 al 22 de octubre de 1932*, Madrid, 1933; *XIII Congreso del Partido Socialista Obrero Español, del 6 al 13 de octubre de 1932*, Madrid, 1934; "XVII Congreso de la Unión General de Trabajadores de España," *El Obrero de la Tierra*, 22 octubre 1932; "El Congreso de la U.G.T.," *El Socialista*, 22 octubre 1932; "El Congreso de Trabajadores de la Tierra," *Luz*, 22 septiembre 1932; "El Congreso de los Trabajadores de la Tierra," *El Socialista*, 23 y 24 septiembre 1932.

230) "Unas declaraciones de Prieto: La posición del partido radical equivale a la contrarrevolución," *El Socialista*, 14 marzo 1933; "Contra la ley de Reforma agraria," *El Obrero* de la Tierra, 18 marzo 1933.

231) "En la Casa del Pueblo: Un importante acto de la Federación de Trabajadores de la Tierra," *El Socialista*, 19 marzo 1933.

232) "La reforma agraria: Todos los asentamientos, en el otoño," *El Socialista*, 29 marzo 1933; "La Reforma agraria se aplicará en toda su integridad antes de la próxima siembra," *El Socialista*, 3 abril 1933.

233) *El Socialista*, 29 marzo 1933.

234) *El Socialista*, 4 julio 1933; Edward E. Malefakis, *Reforma agraria y revolución campesina*, p. 373.

235) *El Obrero de la Tierra*, 1 mayo 1933.

236) "Un tema viejo: La reforma agraria, empantanada," *El Socialista*, 4 julio 1933.

237) Edward E. Malefakis, *Reforma agraria y revolución campesina*, p. 375.

238) "Reunión del Comité Nacional de la Federación Española de Trabajadores de la Tierra," *El Obrero de la Tierra*, 16 septiembre 1933.

239) Edward E. Malefakis, *Reforma agraria y revolución campesina*, p. 309; Jacques Maurice, La reforma agraria, p. 48.

240) "Las bases de los radicales socialistas: La clase de los pequeños propietarios," *Luz*, 10 julio 1933; Manuel Tuñón de Laras, *Tres claves*, pp. 101-102.

241) Editorial, "¡Alerta!," *La Voz del Campo*, Madrid, Semanario, núm. 1, 8 octubre 1932.

242) Editorial, *La Voz del Campo*, 18 diciembre 1932; "La reforma agraria y su aplicación," *La Voz del Campo*, 27 marzo 1933.

243) Pedro Sánchez Marquez, "Bases de liberación campesina: Banco Nacional Agrario," *La Voz del Campo*, 18 noviembre 1932; "En marcha: La nueva ley de Arrendamientos," *La Voz del Campo*, 18 diciembre 1932; Ignacio M. Margalet, "Editorial," *La Voz del Campo*, 7 marzo 1933.

244) Félix Gordón Ordás, *Mi política en España*, México: Imprenta Fígaro, 1961-1963, I, pp. 427-428.

245) Emilio Lemos Ortega, "¿Hacia otra España mejor?" *La Voz del Campo*, 16 octubre 1932; "¿Qué es el impuesto único?" *La Voz del Campo*, 30 octubre 1932; "Reforma agraria, no. La Reforma tributaria," *La Voz del Campo*, 7 marzo 1933; "Editorial," *La Voz del Campo*, 18 diciembre 1932.

246) J. Avilés Farré, *La izquierda burguesa*, pp. 199-202.

247) "Texto taquigráfico del importante discurso pronunciado, en la sesión del sábado, por don A. Lerroux," *El Progreso*, 18 octubre 1932; "Asamblea Nacional del Partido Republicano Radical, 15 de octubre 1932: Discurso de D. Alejandro Lerroux en la sesión inaugural," *Libro de oro del Partido Republicano Radical, 1864-1934*, Madrid: Biblioteca Nacional, ?, p. 228.

248) "Memorable sesión del 3 de febrero de 1933 en el Congreso de los Diputados: Discurso de D. Alejandro Lerroux," *Libro de oro del Partido Republicano Radical*, p. 243.

249) "Texto taquigráfico del maravilloso discurso de don A. Lerroux," *El Progreso*, 5 febrero 1933.

250) "Clausura de la Asamblea económicoagraria: Los Sres. Maura y Salazar Alonso aceptan las conclusiones y ofrecen la revisión de la ley de Reforma agraria," *El Sol*, 14 marzo 1933.

251) *Boletín de la Agrupación de Propietarios de Fincas Rústicas (Boletín de la APFR)*, noviembre 1932.

252) *Economía Española*, marzo 1933.

253) E. Granda, "Roturaciones y ganadería," *Boletín de la APFR*, diciembre 1932.

254) *Boletín de la APFR*, noviembre 1932.

255) AHN, Gobernación, Serie A, Leg. 7A, Exp. 37. 이곳에는 이 주제와 관련된 중요 자료가 보관되어 있다.

256) 에스파냐자치우익연합에는 카스티야 지방 6개 주들의 농민행동 단체들과 갈리시아, 살라

망카, 발레아레스, 헤레스델라프론테라, 그라나다 등지의 우익연맹들도 참여했다. Manuel Tuñón de Lara, *Tres claves*, p. 99.

257) José R. Montero Gibert, "La articulación ideológica de los supuestos contrar-revolucionarios de la CEDA," VIII Coloquio de Pau: *La crisis del Estado español 1898-1936*, Madrid: Edicusa, 1978, pp. 443-444. 카를로스 세코 세라노는 호세 마리아 힐 로블레스가 좌파 진영의 아사냐와 같은 존재라고 평가했다(Carlos Seco Serrano, *Época Contemporánea*, I, p. 83).

258) José R. Montero Gibert, *La CEDA. El catolicismo social y político en la II República*, Madrid: Ediciones de la Revista de Trabajo, 1977, I, pp. 419-453.

259) Juan J. Linz, *El sistema de partidos en España*, Madrid: Narcea S. A. de Ediciones, 1979, p. 130.

260) Carlos Seco Serrano, "Estudio preliminar: La experiencia de la derecha posibilista en la Segunda República española," José María Gil Robles, *Discursos parlamentarios*, Madrid: TAURUS, 1971, p. viii.

261) 에스파냐자치우익연합의 목표는 가톨릭적 조합주의 원리에 입각한 국가였다. 이 국가는 합법적이고 민주적인 방식에 따라 점진적인 구조 변혁 과정을 거쳐 생겨날 것이다. Paul Preston, "El accidentalismo de la CEDA: ¿Aceptación o sabotaje de la República?" *Revista Internacional de Sociología*, núms. 3-4, 1972.

262) "Programa votado por el primer Congreso de la *C.E.D.A.* (febrero-mayo)," C.E.D.A., núm. 10, 30 septiembre y núm. 11, 15 octubre 1933; *C.E.D.A.*, *Programa aprobado en el Congreso de Acción Popular y entidades adheridas y afines convocado para constituir la C.E.D.A.-febrero-marzo 1933*, Madrid, 1933; José Monge y Bernal, *Acción Popular*, Madrid, 1936, pp. 768-796.

263) José María Gil Robles, *No fue posible la paz*, Barcelona: Ariel, 1968, p. 86.

264) "Crónicas: Económica," *Economía Española*, núm. 3, marzo 1933, p. 35.

265) "Asamblea Económico-Agraria (celebrada en Madrid los días 10, 11 y 12 de marzo de 1933)," *Economía Española*, núm. 3, marzo 1933; "Conclusiones aprobadas en la Asamblea Económico-Agraria," *BAAE*, núm. 264, enero-marzo 1933; "Conclusiones de la Asamblea económico-agraria," *El Debate*, 12 marzo 1933; "Clausura de la Asamblea Económico Agraria: Los Sres. Maura y Salazar Alonso aceptan las conclusiones y ofrecen la revisión de la ley de Reforma agraria," *El Sol*, 14 marzo 1933.

266) Manuel Tuñón de Lara, *Tres claves*, p. 100.

267) Manuel Tuñón de Lara, *Tres claves*, p. 100.

268) "Manifiesto programa de la Confederación patronal Agrícola," *El Financiero*, 26 mayo 1933; Mercedes Cabrera, "La estrategía patronal," p. 54.

269) Marta Bizcarrondo, "La crisis del Partido Socialista en la II República," *Revista del Instituto de Ciencias Sociales de la Diputación*, Barcelona, 1973.

270) Manuel Tuñón de Lara, *La España del siglo XX*, París, 1966, p. 228.

271) "La asamblea de agricultores," *Ahora*, 29 agosto 1933.

272) "Asamblea agraria en Sevilla: Peticiones de los terratenientes andaluces," *El Liberal*, 29 agosto 1933; "La situación en el campo," *Luz*, 29 agosto 1933; *Boletín de la*

APFR, septiembre 1933.

273) "Las entidades mercantiles y económicas del país se dirigen a las Cortes, en un documento importantísimo, demandando medidas urgentes, que eviten la ruina definitiva de la economía nacional," *BAAE*, núm. 266, julio-septiembre 1933, pp. 161-178.

274) Juan M. Molina, "El agro español, hambre y miseria," Suplemento de *Tierra y Libertad, Barcelona*, junio 1933.

275) El Comité Nacional, "Posición de la C.N.T.," *Boletín de la C.N.T. de España*, núm. 16, abril-junio 1936, AHN de la Sección Guerra Civil, B. 44/1.

276) Toryho, "Ensayos: Fracaso del parlamentarismo," *Solidaridad Obrera*, 14, 15, 18 y 20 abril 1933.

277) A. G. Alonso, "Tierras del sur: La reforma agraria en la provincia de Sevilla," *La Tierra*, 13 julio 1933.

278) "Cómo se aplica la reforma agraria," *La Tierra*, 28 marzo 1933.

279) Juan M. Molina, "El agro español, hambre y miseria," Suplemento de *Tierra y Libertad, Barcelona*, junio 1933.

280) Juan Folch, "Sobre la reforma agraria," *Solidaridad Obrera, 2* octubre 1932.

281) "Del momento andaluz: El fracaso de la Reforma Agraria," *CNT, 29* noviembre 1932.

282) A. Valdes, "La Reforma Agraria y su implantación en Salamanca," *CNT, 1* agosto 1933.

283) "Del momento campesino: ¡Desesperanza y rebeldia!" *Solidaridad Obrera*, 9 octubre 1932.

284) "Del momento: La tercera cosecha 'sagrada'," *CNT, 2* junio 1933.

285) "La reforma agraria y sus efectos (I, II, III)," *CNT, 25*, 26 y 28 noviembre 1932; "Epilogo a un proceso: ¡Tierra y libertad!" *CNT*, 11 octubre 1933.

286) J. Abad Caballero, "La tierra de nadie," *El Libertario*, núm. 57, 24 diciembre 1932; Xuan, "Falsos conceptos: El problema de la tierra," *El Libertario*, núm. 62, 1 abril 1933; "El problema de la tierra," *CNT*, Suplemento al núm. 265, 7 octubre 1933.

287) Floreal del Campo, "La tierra no es de los campesinos, la tierra es de todos," *El Libertario*, núm. 63, 8 abril 1933.

288) C. Vega Alvarez, "Expropiemos la tierra," *El Libertario*, núm. 66, 29 abril 1933.

289) J. Abad Caballero, "La tierra de nadie," *El Libertario*, núm. 57, 24 diciembre 1932.

290) Isaac Puente, "Gestando el porvenir: Hacia el comunismo libertario," *Solidaridad Obrera*, 7 septiembre 1932.

291) Isaac Puente, "Prólogo del libro de Ramón Segarra: ¿Qué es el comunismo libertario?" *Solidaridad Obrera*, 24 septiembre 1932.

292) Angel Pestaña, *El Sindicalismo. Qué quiere y a donde va*, Barcelona, 1933, p. 70.

293) Isaac Puente, "Ensayo programático del comunismo libertario," *Suplemento de Tierra y Libertad*, núm. 10, Barcelona, mayo 1933, AHN de la Sección Guerra Civil, Rev. 209/1.

294) Gerard Brey y Jacques Maurice, "Casas Viejas: Reformismo y anarquismo en

Andalucía (1870-1933)," *Suplemento de Cuadernos de Ruedo Ibérico: El movimiento libertario español*, Ruedo Ibérico, 1974, pp. 27-42; Antonio Rosado, *Tierra y libertad. Memorias de un campesino anarcosindicalista andaluz*, Barcelona: Crítica, 1979, pp. 85-86.

295) Jean Bécarud y Gilles Lapouge, *Los anarquistas españoles*, Barcelona: Anagrama/ Laia, 1972, p. 117; Miguel P. Cordon, "Por el agro andaluz," *CNT*, 18 enero 1933.

296) "La 'reforma' agraria: El ministro, contra las masas campesinas," *Mundo Obrero*, 15 diciembre 1932; "Sostened a los campesinos que hacen 'su reforma agraria'," *Mundo Obrero*, 19 enero 1933.

297) "Resolución del Bureau Político del Comité Central del Partido Comunista de España (Sección Española de la I.C.)," (1933), Archivo del PCE, Documentos: Carpeta 14, pp. 10-11.

298) "Sostened a los campesinos que hacen 'su reforma agraria'," *Mundo Obrero*, 19 enero 1933.

299) "Tareas actuales del partido," *Mundo Obrero*, 3 febrero 1933.

300) "Carta abierta: ¡A los obreros socialistas! ¡A los obreros anarquistas! ¡A todos los trabajadores!" (*Mundo Obrero*, 16 marzo 1933), Archivo del PCE, Documentos: Carpeta 14.

301) "El Pleno del CC del Partido Comunista de España dirige una carta abierta a la ―" (*Mundo Obrero*, 8 abril 1933), Archivo del PCE, Documentos: Carpeta 14.

4장 | 보수 회귀

1) 1931년 헌법 제36조는 "23세 이상의 시민은 법률이 정하는 바에 따라 성별에 관계없이 동일한 참정권을 지닌다"고 규정하고 있다.

2) Adolfo Hernández Lafuente, "El sufragio en la II República," *Historia 16*, extra II, abril 1977, p. 82.

3) 에스파냐 제2공화국을 연구한 장 베카뤼에 따르면, 당시 사람들은 대부분 "정치적 선전, 특히 사회주의자들의 선전에 영향을 받는 서민 계급 여성들은 대체로 남편들의 활동을 지지했고, 종교심이 깊은 중도좌파 부르주아 여성들은 성직자들의 지시에 따라 무엇보다도 우파에게 표를 던졌다"고 생각했던 것 같다. Jean Bécarud, *La Segunda República española 1931-1936*, Madrid: Taurus, 1967, pp. 123-124.

4) Stanley G. Payne, *La primera democracia española. La Segunda República, 1931-1936*, Barcelona: Ediciones Paidós, 1995, p. 208.

5) 정부 회람문서(Circular a los Gobernadores). T.O. 17/10/33, núm. 15/773, circular núm. 195, AHN, M° de la Gobernación, Serie A, Leg. 31A, Exp. 3: Elecciones generales de diputados a Cortes, 1933.

6) PSOE, *Memoria y Convocatoria del comité nacional que se convoca el 17 de septiembre de 1934*, Archivo de FPI, AH-24-6.

7) PSOE, *Memoria y Convocatoria del comité nacional que se convoca el 17 de septiembre de 1934*, Archivo de FPI, AH-24-6.

8) Paul Preston, *La destrucción de la democracia en España, Reacción, reforma y revolución en la Segunda República*, Madrid: Ediciones Turner, 1978, p. 154.

9) Paul Preston, *La destrucción de la democracia*, p. 154.

10) *El Socialista*, 9 noviembre 1933.

11) "En plena lucha electoral (Discursos pronunciados en torno a las elecciones generales del 19 de noviembre y 3 de diciembre de 1933)," Francisco Largo Caballero, *Discursos a los trabajadores*, pp. 111-112.

12) "Ante las próximas elecciones," *El Socialista*, 11 noviembre 1933.

13) "Un cartel: ¡Todos a la lucha por la victoria socialista en las elecciones!" *Boletín de la U.G.T.*, núm. 59, noviembre 1933.

14) "Ante la próxima contienda electoral: Los diversos actos de propaganda celebrados el domingo en toda España," *El Sol*, 7 noviembre 1933.

15) *El Socialista*, 15 noviembre 1933.

16) Paloma Biglino, *El socialismo español y la cuestión agraria 1890-1936*, Madrid: Centro de Publicaciones, Ministerio de Trabajo y Seguridad Social, 1986, p. 389.

17) "Los trabajadores de la tierra (Texto taquigráfico de los discursos pronunciados en la Casa del Pueblo de Madrid en la mañana del día 22 de octubre por los camaradas Trifón Gómez y Lucio Martínez)," *El Obrero de la Tierra*, Semana preelectoral, número suplementario, noviembre 1933.

18) "Un manifiesto de la Federación de Trabajadores de la Tierra," *El Socialista*, 14 noviembre 1933.

19) "En plena lucha electoral," Francisco Largo Caballero, *Discursos a los trabajadores*, p. 106.

20) "La propaganda electoral en toda España," *El Sol*, 24 octubre 1933.

21) "Manifiesto del Partido Republicano Radical Socialista de España," *La Voz del Campo*, 9 noviembre 1933.

22) Francisco Casares, *La C.E.D.A. va a gobernar*, Madrid, 1934, pp. 60-61.

23) Manuel Tuñón de Lara, *La II República*, II, p. 3; Octavio Ruiz Manjón, *El Partido Republicano Radical 1908-1936*, Madrid: Siglo XXI, 1976, p. 386.

24) Josep Plá, *Historia de la Segunda República española*, III, Barcelona: Destino, 1940-1941, p. 41.

25) *El Pueblo*, 31 octubre; 19 noviembre 1933.

26) 남부 지방에서는 선거연합의 이점을 활용하고자 호세 마리아 힐 로블레스가 급진공화당과의 지역연대도 추진했다. 우파 내에서 급진공화당과의 연대에 불만이 없었던 것은 아니지만 이 전술은 나름의 성과를 거두었다. Paul Preston, *La destrucción de la democracia en España*, Madrid: Ediciones Turner, 1978, p. 93.

27) *El Debate*, 14 octubre 1933; ABC, 15 octubre 1933; José María Gil Robles, *No fue posible la paz*, pp. 94-96.

28) Paul Preston, *La destrucción*, pp. 91-92.

29) Paul Preston, *La destrucción*, pp. 91-92.

30) Pierre Vilar, *Historia de España*, Barcelona: Girijalbo Mondadori, 1995, p. 132; Manuel Tuñón de Lara, *La II República*, II, p. 3; Eduardo Sevilla Guzmán, *La*

evolución del campesinado en España. Elementos para una sociología política del campesinado, Ediciones Península, 1979, p. 90.

31) Rafael Marín Lázaro, "El momento actual," *C.E.D.A.*, núm. 12, 31 octubre 1933.

32) Rafael Marín Lázaro, "El momento actual," *C.E.D.A.*, núm. 12, 31 octubre 1933.

33) Francisco Casares, *La C.E.D.A. va a gobernar*, p. 56.

34) "Actividad de ⟨Unión Económica⟩," *Economía Española*, núms. 10, 11 y 12, octubre, noviembre, diciembre 1933.

35) Manuel Tuñón de Lara, *La II República*, II, p. 3.

36) José Díaz, "Las luchas del proletariado español y las tareas del Partido Comunista(Informe sobre el primer punto del Orden del día del VII Congreso Mundial de la I. C.)," *Internacional Comunista*, Revista mensual del PCE, Valencia, núm. 1, 1 diciembre 1935, pp. 78-79.

37) El Comité Central del Partido Comunista de España(Sección de la I. C.), *Elecciones legislativas de 1933: Plataforma de lucha del Partido Comunista*, Archivo del PCE, Film IX, apartado 120 y Documentos: Carpeta 14.

38) E. Comín Colomer, *Historia del anarquismo español, 1836-1948*, II, Barcelona: AHR, 1956, pp. 140-141.

39) "El Pleno de Regionales de la C.N.T.: Nuestra posición ante las elecciones y ante múltiples problemas," *CNT*, 3 noviembre 1933.

40) "La C.N.T. de España a todos los proletarios españoles: Posición revolucionaria de los trabajadores ante la farsa electoral (Por el Pleno Nacional de Regionales)," *CNT*, 8 noviembre 1933.

41) César M. Lorenzo, *Los anarquistas españoles y el poder*, 1868-1969, Ruedo Ibérico, 1972, p. 61. 아나키스트 아밧 데 산티얀은 기권을 부정적 형태의 선거전이라고 보았다 (Diego Abad de Santillán, *Por qué perdimos la guerra. Una contribución a la historia de la tragedia española*, Buenos Aires: Imán, 1940, p. 36).

42) 12월 3일에는 16개 선거구에서 2차 선거가 실시되었다. 이는 한 후보가 적어도 40퍼센트 이상의 득표를 해야 한다는 선거법 규정에 따른 조치였다. Manuel Tuñón de Lara, *Tres claves*, p. 103.

43) Salvador de Madariaga, *España*, p. 351.

44) Salvador de Madariaga, *España*, pp. 349-350; Gerald Brenan, *El laberinto*, pp. 318-319; Carles Pi i Sunyer, *La República y la guerra*, México: Oasis, 1975, p. 164; José Bullejos, *España en la II República*, p. 93; Paul Preston, *La destrucción*, p. 155.

45) Arturo, "La abstención electoral y la revolución," *CNT*, 6 diciembre 1933.

46) *Ahora*, 2 diciembre 1933.

47) "Las elecciones del domingo: Opinión de Alejandro Lerroux," *Renovación*, Barcelona, 23 noviembre 1933.

48) Indalecio Prieto, *Discursos fundamentales* (recopilado por Edward E. Malefakis), Madrid, 1975, pp. 168-169; Jean Bécarud, *La Segunda República española*, pp. 123-124; Gerald Brenan, *El laberinto*, p. 319; Paul Preston, *La destrucción*, p. 155; Carles Pi i Sunyer, *La República*, p. 164; Javier Tusell, *La II República en Madrid*, p. 107.

49) P. Teodoro Rodríguez, *El problema social y las Derechas. Nuevas orientaciones*, El

Escorial, 1935, pp. 31-32.

50) "Las elecciones del domingo: Opinión de Alejandro Lerroux," *Renovación*, Barcelona, 23 noviembre 1933.

51) José Bullejos, *España en la II República*, p. 93.

52) *El Debate*, 21 noviembre 1933.

53) José Ramón Montero, "Las derechas en el sistema de partidos del segundo bienio," José Luis García Delgado, (ed.), *La II República española. Bienio Rectificador y Frente Popular, 1934-1936*, IV Coloquio de Segovia sobre Historia Contemporánea de España, dirigido por M. Tuñón de Lara, Madrid: Siglo XXI, 1988, pp. 12-13.

54) Francisco Casares, *La C.E.D.A. va a gobernar*, p. 96-97.

55) Francisco Casares, *La C.E.D.A. va a gobernar*, p. 87: José María Gil Robles, *Discursos parlamentarios*, Madrid: Taurus, 1971, p. 283.

56) *El Debate*, 22 diciembre 1933.

57) José Ramón Montero, "Las derechas," pp. 12-13.

58) Stanley G. Payne, *La primera democracia española, La Segunda República, 1931-1936*, Barcelona: Ediciones Paidós, 1995, p. 268.

59) José Ramón Montero, "Las derechas," p. 20.

60) 진보당은 알칼라 사모라가 미겔 마우라와 결별한 뒤 채택한 당명이다.

61) Manuel Tuñón de Lara, *La II República*, II, pp. 15, 33.

62) *Diario de Sesiones de las Cortes*, núm. 6, 19 diciembre 1933: "Ante el debate político: Posiciones parlamentarias," *El Liberal*, 19 diciembre 1933.

63) "Dice el ministro Agricultura: Las modificaciones en la ley de Reforma agraria," *El Sol*, 30 enero 1934: "La Reforma agraria: El ministro de Agricultura se propone simplificarla," *El Liberal*, 30 enero 1934.

64) 1933년 12월 22일자 법안을 같은 해 12월 29일에 의회에서 낭독했다(*Diario de Sesiones de las Cortes*, núm. 13, 29 diciembre 1933, Apéndice 2). 장관의 법안 옹호 발언은 *Diario de Sesiones de las Cortes*, núm. 32, 1 febrero 1934, pp. 835-837을 보라.

65) *Diario de Sesiones de las Cortes*, 25 y 31 enero, 1, 2 y 6 febrero 1934.

66) Edward E. Malefakis, *Reforma agraria y revolución campesina*, pp. 397-398.

67) *Diario de Sesiones de las Cortes*, núm. 32, 1 febrero 1934, p. 849. 넬켄 의원의 연설은 *Diario de Sesiones de las Cortes*, núm. 28, 25 enero 1934, p. 700을 보라.

68) Richard A. H. Robinson, *Los orígenes*, pp. 262-264.

69) 아스페이티아 의원은 장관의 방안이 비정상적이라고 비판했다(*Diario de Sesiones de las Cortes*, núm. 31, 31 enero 1934, pp. 800-807). 로드리게스 후라도 의원은 경작강화령의 규정과 법령 시행 상에 문제점이 있다고 주장했다(*Diario de Sesiones de las Cortes*, núm. 32, 1 febrero 1934, pp. 834, 837-838).

70) *Diario de Sesiones de las Cortes*, núm. 35, 7 febrero 1934, pp. 940-941.

71) Richard A. H. Robinson, *Los orígenes*, p. 264.

72) Eduardo Sevilla Guzmán, *La evolución del campesinado en España. Elementos para una sociología política del campesinado*, Ediciones Península, 1979, p. 110.

73) "La derogación de la ley de Términos municipales," *C.E.D.A.*, núm. 25, 15 mayo 1934.

74) 법 전문은 *Diario de Sesiones de las Cortes*, 29 mayo 1934, Apéndice에 수록되어 있다.

75) "Lo que necesita el campo," *El Debate*, 26 mayo 1934.

76) "Un decreto: La reorganización del Instituto de Reforma Agraria," *La Libertad*, 2 diciembre 1933; "Consejo de ministros: Se modifica el funcionamiento del Instituto de Reforma Agraria," *El Liberal*, 1 diciembre 1933.

77) "Presupuestos generales del Instituto de Reforma Agraria para el ejercicio de 1934," *BIRA*, núm. 19, enero 1934, pp. 18-48.

78) "Memoria de Balance de situación y liquidación de los presupuestos del Instituto de Reforma Agraria para 1934," *BIRA*, núm. 37, julio 1935.

79) *BIRA*, marzo 1934, pp. 174-175 y septiembre 1934, pp. 694-695.

80) Francisco Casares, *La C.E.D.A. va a gobernar*, p. 124; José María Gil Robles, *Discursos parlamentarios*, pp. 279-280.

81) José R. Montero, *La CEDA*, II, p. 553.

82) 전국가톨릭농민연합 소속 의원들 18명 전원이 정치적으로는 에스파냐자치우익연합에 적을 두고 있었다. José R. Montero, *La CEDA*, II, pp. 559-560.

83) 주요 의제는 ① 토지개혁, 경작강화, 농장 탈취, ② 소작법안, ③ 노사조정위원회와 노동계약, ④ 주민세, ⑤ 국민경제위원회, 관세위원회, ⑥ 행정구역, 파업, 공공질서, ⑦ 생산물 보호와 재평가, ⑧ 사회보험, 신용, 교육 등이었다. Mercedes Cabrera, "La estrategia patronal en la Segunda República (II)," *Estudios de Historial Social*, núms. 10-11, 1979, p. 148.

84) *El Debate*, 15 marzo 1934; Francisco Casares, *La C.E.D.A. va a gobernar*, p. 207.

85) Francisco Casares, *La C.E.D.A. va a gobernar*, p. 182.

86) "Los agrarios lanzan su programa," *Luz*, 31 enero 1934; "Crónicas-Económica," *Economía Española*, núm. 14, febrero 1934, pp. 144-145.

87) 농민당 대표 마르티네스 데 벨라스코가 토지개혁법 개정안을 마련했다. 하지만 그는 1934년 1월에 마련한 법안을 그해 11월까지도 의회에 제출하지 않았다. 그 이유는 아마도 그가 마련한 안에 '부당한' 내용이 있다고 전국농장주연합회로부터 지적을 받았기 때문인 것으로 보인다. "Reforma de la Reforma agraria. Proyecto redactado por la Junta de Gobierno de la Agrupación de Propietarios de Fincas Rústicas," *Boletín de la APFR*, febrero 1934.

88) *Diario de Sesiones de las Cortes*, núm. 41, 23 febrero 1934, pp. 1178-1183; "Ante una proposición de ley de la C.E.D.A.," *El Sol*, 26 enero 1934; "La Reforma agraria, a petición de parte," *El Debate*, 18 enero 1934; "Ayer presentó la C.E.D.A. su proyecto de reforma de la Reforma agraria'," *El Debate*, 26 enero 1934.

89) *Diario de Sesiones de las Cortes*, núm. 41, 23 febrero 1934, p. 1183.

90) "Tesón inoportuno en la Reforma agraria," *El Debate*, 24 marzo 1934.

91) "Notas políticas: Asedio contra la ley de reforma agraria," *Luz*, 26 marzo 1934.

92) Manuel Tuñón de Lara, *La II República*, II, p. 49.

93) "Memoria de los trabajos realizados por el Consejo directivo de la Asociación de Agricultores de España durante el ejercicio económico-social de 1.° de mayo de 1933 a 30 de abril de 1934," *BAAE*, núm. 269, abril-junio 1934, p. 94.

94) "El discurso del Sr. Azaña," *Luz*, 12 febrero 1934.

95) Juan Avilés Farré, *La izquierda burguesa*, p. 235; "Los partidos republicanos de izquierda, 1933-1936," José Luis García Delgado (ed.), *La II República española*, p. 75.

96) Alberto García López, "Cimientos económicos de la República," *Radical Socialista*, 26 abril 1934.

97) Francisco Casares, *La C.E.D.A. va a gobernar*, p. 229; Juan Avilés Farré, *La izquierda burguesa*, p. 238.

98) Juan Avilés Farré, *La izquierda burguesa*, pp. 245–247.

99) Mont-Fort, *Alianza Obrera*, Barcelona: Imprenta Cervantes, 1935, pp. 16–17.

100) *Una proposición importante del Comité Central del Partido Comunista* (10 enero 1934), Archivo del PCE, Documentos: carpeta 15.

101) *Historia del Partido Comunista de España*, p. 88; José Díaz, "Las luchas del proletariado español y las tareas del Partido Comunista," *Internacional Comunista*, núm. 1, 1 diciembre 1935, p. 80; *¿Alianza Obrera? ¡No! ¡Frente Único! Ésta es la salida*, Barcelona: Ediciones Mundo Obrero, 1934?

102) *Plataforma de lucha de la Concentración popular antifascista*, Archivo del PCE, Film X, apartado 133.

103) Eduardo Comín Colomer, *Historia del Partido Comunista de España*, I, Madrid: Editora Nacional, 1967, p. 621.

104) PCE, *Historia del Partido Comunista de España*, Paris: Editions Sociales, 1960, pp. 88–89.

105) Santos Juliá, "Los socialistas y el escenario de la futura revolución," *Octubre 1934, Cincuenta años para la reflexión*, Madrid: Siglo XXI, 1985, p. 118; Marta Bizcarrondo, "La crisis socialista: De la República a la guerra civil," Josep Fontana y otros, *La II República, Una esperanza frustrada*, Valencia: Edicions Alfons el Magnànim, 1987, p. 88.

106) "No hay otro camino que hacerlo revolucionariamente," *El Socialista*, 17 abril 1934.

107) Manuel Tuñón de Lara, *Tres claves*, p. 109.

108) PSOE, Comisión Ejecutiva. *Actas: 3 de enero de 1934-19 diciembre 1935*, Sesión del 18 de enero de 1934, p. 15.

109) Dolores Ibárruri y otros, *Guerra y revolución en España*, I, pp. 52–57.

110) *El Socialista*, 28 enero 1934; *Boletín de la UGT*, febrero 1934; *El Obrero de la Tierra*, 3 febrero 1934.

111) Circular de la UGT, "A todas las Secciones," 6 enero 1934, AHN de la Sección Guerra Civil, Salamanca, Leg. P.S.M. 952.

112) Manuel Tuñón de Lara, *Tres claves*, pp. 110–111.

113) 이때부터 전국농업노동자연맹의 명칭이 에스파냐농업노동자연맹으로 바뀌었다. 여기서는 편의상 두 가지 명칭을 혼용한다. 이따금 농업노동자연맹이라고 부르기도 한다.

114) "Un manifiesto," *El Socialista*, 30 enero 1934; "Nos pronunciamos por la revolución," *El Obrero de la Tierra*, 3 febrero 1934.

115) Jacques Maurice, *La reforma agraria en España*, pp. 51–52.

116) *El Obrero de la Tierra*, 10 febrero y 3 marzo 1934.

117) Manuel Contreras Casado, "El PSOE y la II República española: Reforma y revolución," VIII Coloquio de Pau, *La crisis del Estado español 1898-1936*, Madrid: EDICUSA, 1978, p. 459.

118) José Carlos Gibaja Velázquez, *Indalecio Prieto y el socialismo español*, Madrid: Editorial Pablo Iglesias, 1995, p. 46.

119) Manuel Contreras Casado, "El PSOE y la II República," p. 458.

120) Santos Juliá, "Los socialistas y el escenario de la futura revolución," *Octubre 1934*, p. 118.

121) Manuel Contreras Casado, "El Partido Socialista: La trayectoria de un conflicto interno," Manuel Ramírez, *Estudios sobre la II República española*, pp. 208-209.

122) Paul Preston, *La destrucción de la democracia en España*, pp. 137, 160.

123) Manuel Ramírez Jiménez, "Las huelgas durante la II República," *Anales de Sociología*, Barcelona, núm. 1, 1966, pp. 76-88.

124) F. Murillo Ferrol, "Prólogo," Manuel Ramírez Jiménez, *Los grupos de presión*, p. 11.

125) J. Avilés Farré, *La izquierda burguesa*, pp. 187-188.

126) Marta Bizcarrondo, "Democracia y revolución en la estrategia socialista de la II República," *Estudios de Historia Social*, núms. 16-17, 1981, p. 286.

127) Marta Bizcarrondo, "Democracia y revolución," pp. 259 y ss.

128) *El Socialista*, 25 julio 1933.

129) Paul Preston, *La destrucción de la democracia*, p. 168.

130) Manuel Contreras Casado, "El Partido Socialista," pp. 208-209.

131) 루이스 아라키스타인, 카를로스 데 바라이바르, 안토니오 라모스 올리베이라 같은 측근들이 그에게 정보를 제공해 주었다.

132) 라르고 카바예로의 노선 변화에 대해서는 마르타 비스카론도의 저작(*Araquistáin y la crisis socialista de la II República*, Madrid: Siglo XXI, 1975)을 참고하라.

133) Edward E. Malefakis, "Prólogo," Indalecio Prieto, *Discursos fundamentales* (recopilados por Edward E. Malefakis), Madrid: Ediciones Turner, 1975, pp. 18-24.

134) "Los actos del domingo: Final del discurso del Sr. Prieto," *Luz*, 5 febrero 1934: "Socialización de la tierra (discurso pronunciado por Indalecio Prieto)," *Boletín de la UGT*, núm. 62, febrero 1934, p. 30.

135) "La primera medida de la revolución triunfante ha de ser la socialización de la tierra: Horas históricas," *El Obrero de la Tierra*, 10 febrero 1934.

136) *Boletín de la UGT*, núm. 68, agosto 1934, pp. 211-227.

137) 라르고 카바예로는 수확기에는 총파업을 선언하는 것이 불가능하다는 점과 임금노동자가 아닌 소작인들과 소토지 소유자들에게 파업 지지를 호소해서는 안 된다는 점, 파업이 평화롭게 전개되지는 않을 것이라는 점을 들어 비판적 입장을 보였다. "Comité Nacional de la U.G.T. Actas de las reuniones ordinarias celebradas en Madrid. Sesión del 31 de julio," *Boletín de la UGT*, agosto 1934, pp. 211-212.

138) "Unión General de Trabajadores," *El Socialista*, 23 febrero 1934.

139) "Federación de Trabajadores de la Tierra: Un manifiesto para los campesinos españoles," *El Socialista*, 1 marzo 1934; "A los campesinos españoles," *El Obrero de la Tierra*, 3 marzo 1934.

140) "Gestiones oficiales de la Federación de Trabajadores de la Tierra," *El Socialista*, 20 marzo 1934.

141) "Frente campesino," *El Obrero de la Tierra*, 21 abril y 1 mayo 1934.

142) "Comité Nacional de la U.G.T. Actas de la sesión del 31 de julio," *Boletín de la UGT*, agosto 1934, pp. 220-221. 라르고 카바예로와 혁명위원회 위원들은 아직도 파업이 성공할 조건에 이르지 못했다고 평가했다(Manuel Tuñón de Lara, *Tres claves*, p. 121).

143) "Federación de Trabajadores de la Tierra: El Comité Nacional expone ante el país la angustiosa situación en que se hallan los campesinos españoles," *El Socialista*, 13 mayo 1934; "Reunión del Comité Nacional: A los campesinos, a la opinión pública," *El Obrero de la Tierra*, 19 mayo 1934.

144) UGT, *A los trabajadores de la tierra* (Reivindicaciones para la huelga del 5 de junio de 1934), Archivo del PCE, Film X, apartado 131.

145) "Lo que se aproxima. Una huelga general de campesinos," *El Socialista*, 16 mayo 1934.

146) Juan Simeón Vidarte, *El bienio negro*, p. 155.

147) "La huelga de campesinos en las Cortes," *El Socialista*, 31 mayo 1934.

148) "Federación de Trabajadores de la Tierra: A los campesinos y a la opinión," *El Socialista*, 26 mayo 1934.

149) *El Socialista*, 29, 30 y 31 mayo 1934.

150) Manuel Tuñón de Lara, *Tres claves*, pp. 126-127.

151) Manuel Tuñón de Lara, *Tres claves*, pp. 127-128.

152) Archivo del PCE, Microfilm VII: Huelga de Campesinos; ARVICTO, "La huelga general de los obreros agrícolas de España," *La Internacional Comunista*, núm. 11, 1934, pp. 475-476.

153) Juan Simeón Vidarte, *El bienio negro*, Barcelona, 1978, p. 153.

154) 파업 관련 자료는 AHN, Gobernación Serie A, Leg. 50A, Expedientes 10-16에 소장.

155) Edward E. Malefakis, *Reforma agraria y revolución campesina*, p. 391.

156) 이 주제에 관한 연구는 이미 충분히 이루어졌다. 일부를 소개하면 다음과 같다. Albert Balcells, *El problema agrario en Cataluña. La cuestión Rabassaire* (1890-1936), Madrid: Servicio de Publicaciones Agrarios, 1980; "La conflictividad social agraria en Cataluña y la Unió de Rabassaires hasta 1939," *Agricultura y Sociedad*, núm. 2, enero-marzo 1977; Emilio Giralt y Raventós, "El conflicto 'rabassaire' y la cuestión agraria en Cataluña hasta 1936," *Revista de Trabajo*, núm. 7, 1964; Carles Pi Sunyer, *La República y la guerra*, México: Ediciones Oasis, S. A., 1975; Joaquín Maurín, "El problema agrario en Cataluña," *Leviatán*, agosto 1934, pp. 42-50.

157) Jesús Pabón, *Cambó*, II, Parte Segunda, 1930-1947, Barcelona: Editorial ALPHA, 1969, p. 340.

158) 공화에스케라 의원 57명, 지방주의연맹 의원 16명, 사회주의연합 의원 5명, 타라고나급진자치당 의원 4명, 카탈루냐연합 의원 1명, 카탈루냐민주연합 의원 1명, 카탈루냐행동 의원 1명, 무소속 의원 1명으로 구성되었다(Albert Balcells, *El problema agrario*, p. 150).

159) Albert Balcells, *El problema agrario*, p. 160.

160) Albert Balcells, *El problema agrario*, p. 162; Manuel Tuñón de Lara, *Tres claves*, p. 156.

161) J.P.C., "La nueva ley catalana de Contrato de Cultivos," *BIRA*, marzo y abril 1934.

162) Albert Balcells, *El problema agrario*, pp. 173-175.

163) Manuel Tuñón de Lara, *Tres claves*, p. 156.

164) Albert Balcells, *El problema agrario*, p. 204.

165) Carles Pi Sunyer, *La República y guerra civil*, pp. 212-213.

166) "¿A dónde va la tierra catalana?," *El Debate*, 15 abril 1934.

167) Albert Balcells, *El problema agrario*, pp. 183-184.

168) Albert Balcells, *El problema agrario*, pp. 188-189.

169) Albert Balcells, *El problema agrario*, pp. 190-194.

170) Federico Urales, "La actitud política española," *La Revista Blanca*, 22 junio 1934.

171) Toriho, "La Generalidad, en actitud de rebeldía: La C.N.T. y el conflicto de los 'rabassaires'," *La Tierra*, 16 junio 1934.

172) Joaquín Maurín, "El problema agrario en Cataluña," pp. 87-88.

173) Carles Pi Sunyer, *La República y la guerra*, p. 214.

174) Albert Balcells, "La conflictividad social agraria," p. 364.

175) Albert Balcells, *El problema agrario*, p. 213.

176) "Los militantes de Acción Popular en Covadonga: El líder populista atacó la ley de Contratos de Cultivo," *Renovación*, 11 septiembre 1934.

177) Carles Pi Sunyer, *La República y la guerra*, pp. 217-219.

178) 협상 과정에 대해서는 Albert Balcells, *El problema agrario*, pp. 230-254를 참고하라.

179) Miguel A. González Muñiz, *Problemas de la Segunda República*, Madrid: Edición Júcar, 1974, p. 181.

180) Manuel Tuñón de Lara, *Tres claves*, pp. 157-158.

181) Yeongjo Hwangbo, "Una Nueva Aproximación al Sentido de la Política Agraria de M. Giménez Fernández," *Iberoamérica*, Vol. 13, núm. 2, 2011의 내용 일부를 수정·번역하였음.

182) 물론 급진공화당 당원들을 뺀 나머지 공화주의자들을 일컫는다.

183) Paul Preston, *La destrucción de la democracia*, pp. 206-210.

184) 이것이 이른바 아스투리아스의 10월 혁명이다.

185) 하비에르 투셀과 호세 칼보가 히메네스 페르난데스를 연구했다. Javier Tusell y José Calvo, *Giménez Fernández, precursor de la democracia española*, Sevilla: Diputación Provincial y Editorial Mondadori, 1990.

186) *Diario de M. Giménez Fernández*, anotación del 4-X-1934, Archivo M. Giménez Fernández; *Manuel Giménez Fernández, Manuel Giménez Fernández (1896-1968). Epistolario político*, Sevilla: Servicio de Publicaciones Ayuntamiento de Sevilla, 2000, pp. 31-32.

187) 국민행동은 에스파냐자치우익연합의 모체였다. 가톨릭교의 종교적 원리를 수호하는 데 관심을 가진 가톨릭 신자들이 1931년에 국가행동(Acción Nacional)을 창당했는데 1932년에 '국가'라는 용어를 사용하지 못하게 하자 당명을 국민행동(Acción Popular)으로 바꾸었다.

188) "Discursos pronunciado por el señor Gil Robles en Acción Popular, de Madrid, el 15 de diciembre de 1934," *C.E.D.A.*, núm. 36, diciembre de 1934.

189) Manuel Giménez Fernández, *Manuel Giménez Fernández*, p. 32.

190) "Una política social agraria," *El Debate*, 14 diciembre 1934.

191) "Justicia para todos, favor a los humildes," *El Debate*, 1 marzo 1935.

192) Manuel Giménez Fernández, "Ensayo sobre el actual problema agrario español," artículo para *Recherches et Debats*, sobre la reforma agraria en España, finalmente no publicado (1961-1962), Archivo M. Giménez Fernández, B-XI/46; "Una Reforma Agraria," Archivo M. Giménez Fernández, B-XI/46.

193) *Diario de M. Giménez Fernández*, 16-X-34, Archivo M. Giménez Fernández.

194) 곡물 55리터 정도를 생산할 토지의 면적 단위.

195) *Diario de Sesiones de las Cortes*, 21 noviembre 1934, p. 4915.

196) *Diario de Sesiones de las Cortes*, 21 noviembre 1934, p. 4917.

197) *Diario de Sesiones de las Cortes*, 27 noviembre 1934, p. 5066.

198) *Diario de Sesiones de las Cortes*, 27 noviembre 1934, p. 5070.

199) *Diario de Sesiones de las Cortes*, 23 noviembre 1934, pp. 5018 y 5025.

200) "Los monárquicos frente a los labradores modestos," *La Tierra*, 24 noviembre 1934.

201) 로드리게스 후라도, 라몬 세라노 수녜르, 루이스 알라르콘 델라 라스트라, 하이메 오리올 델라 푸에르타, 호세 마리아 페르난데스 라드레다 의원들이 그들이다. Cabrera Mercedes, "La estrategia patronal en la Segunda República(II): El bienio negro," *Estudios de Historia Social*, núms. 10-11, 1979, p. 151.

202) *Diario de Sesiones de las Cortes*, 21 noviembre 1934, p. 4919.

203) José Calvo González, "Política legislativa agraria en España 1934-1935," *Homenaje a Juan Berchmans Vallet de Goytisolo*, vol. VII, Madrid: Junta de Decanos de los Colegios Notariales de España, 1988, pp. 95-98.

204) "Los proyectos del ministro de Agricultura," *Renovación*, Barcelona, 2 enero 1935.

205) Manuel Giménez Fernández, "Prólogo," Aurelio Alvarez Jusué, *Arrendamientos rústicos*, Madrid: Góngora, 1935, p. xv.

206) "La ley de Arrendamientos," *El Campesino*, enero 1935.

207) *Diario de Sesión de las Cortes*, 5 diciembre 1934, p. 5266.

208) *Diario de Sesión de las Cortes*, 12 diciembre 1934, p. 5412; "Un nuevo proyecto de arriendos rústicos," *El Debate*, 5 diciembre 1934; José Calvo González, "Política legislativa agraria en España 1934-1935," pp. 99-104.

209) *Diario de Sesión de las Cortes*, 7 diciembre 1934, p. 5354.

210) *Diario de Sesión de las Cortes*, 12 diciembre 1934, p. 5412.

211) *Diario de Sesión de las Cortes*, 12 diciembre 1934, p. 5416.

212) *Diario de Sesión de las Cortes*, 12 diciembre 1934, p. 5417.

213) José Calvo González, "Política legislativa agraria en España 1934-1935," p. 114.

214) *Diario de Sesión de las Cortes*, 12 diciembre 1934, p. 5412.

215) "¡Manuel Giménez Fernández! ¡Presente y adelante!," *J.A.P.*, 22 diciembre 1934.

216) "Desahucios y listas negros"; "Los pequeños por las alturas," y "La venida a Madrid de nuestros presidentes," *Labradores Unidos*, febrero 1935.

217) José Calvo González, "Política legislativa agraria en España 1934-1935," p. 118.

218) José Calvo González, "Política legislativa agraria en España 1934-1935," p. 119.

219) *Diario de Sesiones de las Cortes*, 14 marzo 1935, p. 6935. 장관은 같은 해 3월 15일에 65개 조항과 부칙으로 이루어진 농장소작계약법을 공포했다.

220) *Diario de Sesiones de las Cortes*, 28 febrero 1935, pp. 6739-6740.

221) "El proyecto de ley para el acceso de los colonos a la propiedad de las tierras que cultivan," *El Sol*, 5 diciembre 1934; "Los planes del ministro de Agricultura: El señor Jiménez Fernández tiene ultmado el proyecto de ley de acceso de los colonos a la propiedad de la tierra," *Renovación*, 2 diciembre 1934.

222) H. Maura, "Lo que no quieren ver," *ABC, 2* enero 1935; "Equivocaciones lamentables," *ABC, 27* febrero 1935.

223) "El jefe de la Ceda de Cataluña en Madrid, entregó a Gil Robles las conclusiones del Instituto Agrícola Catalán San Isidro en contra del proyecto de Acceso," *ABC, 2* enero 1935.

224) Antonio Ramos Oliveira, *Historia de España*, III, México, s.f., p. 222.

225) Manuel Ramírez, *Los grupos de presión*, p. 188.

226) José María Gil Robles, *No fue posible la paz*, p. 185.

227) "En Salamanca: El ministro de Agricultura expone los fundamentos doctrinales de su política agraria (16 de marzo)," *El Sol*, 17 marzo 1935.

228) Mercedes Cabrera, *La patronal ante la II República*, pp. 24-25; José Ramón Montero Gibert, "La CEDA y la Iglesia en la Segunda República española," *Revista de Estudios Políticos*, núms. 31-32, enero-abril 1983, pp. 117 y 121.

229) José R. Montero Gibert, *La CEDA*, II, pp. 202-203; "La CEDA y la Iglesia," p. 121.

230) 이 기간에 히메네스 페르난데스와 힐 로블레스가 주고받은 서신이 히메네스 페르난데스 문서보관소에 보존되어 있다. Javier Tusell y José Calvo, *Giménez Fernández, precursor de la democracia española*, Sevilla: Mondadori, 1990, pp. 100 y ss.

231) *Diario de Sesiones de las Cortes*, núm. 137, 12 diciembre 1934, pp. 5420-5421.

232) "Los presagios agrarios para el Año del Señor de 1935, los hace el Ministro de Agricultura," y "Declaraciones sobre el plan de Reforma agraria," *El Debate*, 1 enero 1935.

233) "Anteproyecto de ley sobre modificación de la ley de Reforma Agraria de 15-IX-1932," Archivo de Giménez Fernández, Sevilla, B-XI/61, s/f.

234) Jesús Pabón, *Cambó*, II, Parte Segunda: 1930-1947, Barcelona: Editorial AIPHA, 1969, p. 428.

235) Manuel Tuñón de Lara, "Poder político y aparatos," p. 141.

236) *Diario de Sesiones de las Cortes*, núm. 206, 19 junio 1935, p. 8401.

237) *Diario de Sesiones de las Cortes*, núm. 216, 3 julio 1935, Apéndice 1.

238) *Diario de Sesiones de las Cortes*, núm. 218, 5 julio 1935, Apéndice 28.

239) *Diario de Sesiones de las Cortes*, núm. 227, 20 julio 1935, p. 9321.

240) *Diario de Sesiones de las Cortes*, núm. 227, 20 julio 1935, p. 9320.

241) *Diario de Sesiones de las Cortes*, núm. 229, 24 julio 1935, p. 9400.

242) *Diario de Sesiones de las Cortes*, núm. 229, 24 julio 1935, pp. 9401-9407.

243) *Diario de Sesiones de las Cortes*, núm. 227, 20 julio 1935, pp. 9322-9323; núm. 228, 23 julio 1935, p. 9381; núm. 229, 24 julio 1935, p. 9395.

244) *Diario de Sesiones de las Cortes*, núm. 228, 23 julio 1935, pp. 9357-9358.

245) *Diario de Sesiones de las Cortes*, núm. 228, 23 julio 1935, p. 9368.

246) *Diario de Sesiones de las Cortes*, núm. 228, 23 julio 1935, p. 9376.

247) *Diario de Sesiones de las Cortes*, núm. 230, 25 julio 1935, pp. 9440-9441.

248) *Diario de Sesiones de las Cortes*, núm. 230, 25 julio 1935, p. 9443.

249) *Diario de Sesiones de las Cortes*, núm. 230, 25 julio 1935, p. 9446.

250) *Diario de Sesiones de las Cortes*, núm. 230, 25 julio 1935, p. 9447.

251) *Diario de Sesiones de las Cortes*, núm. 230, 25 julio 1935, p. 9447.

252) Edward E. Malefakis, *Reforma agraria y revolución campesina*, p. 413.

253) Manuel Tuñón de Lara, *La II República*, II, p. 122.

254) Antonio Ramos Oliveira, *Historia de España*, III, pp. 220-221.

255) Ramón de la Rica y Arenal, "Hacia un nuevo derecho: Un quinquenio de Legislación Agraria," *BIRA*, núm. 48, junio 1936, p. 673.

256) 주간지로 발행되던 《클라리닷》이 나중에 일간지로 발행됨.

257) "La reconstrucción sindical de los Trabajadores de la Tierra," *Claridad*, 21 septiembre 1935.

5장 | 변혁의 물결

1) 《서양사론》(109호, 2011년 6월)에 실은 글 〈에스파냐 인민전선의 성립과정〉을 수정·보완 하여 실었다.

2) 1919년 3월에 창설되어 1945년 5월 15일에 해체된 제3인터내셔널을 일컫는다.

3) Dolores Ibárruri, *Guerra y revolución en España, 1936-39*, Moscú: Progreso, 1966-1971.

4) Ricardo de la Cierva, *El Frente Popular: Orígen y mito*, Madrid: EUDEMA, S. A., 1997, p. 10.

5) Hugh Thomas, *The Spanish Civil War*, Harmondsworth, 1977, p. 154; Paul Preston, *La destrucción*, p. 164; Edward H. Carr, *The Comintern and the Spanish Civil War*, New York, 1984, p. 2.

6) Joaquín Arrarás, *Historia de la Segunda República española*, Madrid, 1968, IV, p. 17.

7) Ricardo de la Cierva, *El Frente Popular*, pp. 11-12.

8) Ricardo de la Cierva, *El Frente Popular*, p. 16.

9) Santos Juliá, *Orígenes del Frente Popular en España (1936-1939)*, Madrid: Siglo XXI, 1979; "Sobre la formación del Frente Popular en España," *Sistema*, 73, julio 1986.

10) "A todos los comités regionales y provinciales del Partido," 27 octubre 1934, Archivo de Partido Comunista(APC), VII-102. 공산주의자들은 10월 봉기에 패배한 책 임이 사회노동당 지도부에 있다며 사회주의 노동자들을 설득했다. 사회노동당 지도부가 이따금씩 영웅적 모습을 보여 주기는 했지만 이론이나 혁명 전략이 부족해서 혁명을 조직 하거나 지도할 수 없다고 했다.

11) "A todos los Comités del Partido," 15 enero 1935, APC, X-137.

12) 이를 위한 각종 회람문이 Servicio Histórico Militar, armario 47, leg. 75에 소장되어 있다.

13) A. Elorza y M. Bizcarrondo, *Queridas camaradas: la Internacional Comunista y España*, 1919-1939, Barcelona : Planeta, 1999, pp. 225-226.

14) Santos Juliá, "Sobre la formación del Frente Popular," p. 71.

15) Fundación Pablo Iglesias(FPI), Archivo Histórico(AH), 20-3 ; La carta de Vidarte al Comité Central del Partido Comunista Español, APC, IX-118.

16) Acta CE/PSOE, 13 febrero 1935, FPI AH, 1, c. f. 65.

17) Servicio Histórico Militar, armario 46, leg. 63. Santos Juliá, "Sobre la formación del Frente Popular," p. 72에서 재인용.

18) "A todos los comités del Partido," 15 enero 1935, APC, X-137.

19) "Resolución del buró político del PCE sobre la preparación del VII Congreso de la IC," *Bandera Roja*, núm. 8(febrero 1935).

20) 그 무렵 통일노동총연합(CGTU)이라는 공산주의 노조가 존재했지만 그 세력이 보잘것없 었다.

21) Acta de la reunión del BP del PC, 26 abril 1935, APC, X-136.

22) José Díaz, *Tres años de lucha*, París, 1970, pp. 22-28.

23) Santos Juliá, "Sobre la formación del Frente Popular," p. 75.

24) Santos Juliá, "The Origins and Nature of the Spanish Popular Front," Martin S. Alexander & Helen Graham, *The French and Spanish Popular Fronts: Comparative Perspectives*, Cambridge, 1989, pp. 25-26. 인민전선 선거협정을 성사시키는 데 이바지 한 아사냐의 역할에 대해서는 Santos Juliá, *Orígenes del Frente Popular*, pp. 27-41 ; Paul Preston, "The Creation of the Popular Front in Spain," Helen Graham and Paul Preston (eds.), *The Popular Front in Europe*, London, 1987, pp. 84-105를 보라.

25) Francisco Casares, *La CEDA va a gobernar*, p. 163.

26) Manuel Azaña, *Obras Completas*, México, 1968, III, p. 264.

27) Manuel Azaña, *Obras Completas*, p. 602.

28) 이것이 그해 11월에 공화전선(Frente Republicano) 결성으로 이어졌다.

29) Diego Martínez Barrio, *Orígenes del Frente Popular*, Buenos Aires, 1943, pp. 24-31.

30) Manuel Azaña, *Obras Completas*, pp. 591-592.

31) 이에 대해서는 Santos Juliá, *Orígenes del Frente Popular*, pp. 27-41을 보라.

32) Acta CE/PSOE, 20 marzo 1935, 1. c., f. 69. 프리에토의 편지는 Indalecio Prieto, *Documentos socialistas*, Madrid, s. f., pp. 19-26에 수록되어 있고, 회람문 견본은 Servicio Histórico Militar, armario 46, leg. 63에 소장되어 있다.

33) 아사냐가 1935년에 행한 3차례의 연설이 이듬해 책자로 출간되었다. Manuel Azaña, *Discursos en campo abierto*, Madrid, 1936.

34) Manuel Azaña, *Obras Completas*, pp. 244 y ss.

35) Félix Gordón Ordás, *Mi política en España*, Ciudad de México, 1961, II, pp. 519 y ss.

36) Stanley G. Payne, *El colapso de la República*, Madrid : La Esfera de los Libros, 2005, p. 250.

37) Santos Juliá, *Orígenes del Frente Popular*, pp. 47-48.

38) 당내 우파 지도자 훌리안 베스테이로는 마르크스가 프롤레타리아독재 자체를 목적으로 주 장하지는 않았다며 진정한 마르크스주의는 민주사회주의를 지향해야 한다고 강조했다. Julián Besteiro, *Marxismo y antimarxismo*, Madrid, 1935를 참고하라.

39) Federación Nacional de Juventudes Socialistas, *Octubre: segunda etapa*, Madrid, 1935.

40) Federación Nacional de Juventudes Socialistas, *Octubre*, p. 31.

41) 노조운동의 단일화는 모든 자치조직들이 노동자총연맹에 가입하고 이어서 노동자총연맹과 전국노동연합이 연합한다는 내용이다.

42) Federación Nacional de Juventudes Socialistas, *Octubre*, pp. 57 y ss.

43) Indalecio Prieto, *Posiciones socialistas*, Madrid: Ed. Popular, 1935, pp. 13 y ss.

44) Carlos de Baráibar, *Las falsas "posiciones socialistas" de Indalecio Prieto*, Madrid: Yunque, 1935.

45) José Díaz, *Por el bloque popular antifascista*, Sevilla, 1935, pp. 26 y ss.

46) Ricardo de la Cierva, *El Frente Popular*, p. 75.

47) 헤수스 에르난데스는 이런 얘기를 심지어 아나키스트들에게도 하겠다고 했다. Dolores Ibárruri, *Guerra y revolución en España*, I, p. 66.

48) Kevin McDermott y Jeremy Agnew, *The Comintern: A History of International Communism from Lenin to Stalin*, Houndsmill y London, 1996, pp. 130-132, 155-159.

49) Gabriel Jackson, Costa, *Azaña, el Frente Popular y otros ensayos*, Madrid: Ediciones Turner, 1976, p. 123.

50) A. Elorza y M. Bizcarrondo, *Queridas camaradas*, pp. 223-225.

51) José Díaz, *El VII Congreso de la Internacional Comunista y su repercusión en España*, Madrid, 1935, p. 5.

52) José Díaz, *Nuestra bandera del Frente Popular*, Madrid-Barcelona, 1936, pp. 31, 57; José Díaz, *El VII Congreso de la Internacional Comunista*, p. 3.

53) A. Elorza y M. Bizcarrondo, *Queridas camaradas*, p. 255.

54) 리카르도 데 라 시에르바는 이 편지가 인민전선 창설에 아사냐가 주도적 역할을 했음을 보여 주는 매우 중요한 문서라고 했다. Ricardo de la Cierva, *El Frente Popular*, p. 90.

55) Acta CE/PSOE (16 noviembre 1935), l. c., ff. 113 y 114, y "Acta de la reunión celebrada el día 16 de noviembre de 1935 por las CE de la UGT, PS y FNJS," Francisco Largo Caballero, *Escritos de la República*, pp. 255-259.

56) Santos Juliá, "Sobre la formación del Frente Popular," p. 76.

57) Francisco Largo Caballero, *Escritos de la República*, pp. 255-257.

58) 라르고 카바예로는 이를 위해 이데올로기적 차이와 전술적 차이의 중요성을 최소화했다. 그리고 나중에 "개혁파와 중도파가 더욱 화를 낸 것은 그들이 주장하는 교의와 전술이 달라서라기보다는 자신들에게서 당과 노조의 주도권을 빼앗았기 때문"이라고 말하기도 했다. Francisco Largo Caballero, *Escritos de la República*, p. 204. 산토스 훌리아가 이를 매우 잘 설명해 주고 있다(Santos Juliá, "Sobre la formación del Frente Popular," p. 77).

59) 라르고 카바예는 11월 30일에 출옥했다.

60) 프리에토의 편지는 Francisco Largo Caballero, *Escritos de la República*, pp. 277-281을 보라. 전국위원회 회기 내용은 Fundación Pablo Iglesias, Archivo Histórico에 소장된 의사록을 보라.

61) Ricardo de la Cierva, *El Frente Popular*, p. 91.

62) Juan Avilés Farré, *La izquierda burguesa*, p. 273.

63) 양대 기구의 거부를 당한 라르고 카바예로가 11월 이후 노동자총연맹과 사회노동당 집행위원회가 승인하고 11월 11일 노동자총연맹 전국위원회에서 확인한 선거연합 자체를 깨뜨릴

생각을 했을 수 있다. 하지만 이는 자신이 주도해 만들어 낸 합의여서 깨뜨릴 수 없었다. Francisco Largo Caballero, *Escritos de la República*, p. 287.

64) 이에 공산당은 일간지를 통해 라르고 카바예로 동지에게 경의를 표했다. 에스파냐 프롤레타리아계급의 노조와 정당 세력이 머지않아 조직 통합을 달성할 것이라고 보았다. *Mundo Obrero*, 2 enero 1935.

65) 라르고 카바예로는 세 가지 조건을 제시했다. 첫째, 이 연합을 선거에 국한한다. 둘째, 새로운 강령은 혁명적인 것이 아니라 공화주의적인 것이다. 따라서 사회주의자들과 노동자 정당들의 목표가 이러한 임시적인 선거 강령과 다르다는 것을 분명히 한다. 셋째, 선거연합에 가입하기를 바라는 집단과 노동자 정당이 있다면 이를 허락해 주어야 한다. 협상에 대한 자세한 내용은 Santos Juliá, *Orígenes del Frente Popular*, pp. 70-149를 참고하라.

66) 당시 공화연합의 지도자였던 펠릭스 고르돈 오르다스는, 나중에 산체스 로만은 물론 자신도 공산주의자들을 배제하기 위해 할 수 있는 노력을 다 기울였지만 실패하고 말았다고 말했다. Félix Gordón Ordás, *Mi política en España*, p. 519.

67) Santos Juliá, Manuel Azaña. *Una biografía política*, Madrid: Alianza, 1990, p. 441.

68) Stanley G. Payne, *El colapso de la República*, p. 256.

69) 라르고 카바예로는 선거유세에서 인민전선의 기능은 단지 수천 명에 달하는 정치범들을 석방하고 좌파 지배를 회복하는 데 있다고 강조했다. *Claridad*, 25 enero 1935.

70) Santos Juliá, *Manuel Azaña*, p. 444.

71) Antonio Ramos Oliveira, *Historia de España*, III, p. 240.

72) 이하는 《서양사론》에 게재한 〈스페인 제2공화국 인민전선기의 토지개혁〉(2001년 12월) 내용의 일부를 수정·보완하여 실었음.

73) "Resolución del Comité Central del PCE," *Mundo Obrero*, 7 febrero 1936.

74) Archivo del PCE, Film XV, apartado 189.

75) "Discurso en el cine de Europa, el 12 de enero de 1936," *El Socialista*, 14 enero 1936.

76) 라르고 카바예로는 노동자계급이 사명을 완수해야 하듯이 부르주아계급도 그들의 사명을 완수해야 한다고 보았다.

77) "Largo Caballero afirma: Después del triunfo y libres nosotros de toda clase de compromisos," *El Socialista*, 13 enero 1936.

78) Francisco Largo Caballero, *Discursos en la campaña de las elecciones del 16 de febrero de 1936 que dieran el triunfo al Frente Popular*, Itálica, junio 1936, p. 24.

79) "Al habla con Indalecio Prieto," *El Liberal*, Bilbao, 21 diciembre 1935.

80) Santos Juliá, *Orígenes del Frente Popular*, pp. 159-160.

81) José Venegas, *Las elecciones del Frente Popular*, Buenos Aires, 1942, p. 15.

82) José Gutiérrez-Ravé, *Las Cortes errantes del Frente Popular*, Madrid: Editora Nacional, 1954, pp. 23-24.

83) "El manifiesto electoral del Gobierno," *Ahora*, 29 enero 1936.

84) Javier Tusell Gómez, "Las elecciones del Frente Popular en España, 1936," Stanley G. Payne (ed.), *Política y Sociedad en la España del siglo XX*, Madrid: Akal, 1978, p. 147.

85) José María Gil Robles, *No fue posible la paz*, p. 404.

86) "El Bloque Nacional lanza un manifiesto al país: No se imagina en todo su alcance las consecuencias que acarrearía un triunfo de las izquierdas extremistas," *ABC*, 31 diciembre 1935.

87) *El Debate*, 3 enero 1936; Javier Tusell Gómez, *Las elecciones del Frente Popular en España*, Madrid: Edicusa, 1971, I, pp. 191 y ss.

88) "Discurso de Gil Robles en el Monumental Cinema, de Madrid(9-II-36)," *El Debate*, 11 febrero 1936; Stanley G. Payne, *La primera democracia española*, p. 306.

89) José Ramón Montero Gibert, *La CEDA*, II, p. 318; Javier Tusell Gómez, "*Las elecciones del Frente Popular*," p. 146.

90) Javier Tusell Gómez, "Las elecciones del Frente Popular," p. 149.

91) *El Debate*, 2 febrero 1936; Javier Tusell Gómez, *Las elecciones del Frente Popular*, II, Apéndice 7.

92) 전단지를 트럭에 실어 시골 마을로 실어 날랐고 항공기를 통해 들에 살포했다. 마드리드에서는 우편물로 발송했다. Paul Preston, *La destrucción de la democracia*, pp. 279-280.

93) Stanley G. Payne, *Falange. Historia del fascismo español*, París: Ediciones Ruedo Ibérico, 1965, p. 75.

94) Julio Gil Pecharromán, *José Antonio Primo de Rivera*, Madrid: Temas de hoy, 1996, p. 425; José Antonio Primo de Rivera, *Obras Completas*, Madrid: Publicaciones Españolas, 1950, pp. 123 , 854-858.

95) "Actividad de Unión Nacional Económica," *Economía Española*, núm. 37, enero 1936, p. 81.

96) Manuel Tuñón de Lara, *La II República*, II, p. 148.

97) "La Confederación Nacional del Trabajo fija su posición ante el actual momento político," *¡Campo Libre!*, Madrid, 8 febrero 1936; "Razones de una posición," *Solidaridad Obrera*, 8 febrero 1936.

98) Jean Bécarud, *La Segunda República española*, 1931-1936, Madrid: Taurus, 1967, p. 152.

99) Víctor Alba, *El Frente Popular*, Barcelona: Editorial Planeta, 1976, p. 385.

100) Fernando Rivas, *El Frente Popular*, Madrid: Librería Editorial San Martín, 1976, p. 37.

101) José María Gil Robles, *No fue posible la paz*, p. 463에서 재인용.

102) Jean Bécarud y Gilles Lapouge, *Los anarquistas españoles*, Barcelona: Anagrama/Laia, 1972, p. 122.

103) 인민전선이 우세를 나타낸 곳은 가난한 농업 지역이자 노동자총연맹과 전국노동연합 세력이 강한 남부 및 남서부 지역, 좌파 조직이 잘 갖추어진 레반테 지역, 칸타브리아 지역, 마드리드 일대였다. 반면에 우익은 가톨릭과 소토지 소유의 보루인 북부 지역과 카스티야 라비에하이레온 지역에서 강세를 보였다. Javier Tusell Goméz, *Las elecciones del Frente Popular*, II, p. 13. 한편 가브리엘 잭슨은 좀 다른 수치를 제공한다. 유권자 925만 명 가운데 4백만 명이 우파를 지지했고 또다른 4백만 명이 좌파를 지지했으며, 50만 명이 포르텔라 바야다레스와 알칼라 사모라의 중도정당을 지지했고 75만 명이 아나키스트를 지지했다고 추정했다. Gabriel Jackson, *La República española y la guerra civil*, México D. F., 1967, pp. 429-433.

104) Mercedes Cabrera, *La patronal ante la II República*, p. 287.

105) Edward E. Malefakis, "Peculiaridad de la República española," *Revista de Occidente*, núms. 7-8, noviembre 1981, p. 35.

106) 플라시도 알바레스 부이야와 안토니오 라라 사라테, 마누엘 블라스코 가르손이 공화연합 소속이었고 나머지는 공화좌익 소속이었다.

107) Santos Juliá, "Gobernar, ¿para quién? Debilidad de partidos y representación de intereses en la II República," *Revista de Derecho Político*, núm. 12, Invierno 1981- 1982, p. 149.

108) "Un decreto de agricultura: Los yunteros recuperarán el uso y disfrute de las tierras que anteriormente utilizaron," *El Socialista*, 5 marzo 1936; "Decreto relativo a los yunteros de Extremadura," *Mundo Obrero*, 5 marzo 1936.

109) *Mundo Obrero*, 13 marzo 1936.

110) "La reforma agraria: Ha quedado resuelto el problema de los asentamientos de los yunteros en la provincia de Cáceres," *El Liberal*, 21 marzo 1936.

111) "La reforma agraria: El señor Azaña manifiesta que se asentaría de cuarenta mil a cincuenta mil campesinos," *El Liberal*, 18 marzo 1936.

112) Adolfo Vázquez Humasqué, "Utilidad social y economía agraria," *BIRA*, núm. 47, mayo 1936.

113) Manuel Tuñón de Lara, *Tres claves*, p. 176.

114) Manuel Tuñón de Lara, *La II Repúblic*a, II, pp. 171-172.

115) *El Sol*, 4 marzo y 12 abril 1936.

116) *Diario de Sesiones de las Cortes*, núm. 17, 15 abril 1936, pp. 286-287; "Discursos gubernamentales (1936) –Declaración ministerial (Sesión de Cortes del 15 de abril de 1936)," Manuel Azaña, *Obras Completas*, III, pp. 314-315; Juan Simeón Vidarte, *Todos fuimos culpables. Testimono de un socialista español*, México: Tezontle, 1973, pp. 81 y ss.

117) *Diario de Sesiones de las Cortes*, núm. 19, 17 abril 1936, Apéndice 5.°, 6.°, 7.°, 8.° y 9.°

118) 찬성 216표 대 반대 4표로 통과되었다.

119) *Diario de Sesiones de las Cortes*, núm. 34, 27 mayo 1936, pp. 921-923, 926.

120) 이 특별회의는 7월 1일에 시작하여 이튿날 새벽 3시에 끝났다. *Diario de Sesiones de las Cortes*, núm. 54, 1 julio 1936, pp. 1743-1815.

121) *Diario de Sesiones de las Cortes*, núm. 54, 1 julio 1936, pp. 1763-1764.

122) *Diario de Sesiones de las Cortes*, núm. 54, 1 julio 1936, pp. 1775-1776.

123) *Diario de Sesiones de las Cortes*, núm. 54, 1 julio 1936, pp. 1779-1780.

124) *Diario de Sesiones de las Cortes*, núm. 54, 1 julio 1936, p. 1781.

125) *Diario de Sesiones de las Cortes*, núm. 54, 1 julio 1936, pp. 1759-1762.

126) *Diario de Sesiones de las Cortes*, núm. 54, 1 julio 1936, pp. 1784-1785.

127) *Diario de Sesiones de las Cortes*, núm. 54, 1 julio 1936, p. 1799.

128) Manuel Tuñón de Lara, *Tres claves*, pp. 193-194.

129) Edward E. Malefakis, *Reforma agraria y revolución campesina*, p. 425.

130) Víctor Alba, *Historia del Frente Popular*, México D. F., 1959, p. 118.

131) "Del momento: El programa del Frente Popular," *El Obrero de la Tierra*, 29 febrero 1936.

132) "Del momento: El programa del Frente Popular," *El Obrero de la Tierra*, 29 febrero

1936.

133) "Los problemas de la tierra no admiten demoras, ni consienten papeleos," *El Obrero de la Tierra*, 7 marzo 1936.

134) "¡Manos a la obra, camaradas!: Con la ley de contrarreforma bien 'interpretada', podemos apoderarnos en el acto de las fincas," *El Obrero de la Tierra*, 14 marzo 1936.

135) *El Obrero de la Tierra*, 29 febrero y 7, 21, 28 marzo 1936.

136) "Grandes manifestaciones campesinas," *El Obrero de la Tierra*, 21 marzo 1936.

137) Edward E. Malefakis, *Reforma agraria y revolución campesina*, pp. 424-425.

138) "El Comité Nacional de la Federación Española de Trabajadores de la Tierra terminó ayer sus trabajos," *Claridad*, 15 abril 1936; *El Obrero de la Tierra*, 18 abril 1936.

139) "La Agrupación Socialista Madrileña discutió ayer el proyecto de estatuto del Partido presentado por el Comité y aprobó el programa agrario del mismo," *Claridad*, 22 abril 1936.

140) "Ante el Primero de Mayo: Consignas de la U.G.T.," *El Obrero de la Tierra*, 1 mayo 1936.

141) "Visión del colectivismo en los campos de España," *El Obrero de la Tierra*, 1 mayo 1936.

142) Paloma Biglino, *El socialismo español y la cuestión agraria*, p. 489.

143) 이들의 갈등에 대해서는 José Carlos Gibaja Velázquez, *Indalecio Prieto y el socialismo español*, Madrid: Editorial Pablo Iglesias, 1995, pp. 89-130을 보라.

144) Eduardo Comín Colomer, *Historia del Partido Comunista de España*, Madrid: Editora Nacional, 1967, pp. 242-243.

145) "El próximo domingo, los campesinos de toda España se manifestarán por que no haya tierras sin cultivar ni campesinos y obreros agrícolas con hambre," *Mundo Obrero*, 13 marzo 1936. 《문도 오브레로》지는 이후 3월 31일부터 4월 3일까지 "미경작지와 굶주린 농민을 없애자!"라는 제목의 기사를 매일 실었다.

146) Rafael Cruz, *El Partido Comunista de España en la II República*, p. 271. 이 당시 공산당의 토지 정책에 대해서는 "A todos los Comités Provinciales del partido," Madrid 6 marzo 1936 (Archivo del PCE, R-XIV); Comisión Nacional Agraria del Partido Comunista, "¡Obreros agrícolas, pequeños arrendatarios, aparceros, medieros, rabassaires! ¡A todos los trabajadores del campo en general!," 8 marzo 1936 (AHN de Salamanca, PS, Madrid, 2128); "A todos los Comités Provinciales del partido," 23 abril 1936 (Archivo del PCE, R-XIV); "Al Comité Provincial del Partido," 21 marzo 1936 (Archivo del PCE, R-XIV)을 보라.

147) El Comité Central del PCE, *Carta del Partido Comunista a la C. E. del Partido Socialista* (4 marzo 1936), Archivo del PCE, Documentos: carpeta 17.

148) 공산당은 인민전선을 인민블록이라고도 불렀다.

149) Vicente Uribe, "Problemas de la revolución," *Mundo Obrero*, 28 marzo 1936.

150) PCE, *Manifiesto del Partido Comunista de España a los trabajadores*, 22 abril 1936, Archivo del PCE, Documentos: carpeta 17. 한편 1935년 9월에 창당된 마르크스통일노동자당(POUM)의 입장은 공산당의 그것과 달랐다. 이들은 프롤레타리아가 혁명적 권

력을 계속 추구해 나가야 한다고 주장했다. 마르크스통일노동자당은 트로츠키의 영구혁
명론에 영향을 받았고 소련 공산주의에 반대하면서 생겨났다. 트로츠키 계열의 에스파냐
공산주의좌파(ICE)와 노동자·농민블록(BOC)의 합작품이다. 주요 지도자들은 안드레우
닌과 호아킨 마우린 같은 혁명가들이었다.

151) "Esfuerzo y rendimiento: El pequeño propietario es antieconómico y antisocial
(IV)," *Solidaridad Obrera*, 13 marzo 1936.

152) José Mateos, "El colectivismo y los pequeños propietarios," *¡Campo libre!*, 1
febrero 1936.

153) "La pseudo reforma agraria," *¡Campo libre!*, 28 marzo 1936; "La reforma agraria,"
¡Campo libre!, 4 abril 1936; "¿Hacia dónde debemos caminar los campesinos?"
¡Campo libre!, 8 febrero 1936; "¿La tierra para el que la trabaja?" *¡Campo libre!*, 29
febrero 1936; "La reforma agraria no nos satisface," *¡Campo libre!*, 14 marzo 1936.

154) José Peirats, *La CNT en la revolución española*, París: Ruedo Ibérico, 1971, I, p.
117; César M. Lorenzo, *Los anarquistas españoles y el poder, 1868-1969*, París:
Ruedo Ibérico, 1972, p. 74.

155) CNT, *El Congreso Confederal de Zaragoza* (Mayo, 1936), Ediciones C.N.T., 1955,
pp. 183-185; "El colectivismo agrario," *¡Campo libre!*, 16 mayo 1936; "Nuestro
programa: La finalidad de la C.N.T.: El comunismo libertario," *Solidaridad Obrera*,
13 marzo 1936; "Concepto confederal del Comunismo libertario," *La Revista
Blanca*, núm. 383, 25 mayo 1936 y núm. 384, 30 mayo 1936.

156) Javier Tusell Gómez, *Historia de la democracia cristiana en España*, Madrid: Sarpe,
1986, I, pp. 340-341.

157) Paul Preston, *La destrucción de la democracia*, p. 293.

158) Javier Tusell Gómez, *Historia de la democracia cristiana*, p. 342.

159) "Actividad de Unión Nacional Económica," *Economía Española*, núm. 38, febrero
1936, p. 214.

160) Mercedes Cabrera, *La patronal ante la II República*, p. 296.

161) "La unión nacional de las fuerzas agrarias," *El Campesino*, junio 1936.

6장 | 내전과 사회혁명

1) José Peirats, *La C.N.T. en la revolución española*, Toulouse, 1951, I, p. 121.

2) 이에 대해서는 Ian Gibson, *La noche en que mataron a Calvo Sotelo*, Barcelona,
1982; Luis Romero, *Por qué y cómo mataron a Calvo Sotelo*, Barcelona, 1982를 참
고하라.

3) Stanley G. Payne, *The Franco Regime 1936-1975*, London: Phoenix Press, 2000,
p. 89.

4) Ricardo de la Cierva, ed., *Los documentos de la primavera trágica*, Madrid, 1967,
pp. 495-567.

5) Stanley G. Payne, *The Franco Regime*, p. 96.

6) 일부 군인들의 반정부 음모와 쿠데타 과정에 관해서는 황보영조, 〈프랑코의 집권 과정을

통해 본 프랑코 정권의 성격〉,《서양사연구》(제45집, 2011. 11), pp. 118-127을 참고하라.

7) Manuel Azaña, *La velada en Benicarló: diálogo de la guerra de España*, Madrid: Castalia, 2005.

8) 그 후 안토니오오르티스 부대와 도밍고 아스카소 부대는 각각 테루엘과 우에스카를 정복하러 출발했다. 내전 초기 아나키즘 민병대의 군사활동에 대해서는 황보영조, 〈에스파냐 내전 초기 아나키스트들의 군사활동〉,《역사와 경계》(79, 2011. 6)를 참고하라.

9) Julián Casanova, "Rebelión y revolución," Santos Juliá (Coord.), *Víctimas de la guerra civil*, Madrid: Temas de Hoy, 1999, pp. 119-121 y 149.

10) Francisco Cobo Romero, *Revolución campesina y contrarrevolución franquista en Andalucía*, Granada: Universidad de Granada, 2004, pp. 126-127.

11) 황보영조, 〈에스파냐 내전 초기 아나키스트들의 군사활동〉, 제4장 참고.

12) Aurora Bosch, "Las colectividades: estado de la cuestión y aspectos regionales," Josep Fontana, et al., *La II República*, p. 148.

13) Julián Casanova, (comp.), *El sueño igualitario. Campesinado y colectivizaciones en la España republicana, 1936-1939*, Zaragoza: Institución Fernando el Católico, 1988.

14) Julián Casanova, *De la calle al frente. El anarcosindicalismo en España (1931-1939)*, Barcelona: Crítica, 1997, p. 199. 농업집단의 수에 대해서는 다소 이견이 있다. 스탠리 페인은 1,500곳으로 추정했고(Stanley G. Payne, "Las colectividades agrícolas anarquistas en la guerra civil española," Raymond Carr (ed.), *Estudios sobre la República y la guerra civil española*, Barcelona: Sarpe, 1985, p. 356), 로널드 프레이저는 800곳을 제시했다(Ronald Fraser, "La experiencia popular de la guerra y la revolución: 1936-39," Paul Preston, et. al., *Revolución y guerra en España, 1931-1939*, Madrid: Alianza, 1986, p. 195).

15) 황보영조, 〈에스파냐 내전기의 농업집산화〉,《대구사학》(제98집, 2010. 2), pp. 217-238 가운데 일부 수정 게재.

16) Julián Casanova, *Anarquismo y revolución en la sociedad rural aragonesa, 1936-1938*, Barcelona: Crítica, 2006, pp. 316-319.

17) C.N.T., *Realizaciones revolucionarias y estructuras colectivistas de la Comarcal de Monzón (Huesca)*, Ediciones Cultura y Acción, 1977, pp. 58-59.

18) C.N.T., *Realizaciones revolucionarias*, pp. 61-62.

19) 의장 1명과 서기 2명으로 의장단을 구성했다.

20) C.N.T., *Realizaciones revolucionarias*, pp. 62-63.

21) C.N.T., *Realizaciones revolucionarias*, pp. 64-65.

22) C.N.T., *Realizaciones revolucionarias*, pp. 66-67.

23) C.N.T., *Realizaciones revolucionarias*, p. 67.

24) Walther L. Bernecker, *Colectividades y revolución social, El anarquismo en la guerra civil española, 1936-1939*, Barcelona: Crítica, 1982, pp. 169-170.

25) *El Frente*, 2 y 9 de septiembre de 1936.

26) Archivo de Salamanca, carpeta 48 de la serie "R" de Aragón.

27) 정식 명칭은 아라곤지역방어위원회(Consejo Regional de Defensa de Aragón)인데 이를 줄여서 아라곤위원회라고 부른다.

28) "Las actas del Pleno," en Archivo de Salamanca, carpeta 39 de la serie Bilbao, Julián Casanova, *Anarquismo y revolución*, p. 133에서 재인용.

29) *Cultura y Acción*, 10 de octubre de 1936.

30) *Boletín del Consejo Regional de Defensa de Aragón*, 5 de noviembre de 1936.

31) 1936년 12월 25일자 관보(Gaceta de la República)에 승인 내용이 실림.

32) 위원회는 호아킨 아스카소(위원장, 전국노동연합), 아돌포 바야노(공공질서, 전국노동연합), 에바리스토 비뉴알레스(정보와 선전, 전국노동연합), 아돌포 아르날(농업, 전국노동연합), 미겔 추에카(노동, 전국노동연합), 에벨리오 마르티네스(경제와 식량, 전국노동연합), 루이스 몬톨리우(교통과 통신, 전국노동연합), 호세 만테콘(법무, 공화좌익), 헤수스 가르시아(재정, 공화좌익), 마누엘 라토레(문화, 노동총연맹), 호세 루이스 보라오(공공사업, 노동총연맹), 호세 두케(위생과 사회구제, 공산당), 쿠스토디오 페냐로차(상공업, 공산당), 베니토 파본(사무국장, 조합당) 등 14명으로 구성되었다. Julián Casanova, *Anarquismo y revolución*, p. 141.

33) *Boletín del Consejo Regional de Defensa de Aragón*, 19 de enero de 1937.

34) *Boletín del Consejo Regional de Defensa de Aragón*, 19 de enero de 1937.

35) Julián Casanova, *Anarquismo y revolución*, pp. 155-156. 아라곤위원회가 광역자치단체라면 시위원회는 기초자치단체에 해당한다.

36) 당시 시위원회와 집단과 전국노동연합 노조 간의 관계가 문제시되었는데 시위원회는 집단이 구성되지 않은 마을의 토지를 관리한다는 점에서 집단 내의 행정위원회와 그 기능이 달랐고 전국노동연합 노조는 이 두 기구를 통제하는 위치에 있는 것으로 세 기구 간의 관계가 정리되었다. Juan López, *El sindicato y la colectividad*, Valencia, 1938, p. 8; "Memoria del Pleno Península de Regionales, celebrado los días 21, 22 y 23 de febrero de 1937," Internationaal Instituut voor Sociale Geschiedenis, Sp 702/13. Julián Casanova, *Anarquismo y revolución*, p. 180에서 재인용.

37) "Actas del Primer Congreso Extraordinario de Colectividades celebrado en Caspe el 14 y 15 de febrero de 1937," AS, carpeta 96 de la serie "R" de Aragón.

38) Julián Casanova, *Anarquismo y revolución*, pp. 180-181.

39) 확실치는 않으나 마드리드 중심의 수도권을 의미하는 것으로 생각된다.

40) *Solidaridad Obrera*, 25 de junio de 1937.

41) *Gaceta de la República*, 9 de junio de 1937.

42) *Solidaridad Obrera*, 24 de junio de 1937.

43) "Informe del Comité Regional al Pleno de Sindicatos de Aragón celebrado en Caspe los días 11 y 12 de septiembre de 1937." Julián Casanova, *Anarquismo y revolución*, p. 273에서 재인용.

44) Pierre Broué, Ronald Fraser y Pierre Vilar, *Metodología histórica de la guerra y la revolución española*, Barcelona: Fontamara, 1980, p. 124, nota 12.

45) Julián Casanova, *Anarquismo y revolución*, p. 283.

46) La relación de los pueblos que habían sufrido esos atropellos, en el Servicio Histórico Militar, armario 46, legajo 67, carpeta 1 y armario 47, legajo 71, carpeta 4. Julián Casanova, *Anarquismo y revolución*, p. 284에서 재인용.

47) "Informe de los delegados al Pleno Nacional de Federaciones Regionales de Campesinos, celebrado en Valencia los días 20 al 23 de octubre de 1937," Servicio

Histórico Militar, armario 47, legajo 71, carpeta 4. Julián Casanova, *Anarquismo y revolución*, p. 284에서 재인용.

48) "Proyecto que la Delegación Regional de Reforma Agraria presenta para su aprobación al Comité Regional del Frente Popular de Aragón, Caspe, 29 de septiembre de 1937," Archivo de Salamanca, carpeta 616 de la serie Barcelona.

49) 프랑크 민츠에 따르면 이로써 부하랄로스와 칸다스노스, 페날바, 라알몰다, 카스테혼데모 네그로스, 레세라, 아수아라, 피나, 사스타고, 알콜레아, 알코리사, 칼란다, 헬사, 마스데라 스마타스 지역의 집단들이 재정비되었다. Frank Mintz, *La autogestión en la España revolucionaria*, Madrid : La Piqueta, D. L., 1977, p. 182.

50) César M. Lorenzo, *Los anarquistas españoles y el poder*, Paris : Ruedo Ibérico, 1972, pp. 247-251 ; Walther L. Bernecker, *Colectividades y revolución social*, pp. 429-430 ; Julián Casanova, *Anarquismo y revolución*, p. 293.

51) C.N.T., *Realizaciones revolucionarias*, p. 85.

52) C.N.T., *Realizaciones revolucionarias*, pp. 67 y 100.

53) C.N.T., *Realizaciones revolucionarias*, p. 125.

54) *Cultura y Acción*, 25 de noviembre de 1936.

55) Antonio Rosado, *Tierra y libertad. Memorias de un campesino anarcosindicalista andaluz*, Barcelona : Crítica, 1977, p. 17.

56) C.N.T., *Realizaciones revolucionarias*, pp. 75, 83 y 100.

57) C.N.T., *Realizaciones revolucionarias*, p. 68.

58) C.N.T., *Realizaciones revolucionarias*, pp. 125-126.

59) Walther L. Bernecker, *Colectividades y revolución social*, pp. 181-182.

60) C.N.T., *Realizaciones revolucionarias*, pp. 75-76.

61) 아나키스트들이 주도한 집단과 사회주의자들이 주도한 집단은 구조와 기능 면에서 크게 다르지 않았으나 이 점에서 차이가 있었다. 후자는 노동의 수익에 따라 보수를 책정했다.

62) C.N.T., *Realizaciones revolucionarias*, pp. 84 y 130.

63) *Boletín de Información* CNT-AIT-FAI, 26 de septiembre de 1936, p. 13.

64) C.N.T., *Realizaciones revolucionarias*, pp. 83-84 y 130.

65) 이들은 낭비를 방지하기 위해 나중에 유료로 전환되었다.

66) Walther L. Bernecker, *Colectividades y revolución social*, p. 182.

67) 1937년 2월에 열린 아라곤집단대회에서 모든 형태의 지불수단을 폐지하고 대신 배급표를 사용한다는 결정을 내렸다. 하지만 공화국 정부가 행정 구조를 계속 유지하거나 그것을 복구한 지역, 이를테면 카스티야와 카탈루냐, 레반테 지방에서는 대부분 국가의 공식 화폐를 지불 수단으로 계속 사용했다.

68) C.N.T., *Realizaciones revolucionarias*, pp. 75-76 y 129.

69) 화폐 교환을 위한 집단금고를 운영하고 있었다. C.N.T., *Realizaciones revolucionarias*, pp. 69 y 130.

70) C.N.T., *Realizaciones revolucionarias*, p. 104.

71) Franz Borkenau, *El reñidero español*, Paris, 1971, pp. 133 y ss.

72) *Tierra y Libertad*, 16 de enero de 1937.

73) *Nuevo Aragón*, 28 de febrero de 1937.

74) *Nuevo Aragón*, 28 de febrero de 1937.

75) Ronald Fraser, *Recuérdalo tú y recuérdalo a otros*, Barcelona : Grijalbo Mondadori, S. A., 1979, I, p. 402.

76) 이에 대해서는 Mary Nash, *Mujeres Libres: España*, 1936-1939, Barcelona : Tusquets, 1977, pp. 7-39; 황보영조, 〈'자유여성'의 설립과 성문제〉,《서양사론》(97, 2008. 6)을 보라.

77) C.N.T., *Realizaciones revolucionarias*, p. 19.

78) C.N.T., *Realizaciones revolucionarias*, pp. 19-20.

79) Santos Juliá, "De la división orgánica al gobierno de unidad nacional," Santos Juliá, coord., *Socialismo y guerra civil*, Madrid : Pablo Iglesias, 1987, pp. 234-238.

80) Decreto número 71 de la Junta Nacional de Defensa de 28 de agosto de 1936, *Boletín Oficial del Estado*, 29 de agosto de 1936.

81) Decreto número 128 de la Junta Nacional de Defensa de 24 de septiembre de 1936, *Boletín Oficial del Estado*, 26 de septiembre de 1936.

82) Decreto número 134 de la Junta de Defensa Nacional de 25 de septiembre de 1936, *Boletín Oficial del Estado*, 28 de septiembre de 1936. 이러한 입법 작업은 1940년까지 계속된다.

83) Sergio Riesco, "Una reflexión sobre la contrarreforma agraria como medio represivo," *Hispania Nova*, núm. 6, 2006.

84) J. L. Orella, *La formación del Estado nacional durante la Guerra Civil española*, Madrid : Actas, 2001, pp. 83 y ss. 프랑코의 집권 과정에 대해서는 황보영조, 〈프랑코의 집권 과정을 통해 본 프랑코 정권의 성격〉,《서양사연구》(제45집, 2011. 11), pp. 127-133을 참고하라.

85) 프랑코의 초대 정규 정부 구성에 대해서는 황보영조, 〈프랑코의 집권 과정을 통해 본 프랑코 정권의 성격〉, pp. 140-141을 보라.

86) *Boletín Oficial del Estado*, 8 de abril de 1938.

87) Ley de Recuperación Agrícola de 3 de mayo de 1938, *Boletín Oficial del Estado*, 6 de mayo de 1938.

88) Javier Tébar Hurtado, *Reforma, revolución y contrarrevolución agraria*, Barcelona : Flor del Viento Ediciones, 2006, p. 238.